KB113627

금융기관
컴플라이언스
실무 가이드

컴플라이언스 업무를 시작하는 당신을 책임자로 이끄는 매뉴얼

금융기관 컴플라이언스 실무 가이드

당신의 조언이 무시되면 어떻게 해야 하는가?

당신이 질문의 답을 모르는데 즉시 답변하라는 압박을 받으면 어떻게 해야 하는가?

당신이 익숙하지 않은 규제 영역으로 들어갈 경우 어떻게 대처해야 하는가?

어떻게 비즈니스 부문이 당신 편을 들게 할 것인가?

애니 밀스 지음 | 노동래 옮김
한국준법통제원 감수

연암사

Essential
Strategies for
Financial
Services Compliance

컴플라이언스 업무를 시작하는 당신을 책임자로 이끄는 매뉴얼

금융기관 컴플라이언스 실무 가이드

초판 인쇄 2018년 6월 5일
초판 발행 2018년 6월 20일

지은이   애니 밀스
옮긴이   노동래
감수   한국준법통제원
발행인   권윤삼
발행처   도서출판 연암사

등록번호 제10-2339호
주소   121-826 서울시 마포구 월드컵로 165-4
전화   02-3142-7594
팩스   02-3142-9784

ISBN 979-11-5558-033-2 03320

연암사의 책은 독자가 만듭니다.
독자 여러분들의 소중한 의견을 기다립니다.
트위터 @yeonamsa
이메일 yeonamsa@gmail.com

이 도서의 국립중앙도서관 출판시도서목록(CIP)은
서지정보유통지원시스템 홈페이지(http://seoji.nl.go.kr)와
국가자료공동목록시스템(http://www.nl.go.kr/kolisnet)에서 이용하실 수 있습니다.
(CIP제어번호: CIP2018009308)

어머니, 니콜라스, 크리스타, 루크, 제니,
조지아, 샐리와 데이비드에게 바칩니다.

추천사

오늘날 영국에서 운영하고 있는 금융기관의 자금세탁방지 프로그램과 테러자금조달 차단 프로그램은 사내 컴플라이언스 책임자들의 기술에 의존해야 한다. 이들은 금융계의 문지기들이며, 그들이 의무와 책임을 적절히 수행할 수 있는 적절한 도구들을 갖춰야 한다. 또한 해결책을 모색하는 윤리적인 컴플라이언스 문화도 증진해야 한다.

불행하게도, 오늘날 시판되는 대부분의 컴플라이언스 매뉴얼들은 발행하자마자 시대에 뒤떨어지게 되며, 특히 신참 컴플라이언스 교육생에게는 어려울 뿐만 아니라, 일반적으로 영감을 불러일으키지도 않는다. 이 책은 규제상의 문제에 대한 실제적인 비즈니스 해법을 제공할 뿐만 아니라, 독자들에게 숙달해야 할 절차와 기술들을 상술함으로써 자금세탁방지 컴플라이언스의 복잡한 세계를 이해하기 쉽도록 설명하고 있다. 따라서 이 책은 여러분들이 어려운 문제가 발생할 때마다 가지고 있었으면 하는 참고서이다.

1인칭 이야기들은 확실히 저자가 일선의 컴플라이언스 전문가였음을 보여주며, 일상의 전술적 컴플라이언스 문제들에 대처하는 긍정적인 접근법은 독자들에게 모범이 될 것이다.

당신이 금요일 오후 4시 30분에 중요한 컴플라이언스 문제에 실시간으로 올바른 대답을 해야 할 때가 있을 테니 이 책을 가까이 두고 있으라. 그리고 이 책에 의존하라.

케니스 리족
월드 체크 금융 범죄 컨설틴트

역자 서문

이 책의 발간을 매우 기쁘게 생각한다.

금융기관은 컴플라이언스 요건과 제도가 가장 잘 발달된 부문이고 다루는 영역이 광범위해서 컴플라이언스에 대해 공부하려면 금융기관 컴플라이언스를 빼놓을 수 없다. 내가 금융기관에서 오랫동안 근무했고 금융기관 컴플라이언스 업무를 수행했기에 이를 잘 알고 있음에도, 우리나라에서는 컴플라이언스 개념 자체가 낯설기에 이를 먼저 소개해야 한다는 생각으로 컴플라이언스의 개념과 왜 중요한지를 다루는 책들을 번역해서 소개했었다.

이제 금융기관에서 문제가 되고 있는 다양한 주제와 관련된 컴플라이언스 이슈에 대해 귀중한 통찰력을 제공하는 이 책을 통해 우리나라 금융기관 컴플라이언스 업무 종사자들의 실력이 한층 더 배가되고 컴플라이언스 문화가 사회 전반에 내면화되는 계기가 되기 바란다.

이 책은 주로 영국의 법규를 중심으로 설명하고 있으므로, 독자들은 영국 법규에 대해서는 그리 신경 쓰지 않아도 될 것이다. 그러나 글로벌 환경에서, 어느 나라 법규든 그 법규의 정신과 원칙은 통하는 측면이 있기에 정신과 원칙에 집중하면 우리나라 환경에서도 큰 도움이 될 것이다.

이 책은 감독 법규와 규정뿐 아니라, 컴플라이언스 책임자와 컴플라이언스 부서 운영 일반에 관한 내용도 담고 있기 때문에 금융기관이 아닌 타 조직의 컴플라이언스 담당자들에게도 큰 도움이 될 것이다. 감히 이 책이 우리나라 컴플라이언스 발전에 일익을 담당하기를 기원해 본다.

척박한 국내 컴플라이언스 환경을 변화시키자는 데 의기투합하여 꾸준히 GRC 관련 서적을 내고 있는 연암사에 감사드린다. 이들의 소명 의식이 없다면 우리나라에서 이런 책이 나오지 못할 것이다. 또한 내가 이 일을 계속할 수 있도록 이해해 주고 격려해 주는 아내와 두 아들에게도 감사드린다. 번역서가 한 권 추가될 때마다 급속도로 체력이 떨어져 가는 남편이 건강을 챙겨가며 일하도록 자극하는 아내 덕분에 버틸 수 있었다. 그리고 두 아들들에게 자랑스러운 아버지로 기억되고 싶다는 바람이 이 일을 계속하도록 힘을 주는 원동력이 되고 있다.

퇴근 후, 또는 휴일에 작업하면서 누적 피로와 짜증이 엄습할 때마다 마음을 다잡고 작업에 매진할 수 있었던 것은 하나님께서 내게 이 일을 맡기셨다는 소명 의식 덕분이었다. 늘 내게 이 일을 흔들림 없이 계속하라고 자극하시고 계속할 수 있는 힘과 용기를 주시는 하나님께 감사드린다.

노동래

서문

실행 책임자가 되지 않는 방법

첫 직장으로 은행에 지원했던 나는 금융 산업이 외계의 생명체처럼 기이하고 낯설게 느껴졌다. 나는 주식 중개나 투자에 대해 알지 못했기 때문에 면접 때 다소 떨렸다. 면접 대기실에서 떨고 있는데 '컴플라이언스 책임자'라는 낯선 직책의 면접관이 들어왔다. 면접 결과에 불안해 하며 집으로 돌아올 때쯤, 나는 (지금도 여전히 많은 사람들이 그렇게 말하겠지만) '컴플라이언스 책임자' 라는 인물을 '집행관(Execution Officer)' 이라고 생각하고 있었다. 집행관이라는 인상으로 인해 나는 컴플라이언스 담당자를 매우 불길한 사람이라고 생각했다.

몇 달이 빠르게 지나갔다.

놀랍게도 나는 주식 브로커 담당팀에서 주니어 컴플라이언스 담당자로 일을 시작했다. 면접 때에는 컴플라이언스가 어떤 일을 하는지 알지 못했는데, 상급자가 내가 할 일을 정했으며, 몇 달 후에는 그 회사가 조직을 변경했다. 내가 일하던 브로커팀은 분리되어서 별도의 조직이 되었다. 당시에는 감독 기관이나 피감독 기관 모두 현재에 비해 컴플라이언스에 대해 보다 신경을 덜 쓰던 시기였기 때문에, 금융기관의 신참이었던 내가 새로운 조직의 '집행관'이 될 거라는 말을 들었다.

지금은 컴플라이언스가 무엇에 관한 것인지 잘 알지만, 당시에는 이 역할을 그다지 탐탁지 않게 여겼다. 컴플라이언스는 전혀 신나지 않는 분야였다. 규제 기관의 모든 명령을 지키지 않았다는 이유로 '사람들을 문제에 빠지게 하는' 많은 규칙들을 배우는 일을 하게 된다는 것은 재미없어 보였다. 그러나 젊고 다소 야망이 있던 나는 명함에 중요해 보이는 직책을 새길 수 있다는 가능성을 무시할 수 없었다. 그래서 그 일을 하기로 했다. 나는 그렇게 컴플라이언스 책임자가 되었다. 진실을 얘기하자면, 나는 당시의 감독 기구인 증권선물감독청(Securities and Futures Authority)에 보낼 공식 문서에 정기적으로 서명하는 컴플라이언스 책임자 역할을 수행하고 있었지만, 이 일을 어떻게 해야 할지에 대해서는 매우 혼란스럽고 당황스러웠다.

멋진 새 명함과 번쩍거리는 새 규칙집으로 무장하고 있지만, 이것들을 가지고 실제로 무슨 일을 해야 한단 말인가? 나는 규칙 위반은 나쁜 일이라는 것은 알고 있었고, 위반될 수 있는 규칙이 아주 많다는 것도 알고 있었다. 그러나 이 규칙이나 이 규칙을 생기게 한 법률에 별로 익숙하지 않았다. 또한 비교적 신입 직원인 나는 우리 회사에 대해서도 잘 알지 못했으며, 확실히 금융 산업에 대해서도 친숙하지 않았다.

나는 잘 알지 못하는 규칙들을 우리 회사가 종사하는 비즈니스 활동에 적용할 입장에 있지 않았으며, 유감스럽게도 아래와 같은 고전적인 실수들과 그 외의 많은 실수들을 저질렀다.

- 규칙집에 나오는 특정 규칙을 들이대면서 일부 불쌍한 세일즈맨들에게 일을 잘못하고 있으니 그 일을 중단하지 않으면 무슨 일이 일어날지에 관해 협박하면서 중단을 요구했다. 그들에게 다른 접근법을 제안한다는 생각은 하지 못했다.

- 규칙집과 감독 기관의 통지문에 많은 시간을 보냈지만, 내 지식을 공유하는 교육은 제공하지 않았다. 적절한 지침을 제공받지 못해서 그렇게 해서는 안 된다는 것을 모르고서 행동한 사람에게 어떻게 불평할 수 있는가?
- 비즈니스 부문의 직원들에게 이유를 설명해 주거나, 계속 그렇게 하면 무슨 일이 생겨나는지 설명해 주지 않으면서 하지 말라고만 했다.
- 규제상의 문제들에 대해 실제적인 비즈니스 해법을 찾는 데 신경 쓰기보다 감독 당국의 비위를 맞추는 데 더 신경을 썼다.

당연히 내 노력들은 우리 모두가 흑사병에 걸렸다는 소식만큼이나 환영받지 못했다. 간단히 말해서 내가 취하는 모든 조치마다 여러 형태의 비즈니스 이니셔티브들을 방해하는 것 같았다. 동료들이 자기 친구가 일하는 곳에서는 그런 식으로 하지 않는다거나, 내가 인용하고 있는 규칙들은 자신의 비즈니스 유형에 적용되지 않는다는 분노의 비명을 접하곤 했다. 나는 길을 잃었다. 그들이 옳았나? 내가 옳았나? 나는 해답을 몰랐고, 어떻게 알아내야 하는지도 알 수 없었다.

동료(또는 감독 기관 직원!)의 머리나 내 머리가 돌 것이라고 생각했고, 이전에 생각했던 집행관이라는 개념이 나를 괴롭히기 시작했다. 사실 나는 분명히 그런 사람으로 인식되고 있었을 것이다. 나는 두려웠다. 모든 것이 두려움의 대상이었는데 특히, 감독 당국이 신경을 쓰는 모든 중요한 분야에 내가 책임자로 되어 있다는 사실이 더 그랬다.

나는 도서관에 가서 필사적으로 나를 도와줄 참고 서적을 찾았다. 하지만 '쉽고 사용자 친화적인 컴플라이언스 책임자 가이드북' 표시가 되어 있어야 할 서가는 비어 있었다. 나보다 경험이 많은 컴플라이언스 업계 동료들은 내가 무엇을 어떻게 해야 하는지에 대한 지침을 제공해 주지 않았다.

공정하게 말하자면, 나는 그들이 하고 있는 일에 관해 책을 쓸 시간이나 에너지가 없었을 거라고 확신한다. 대부분은 나처럼 급한 일을 처리하느라 너무 바쁘다. 그때는 지금보다 컴플라이언스 담당자들이 훨씬 적었고, 동료와의 경험과 비교해 보더라도 나만 이 일에 대해 무서워하는 것 같지는 않았다. 모든 사람들이 동일한 문제에 직면해 있는 것 같았다. 컴플라이언스에는 '통하는 방식'이 없었다. 이 직무는 새로운 일이었으며 전혀 존중되지 않았다. 이 일은 다른 분야에서 실패한 사람들이나 해 볼 가치가 있는 것으로 여겨지거나 퇴직을 목전에 둔 연장자들의 아늑한 최종 휴식처로 사용되었다.

많은 컴플라이언스 책임자들은 적절한 자원을 갖추지 못했고, 컴플라이언스 인프라도 발달되어 있지 않았다. 그들이 취한 새로운 컴플라이언스 이니셔티브들이 분개와 저항에 직면하다 보니 (당시는 오늘날에 비해 무엇이 비즈니스에 좋은지에 관해 관심을 훨씬 덜 기울였던 감독 당국과 함께) 그들을 위협하고 겁줘서 굴복하게 하는 것이 가장 쉬운 방법이었다. 우리가 '비즈니스 방해 책임자'라는 별명을 얻게 된 것도 놀랄 일은 아니다.

그러나 이는 모두 몇 년 전의 일이다. 오늘날 감독 당국은 결코 신참인 컴플라이언스 책임자가 감독 대상 회사를 맡도록 허용하지 않을 것이다(우리는 그러기를 바란다!). 그 이후 컴플라이언스 업계와 감독 당국 모두 진전을 이루었으며, 나도 발전을 이루었다. 나는 오래지 않아 '무서워지게 하는 것'이 전부가 아님을 깨닫게 되었다. 나는 다음과 같은 사실에 대해 눈을 뜨게 되었다.

컴플라이언스 책임자는 위대하다!!!
실상 우리는 최악의 악몽이 되는 것이 아니라, 모든 금융기관 종사자들의 가장 좋은 친구가 될 가치가 있다. 이 견해가 익숙하게 들리지는 않을지라도 사실이다. 생각해 보라. 컴플라이언스 기능이 잠재력을 최대로 발휘하며 운영되면서 비즈니스와 적절하게 정렬되면 막대한 유익을 얻을 수 있다. 잠시 당신이 동료들에게 주는 많은 유익들을 상기해 보라. 당신이 왜 그들의 생명의 빛이어야 하는지에 대해 생각하는 데 다소 도움이 필요하다면 약간의 아이디어를 얻기 위해 2장의 2.4.1 '컴플라이언스, 규제 그리고 컴플라이언스 책임자의 유익은 무엇인가?' 를 보라.

다행히 많은 비즈니스 매니저들도 훌륭한 컴플라이언스 부서가 회사에 가져올 수 있는 유익에 대해 눈을 뜨고 있다. 물론 감독 당국과 컴플라이언스 전문가들은 이를 상당히 오래전에 깨달았으며, 이를 발전시키기 위해 할 수 있는 모든 일을 해 왔다. 그러나 아직도 잘라내야 할 나쁜 평판들이 많은데, 이는 앞에서 말한, '안 돼' 라고만 말하는 일부 사기꾼 같은 컴플라이언스 책임자들이 있음을 고려할 때 놀라운 일도 아니다. 무서운 '집행관'의 그림자가 아직도 크게 드리워져 있다.

그러면 우리는 어떻게 '성공적인 컴플라이언스' 를 실천하고 '집행관' 역을 실행하며, 최고 경영자가 이사회에 기꺼이 출석시키려는 비즈니스 자산과 같은 유형의 컴플라이언스 책임자가 될 수 있는가?

이 일을 할 수 있는 채비를 갖추기만 하면 그것은 어려운 일이 아니다. 그런데 채비를 갖추는 프로세스 자체가 복잡하다. 참으로 이례적인 사람이 아닌 한, 당신은 감독상의 요건 또는 모범실무관행을 회사에 의미 있거나 유익한 방식으로 적용할 수 있는 기술이나 지식을 지니고 태어나지 않았을 것이다. 그래서 바로 이 책이 필요하다.

나는 컴플라이언스 책임자들의 업무에 직접적이고, 읽기 쉬우며, 무엇보다도 실제적인 가이드를 제공하기 위해 이 책을 기획했다. 이 책은 단순히 법률이나 규정의 반복적인 요약집이 아니다. 그런 책들은 서점에 널려 있다. 이 책은 당신이 일단 자료들은 구했는데 다음에 무엇을 해야 하는지 자신이 없을 때, 어떻게 해야 하는지 알려주는 책이다. 이 책은 어떻게 소매를 걷어붙이고, 계속해서 '성공적인 컴플라이언스'를 산출하는지 보여주는 가이드 책이다.

이 책은 컴플라이언스 책임자들이 건설적인 조언을 해 주고 회사가 규제상의 함정을 피하도록 인도해 주거나, 프로세스나 절차들이 간소화될 수 있는 방법을 제안함으로써 동료들로부터 존경받기 원할 경우, 편안하게 느껴야 할 기본 지식과 역량 분야를 다루고 있다.

적용 대상 지역, 산업, 독자층

적용 대상 지역

이 책의 많은 부분은 오늘날과 같은 세계화 및 국제적 거대 복합 기업의 세계에서 당신이 일하고 있는 분야를 불문하고 관련이 있다. 당신이 페루에 있든 카자흐스탄에 있든 금융기관의 성격과 금융기관이 취급하는 상품 및 서비스의 성격은 유사하다. 보다 상세한 내용이 요구될 경우, 일반적으로 영국의 규제 시스템에 중점을 두겠지만, 상세한 참조 대상 규칙이 어느 나라의 규칙인지는 무관하다. 특정 규제 개념의 중심 이슈들에 대한 이해가 중요하다. 이 개념이 국가마다 어떻게 규칙으로 전환되는지는 중요하지 않고, 중요한 것은 우리가 요건의 정신을 따르고, 우리 회사에 좋은 가치를 제공해 주며, 고객의 이익을 보호하고, 금융 시스템의 무결성(integrity)을 유지하기 위해 일하는 것이다. 이러한 개념에는 국경이 없다.

적용 대상 산업

한 권의 책에 각 섹터들의 모든 측면들을 다루기에는 금융서비스 산업의 범위가 너무 넓다. 이 책에 담긴 많은 정보와 대부분의 지침들은 모든 금융 섹터들에 관련이 있는 일반적인 규제 프레임워크를 다루고 있지만, 어느 정도의 특수성이 필요한 경우에는 증권회사의 활동에 중점을 둔다.

독자층

이 책은 주로 컴플라이언스 책임자를 겨냥했지만, 금융 감독의 핵심개념들을 찾아볼 필요가 있는 모든 사람들도 주요 독자층이다. 자신의 컴플라이언스 책임을 이해할 필요가 있는 상위 경영진, 자신이 감독하는 회사에서 실제로 어떻게 작동하는지 알고 싶은 규제 기관의 직원, 감독에 관해 공부하는 학생들이 이에 포함된다.

간단히 말해서, 이 책은 '내가 컴플라이언스 업무를 처음 시작했을 때 내 책상에 있었으면 좋았겠다.' 라고 생각하는 책인데, 이 책이 당신에게 유익하기를 바란다.

감사의 글

고든 맥린에게 먼저 감사드려야 합니다. 헌신적이고 지칠 줄 모르는 고든의 도움이 이 책을 성공적으로 마무리하는 데 중요한 역할을 했습니다.

자기보다 나은 사람을 친구로 선택해야 한다.
이 세상에 아는 사람은 많지만 진정한 친구는 아주 적다.

- 중국 속담

또한 아래에 열거하는 분들에게도 감사드리고 싶습니다.

알렉산더 데이비슨, 앤드류 홀, 애니타 바스카, 안토니 세인트, 콜린 해리슨, 데이비드 시미즈, 에스티아 파파도풀로스, 지오프 스토커, 그레이엄 제프, 이제이오마 아가냐, 아이작 세프초비치, 제임스 톰바지스, 제프리 오렌스타인, 제니 맥콜, 조나던 이디, 조나던 펠코너, 켄톤 하르트웰, 케빈 화이트, 래리사 더귀드, 라이엄 크렐린, 메이어 깁슨, 마르시아 제이에슈리아, 마크 배츠, 멜라니 트룹, 마이클 캘로우, 마이크 크랩, 폴린 로튼, 피터 르델링휴이스, 서러스 심슨, 사이먼 가우프, 스튜어트 팰런트, 다이스 터블란쉐, 비키 구엔레이로.

17

차례

PART 2 컴플라이언스 통찰력

PART 1
컴플라이언스 관리 배경: 해설과 맥락

Chapter 1

영국의 규제 환경

이 책에 묘사된 많은 개념들과 관행들은 컴플라이언스 분야 지식이 증가한 산물로서 특정 감독 규정 또는 지침에서 직접 나온 것이 아니지만, 금융업의 모든 컴플라이언스 활동들에 대한 기폭제이자 궁극적인 정당성의 근거는 규제에서 비롯된다. 애초에 규제 시스템이 없었다면 컴플라이언스 부서, 컴플라이언스 책임자, 기타 컴플라이언스에 관련된 사항들이 없을 것이다. 그러므로 컴플라이언스에 대해 이해하려면, 컴플라이언스가 생겨나게 한 규제 환경을 잘 이해해야 한다.

이는 컴플라이언스가 그 자체로서 정당성이 없다는 것이 아니라, 어느 기업도 자발적으로 이를 갖추지 않았음을 의미한다. 어느 누구도 '제약' 프레임워크에 의해 '구속되기'를 원하지 않는다. 자신의 직원들을 부유하게 만들어주는 것만이 금융업의 목적은 아니지만, 때로는 금융기관이 다른 목적을 제대로 추구하지 않았던 전력이 있기 때문에 금융기관에 대한 규제가 존재한다. 그리고 컴플라이언스를 갖추지 않고 규제 영역을 항해하기란 너무 위험하고 너무 복잡하기 때문에 컴플라이언스가 존재한다.

따라서 나는 이 책에서 기업이 효과적인 컴플라이언스로부터 얻을 수 있는 긍정적인 면에 대해서도 기술할 예정이지만, 컴플라이언스는 규제의 요소로서 시작되었고 상당 부분 그 상태를 유지하고 있으며 우선은 영국과 다른 국가들의 규제 제도를 통해서만 적절히 이해될 수 있다는 점에 의문의 여지가 없다.

컴플라이언스 책임자가 알아야 할 영역을 자세히 들여다보기 전에, 이번 장은 영국의 규제 환경에 대해 간략히 설명함으로써 필수적인 배경을 알아본다. 다른 나라의 컴플라이언스 책임자들은 자국의 규제 환경에 대해, 최소한 영국의 규제 환경에 대해 이곳에서 설명하는 정도는 알아야 한다.

1.1 영국의 규제

영국에서는 현재 하나의 금융감독기관(FSA)과 하나의 규제법(2000년 금융서비스 및 시장법. FSMA)이 있다는 신화가 있다. 그러나 이는 사실과 다르다. 영국에는 FSA 외에도 연금 감독기관과 인수 패널 등 금융기관의 활동들을 다루는 많은 감독기구들이 있다. 국가적 자금세탁방지 노력을 규율하는 많은 법률들과 규제 기구들도 있다. 또한 외국의 법률 및 감독 기관들이 영국 내에서 수행되는 금융 활동에 영향을 준다는 점을 부인할 수 없다(이 점에 대한 보다 자세한 설명은 473쪽에 나오는 Box 6 '세계화'를 보라).

영국의 대부분의 규제 프레임워크는 영국 및 EU(유럽연합)법에 기반을 두고 있다.

영국의 금융기관 관련 법

영국법

• 영국법은 두 개의 주요 부류로 나눌 수 있다.

- 성문법-의회의 행동을 통해 만들어진 법

- 판례법 또는 관습법-관습, 전통 및 법원에서 다른 사례들로부터 수백 년에 걸쳐 발전한 법적 선례를 통해 확립된 법

- 관습법도 예를 들어 대출 약정과 관련한 계약법을 통해 영향을 미치기는 하지만, 금융기관에는 성문법이 주로 관련된다.
- 성문법은 의회의 양원(兩院)에서 합의되고 여왕의 동의를 받아야 최종 확정된다.
- 의회의 행동은 규율 대상 영역의 모든 세부 사항들을 담을 수 없다. 따라서 2차적 입법 또는 위임 입법을 사용하여 모든 입법 절차를 밟을 필요 없이 성문법을 업데이트하거나 수정한다. 성문법규(statutory instruments 또는 regulations)라 불리는 이 2차적 입법은 완전한 법적 효력이 있다.

EU 차원

- 영국은 유럽연합 회원국이므로 영국 정부는 EU법을 시행해야 한다.
- EU법이 영국의 규제에 영향을 주는 주된 방식은 EU의 금융기관 사업계획(470쪽의 Box 5를 보라)과 램폴러시 프로세스(490쪽의 Box 13을 보라)의 일부로 발해진 지침과 규정 시행을 통해서다.
- 지침(Directives)과 규정(Regulations)은 회원국[1])과 유럽 경제 지역(EEA) 내에 있는 비회원국[2])을 구속한다. 지침은 최종 결과가 어떻게 달성될 지에 관해 각국 정부에 유연성을 허용하며 각 회원국의 법률로 전환될 필요가 있는 반면(핵심 금융기관 지침들은 부록 5에 나와 있다), 규정은 그러한 전환을 필요로 하지 않으며 따라서 각국에서 별도로 시행되지 않고 개별 회원국에 직접 적용된다.

---

1) 이 책을 저술하고 있는 현재 다음과 같은 27개 회원국이 있다. 오스트리아, 벨기에, 불가리아, 키프로스, 체코 공화국, 덴마크, 에스토니아, 핀란드, 프랑스, 독일, 그리스, 헝가리, 아일랜드, 이탈리아, 라트비아, 리투아니아, 룩셈부르크, 몰타, 네덜란드, 폴란드, 포르투갈, 루마니아, 슬로바키아, 스페인, 스웨덴, 영국. 하지만 한국어판 출간 준비 중이던 2016년 6월 23일 영국은 국민투표를 통하여 EU를 탈퇴하기로 결정했다.
2) 현재 노르웨이, 아이슬란드와 리히텐스타인이 이에 속한다.

- EU법은 단일 시장이라는 목표를 지원하기 위해 EEA 내의 기준을 조화시키는 것을 목표로 하고 있다. 회원국 사이에서 관련 지침과 규정이 조문과 정신에 있어서 진정으로 어느 정도 시행되고 있는지에 대해 논란이 있기는 하지만, 이들은 영국에 적용되는 것과 동일한 방식으로 EEA 지역에 적용된다.

해외 법률

- 다른 국가들에서 제정된 일부 법들은 해당 국가 밖에서도 적용된다.
- 금융업에 대해서는, 이 범주에 해당하는 주요 법들은 미국의 법들이다. 이에 대해서는 부록 6을 보라.

법률을 지탱하는 규칙, 지침과 업계 모범실무관행들로부터 나오는 요건들이 법률 아래에 법률과 나란히 존재한다.

1.2 영국의 여러 규제 제도

여러 법률과 요건 등을 다양한 주제 영역으로 나눌 수 있으며, 따라서 영국의 규제 프레임워크는 (어느 정도 중복되기도 하겠지만) 아래와 같이 여러 분야로 나눠질 수 있다.

- 투자업에 대한 FSMA(금융기관 및 시장법) 제도
- 자금세탁방지제도
- 인수제도

이들의 주요 특징들에 대해 아래에서 설명한다.

1.3 투자업에 대한 FSMA 제도

2000년 금융기관 및 시장법(FSMA)은 2001년 11월 30일에 발효했는데,

이 날은 N2로 불리기도 하는 날이다(FSMA의 내용에 대한 보다 자세한 내용은 부록 3에 수록되어 있다). FSMA하에서 영국의 금융기관들의 활동에 대한 주된 감독 기관인 FSA가 설립되어(부록 1을 보라), 이전에 영국의 금융시장을 감독하던 9개 감독기관들을 대체했다.

FSA의 규제 대상

FSMA와 FSA 요건들은 FSMA하에서 이루어지는 (부록 1의 규제 활동 명령 (Regulated Activities Order; RAO)에서 정의하는) '지정된 투자'에 관해 취해지는 '지정된 활동들'에 적용된다.

지정된 활동들의 예

- 딜링
- 투자관리
- 투자보호 및 관리
- 집합투자기구 설치

지정된 투자의 예

- 주식
- 채권
- 선물
- 옵션
- 차이 보전 계약들
- 집합투자기구 단위

지정된 투자들과 관련하여 지정된 활동들을 수행하는 것을 '투자업'이라고 한다.

FSA에 의해 지정되지 않은 활동들 및 금융 도구들의 예

- 신용 주선
- 현금
- 프리미엄 채권
- 현물 FX
- 투자 목적이 아니라 상업적 목적으로 행해진 상품(commodity) 파생상품 거래
- 신용장
- 환어음
- 약속어음

지정 투자활동과 비지정 투자활동에 대해서는 이보다 많은 구분이 있다(34 쪽의 표를 보라).

물론 위의 내용은 요약 정보에 지나지 않는다. 완전한 정보를 RAO에서 찾아볼 수 있는데, RAO는 FSA 규칙 적용 여부 결정에 매우 유용하다. 이는 항상 명확하지는 않아서, 놀라운 일이 있을 수 있다. 나는 해외의 동료에게 FSA가 장례 계획을 규제한다고 말했을 때 그녀가 경악하던 것을 잊을 수 없다. 그녀는 혼란스러워 하면서 FSA는 우유 생산과 같은 모든 일들에 관여하는 것 같다고 내게 말했다. 그녀는 다른 FSA, 즉 식품기준청(Food Standards Agency)을 생각하고 있었다.

은행들이 주식 브로커 서비스도 제공하는 등, 회사의 유형에 차이가 없어져 이제 더 이상 다른 유형의 감독 기관들을 두는 것을 정당화하기 어려워져서 감독 기관들이 통합되었다. 또한, 일부 감독 당국들의 책임이 어느 정도 중복되는 영역이 있었고, 어떤 활동들은 두 개의 감독제도의 사각지대에 놓이거나 전혀 검토되지 않을 위험도 있었다. 감독 당국들 사이의 부

적절한 정보 공유가 금융기관의 도산에 기여할 가능성도 있었다. 마지막으로, 이전 제도는 성공적이지 못하였다고 인식되었으며(부분적으로는 이 제도가 위의 약점들 중 일부를 야기했다), 새롭게 시작하기 위해 과거의 실패에 선을 긋자는 욕구도 있었다.

FSA는 재무부에 책임을 지며, 또한 FSMA에 규정된 규제 목적 달성이라는 면에서 소비자 패널과 실무자 패널에 설명해야 한다. FSA는 FSMA와 여러 EU법들의 요건들을, 아래와 같이 다양한 주제들을 다루는 포괄적인 규칙 및 지침 핸드북으로 전환하였다.

- 상장
- 비즈니스 수칙
- 법규 집행
- 집합투자
- 금융 자원
- 상위 경영진 통제

EU법으로부터 발생하는 새로운 요건들을 감안하기 위해 FSMA와 FSA 핸드북 모두 지속적으로 개정되어야 한다. 금융기관들에게 관련이 있는 핵심적인 EU의 법률 이니셔티브들은 금융기관 사업 계획(470쪽의 Box 5를 보라)과 램폴러시 프로세스(490쪽의 Box 13을 보라)이다. FSA 핸드북에 가장 큰 영향을 주는 EU의 법은 아마 금융상품시장지침(MiFID)(부록 5와 480쪽의 Box 9를 보라)일 것이다. 불행하게도 이 지침의 범위가 FSA/FSMA와 완전히 일치하지 않아서 특정 활동이 FSMA에 의해서만 규제되느냐, 아니면 MiFID에 의해서도 다루어지느냐에 따라 다른 규칙들이 적용되는 상황이 발생한다. 34쪽의 표는 이에 대해 보다 자세히 설명한다.

FSMA 제도의 다른 핵심 요소들을 아래에 설명한다.

- FSA는 FSMA하에서 FSA에 부여된 법령상의 4가지 목표를 준수해야 한다(부록 3을 보라).
- 영국에서 FSMA하에서 권한을 부여받거나 그 요건을 면제받지 않고서 규제되는 활동을 수행하는 것은 위법이다. 이는 '일반적 금지'로 알려져 있다.
- 권한을 받는 데에는 다음과 같은 여러 가지 방법이 있다.
  - 규제 대상 회사
  - 규제 대상 회사를 위해 일하는 개인
  - 인정된 전문기관
  - 거래소와 청산소
  - 집합투자기구

- FSMA의 요건들이 FSA의 규정 및 지침 핸드북으로 전환되기는 했지만, FSA는 현재 규제에 대해 보다 원칙기반접근법을 취하고 있으며, 업계는 이것이 좋은 일인지 아닌지 아직 갈피를 잡지 못하고 있다. 460쪽의 Box 1('원칙에 따라 행동하기')을 보라.
- RAO에 정해진 모든 업무들은 FSA 규정의 적용을 받지만, FSA는 교육 및 역량 자료집, 비즈니스수칙 자료집과 같은 특정 규칙들이 적용되는 특정 유형의 투자 및 투자 업무를 '지정'했다. 34쪽의 표에 보다 자세한 내용이 나와 있다.
- FSA는 영국 주식거래소 상장을 위한 관할 관청이다.
- FSA는 인수규정을 인가하고 그러한 상황에 관련되는 많은 요건들을 부과하기는 하지만, 인수 및 합병을 직접적으로 규제하지는 않는다.

FSA는 컴플라이언스 담당자들과 금융업의 다른 분야 동료들 모두에게 호된 비판을 받기도 한다. 그러나 힘든 하루 업무를 마치고 나서 감독 당국을 욕함으로써 카타르시스를 느낄 수도 있겠지만, 그들의 공적을 인정해야 하는 경우에는 마땅히 그렇게 해야 한다. 다른 나라의 감독 기구들에 비해 FSA는 그다지 나쁘지 않다. FSA를 좋게 봐 줄 수 있는 점들은 아래와 같다.

- 투명하고 적극적인 집행 절차가 있다.
- 새로운 요건들에 대해 폭넓게 협의하고, 새로운 규정을 제정할 때 이러한 협의에 대한 반응들을 고려한다고 알려져 있다.
- FSA의 규칙들에 대해 상당한 지침을 제공한다.
- 규제 대상 회사들에 관한 종합적인 웹사이트를 가지고 있다.
- 자신의 웹사이트에 Money Made Clear라는 섹션을 할애해서 소책자와 전단지 형태로 소비자들에게 중요한 내용을 안내한다.
- 명확한 법규상의 목표들은 FSA의 성과 측정과 우선순위 책정에 귀중한 기준을 제공한다.
- 영국의 다른 많은 규제 기관들 및 국제적 규제 기관들과 협력하며, EU 규제 기제의 최악의 과잉 규제에서 우리를 보호하기 위해 최선을 다한다.
- 일부 규제 기관들처럼 규칙들을 거의 날마다 제멋대로 변경하지 않는다.
- 아래와 같은 많은 장치들을 통해 자신의 활동에 명백하게 책임을 진다.
  - 공정거래청(FSA의 규칙 및 관행을 상세하게 조사할 수 있음)
  - 금융기관 및 시장 재판소
  - 소비자 패널
  - 실무자 패널
  - 민원 담당 위원

또한 런던은 여전히 주요 금융센터 중 하나이며 이 상황이 조만간 바뀔 가능성도 없다. 회사들이 그 안에서 기쁘게 비즈니스를 수행할 규제 환경을 조성하고 유지한 데 대해 최소한 어느 정도의 인정도 해 주지 않는 것은 무례한 처사일 것이다.

FSMA/MiFID하에서의 업무 유형		
유형	근거	논평
투자서비스와 활동	FSA와 MiFID	아래와 같은 금융 도구들에 관련된 서비스 • 고객주문 실행 • MTF 운영 • 포트폴리오 관리 • 자체계좌 딜링 • 개인에 대한 추천

금융 도구	FSA와 MiFID	• 주식 채권 등 이전가능 증권
		• 국고채, 예금증서, 기업어음 등 자금시장 상품
		• 집합투자단위 인수(引受)
		• 다음과 같은 다양한 도구들에 관한 선물, 옵션, 스왑과 선도 거래 약정
		  − 증권
		  − 통화
		  − 이자율
		  − 금융지수
		  − 규제되는 시장에서 거래되는, 물리적으로 인도되는 상품 또는 MTF
		  − 기후 변수
		  − 화물운임률
		  − 전기통신 주파수 대역폭

특정 투자	RAO	특정 투자들은 RAO Part III에 특정 투자로 열거된 항목들로서, FSMA 요건들이 적용된다.
특정 활동	RAO	특정 활동들은 RAO Part III에 특정 활동으로 열거된 항목들로서, FSMA 요건들이 적용된다. ◐

유형	근거	논평
지정 투자	FSA	• 지정 투자들은 특정 투자들의 하위 집합으로서, COBS와 TC에 나오는 요건 등과 같은 상세한 FSA 요건들이 적용된다. • RAO하에서 '특정' 투자이지만 FSA의 '지정' 투자는 아닌 예로는 로이드 신디케이트 회원권, 장례 계획 계약 하의 권리, 예금 및 전자화폐 특정 모기지 계약이 포함된다. • 많은 지정 투자들이 MiFID의 '금융상품'으로 정의되지 않는다.
지정 투자 업무	FSA	• 아래의 사항들이 사업으로 수행될 경우, 이에 포함된다. 　－ 본인으로서의 투자 딜링 　－ 대리인으로서의 투자 딜링 　－ 지정 투자 딜 주선 　－ 지정 투자 관리 　－ MTF 운영 　－ 지정 투자 보호 및 관리 　－ 집합투자기구 설치, 운영 또는 해체 　－ 지정 투자에 대한 자문 제공 • (TC의 규칙들과 같은) 특정 FSA 규칙들은 다른 활동들에는 적용되지 않는 반면, 지정 투자 업무에 적용된다. • RAO하에서 '특정' 투자활동이지만 FSA에 의해 '지정'되지 않은 활동의 예로는 예금 수취, 로이드의 신디케이션 참가 및 모기지 대출이 있다.
MiFID 적용 업무	MiFID와 FSA	MiFID 투자 회사에 의해 수행된 투자 서비스 및 활동 부대 서비스
MiFID 비적용 업무		MiFID의 투자 서비스 및 활동 정의에 속하지 않는 지정 투자 업무. 예를 들면 아래와 같다. • 로이드의 비즈니스 • 특정 투자 리서치 • 스포츠 및 여가 스프레드 베팅 • 집합투자기구 운영자(operator) • 보험 제공 • 투자신탁 매니저　　❍

유형	근거	논평
		• 펀드 관리와 같은 직업상의 연금 제도 서비스 제공
부대 서비스	MiFID와 FSA	아래의 활동이 포함된다. • 고객의 금융상품 보호 및 관리 • 기업금융 자문 • 마진 트레이딩 서비스 제공 • 투자 리서치 • 인수 서비스
MiFID 투자회사	MiFID와 FSA	투자 회사, 또는 MiFID의 적용을 받는 회사에 투자 서비스를 제공하는 여신 기관, UCITS의 Article5(3)하에서 서비스를 제공하는 회사(부록 5를 보라)
제3국 투자 회사의 동등 업무	MiFID와 FSA	영국에서 운영되지만 유럽경제지역이 아닌 국가에 기반을 둔 투자회사의 업무는, 이 회사가 MiFID라면 MiFID 업무가 된다.
공통 플랫폼 회사	FSA	MiFID와 자본요건지침(CRD)이 모두 적용되는 회사

1.4 영국의 자금세탁방지 제도

자금세탁은 범죄자들이 그들의 현금 또는 기타 자산의 불법적인 출처를 숨기고(492쪽의 Box 14, '자금세탁 프로세스'를 보라), 이를 합법적인 금융 시스템 안으로 통합시키는 프로세스이다. 이 용어는 전통적으로 마약 밀매 대금과 관련하여 사용되었으나, 지금은 경범죄와 '경미한' 세금 탈루부터 인신매매와 부가가치세 사기와 같은 대규모 조직범죄 등 모든 종류의 범죄 활동으로부터 나온 자금을 다룬다.

테러 분자들이 금융시장을 다음과 같은 목적에 사용할 때 발생하는 테러 자금 조달은 자금세탁의 범주에 들어오는 또 하나의 중요한 영역이다.

• 이익을 테러 활동에 사용할 목적으로 합법적인 비즈니스를 수행함

- 테러 분자의 신념과 대의명분 증진에 사용하기 위해 허위 자선단체의 자금을 조달함
- 무기 구입
- 테러 분자 활동 자금 모집

이 문제의 엄청난 규모에 비추어 볼 때(484쪽에 일부 수치가 제공되어 있다), 최소한 어느 정도의 검은 돈은 당신 회사를 거쳐 간다고 할 수 있다. FSA의 4가지 법적 목표 중 하나가 금융 범죄를 감소시키는 것이고, 많은 다른 감독기구들 또한 이에 우선순위를 둔다는 것도 놀랄 일이 아니다. 가장 상위 차원에서는, 자금세탁방지 및 테러자금 조달 차단 통제에 대한 접근법은 국제연합에서 정해진다. 예를 들어 1988년 비엔나 마약 밀매 대항 컨벤션과 UN 테러분자 자금조달 억제 컨벤션과 같은 이 분야의 많은 국제 컨벤션의 배후에 UN이 있다. EU 또한 자금세탁방지를 위해 열성적으로 법률을 제정해 왔는데, 가장 최근의 조치는 제3자 자금세탁지침이다(부록 5를 보라).

상당 부분을 위에 기초하여, 영국은 자체 자금세탁방지 및 테러분자 자금조달 억제 입법을 시행해 왔다. 이에 더하여, 영국에는 많은 업계 지침들이 있는바, 그중 일부는 은행 감독에 관한 바젤위원회에서 나온 것과 같은 자발적 지침이 있는가 하면, 일부는 준규제적 지위를 지니고 있다. 후자 중 가장 중요한 지침은 JMLSG 지침노트(부록 1을 보라)이다. 이 지침은 2개 차원에서 광범위한 '지침'을 제공한다.

- 금융기관이 시행해야 할 내부 자금세탁방지 인프라스트럭처(직원 교육, 자금세탁 혐의 식별 및 보고 등)
- 특정 유형의 고객과 거래에 관하여 회사들이 수행해야 하는 실제적 '고객알기'(KYC) 조사(추가 정보는 부록 B를 보라)

JMLSG 지침노트는 지침일 뿐이지만, 타당한 이유 없이 이를 무시하는 것은 어리석은 짓이다. 이는 FSA가 JMLSG 지침노트 준수를 회사가 FSA의 자금세탁방지 요건을 준수한다는 지표로 간주하고, 미준수는 그 반대로 간주한다는 점을 명백히 밝혔기 때문이다.[3]

또한 자금세탁방지 요건들은 FSMA 제도보다 훨씬 넓게 적용되므로, FSA에 의해 정의된 투자업무 수행 여부를 불문하고 이 분야의 요건을 준수해야 한다는 점을 인식해야 한다. (카지노, 부동산 중개인, 고가품 딜러 등 많은 다른 섹터들에도 이 분야의 법이 적용된다.)

컴플라이언스 책임자들은 글로벌 범죄 및 테러와 싸우는 전선에서 무보수로 복무하는 정부군으로 분류될 수 있다. 이들 중에는 일을 잘못 처리했을 때 가해질 무거운 결과에 비추어, 자신이 법률 집행 업무를 원했더라면 다른 일을 택했을 거라는 불평을 제기하는 사람도 있다. 그들은, 이 분야의 통제의 중요성에 비추어 볼 때, 자금세탁을 전혀 식별해 내지 않는 것이 최소한 단기적으로는 이익이 되는 민간 부문에 이처럼 많은 책임을 부여하는 것이 부적절하다고 주장한다.

오늘날의 감독 규정에 의해 구상된 자금세탁방지 제도 시행에 회사들이 부담하는 막대한 비용을 생각해 보라. 이는 정부가 범인을 잡도록 도와줄 수 있는 특권에 대해 세금을 부과당하는 것과 유사한 바, 우리에게 시행하라고 요구되는 통제들이 실제로 얼마나 효과적인지 묻지 않을 수 없다. 예를 들어 마음대로 처분할 수 있는 거의 무제한의 자금과 자원을 지니고 있는 국제 범죄단이 전화 요금 고지서를 만들어 낼 수 없어서 꼬리가 잡히리라고는 믿기 어렵다. 이 조직들은 매우 정교해서 아마도 자기 회사 및 KYC를 잘 아는 변호사들을 고용하여 흠잡을 수 없이 완벽한 KYC 서류들을 갖

---

3) FSA Handbook – SYSC3.2.6E를 보라.

출 것이다.

또한 우리가 이 모든 노력을 기울이고 있고 일을 제대로 하려고 함에도, 우리는 이것이 충분하다고 보장하지 못한다. 예를 들어 저지(Mr. Judge)라는 불쌍한 자금세탁 보고책임자는 책에 나오는 모든 일을 했음에도 불구하고 법정에 서게 되었다.

그러나 이 제도에 대한 비판에도 불구하고, 당국은 금융기관의 고객들과 그들의 일반적인 행동 패턴을 모르는 반면 금융기관들은 이를 알기 때문에 금융기관이 앞장서서 수상한 활동을 식별하는 것이 논리적이라고 주장한다. 이는 사실이며, 우리가 이 의무에서 조만간 벗어날 것 같지도 않다.

1.5 영국의 인수 제도

영국의 인수 합병은 1968년에 설립된 인수 합병 패널에 의해 규제된다 (부록 1을 보라). 이 패널의 핵심 요건들은 인수 합병에 관한 도시 코드(City Code on Takeovers and Mergers)에 나와 있다. 이 코드는 법률의 일부는 아니지만, 아래 사항들에 의해 법적인 무게가 부여되었다.

- 2006년 회사법 파트 28
- EU 인수 지침
- FSA에 의한 인가

인수 패널은 FSA와는 완전히 별개의 조직이지만, 두 기관은 필요시, 특히, 책임 영역이 중복될 가능성이 높은 주요 분야 중 하나인 시장 교란과 관련해서는 서로 협력한다.

경쟁은 인수 합병 시 검토되어야 할 또 다른 문제 중 하나인 바, 이 분야는 2002년 기업법과 아래와 같은 많은 기관들에 의해 규율된다.

- 경쟁위원회
- 공정거래청
- 경쟁 항소재판소
- EU의 경쟁청

1.6 기타 영국의 규제 제도

위에 요약된 3개의 제도 외에, 영국 금융 산업의 아래와 같은 측면들에 대한 규제 프레임워크가 있다.

- 소비자 신용과 고용 구매
- 개인뱅킹과 기업뱅킹
- 회사 연금

Chapter 2

컴플라이언스 기능

컴플라이언스는 아직 새로운 직무이다. 만일 당신이 파티장에서 옆 좌석에 앉아 있는 사람에게 컴플라이언스 책임자라고 자신을 소개하면 그 사람은 컴플라이언스 책임자가 무슨 일을 하는지 몰라서 그저 당신의 얼굴을 물끄러미 바라 보고만 있을 가능성이 높다. 그러나 컴플라이언스가 무엇에 관한 것인지에 잘 모르는 것은 일반 대중만이 아니다. 이 책을 읽는 많은 사람들은 '컴플라이언스 부서'에서 일하는 '컴플라이언스 책임자'일 것이고, 컴플라이언스 부서와 컴플라이언스 책임자가 어느 정도 '컴플라이언스 문화'의 에이전트이자 스폰서인 '컴플라이언스 기능'이라는 보다 넓고 추상적인 현상의 구성 요소라는 점을 의식하고 있을 것이다. 그래서 당신은 이 모든 용어들을 (규제 당국 사이에서 널리 사용되고는 있지만) 정의하려면 매우 어렵다는 것도 잘 알 것이다. '컴플라이언스 책임자'라는 용어에 대해 널리 인정되는 정의가 없으며, 컴플라이언스 책임자가 하는 일과 하지 않는 일에 대한 확실한 목록도 없고, 컴플라이언스 기능이 어떻게 구성되는지에 대한 정의도 없다. 그리고 '컴플라이언스 문화'는 개념으로서는 매우 분명하지만 실제로 적용하려면 좌절감을 느낄 정도로 불분명하다.

이번 장은 이 모든 용어에 대해 만족할 만한 실무적 정의를 확립하면서도, 이 용어들에 관해 얽힌 실타래들을 푸는 것을 목표로 한다. 이 장은 5개 섹션으로 나누어지며, 컴플라이언스 책임자의 업무의 주요 측면들에 대해 안내하고, 금융기관 컴플라이언스의 다양한 요소들을 탐구한다. 나는 독자들이 이번 장에서 '컴플라이언스는 무엇이며 왜 존재하는가?'라는 기본 개념에 대해 어느 정도 감을 잡기를 바란다.

이곳에서 다루는 영역들은 다음과 같다.

2.1 컴플라이언스의 개념
- 컴플라이언스란 무엇인가?
- 컴플라이언스 책임이 누구에게 있는가?
- 다양한 컴플라이언스 모델들

2.2 컴플라이언스 책임자
- 컴플라이언스 책임자의 주요 업무
- 좋은 컴플라이언스 책임자의 특성

2.3 컴플라이언스 평가 기준
- 양호한 컴플라이언스 체제의 특성
- 나쁜 컴플라이언스 체제의 특성
- 위험 신호들

2.4 컴플라이언스 옹호론
- 컴플라이언스, 규제 및 컴플라이언스 책임자의 유익
- 컴플라이언스 비용

2.5 전문 직업으로서의 컴플라이언스

2.1 컴플라이언스의 개념

2.1.1 컴플라이언스란 무엇인가?

컴플라이언스 세계를 이해하기 위해서는 먼저 컴플라이언스가 무엇인지, 컴플라이언스가 금융 산업에서 어떤 역할을 하는지에 대해 명확히 알아야 한다. 위에서 본 바와 같이 우리의 규제 당국은 '컴플라이언스란 무엇인가?' 라는 질문을 많은 용어와 개념의 틀에 넣어 뒀으며, 우리는 이들에 대해 잘 알아야 한다. 컴플라이언스에 관한 구체적인 정의는 없다. 많은 용어와 개념으로부터 간접적으로 컴플라이언스가 '본질적으로' 무엇인가라는 정의에 도달할 수는 있지만, 이를 위해서는 컴플라이언스를 '구성하는' 아래와 같은 핵심적인 규제상의 개념들을 탐구할 필요가 있다.

- 컴플라이언스 리스크
- 컴플라이언스 기능
- 컴플라이언스 부서
- 컴플라이언스 책임자
- 컴플라이언스 문화

표준적인 사전에서 '컴플라이언스' 라는 단어를 찾아보면 금융업의 맥락에서 유의미한 정의를 찾기 어려울 것이다. '규칙에 대한 복종' 이라는 선상에 있는 정의들을 만나게 될 가능성이 매우 높은데, 이는 확실히 사람들이 컴플라이언스를 자체 경찰의 한 형태로 생각할 때 맨 먼저 그렇게 이해하게 되는 경향이 있는 정의이다. 그러나 여러 형태의 컴플라이언스 '표준' 을 설정하는 여러 국가들 및 국제적 가이드라인을 보면, 이 용어가 전사적 절차 및 통제 프레임워크와 보다 유사한 기업 문화의 한 측면을 묘사하고 있음을 발견하게 된다. 가장 대표적인 정의는 아마도 은행감독에 관한 바젤위원회의 정의인 듯한데 (부록 1을 보라) 이 위원회는 2005년에 컴플라이언스 리스크를 다음과 같이 설명하였다.

> 은행이 법률, 규정, 규칙, 관련 자율규제 기관의 기준, 은행 업무에 적용되는 행동 수칙(통칭하여 '컴플라이언스 법률, 규칙 및 기준'이라 한다)을 준수하지 않은 결과 은행이 겪을 수 있는 법적 또는 규제상의 제재, 중대한 재무적 손실 또는 평판 손상 리스크.

권위 있는 바젤위원회의 명확한 발표를 토대로, 기능, 책무, 또는 전문직업으로서의 '컴플라이언스' 업무는 이들 '컴플라이언스 리스크'를 식별, 관리 및 경감할 수 있는 방법을 모색하는 것이라고 추론할 수 있다. 은행 및 다른 금융기관들이 단순히 규칙을 따르기만 한다 해서 돈을 버는 것은 아니기 때문에, 컴플라이언스 기능은 확실히 복종의 문제 이상이어야 한다. 그들은 어떻게 해서든 돈을 버는 비즈니스와, 그 방식을 제한하거나 그 통로가 되어 주는 규칙 및 규정들 사이의 타협점을 찾아내야 한다. 컴플라이언스 기능은 외견상 양립 불가능해 보이는 이 두 개념들을 연결하는 데 도움이 되어야 한다.

컴플라이언스 부서 그 자체로는 이 틈을 매울 수 없다. 이는 해당 회사의 문화와 조직 전체의 문제다. 이 점에서, 컴플라이언스 기능과 컴플라이언스 문화라는 개념이 중요해진다. 즉, 컴플라이언스 부서에서만 근근이 최소한의 기능만 수행해 나가는 것이 아니라, 조직의 철학과 스타일에 컴플라이언스가 스며들도록 회사의 전반적인 규제상의 통제 프레임워크와 수단들이 갖춰져야 한다.

위에서 언급한 바와 같이, '컴플라이언스 기능'이나 '컴플라이언스 문화' 라는 용어에 대해 일반적으로 받아들여지는 정의는 없지만, 많은 기관들이 그 개념의 의미와 구성 요소들에 대해 언급하는 것을 중요하다고 여기고 있다. 아래에 나열하는 문서들을 읽어보도록 강력히 권고하는 바이다.

은행 감독에 관한 바젤위원회(부록 1을 보라)

은행의 컴플라이언스 및 컴플라이언스 기능에 관해 2005년 4월에 발표된 보고서.[4]

이 보고서는 (위에서 사용한) 컴플라이언스 리스크의 정의를 제공하며 회사 컴플라이언스 기능의 성공적인 운영을 위해 준수해야 한다고 권고하는 10개 원칙들을 열거한다.

국제 증권위원회 기구(부록 1을 보라)

시장 중개 기관에서의 컴플라이언스 기능에 관해 2006년 3월에 발표된 보고서. 이 보고서는 컴플라이언스 기능의 적정성 평가 시 고려할 8가지 주제들을 권고한다(이 중 한 가지는 피규제 회사가 아니라 규제 기관에 관련된다).

유럽 연합의 금융상품시장 실행 지침(부록 5를 보라)

Article 6은 투자 회사들은 컴플라이언스 기능을 설치, 유지해야 한다고 규정한다. 이 조항은 또한 컴플라이언스 기능의 책임을 정하며, 컴플라이언스 기능이 그 의무를 만족스럽게 수행하기 위해 충족시켜야 할 특정 조건들을 묘사한다.

---

4) 이 문서는 특히 은행을 다루고 있지만, 이 문서에서 제기하는 이슈들은 모든 산업 분야의 조직에도 해당함을 명백히 밝히고 있다.

영국의 규제 기관 - 금융감독청(부록 1을 보라)

- FSA 핸드북의 두 섹션이 영국 내에 있는 회사들의 컴플라이언스 기능에 관한 규칙과 지침을 제공한다.
  - 상위 경영진 제도, 시스템 및 통제 매뉴얼 (섹션 3.2.6-3.2.9 및 6)
  - 감독 매뉴얼 (섹션 10.7.8-10.7.13은 컴플라이언스 감독 기능을 다루며 섹션 10.7.13-10.7.16은 자금세탁보고 기능을 다룬다)
- FSA는 또한 2007년 7월에 '주요 투자은행들에서의 컴플라이언스 리스크 관리-좋은 관행' 이라 불리는 'CEO 앞 서한' 을 발표했는데, 이는 규제 당국이 우리가 컴플라이언스 활동들을 어떻게 조직화하기를 기대하는지에 대해 명확한 가이드라인을 제공한다.

컴플라이언스 책임자들과 기타 컴플라이언스 부서원들에게 좌절감을 줄 정도로, 규제 기관들이나 기타 산업 기구들은 우리의 특수한 역할을 정의하거나 심지어 언급하는 것에 대해 관심을 덜 기울이는 듯하다. 우리는 어느 면에서는 컴플라이언스 기능의 중요한 구성 요소들임에도, 우리의 직무 기술에 대해 구할 수 있는 자료는 컴플라이언스 기능이 전체적으로 무엇을 나타내는지에 대한 자료보다 훨씬 적다. '컴플라이언스 책임자' 나 '컴플라이언스 부서' 에 대해서는 공식적, 국제적인 정의가 없다. 그러나 일반적으로 '컴플라이언스 부서' 라는 용어는 컴플라이언스 기능을 일상적으로 시행, 운영, 후원하는 책임을 맡은 팀이라는 데 동의하고 있다. (그러므로 '컴플라이언스 기능' 과 '컴플라이언스 부서' 는 동의어가 아님에 유의하라.) 그리고 컴플라이언스 책임자는 컴플라이언스 부서를 관할하는 사람이다.

위에서 말한 모든 내용을 하나로 합하면, 처음에 제기한 질문 '컴플라이언스란 무엇인가?' 에 대해 우리는 최소한 사전에서 찾아볼 수 있는 것보다는 유익한 실무상의 정의를 만들어 낼 수 있다.

금융기관에서 컴플라이언스란 관련 법률과 감독규정, 모범실무관행상의 요건들을 식별하고, 이러한 의무 준수를 촉진하기 위해 필요한 제도, 시스템과 통제를 실행하는 기능이다.

보다 간략하게는 이렇게 말할 수 있다.

규제라는 관점에서 일이 그릇되는 것을 막는 데 도움을 주고, 일이 잘못될 경우 이를 다루는 데 도움을 주기 위해 컴플라이언스 책임자가 존재한다.

이 정의는 각 회사가 '관련 요건'이 무엇인지, 이를 어떻게 다룰 것인지 결정할 수 있을 정도로 충분히 유연하지만, 컴플라이언스 기능의 존재 이유에 대해 합리적으로 이해할 수 있게 해 줄만큼 충분히 정확하다. 이 책의 나머지 부분에서는 이 정의를 기초로 금융 회사의 컴플라이언스 운영에 대해서까지 확장할 것이다.

2.1.2 컴플라이언스 책임이 누구에게 있는가?

'컴플라이언스'라는 용어의 의미를 살펴봤으니, 누가 무엇에 대해 책임이 있는지 고려해 볼 필요가 있다. 이 질문에는 선뜻 답하기 어렵다. IT부서에 IT책임이 있고 HR부서에 HR책임이 있다면, 확실히 컴플라이언스 부서, 아니 보다 구체적으로는 컴플라이언스 책임자에게 컴플라이언스 책임이 있는 것이 아닌가? 그러나 삶이란 그리 간단하지 않다. 상위 경영진에게 컴플라이언스 책임이 있다는 것이 국제 규제 기관들 사이에서 의견 일치를 이루는 것 같다. 다음의 인용문 표본들은 이 점을 명확히 해 준다.

출처	내용
FSA 좋은 규제 원칙	'회사의 상위 경영진은 …회사의 비즈니스가 규제 요건들을 준수하게 할 책임이 있다.'
FSA 집행 가이드 8.2	'FSA는 회사(이사 및 상위 경영진과 공동으로)가 이 법[5]과 [FSA] 원칙 및 규칙들에 합치하게 비즈니스를 수행하게 할 책임이 있다는 토대 위에 진행할 것이다.'
2006년 3월, 시장 중개 기관의 컴플라이언스 기능에 관한 보고서	'컴플라이언스 기능과, 증권규제요건 준수를 달성하기 위해 고안된 컴플라이언스 정책과 절차들을 수립하고 유지하는 것은 상위 경영진의 책임이다.'
2004년 12월 15일, FSA 집행 부문장 앤드류 프록터의 말에서 인용함	'…우리는 적절한 컴플라이언스 문화 조성 실패에 책임이 있는 상위 경영진에 대해 매우 직접적인 조치를 취할 것이다.'
2005년 4월, 은행의 컴플라이언스 및 컴플라이언스 기능에 관한 BCBS 보고서	'은행의 상위 경영진은 컴플라이언스 정책을 수립 및 소통하고, 이 정책이 준수되게 하며, 은행의 컴플라이언스 리스크에 대해 이사회에 보고할 책임이 있다.'

어느 곳에서도 컴플라이언스 책임자나 컴플라이언스 부서에게 컴플라이언스 책임이 있다고 말하지 않는다. 사실 규제기관에서 공식적으로 컴플라이언스 책임자에게 책임이 있다고 말하는 언급을 찾기 어려울 것이다. 그렇다면 이것이 어떤 의미가 있는가? 이처럼 잘 정의되지 않은 현재의 컴플라이언스 역할에 많은 사람이 종사한다는 사실은 다소 모순적이다. 그 이유는 다음과 같다.

1. 무엇이 컴플라이언스를 구성하는지에 대한 FSA 지침은 믿을 수 없을 정도로 단순하다. 규칙집의 세 분야(비즈니스 수칙, 고객자산, 집합투자기구) 또는 자금세탁방지를 포함시킬 경우 네 분야를 감독하라는 하나의 요건만 있

5) 2000년 FSMA(금융기관 및 시장법)를 의미함 – 부록 3을 보라.

다. 이들 각각의 분야를 다루는 법률과 규정들은 매우 길고 복잡해서 특정 규칙이 뭐라고 말하는지 외에도 전체 사안에 대한 지식과 경험이 없이는 이를 적용하지 못하기 때문에, 말은 쉬워도 행하기는 어렵다.

2. 대부분의 회사들에서는 위에서 말한 요건 외에도 규칙집의 다른 분야에 관한 FSA의 요건들이 추가될 것이다. 당신이 만나게 될 대부분의 상위 경영진들은 특히 규제 사안들을 직접 다루기 싫어한다는 한 가지 공통점을 보이는 듯하다. 상위 경영진은 일반적으로 컴플라이언스 부서와 관련이 있는지 모호해 보이는 사안조차 가급적 많은 책임을 위임하기를 원하는 바, 일반적으로 컴플라이언스 책임자가 이러한 책임을 위임받게 된다.

(그 점에서는 상위 경영진이 컴플라이언스 사안에 대해 전반적인 위임권한을 매우 잘 사용한다는 점에 대해 고맙게 여기자. 결국, 이로 인해 우리의 일자리가 생겨났으며 우리에게 향후 몇 년 동안 벌이가 좋은 일자리를 유지시켜 줄 것이다!)

이처럼 FSA와 이와 유사한 기구들에 의해 제공된 모델은 상위 경영진에게 컴플라이언스 책임이 있다는 전제에 기반하고 있는 반면, 실제로 대부분의 산업에서 발견되는 모델에서는 책임이 전면적으로 위임되고 있다. 상위 경영진은 궁극적으로 자신에게 컴플라이언스 책임이 있다는 것을 알고 있음에도(알아야 함에도), 컴플라이언스 부서에 일상적인 컴플라이언스 활동을 위임하였다. 예나 지금이나, 하나의 분야에 두 개의 책임 라인이 있을 경우, 어느 정도는 서로 좋은 위치를 차지하려고 다투기 마련인데, 실제로 누가 무엇을 하는지에 대해 실무적인 균형을 잡을 필요가 있다. 상위경영진이 규제와 관련하여 잘못된 결정을 하더라도 어쨌건 컴플라이언스는 궁극적으로 상위 경영진의 책임이니 이 사안을 그들에게 떠맡기고 그들과 다툴 필요가 없다고 생각할 수도 있다. 그러나 이는 양날의 칼이다. 당신은 경영진이 컴플라이언스 제도에 짜증을 느끼고 컴플라이언스 때문에 업무 처리에 많은 시간이 소요되고 너무 성가시다고 생각해서, 그들이 당신의 결정을 뒤엎거나 아예 당신을 배제하기를 원하지 않을 것이다.

만일 당신의 회사가 그 방향으로 움직이기 시작한다면, 당신은 상위 경영진의 규제 관련 의사 결정 역량을 전적으로 신뢰하지 않는 한(아마도 그러지 않을 것이다), 다시 고삐를 바짝 죄기 원할 것이다. 그리고 상위 경영진이 짜증을 내는 분야(아마도 KYC나 광고 승인 분야일 것이다)의 일상적인 컴플라이언스 의사결정 책임을 그들에게 두는 경우에도, 당신은 아마 그들이 가급적 빨리 이 책임을 다시 당신에게 위임하고 싶어 한다는 것을 발견하게 될 것이다. 만일 당신이 상위경영진에게 그들이 잘못된 결정을 할 경우 그들에게 어떤 책임이 있는지에 대해 분명히 말해 주고, 그들이 이를 올바로 해내기 위해 점검해야 할 상세한 내용들을 알게 해 주면(JMLSG 지침노트, COBS 등), 그들은 재빨리 자신은 더 중요한 일들에 주의를 기울여야 한다고 결정하고는 이 모든 '관리(administration)' 업무를 당신의 지휘 아래로 돌려줄 것이다. (주: 이는 결코 당신이 프로세스를 점검해서 그들의 짜증을 유발하지 않도록 시정하기 위해 노력하지 말아야 함을 의미하지 않는다.)

컴플라이언스와 상위 경영진 사이의 책임 분배가 아래와 유사한 경우, 가장 원활하게 작동할 것이다.

컴플라이언스 책임자	상위 경영진
• 일상적 컴플라이언스 업무에 대한 상세한 관여(10장과 부록 A, B를 보라) • 규제 당국과의 관계 주관 • 회사의 규제 인프라스트럭처 개발 • 규제 관련 조언과 지도 제공	• 컴플라이언스 문화가 최상위에서부터 그 아래로 회사 인프라스트럭처 안으로 내면화되게 함 • 컴플라이언스 인프라스트럭처 시행에 크게 관여하지 아니함 • 컴플라이언스 부서 활동의 적정성, 적절성 평가

이 배열을 컴플라이언스 규정에 공식화할 수도 있을 것이다. 3장을 보라.

2.1.3 다양한 컴플라이언스 모델들

컴플라이언스 책임자와 상위 경영진 사이의 책임 분배와는 별도로, 컴플라이언스 세계에서 누가 무엇을 해야 하는지에 대해 논란이 되는 영역이 또 하나 있다. 대략적으로 말하자면, 두 가지 모델이 채택될 수 있다.

- 모델 1: 집중 모델 – 컴플라이언스 부서가 선물/접대 승인 또는 민원 처리 등 컴플라이언스 업무의 대부분을 떠맡는다.
- 모델 2: 분산 모델 – 컴플라이언스 부서가 자체 위임 권한을 사용하여 규제 사안에 대한 일상적인 책임의 상당 부분을 비즈니스 부문에 위임한다. 컴플라이언스 부서 직원은 비즈니스 부문에서 한 일을 모니터하고 그 효과성을 평가하여 개선을 도모한다.

이 모델 중 어느 것도 '올바르지' 않다. 당신 회사에 어느 모델이 가장 좋을지 스스로 결정해야 한다. 생각을 돕기 위해, 각 모델의 특징을 아래에 설명한다.

집중 모델	분산 모델
비즈니스 부문이 당신이 승인을 꺼리는 영역에서 계속 승인받기 위해 컴플라이언스 부서에 접촉할 경우, 비즈니스 부문과 보다 정규적으로 대면할 수 있다.	외관상으로는 컴플라이언스 책임자의 부담이 줄어든다. 당신은 비즈니스 부문에 당신의 전문가적 의견에 비추어 무엇이 필요한지를 말해 주지만, 비즈니스 부문이 이를 따를지 여부는 그들에게 맡겨둔다.

집중 모델	분산 모델
컴플라이언스 책임자가 일상 운영을 보다 더 많이 통제하므로 컴플라이언스 부서 입장에서는 보다 안전하다고 여겨질 수 있다. 컴플라이언스 책임은 컴플라이언스 부서에 놓여 있는 것으로 보일 가능성이 크다.	컴플라이언스 책임자에게는 위험이 더 크다. 예를 들어 당신 회사의 트레이딩 부문장의 규제 관련 판단이 참으로 당신의 판단만큼 건전할 것인가? 직원 각자가 자신의 책임과 활동 범위에 속하는 컴플라이언스 사안에 대해 오너십을 가질 가능성이 더 높다.
신규 계좌 개설 추이 또는 특정 부서에 의한 선물 제공이 최근에 급증했다는 사실과 같은 중요한 경영 정보 자료가 컴플라이언스 부서에 의해보다 '실시간'으로 파악된다.	비즈니스 부문장이 자기 부서의 규제 측면에 대해 더 깊이 관여한다. 그들의 규제상의 책임을 지게 되는 결과, 누군가가 의문스러운 신규 계좌를 개설하기 원한다거나, 또는 누군가가 개인적인 트레이딩에 너무 많은 시간을 보내고 있다는 사실을 알게 될 가능성이 더 높다.
컴플라이언스 부서가 관리 업무에 깊숙이 관여한다. 적정한 직원이 갖춰지지 않는 한, 컴플라이언스 부서가 전략적 업무를 수행하지 못하게 될 수 있다.	컴플라이언스 부서는 일상적인 관리 업무에 덜 관여하므로 보다 전략적인 업무에 할애할 시간이 확보된다. 많은 컴플라이언스 직원들은 관리 업무 처리보다 전략적인 업무에 관심을 더 기울인다.

컴플라이언스에 대한 책임 정의하기와 관련된 추가 지침은 90쪽의 컴플라이언스 규정(3장)에서 찾아볼 수 있다.

2.2 컴플라이언스 책임자

2.2.1 컴플라이언스 책임자의 주요 책임

섹션 2.1에서 컴플라이언스 책임자의 역할은 어느 정도는 회사가 채택한 모델 유형에 의해 정의됨을 살펴보았다. 어느 모델이 채택되든, 컴플라이언스가 '규제라는 관점에서 일이 그릇되는 것을 막는 데 도움을 주고, 일이 잘못될 경우 이를 다루는 데 도움을 준다.' 는 앞의 설명을 충족시키기 위해서는 모든 컴플라이언스 책임자들이 몇 가지 공통적인 책임을 떠맡을 필요가 있다. 이 책임들이 아래 표에 요약되어 있다.

1. 자신이 일하고 있는 회사에 대한 완벽한 이해

2. 자신의 회사에 적용되는 법률과 감독 규정상의 요건 및 이 요건들의 영향 파악

3. 감독 규정과 법률의 기본요건 수준을 넘어서 적용할 모범실무관행 기준 결정

4. 자기 회사의 맥락에서, 법령상의 요건과 스스로 정한 모범실무관행 기준들을 컴플라이언스 부서와 비즈니스 부문 모두에게 실현 가능한 방식으로 적용할 방법 결정

5. 회사가 모든 관련 요건과 스스로 정한 기준을 준수하고자 하는 방법 문서화. 이는 매뉴얼, 정책, 절차, 모니터링 프로그램, 작업 계획, 사보, 게시판, 인트라넷 사이트 등 제정/제작을 포함한다. 이 문서들과 이들이 나타내는 인프라스트럭처는 컴플라이언스 인프라스트럭처를 구성한다.

6. 모든 직원들이 자신에게 적용되는 요건들을 인식하고, 이를 준수하기 위해 무엇을 해야 하는지 알며, 준수하지 않을 경우 어떤 결과에 처해지게 될지 인식시키기 위한 교육 및 인식 활동 수행

7. 파악된 요건들을 준수시키기 위한 점검 활동 수행

8. 미준수 사례 또는 기타 다룰 필요가 있는 문제들이 파악된 경우 시정 조치 시행

9. 통상적인 비즈니스 활동 중 제기되는 이슈와 문제들의 맥락에서 관련 요건들을 어떻게 준수해야 할지에 관해 직원들에게 지침을 제공하기 위한 조언 제공

10. 규제 관련 진행사항과 변경 내용을 숙지하여 회사의 정책과 절차를 업

데이트하고 비즈니스 부문에 통지

11. 규제 당국과 회사 모두 규제 관련 진행 사항을 업데이트하고 불쾌한 뜻밖의 사태가 발생하지 않도록 대 규제 당국 관계 관리

12. 특정 규칙 요건을 충족하기 위한 규제 관련 보고 수행

13. 특정 리스크가 실현될 가능성과 그 경우의 영향을 파악하기 위한 컴플라이언스 리스크 파악 및 측정. 리스크의 시사점과 이 리스크를 어떻게 다룰지에 대한 이해

14. 상위 경영진에게 회사가 현재 규제 환경에서 어느 위치에 있는지 인식시키기 위해 경영진 앞 보고 수행

이 책임들을 발생시키는 일상의 과제들에 대한 상세한 지침은 10장과 부록 A, B에 나와 있다.

2.2.2 좋은 컴플라이언스 책임자의 특성

컴플라이언스 부서가 최적의 형태를 갖추는 것 이외에도(이에 대해서는 아래의 섹션 2.3에서 살펴본다) 자신의 특성, 강점, 약점을 조사해서 이 부서가 비즈니스에 어떤 기여를 하는가, 위에서 언급한 과제를 얼마나 잘 수행할 수 있는가라는 관점에서 자신의 역량을 향상시킬 필요가 있는지 살펴봐야 한다. 비즈니스 부문이 컴플라이언스 책임자의 보수를 부담하므로, 그들은 자신이 지출한 비용에 합당한 가치를 요구할 자격이 있다. 그렇다면, 좋은 컴플라이언스 책임자는 어떤 모습인가? 우리는 어떤 사람이 되기 원하는가? 당당하고, 단정하고 좋은 인상을 주어야 한다는 점은 말할 나위가 없다. 또한 '역대 최고의 컴플라이언스 책임자' 라는 영예로운 찬사를 받으려면, 아래와 같은 속성 중 많은 부분을 지녀야 할 것이다.

- 소신이 있다 – 우리는 권한이 있으면서 흉악범 같은 정신 자세를 가지고 있어서, 우리를 위협하여 자신의 목적을 추구하기 위해 우리에게 규칙을 왜곡하라고 겁을 주는 '영향력 있는 자' 에 의해 겁먹지 않는 사람이어야 할 것이다.
- 교육 준비와 전달을 잘 한다 – 비즈니스 부문이 마음을 닫고 우리가 하는 말을 듣지 않는 방식이 아니라, 컴플라이언스 메시지를 경쾌하고 쉽게 소화될 수 있는 방식으로 전달하여 그들의 주의를 끌 수 있다.
- 분석적이다.
- 비즈니스 부문의 모든 계층과 소통할 수 있다.
- 자신이 책임을 지고 있는 비즈니스 부문에 대해 잘 알아서 사람, 계획, 프로젝트, 문제 등에 대해 친숙하며, 자신의 컴플라이언스 모델을 이에 맞게 적응시킬 수 있다.
- 우리가 영위하고 있는 비즈니스와 관련된 규제 내용 전체에 대해 잘 이해하고 있다. 규칙들을 아는 것만으로는 충분하지 않은 바, 이는 출발점일 뿐이다. 그 규칙들이 어디에서 유래되었는지, 왜 요구되는지에 대해서도 알아야 하며, 이 규칙들이 상품, 서비스, 회사 자체에 어떤 영향을 주는지 이해해야 한다.
- 세부 사항, 특히 새로운 규칙 읽기, 모니터링 업무, 조사에 세심한 주의를 기울일 수 있다.
- 창의적으로 규칙을 운용해서 단순히 '안돼요' 에서 이야기가 끝나지 않게 한다. 실제로는 '안돼요' 는 '안돼요, 그렇게는 할 수 없습니다. 하지만 어떻게 수정하면 이 제안에 문제가 없겠는지 봅시다.' 라는 이야기의 시작에 지나지 않아야 한다.
- '예' 라고 말하라는 압력이 거센 경우에도 '아니오' 라고 말할 수 있을 정

도로 충분히 강하다. 바로 위에서 말한 바에도 불구하고, '아니오' 라는 말을 사용하기를 두려워하지 않고 이를 사용해야 할 필요가 있는 경우가 많다. 우리는 일선 부서의 이해관계에 의해 '예' 라고 말하도록 압력을 받아서는 안 된다. (만일 당신이 '예' 라고 말하라고 교사하는 당신의 상위자에 맞서기를 불편해 한다면, 아마도 컴플라이언스는 당신에게 적합한 일이 아닐 것이다.)

- 컴플라이언스 개념을 회사의 다른 부분에 '팔' 수 있기 위해 세일즈와 PR을 잘한다.
- 규제 관련 사안을 논리 정연하고 간결하게 정리하여 경영진의 주의를 끌 수 있는 보고서 작성 기술.
- 오랜 기간 동안 집중할 수 있다.
- 새로운 상황에 대해 빨리 배우고 받아들인다.
- 비즈니스에 영향을 주는 결정을 내릴 때 리스크에 기반하여 접근하기에 충분할 정도로 상업적으로 민감하고 실제적이다.
- 교육 자료 고안, 감독 시스템 사용, 예외 보고서 작성과 기타 컴플라이언스 세계의 여러 측면에서 IT를 사용할 수 있을 정도로 IT시스템을 충분히 잘 이용할 수 있다.
- 새로운 컴플라이언스 제도 시행 및 시정 조치 계획 운영 등과 같은 프로젝트를 관리할 수 있다.
- 매우 인기 없을 경우에도 소신 있게 의견을 낸다.
- 신속한 결정을 내릴 수 있다.
- 상세한 고려가 요구될 경우, 섣부른 결정을 내리지 않을 충분한 소신이 있다.
- 특정 이슈에 대한 모든 기준들을 종합적으로 고찰하고 무엇이 규제 당국, 회사, 전체 그룹과 고객들(그리고 자신의 정신 건강)에게 최선인지 비교함으로써 신중한 결정을 내릴 수 있다.

- 바람직한 결과를 도출해 내기 위해 외교 수완을 발휘하여 설득한다. 이는 비즈니스 부문에 흉악한 규제 당국이 그들을 잡아먹을 것이라고 끊임없이 '늑대가 나타났다' 라고 위협하지 않는 것과 관련이 있다. 예를 들어 벌금, 대중의 제재, 보상금 지급, 송환 명령, 부정적인 신문 머리기사 장식 등 유사한 회사들이 겪었던 규제상의 혼란에 관한 보다 구체적인 예를 알려주기와 같이 보다 설득력 있고 현실적인 이유를 준비하고 있을 필요가 있다.
- 현상에 도전을 제기하고 회사의 상층부에 파문을 일으킬만한 소신이 있다.
- 낯이 두껍다.
- 고객 서비스에 초점을 맞춘다. 우리가 '경찰' 역할을 하기는 하지만, 궁극적으로 우리의 급여를 지급하는 비즈니스 부문에 규제상의 서비스도 제공한다는 점을 기억할 필요가 있다. 이 점에서 우리는 내부 고객(비즈니스 부문)을 기쁘게 해줘야 한다.
- 기꺼이 자신의 행동에 대해 의문을 제기하고, 잘못된 의사결정을 내린 경우 이를 인정한다.
- 현재의 규제 동향을 신속히 따라 잡고 이를 회사의 맥락에 적용할 수 있다. 이는 올바른 때에 이슈들을 통제함으로써 '적시의 컴플라이언스' 를 실천할 수 있음을 의미한다. 왜냐하면, 규제 당국이 회사에 들이닥치기 바로 전날에서야 오류를 시정하려면 충분한 시간이 없기 때문이다. 그리고 다른 규제 대상 기관들이 당신이 오래전에 포착했던 새로운 동향에 눈뜨기 시작할 때쯤에는 자신의 일이 진부해져서 다시 업데이트할 필요가 생기게 할 정도로까지 너무 앞서 나가지도 말아야 한다.
- 비즈니스 부문이 당신의 견해를 진지하게 받아들이고 이에 기초하여 행동하는 경향이 있도록 위엄과 권위를 갖춘다.

- 인내 – 컴플라이언스 메시지가 안착되기까지는 오랜 시일이 소요될 수 있다.
- 컴플라이언스 책임자로서의 일에 열정을 가진다. (그렇지 않을 경우, 이 일이 당신에게 많은 슬픔을 줄 수도 있음에 비추어 볼 때, 이 일을 할 가치가 없다!)

2.3 컴플라이언스 평가 기준

2.3.1 양호한 컴플라이언스 체제의 특성

회사 내에서 컴플라이언스 책임의 구분과 당신이 떠맡을 필요가 있는 과제의 유형에 대해 명확히 하고 나면, 컴플라이언스 부서를 실제로 어떻게 운영할지와 회사에 적합한 컴플라이언스 기능의 성격을 결정해야 한다. 다양한 출처(바젤, IOSCO, MiFID, FSA)에서 다소의 지침을 제공하고 있는데, 이러한 기구들이 말하는 바를 고려하면서도 당신의 회사에 적합한 장치를 만들 필요가 있다. 당신은 진정으로 '최고 수준'의 컴플라이언스 부서를 원하는가, 아니면 '견실하고 믿을 수 있는' 부서이기만 하면 되는가? 당신의 회사에서는 롤스로이스 버전과 같은 고급 컴플라이언스 부서가 비용이 덜 들고, 더 적은 인원으로 최적의 상태를 유지하며, 더 많은 통찰력과 실제적인 우선순위를 가지고 있는 포드 에스코트 버전의 컴플라이언스 부서보다 유용하지 못할 수도 있다.

위에 열거한 기구들의 요건, 지침, 관찰 사항들에 근거하여, 이 섹션의 나머지 부분에서는 성공적인 컴플라이언스 부서와 기능들에 존재하는 경향이 있는 일련의 공통적인 특징들을 묘사한다. 당신 회사의 컴플라이언스 제도가 아래의 항목들 중 얼마나 많은 항목에 체크할 수 있는지 점검해 보라. 더 많이 체크할수록 당신 회사의 컴플라이언스 제도는 목적에 부합할 확률이 높다.

1. 컴플라이언스 부서가 라인 관리와 급여 구조면에서 비즈니스로부터 독립적이어서, 보상에 대한 고려에 의해 규제 관련 의사결정이 왜곡되지 않는다.

2. 적절한 직원 배치가 이루어져 있다.

   • 컴플라이언스 부서 직원이 충분하다.

   • 직원들은 적절한 경험과 대인 관계 기술면에서 충분히 자격이 있다.

   • 핵심 직원 이동 영향을 최소화하기 위한 승계 계획이 갖춰져 있다.

   • 직원의 책임과 보고 라인이 명확히 문서화되어 있다.

   • 부서의 각 직원에 대한 교육과 계발 계획이 갖춰져 있으며, 직원들은 필요시 교육에 참가할 수 있다. (FSSC에서 마련한 컴플라이언스 및 자금세탁방지 담당 직원을 위한 기술 및 역량을 보라. 부록 1을 보라.)

3. 컴플라이언스 부서는 비즈니스와 그 상품, 서비스, 목표를 철저히 이해한다.

4. 내부 부서의 통제와 절차가 명확히 문서화되어 있고 최신 상태로 유지되고 있다.

5. 비상사태 대응 계획이 갖춰져 있고 (최근에) 테스트되었다.

6. 컴플라이언스 대상 영역이 완전히 표시되어 있고 모든 해당 요건들을 다루기 위한 조치들이 시행되고 있다. 7장을 보라.

7. 회사 전체의 규제 리스크들이 파악되었으며, 리스크 경감 및 관리 프로그램들이 갖춰져 있다.

8. 리스크 경감 및 관리 프로그램들은 상시 모니터되고 업데이트된다. – 금융기관 규제 영역에서는 사안들이 결코 정태적이지 않다. 규제 당국보다 신속하게 움직이고 다음번에 중점을 둘 영역을 예측할 수 있을 필요가 있다. 당신은 국내 및 국제 규제의 진행 상황에 대해 규제

당국과 거의 동일한 정보의 원천을 가지고 있으므로, 전략적으로 생각하라.

9. 사용된 리스크 평가 방법론이 명확하게 정의되어 문서화되어 있다.

10. 주요 규제 요건들이 비즈니스 부문에 적시에 소통된다.

11. 컴플라이언스 부서가 충분한 사무실 및 책상 공간을 보유하고 있다. 적절한 문서 보안이 이루어져 민감한 서류들이 자물쇠가 갖춰진 공간에 보관된다.

12. 컴플라이언스 부서는 충분한 설비, 즉 컴퓨터, 팩스기, 스캐너, 복사기, 블룸버그 터미널, 참고 서적, 소프트웨어, 온라인 데이터베이스 접근권 등을 보유하고 있다.

13. 컴플라이언스 부서는 감독과 모니터링 목적의 해외 사무소 출장을 위한 적정한 예산을 보유하고 있다.

14. 정기적으로 독립적인 외부 컨설턴트를 회사에 초빙하여 컴플라이언스 부서의 적정성을 평가한다.

15. 건전한 컴플라이언스 배열의 유익이 비즈니스 부문에 명확히 소통되며, 가능하면 컴플라이언스가 '버는' 금전적 가치를 계산한다.

16. 컴플라이언스 통제 및 시스템이 기존 시스템 안으로 내장되어 비용을 최소화한다.

17. 컴플라이언스 모델은 사후 대응적이 아니라 선제적이며, 이에 비추어 성과를 측정할 수 있는 행동 계획이 잘 정의되어 있다.

18. 잠재적인 이슈가 실제로 문제화하기 전에 이를 시정하기 위해 컴플라이언스 모니터링을 실시하며, 통제의 취약점과 위반 사항이 파악될 경우 시정 조치 계획이 시행된다.

19. 컴플라이언스 모델의 효과성에 대해 명확히 보여 주기 위해 경영진에 대한 보고시스템이 갖춰져 있다. (실상은 당신이 잊고 있거나, 보지 못하고 있거

나, 신경을 쓰지 않고 있어서 모든 것이 매우 효과적으로 원활하게 돌아가고 있다고 생각할

수도 있다. 그러니 계속적으로 '상당한 압박'을 받게 하고, 사람들이 니어 미스(near miss. 하

마터면 실패할 뻔했던 사례), 피했던 재앙, 사전에 방지했던 감독 당국의 조치 등에 대해 알게

하라.)

20. 리스크 기반 접근법을 취해서 회사가 가장 많은 손실을 볼 수 있는 영

역에 대부분의 노력을 기울인다.

컴플라이언스 부서 이외 부문들과의 상호 작용

1. '컴플라이언스 리스크'라는 용어가 명확히 정의되어 있고, 회사의 모든

부문에서 이를 이해한다.

2. 컴플라이언스 부서가 보고 라인의 상위자들로부터 방해받지 않고 우

려사항이 있을 경우 이를 제기할 수 있도록 최고 경영자에게 직접 접

근한다.

3. 컴플라이언스 수장의 조직 내 지위가 적절한 상위 직급이다.

4. 컴플라이언스와 (비즈니스 부문) 상위 경영진이 정기적으로 만나서, 양측

모두 서로에 대해 충분히 업데이트되고 진행 상황을 각각의 계획에 반

영할 수 있다.

5. 회사 내 모든 직급의 임직원, 특히 상위 경영진이 컴플라이언스를 수용

한다.

6. 상위 경영진이 자신의 컴플라이언스 책임을 받아들이고, 이 책임을 진

지하게 취급한다.

7. 상위 경영진이 규제 제도의 주요 요소들과 규제가 자신과 회사의 활동

및 목표에 어떤 영향을 주는지 이해한다.

8. 상위 경영진이 컴플라이언스 부서를 전폭 지원한다. 컴플라이언스 팀 자

체는 유능하지만, 상위 경영진의 저항으로 컴플라이언스 업무를 성공적

으로 수행하기가 불가능하다면 당신은 아주 어려운 싸움에 직면하게 된다. (당신은 이 싸움을 계속하든지, 상황이 나은 다른 직장으로 옮겨 보다 쉬운 삶을 살 수 있다.)

9. 컴플라이언스 부서는 회사 내의 모든 직원과 기록에 자유롭게 접근할 수 있으며, 우려되는 사안에 대해 모든 부서, 직원 또는 실무관행에 대해 이의를 제기할 권리가 있다.

10. 컴플라이언스 부서는 비즈니스 훼방꾼이 아니라 비즈니스 파트너로 여겨진다.

11. 컴플라이언스 부서를 비즈니스 부문의 중요한 모든 회의에 초청해서 컴플라이언스 부서가 비즈니스 계획과 우선순위를 충분히 이해하고 자신의 활동을 이에 맞추게 한다.

12. 한 개인의 규제에 대한 이해와 행동이 연례 평가와 보너스 시스템에 반영된다.

13. 비즈니스 부문은 자신의 이익이 컴플라이언스 부서의 이익과 정렬을 이루고 있기 때문에 이사회에 대한 컴플라이언스의 조언과 요청을 받아들인다.

14. 복잡한 규제 관련 의사결정을 담당하는 컴플라이언스 리스크 위원회가 설치되어 있다. 이 위원회에는 컴플라이언스 직원 외에, 비즈니스 부문 상위 경영진의 컴플라이언스 관련 사안 오너십을 보여주기 위해 이들이 위원에 포함되어 있다.

15. 상위 경영진은 정규 회의와 브리핑을 통해 컴플라이언스 활동과 우선순위에 대해 충분히 정보를 제공받는다.

16. 컴플라이언스 부서는 비즈니스에 영향을 미칠 규제 관련 의사 결정을 내릴 때 상업성에 대한 필요를 염두에 두고 있으며, 규칙들이 바람직한 비즈니스 결과에 부합하도록 '규제 공학'을 수행한다.

17. 비즈니스 부문이 새로운 사업 초기 단계에 컴플라이언스 부서를 관여

시키면 규제상의 이슈들을 다루기가 훨씬 더 쉽다는 것을 인식하고 있으며, 실제로 그렇게 한다.

18. 건전한 컴플라이언스 시스템의 유익을 모든 사람들이 인식하고 있어서 컴플라이언스 부서의 의견이 회사의 모든 계층에서 환영받는다.

19. 컴플라이언스 부서는 자원 공유와 지식 교환 측면에서 다른 통제 부서들과 잘 연결되어 있다. 컴플라이언스 부서와 다른 부문에 의해 수행되는 기능들이 중복될 경우, 각각의 책임 정도가 명확히 정의된다.

20. 컴플라이언스 부서는 정기적으로 비용-효용 분석을 실시해서 자신이 회사에 어떻게 가치를 부가하고 있는지 보여준다. (당신은 수익을 중요하게 여기는 금융기관에서 일하고 있으므로 회사의 다른 동료들에게 당신이 하는 일이 그들에게 도움이 된다는 점을 상기시킬 때 그들이 사용하는 언어로 얘기하는 것이 좋다.)

21. 컴플라이언스 부서는 이 기능이 비즈니스 부문에 의해 어떻게 인식되는지 알아보고 개선이 필요한 곳을 파악하기 위해 고객 만족 조사를 실시한다.

22. 컴플라이언스 부서는 자신의 서비스 수준을 평가하고 절차와 통제가 강화될 필요가 있는 분야를 파악하기 위해 내부 감사 또는 다른 적절한 부서의 정기 검토를 받는다.

23. 회사의 전 임직원이 컴플라이언스 부서의 역할은 '촉진자(facilitator)'라는 점과 자신을 위해 '컴플라이언스를 대신 해' 주기 위해 존재하지 않는다는 점을 이해한다. 모든 임직원이 자신의 규제 관련 행동에 대해 책임을 진다.

24. 컴플라이언스 리스크를 측정하는 정규 보고서가 상위 경영진에게 제공된다.

25. 컴플라이언스 부서와 회사의 다른 부문들의 관계는 양해각서 또는 컴플라이언스 규정과 같은 공식 문서에 공식화되어 있다.

1. 규제 당국과의 관계가 좋다.

2. 거래소 및 청산소와의 관계가 좋다.

3. 다른 회사의 컴플라이언스 책임자들과 좋은 네트워크를 유지하고 있어서 다루어야 할 특정 이슈에 대해 자신이 없을 때 '친구에게 전화' 할 수 있다.

4. 업계 기구, 동업자 협회 등에 회원으로 가입하여 컴플라이언스 세계에서 현재 진행되고 있는 사항들을 파악하고 있다.

5. 관련 협회가 무엇을 제공하는지 명확히 이해하고 있어서 필요시 손쉽게 지침을 구할 수 있다.

6. 규칙 초안에 대한 의견 수렴에 응하고, 규칙 제정자들에 대해 로비하기 위한 이해관계자 그룹에 참가하여 규제 정책 형성에 도움을 준다.

2.3.2 나쁜 컴플라이언스 체제의 특성

컴플라이언스 부서와 회사에서 시행한 컴플라이언스 제도가 덜 성공적일수록, 당신은 비즈니스 부문 동료들에게 자주 비판받을 가능성이 높다. 그러면 직장 생활이 재미없어진다. 당신은 컴플라이언스가 규제 리스크에 대비한 믿을 수 없을 정도로 값비싸고 부담스러운 보험에 지나지 않는다고 여겨지지 않도록 당신이 할 수 있는 모든 일을 해야 한다. 컴플라이언스는 새로운 이니셔티브에 착수하기 몇 일전에 '적용되는' '추가적인 선택 사항' 이 되어서는 안 되며, 비즈니스를 방해하고 이익을 감소시키는 필요악으로 여겨져서도 안 된다.

당신이 매일 규제상의 전쟁터로 나가고 싶지 않다면, 당신의 컴플라이언스 제도에서 아래의 요소들을 제거하라. 그러면 당신이 컴플라이언스 최하위상을 받는 것과 당신의 모든 동료들의 적개심을 피하는 데 도움이 될 것이다.

1. 독립성 결여. 컴플라이언스 부서가 비즈니스 부문에 보고한다. 그 결과 규제 관점에서는 필요하지만 비즈니스 친화적이지 않다고 여겨지는 결정을 내리기 어렵다. 이는 또한 당신이 비즈니스 부문으로부터 수용되지 않을 경우 갈 곳이 없음을 의미한다.

2. 컴플라이언스 직원의 급여가 본인이 감독하는 거래의 수익성과 직접 관련이 있도록 보상 패키지가 짜여졌다. 만일 특정 거래에 대해 동의할 경우 25,000달러의 추가 보너스를 받을 수 있다면, 신념이 덜 확고한 사람은 이에 굴복하라는 유혹을 받을 수 있다.

3. 직원 이직률이 높아서 컴플라이언스 부서가 시행되고 있는 컴플라이언스 모델, 또는 회사와 회사의 목표에 대해 잘 이해하지 못하고 있다.

4. 컴플라이언스 부서에 그저 '스쳐가기'만 하고 팀에 충성심이 없는 단기 임시직 직원이 많다.

5. 컴플라이언스 팀에 인원이 부족하다.

6. 컴플라이언스 스탭이 적절히 보상되지 않으며, 낮게 평가된다고 느낀다. 컴플라이언스 부서 직원은 회사와 자신의 일에 대해 열성을 보이지 않는다.

7. 컴플라이언스 스탭이 당신의 회사에서 제공하는 특정 상품과 서비스를 이해하지 못한다.

8. 컴플라이언스 스탭이 당신의 회사에 적용되는 특정 법률과 규정을 이해하지 못한다.

9. 관련 규정을 상시적이고 일상적인 비즈니스 차원에서 적용하지 못한다.

10. 컴플라이언스 비전 결여. 컴플라이언스 부서의 행동은 전략적 행동 계획이 아니라 매일의 사건들에 의해 움직인다.

11. 절차와 통제들이 정기적으로 검토되지 않아서, 몇 년 전에는 효과적이었으나 더 이상 목적에 부합하지 않는 '낡은' 수단들을 가지고 일할 리스크를 안고 있다.

12. 비즈니스 부문에 컴플라이언스 요건에 관한 명령과 지시를 내리는 외에는 소통하지 않는다.

13. 컴플라이언스 부서가 규제 요건이 비즈니스에 미치는 영향 최소화 방안을 결정하기 위해 비즈니스 부문과 협의하지 않는다. 그래서 '비즈니스 팀' 대 '컴플라이언스 팀'이 대립한다.

14. 직원들에게 관련 요건과 이 요건이 당신의 회사에 미치는 영향에 대한 적절한 지침과 교육을 제공하지 않는다.

15. 컴플라이언스 시스템과 통제 결여.

16. 비즈니스에 직접적으로 영향을 미치게 될 의사결정 시 상업주의의 결여.

17. 컴플라이언스 직원이 소신이 부족하여 특정 활동이 규제상의 이유로 중지되어야 할 때 단호히 나서지 못한다.

18. 새로운 규제 요건과 이 요건이 회사에 어떤 영향을 미칠지 파악하지 못한다.

19. 내부 컴플라이언스 절차가 문서화되지 않았거나, 문서화되었더라도 업데이트되지 않거나 필요한 영역을 충분히 다루지 않는다.

20. 비즈니스 부문에서 사용할 명확하고 문서화된 컴플라이언스 정책과 매뉴얼 결여.

21. 컴플라이언스 문제들과 시정 내용들이 상위 경영진에게 보고되지 않는다.

22. 컴플라이언스 문제들이 파악되었음에도 시정 조치가 시행되지 않는다.

23. 컴플라이언스 검토가 회사의 모든 활동들을 포함하지 않는다.

24. (다국적 기업에서) 당신의 팀은 현지 규제 제도의 요건을 이해하지 못하면서 당신의 현지 컴플라이언스 기능에 독립적인 행동을 할 수 있는 권한을 거의 주지 않는 해외의 컴플라이언스 부문장에게 보고한다.

25. 컴플라이언스 접근법이 리스크에 기반을 두지 않거나, 유연하지 않다.

26. 컴플라이언스 부서가 긴급 상황에 대한 유연한 대처 여지를 허용하지 않는 엄격한 프로그램에 따라 일한다.

27. 보다 큰 문제들을 다루기는 너무 어렵다고 여기고, 작고 쉽게 성과를 낼 수 있는 일들에 시간을 보낸다.

이러한 사항들을 인식하고 제거하는 것이 매우 중요하다. 해마다 자체 평가를 실시해서 당신의 부서가 위에 언급한 특성 중 하나라도 보이고 있지 않은지 점검하도록 권장된다.

2.3.3 위험 신호들

컴플라이언스 제도에서 위에 언급한 요소들을 제거하기가 다른 회사에서보다 쉬운 회사들이 있다. 회사 또는 회사 내 개별 부서에서 아래의 특징들이 더 많이 보일수록, 당신은 컴플라이언스 모델을 재정립하고 비즈니스 부문에게 컴플라이언스의 효용을 납득시키는 데 더 많은 노력을 기울일 필요가 있다.

1. 컴플라이언스 요건에 대해 CEO 또는 어느 상위 경영진도 이를 충심으로 받아들이지 않는다.

2. 상위 경영진이 컴플라이언스 책임을 받아들이지 않거나, 심각하게 여기지 않는다.

3. 규제 관련 전략에 관해 비즈니스 부문과 자주 긴장과 분쟁이 발생한다.

4. 회사가 최근에 감독 당국의 검사를 받지 않아서 비즈니스 부문이 현장 검사가 얼마나 어렵고 불쾌해질 수 있는지 잊어버렸다(감독 당국의 검사 직전에 컴플라이언스가 모든 사람의 가장 좋은 친구가 될 수는 없다).

5. 회사에 외국, 특히 규제 제도가 느슨한 나라 출신이 많다. 그 직원들이 당신이 속한 국가의 규제 모델 하에서 일하는 데 익숙하지 않다.

6. 회사가 재무적으로 어려움을 겪고 있으며, 직원들에게 실적을 올리라는 압력을 가하고 있다. 이로 인해 장기 생존 가능성보다는 단기 이익을 강조한 나머지 컴플라이언스를 약화시킬 수 있다.

7. 매트릭스 체제로 경영된다. 즉, 당신의 부하 직원 중 많은 사람이 현지의 규제 요건과 그 중요성을 이해하지 못하는 해외 소재 매니저들에게 보고한다.

8. 보상 구조가 규제에 대한 개인의 태도를 전혀 고려하지 않는다.

9. 컴플라이언스가 비즈니스 전략에 내장되어 있지 않고 생각날 경우에만 컴플라이언스 부서와 상의하며, 컴플라이언스를 비즈니스 운영을 향상시킬 수 있는 파트너라기보다는 새로운 이니셔티브에 착수하기 전에 극복해야 할 마지막 장애물이라고 생각한다.

10. 컴플라이언스는 컴플라이언스 부서만의 책임이라고 생각한다. 직원들은 자신의 행동에 대해 책임지지 않으며, 자신의 행동에 대한 규제상의 영향에 대해 스스로 생각하지 않는다.

11. 비즈니스 부문에서 일상적으로 컴플라이언스 부서의 조언, 지침, 요청을 무시한다.

12. 컴플라이언스 부서가 전통적으로 허약했다.

13. 회사에 계속 높은 평판을 유지해야 하고, 계속 1등을 해야 한다는 압력을 느끼는 스타급 직원 비율이 높다.

14. 경영진은 컴플라이언스 이슈에 대해 관심을 기울이지 않으며, 컴플라이언스 전략 수립에 관여하지 않는다.

위의 특징 중 몇 가지를 보이고 있는 회사에서 일하고 있다면 (그리고 일을 바꿀 생각이 없다면!) 비즈니스 부문의 협조 결여를 다루는 방법을 설명하는 10장을 참조하라.

2.4 컴플라이언스 옹호론

2.4.1 컴플라이언스, 규제 및 컴플라이언스 책임자의 유익

앞에서 우리는 상업적 이해와 규제상의 필요 사이에 올바른 균형을 이루기 위해서는 비즈니스 부서와 컴플라이언스 부서 사이에 자연적인 긴장이 있어야 함을 살펴보았다. 이 긴장은 컴플라이언스 업무의 덜 바람직한 요소 중 하나이기는 하지만, 다행히 사정이 변해서 금융업계가 금융기관 규제의 효용과 잘 구성된 유능한 컴플라이언스 부서의 이점을 깨닫고 있다. 그러나 누군가가 회사가 왜 '컴플라이언스에 그렇게 많은 시간과 돈을 써야 하는가?' 라고 물을 경우에 대비해서 (많이 들어 본 말 같지 않은가?), 규제와 컴플라이언스가 금융 산업 전반과 당신의 회사에 가져올 수 있는 유익의 목록을 준비해 두는 것이 좋을 것이다.

아래의 사건들을 기억하는가?

베어링스 은행 붕괴

유명한 사기꾼 트레이더 닉 리슨이 부적절하게 감독되는 트레이딩에 관여하는 한편 오퍼레이션 수장 역할도 하면서 은행에 막대한 손실을 입혀서, 이 은행은 ING에 1파운드에 팔리게 되었다.

로버트 맥스웰과 미러 그룹 연금 사기

로버트 맥스웰은 직원들의 연금에서 수백만 파운드를 빼돌려 착복했다.

BCCI(Bank of Credit and Commerce International) 은행 붕괴

국제 코카인 및 범죄 집단 은행(Bank of Cocaine and Criminals International)이라는 별명이 있는 BCCI는 대규모 사기가 자행된 뒤 1991년에 막대한 부채를 안고 무너졌다. BCCI에서 발생한 사건으로 유럽 전역의 건전성 감독을 강화하기 위해 포스트 BCCI 지침이라는 지침이 생겨나기까지 했다.

플레밍 페라리스

1998년에 스위스 주식 거래소 OMX 지수를 조종하려던 3명의 트레이더들의 화려한 장난이 매체와 대중의 상상력을 끌었다.

에퀴터블 라이프 보험 붕괴 모면

에퀴터블 라이프는 교활한 보험 통계 수치를 사용해서 보험 가입자들에게 실제보다 더 많이 지급할 수 있다고 계속 약속함으로써 많은 투자자들의 예상 퇴직 자금이 부족하게 만들었다.

분할자본신탁 불완전 판매

많은 분할자본신탁의 관리 및 투자 방식은 투자 자문사들이 많은 투자자들에게 설명한 것보다 훨씬 큰 투자 리스크에 직면하게 했다. 이로 인해 수천 명이 손실을 입었다.

양로보험 불완전 판매

모기지 지불 수단으로 양로보험증권을 사용한 많은 주택 소유자들은 양로보험증권 모기지와 관련한 리스크가 적절히 설명되지 않아서 손실을 입었다.

연금 불완전 판매

고용주의 연금제도에 가입했거나, 이를 해지하지 않고 유지했더라면 퇴직 시 소득이 더 많았을 근로자들이 고용주의 연금제도에서 탈퇴하거나, 애초에 가입하지 말라는 조언을 받았다.

엔론 붕괴

대규모 기업 사기와 회계 부정이 에너지 시장의 시세조종과 결합하여 트레이딩 거물 엔론이 파산하게 되었다. 주가 폭락으로 엔론의 직원이기도 했던 많은 투자자들은 큰 손실을 입었으며 직원 연금에서도 막대한 손해를 봤다. 이 사건과 타이코, 월드콤 등의 회계 스캔들 덕분에 (또는 탓에) 미국에서 사베인-옥슬리법이 시행되었다.

얼라이드 아이리쉬 은행

사기꾼 외환 트레이더 존 러스낙이 수억 달러를 잃었다.

노던 록

의문스러운 자금 조달 구조로 영국 최초의 은행 예금 인출 사태가 초래되었다. (부록 1의 금융기관 보상제도에 관한 섹션의 주석을 보라.)

그리핀 트레이딩 컴퍼니

GLH 선물회사에서 발생한 권한 없는 트레이딩으로 그리핀 사에서 주요 고객 자금이 부족해졌다(이 고객은 이 회사를 통해 Eurex 선물을 거래했다).

롱텀 캐피털 매니지먼트

헤지 펀드 LTCM의 거액 손실로 시스템 차원의 리스크(다른 금융기관들에 대한 악영향)에 대한 우려와 불투명한 헤징 기법이 뉴스 머리기사를 장식함에 따라 금융업계에 충격파가 일었다.

도이체 모간 그렌펠의 유럽성장신탁

펀드 매니저 피터 영의 권한 없는 트레이딩으로 수백만 달러의 투자자 손실이 초래되었다.

지불 보호 보험(Payment Protection Insurance; PPI)

이 책을 쓰고 있는 현재 경쟁 위원회는 PPI가 너무 비싸고, 보험 청구를 할 수 없는 소비자들에게 보험을 판매했으며, 특히 가장 흔한 보험금 지급 사유가 되는 몇 가지 문제를 보장 대상에서 제외했다는 주장이 제기된 뒤 PPI 시장을 조사하고 있다.

이러한 스캔들의 피해자들(고객 또는 직원)에게 컴플라이언스는 시간과 돈 낭비라고 말한다면, 몰매를 맞을지도 모른다. 그러나 옥신각신하는 것과 규정집을 읽는 것은 별로 매력이 없기 때문에, 일들이 잘 풀리고 우리가 일상적인 임무 수행을 통해 유사한 스캔들이 일어나지 않도록 방지할 경우에는 아무도 이에 대해 알려 하지 않는다. 얼마나 많은 유사한 스캔들이 머리기사 근처에 가까이 가기도 전에 가련하고 겸손한 컴플라이언스 책임자들에 의해 파악되고 다루어졌을까? 우리는 이를 절대로 알 수 없을 것이다.

보다 구체적인 유익을 보려면 금융 규제 및 컴플라이언스 기능과 관련하여 가장 특정하기 쉬운 몇 가지 유익들을 보여 주는 다음 섹션을 읽어보라.

그리고 누군가가 우리의 역할을 폄하하려 할 경우, 이 유익들을 능란하게 인용하라.

고객들에 대한 유익

- 고객을 공정하게 대우하는 것을 직접적인 목표로 삼는 상세한 컴플라이언스 규칙들이 많이 있다. 이 규칙들을 준수한다면 고객 만족도가 높아져 고객의 충성, 신뢰, '추천' 등과 같은 경쟁 우위를 가져올 것이다. 고객에게 잘 봉사하면 불만을 품은 고객으로부터 소송이나 FSA에 민원을 제기당할 리스크도 적어질 것이다.
- 보고, 고객 동의 통지와 같이 고객에 중점을 둔 규칙들을 준수하도록 요구되는 시스템은 회사가 전달하는 서비스가 보다 의존할 수 있고, 따라서 고객 충성도를 높인다는 것을 의미한다.
- 경쟁 우위: 고객들은 공정한 대우를 받아야 하는 바, 비즈니스 수행 규칙에서 고객의 최선의 이익을 가장 중요한 고려사항으로 삼도록 요구하면, 천진한 고객의 돈을 갈취해서 장기적인 관계를 죽이게 되는 광풍에 휩싸이지 않도록 예방된다. 회사가 올곧고 공정하다는 평판을 얻으면 고객 충성도가 높아짐에 따른 유익을 얻을 것이다.
- 위의 모든 사항들로 비즈니스가 증가하고, 따라서 이익이 증가할 것이다.

기업 거버넌스 유익

- 고객 만족 개선에 직접적으로 관련되지 않는 많은 규제 요건들은 내부 시스템과 통제 향상을 목표로 하는 바, 이는 회사의 효율성 개선 효과가 있다. FSA, SEC 등에 대해서는 전혀 관심이 없는 경영자라 해도 효율성 향상에는 관심이 있을 것이다. 이 측면을 회사가 규제된다는 사실이 가져다주는 행복한 부산물이라고 생각하라.

- 기업 거버넌스를 우연에 맡겨두지 말고 견고한 기업 거버넌스 시스템을 적용하라는 공식 요건으로 인해 책임 할당과 감독 시행으로 모든 계층에서 보다 책임성을 높이는 데 도움이 될 것이다.
- 자기 회사의 컴플라이언스 시스템 효과성 평가에 필요한 다양한 수단들을 갖추면, 경영 정보가 개선될 것이다.

금전상의 유익

- 좋은 컴플라이언스 체제는 통상적으로 효율성 향상을 요구하고, (위에서 본 바와 같이) 실제로 효율성을 향상시킨다. 비즈니스 프로세스의 효율성은 일반적으로 비용 감소로 이어진다.
- 회사가 높은 규제 컴플라이언스 기준을 유지하면 보상금 지급이나 소송을 통해 돈을 잃는 일이 적어질 것이다.
- 견고한 컴플라이언스 제도를 갖추면 벌금을 지급할 가능성이 훨씬 줄어드는 바, 벌금 수준이 해마다 증가하고 있는 지금이야말로 이를 명심해야 할 때이다.
- 컴플라이언스 시스템과 통제가 강력할수록, 회사가 바젤 II하에서 보다 관대한 대우를 받게 되어 자본 부과액이 적어지고, 이를 통해 거래(deal)를 추진할 자금이 (요구 자본 보유라는 속박에서) 풀려나게 된다.
- 많은 컴플라이언스 요건들은 고객들이 잘 대우받는 것을 직접적인 목표로 한다. 이는 고객 만족을 향상시키고 따라서 이익을 증가시킨다.
- 컴플라이언스 부서는 '거꾸로 된 이익 센터'라고까지 말하는 사람들도 있다. 벌금을 예방하고, 회사의 좋은 평판을 지원하며, 리스크 통제 프레임워크에 기여함으로써 규제 자본 요구량을 줄일 때 얼마나 많은 돈이 '절약'되는지 생각해 보라. 이 점들을 고려할 때, 컴플라이언스 비용을 정당화하기가 훨씬 쉬워진다.

- 언론 매체 – 훌륭한 컴플라이언스 시스템과 통제는 당신의 회사가 언론의 화려한 기사 거리가 되지 않도록 막아줄 것이다. 회사가 좋지 않은 일로 머리기사에 나오게 할 필요가 전혀 없다.

- 규제 당국 – 견고한 컴플라이언스 인프라스트럭처는 규제 당국에게 제재를 받을 가능성이 적음을 의미한다. 만일 문제가 발생하더라도, 컴플라이언스 시스템이 잘 작동하고 있으며 발생한 문제는 시정되었거나 쉽게 시정될 수 있는 일회성 사건에 지나지 않음을 입증할 수 있는 경우에는 벌칙이 가벼워질 가능성이 있다. 또한 뭔가가 잘못될 경우 규제 당국이 가혹한 조치를 취하지 않도록 평소에 그들과 좋은 관계를 유지해야 한다.

- 고객 – 앞의 고객 만족에 관한 부분을 보라.

- 영국 금융 산업의 평판을 보호하는 것이 우리 모두에게 이익이 된다. 우리는 다른 금융 센터에 비즈니스를 빼앗기기를 원하지 않는다. 금융 산업은 영국 경제에 매우 중요한 바(29,759개 회사에 165,544명의 개인이 종사하고 있으며, 영국 GDP의 5%를 차지한다. 2006년 FSA 연설[6]에서 인용함), 우리는 높은 규제 기준이 유지되도록 도와줌으로써 금융 산업 보호에 일익을 담당한다.

- 우리가 규정집, 규정 초안, 논의 문서 등을 읽고 규제 당국의 세미나에 참석함으로써 다른 직원들은 직접 이렇게 할 필요가 없다. (당신 회사의 CEO가 당신이 작년 한 해 동안에 얼마나 많은 FSA 규정 초안을 검토했는지 짐작이라도 할 수 있으리

---

6) 2006년 2월 13일 Callum McCarthy의 연설: Risk based Regulation: the FSA's experience.

- 우리는 관련 요건이 무엇인지 알아내면, 시간을 두고 이를 소화하여 따르기 쉽게 변형시킨다. 이를 통해 비즈니스 부서는 어떤 규정이 적용되고 어떤 규정이 적용되지 않는지 파악하기 위해 복잡한 규칙과 요건들을 조사하느라 시간을 보낼 필요 없이 딜링, 자문, 파이낸싱, 돈벌이 등에 나설 수 있다.

- 우리는 규정집을 속속들이 알고 있다(또는 우리가 밥값을 하려면 알아야 마땅하다). 새로운 비즈니스 라인이 시작되거나, 특정 거래가 종결되기 전에 살펴봐야 할 규정들이 많이 있다. 다행히 우리 컴플라이언스 책임자들은 이를 손바닥 보듯이 잘 알고 있다. 우리는 비즈니스 부문을 위해 무슨 수를 써서라도 동료들이 규제상 위험 지대로 향하게 되는 잘못된 방향을 피하도록 경고해 주며, 부드럽고 신속하게 규제의 정글의 안전한 쪽으로 이끌어 주는 길을 보여 주는 지도를 그려 줄 수 있다.

- 우리가 규칙을 안다는 것은 또한 우리는 언제 예외가 적용되는지 언제 면제받을 가능성이 있는지 안다는 것을 의미한다. 누구나 지름길을 좋아한다.

- 우리가 금융 산업에 대한 지식을 가지고 있다는 것은 현재 감독 당국의 '주된 관심사'가 무엇인지 안다는 것을 의미한다. 이 영역은 규제 당국이 중점을 두고 있는 분야로서 뭔가 이상이 발견될 경우 그들이 매우 엄격한 태도를 보이게 될 터이므로 이러한 문제에 말려들지 않게 해야 한다.

- 우리는 규제 당국이 의심을 보내기 전에 잠재적인 문제들을 찾아낸다. 내부 컴플라이언스 검토를 받는 데 대해 사람들이 아무리 언짢게 생각한다 해도, 대부분은 감독 당국이 점검하여 뭔가가 잘못되었음을 발견할 경우 훨씬 더 불쾌할 수 있음을 알고 있다.

- 우리는 비즈니스 부문이 꼼수를 부리다 규제상의 제재, 벌금, 기소 그리

고 평판 손상 등 이와 관련한 온갖 끔찍한 일을 당하지 않으면서 목표에 도달하도록 비즈니스 계획에서부터 상업적 성공에 이르기까지 모든 단계에서 그들을 안내한다.

- 우리는 회사를 규칙 위반으로부터 보호해 줄 뿐만 아니라, 과도하게 열성적인 규제로부터도 보호한다. 우리는 동업자 단체와 토론 그룹에 가입하고, 규제가 규칙집의 맥락에서만 아니라 비즈니스 관행 면에서도 비즈니스 친화적이고 실행 가능한 방식으로 형성되어지도록 규칙 초안에 응답함으로써 우리의 규제 환경 조성에 일익을 담당한다.

- 우리는 잘못된 투자 의사 결정을 해놓고 회사에 책임을 떠넘겨 보상받으려는 생각에 경미한 문제들을 붙들고 늘어지는 까다로운 고객들부터 우리의 동료들을 보호한다. 우리 컴플라이언스 책임자들은 모든 규제 관련 사안들을 일목요연하게 정리해 놓을 수 있다. 이를 통해 잘못 생각한 고객들이 우리에 대해 소송을 제기할 때 그들이 설 자리가 없게 할 수 있다.

- 우리는 열정이 지나친 트레이더에 고삐를 조이고, 그들에게 이익과 훌륭한 비즈니스 윤리 사이의 관계에 대해 다시 인식하도록 돕는 금융계의 지미니 크리켓(월트 디즈니 사의 만화 영화 피노키오에서 피노키오의 멘토 역할을 하는 귀뚜라미. 역자 주) 역할을 한다.

왜 금융업을 규제하는가?

이 책은 컴플라이언스 기능을 조사할 목적으로 썼지만, 우리가 하는 일의 많은 부분이 규제 당국에 의해 정해지므로, 규제 당국이 무엇을 달성하려 하는지, 규제 당국의 목표가 무엇인지 잠시 살펴볼 가치가 있다.

금융업은 규제 기구에 의해 감독되는 많은 산업 중 하나다. 예를 들어 영국에는 환경청, 식품기준청, 트레이딩 기준청, 운전기준청, 회사등록국, 민간항공국과 같은 기구들이 있다. 이 기구들의 관심 영역은 판이하지만, 이들은 모두 일반 대중에게 영향을 주는 특정 부문을 감독한다는 보다 공통적인 상위 차원의 목표를 가지고 있다.

금융업 부문만을 살펴보면, 나는 규제 기관이 하나도 없는 국가는 한 곳밖에 보지 못했다. 이 기구들의 감독 범위는 나라마다 다르고 부문마다 다르겠지만, 모두 상위 차원의 공통된 목표들을 가지고 있다.

1. 규제 대상 회사의 지급능력/자본 적정성 모니터링
2. 소비자 보호
3. 시장 신뢰 – 시장의 공정성, 효율성, 투명성 확보
4. 시장 안정성 – 체계적 리스크 축소
5. 범죄 및 교활한 관행 예방을 위한 시장 행동 감독
FSA의 법률상 목표는 부록 1을 보라.

위의 모든 목표들은 찬사를 보낼 만하며, 규제 당국의 의도에 의문을 제기하기는 어려울 것이다. 그러나 우리는 국가들 사이에 존재하는, 심지어 동일한 국가 안에서조차 존재하는 다양한 불일치 사항들에 대해 이슈를 제기할 수 있을 것이다.

국가들 사이의 규제 차이라는 이슈는 유럽연합, 은행감독에 관한 바젤위원회, 국제 증권위원회 조직과 같은 국제기구에 의해 점차 다루어지고 있지만, 우리 자신의 국내 제도 안에 존재하는 불일치 사항들에 대해서는 별로 알려져 있지 않다. 영국에서 몇 가지 예를 보기로 하자.

• 왜 어떤 상품들은 FSA의 비즈니스 수칙 규정 적용이 면제되는가?
회사가 주식이나 채권 발행을 통해 자금을 조달하려 하면, 이 활동들은

심한 규제를 받는다. 그러나 회사가 신디케이트 론을 통해 자금을 조달하면 비즈니스 수칙 관련 규칙들이 적용되지 않는다.

- 주식이나 채권을 거래하면, 비즈니스 수칙 관련 규칙들이 적용되는 반면, 대출참가, 약속어음 또는 환어음 등 다른 도구들을 거래하면 이 규칙들이 적용되지 않는다.

- 왜 소비자 신용 사업은 리테일 분야의 다른 금융업과 동일한 강도로 규제되지 않는가? 금융소비자 보호가 핵심 규제 목표 중 하나인 이상, 우리가 현재 보고 있는 신용카드, 개인 대출 등 소름끼칠 정도로 무책임한 싼 돈이라는 광고에 관해 무언가 조치를 취하는 것이 현명할 것이다.

- FSA는 영국 국채와 같은 '안전한' 투자에 조금이라도 투자하기 원하는 사람들에 대해서는 모든 규정을 적용하지만, 똑같이 투자 목적으로 사용되고 소비자를 국채나 FTSE 100 주식보다 훨씬 큰 리스크에 노출시키는 임대용 모기지는 규제하지 않는다.

어떻게 생각하는가?

2.4.2 컴플라이언스 비용

규제 및 컴플라이언스의 유익을 아는 것은 좋은 일이다. 그러나 우리는 현실 세계에 살고 있으며 컴플라이언스와 규제가 아무리 유익하고 바람직하다 해도, 이들은 일상적으로 거센 비판을 받는 쪽에 위치하고 있다. 불평의 성격을 알면 컴플라이언스 부서나 직군이 혹평에 직면할 때 당신의 입장을 강화하는 데 도움을 줄 좋은 반론을 갖춰 두는 등 이에 대비할 수 있다. 당신이 만나게 될 가능성이 높은 가장 보편적인 비판과 불만이 아래에 열거되어 있다.

1. 보상 패키지 – 급여, 보너스, 연금 등
2. 사무실 공간 – 1년간 책상 하나를 유지하는 데 얼마나 많은 비용이 드는지 아는가? 총무부서에 물어보면 깜짝 놀랄 것이다. 그 숫자에 당신 부서의 인원수를 곱하면 상당히 큰 금액이 나올 것이다.
3. 장비 – 컴플라이언스 부서가 효과적으로 운영되려면 컴퓨터, 팩스기, IT프로그램, 폴더와 캐비닛, 스캐너 등 특정 장비가 필요함을 이미 살펴보았다.
4. 교육 – 컴플라이언스 직원들이 효과적으로 일하려면 모든 관련 규정과 법률은 말할 것도 없고, 회사의 비즈니스, 상품, 서비스 등을 알아야 한다.
5. 출장 – 당신이 책임을 지는 해외 사무소가 있을 경우, 방문 조사를 실시하지 않을 명분을 발견하기 어려울 것이다.

1. 교육 – 딜러들이 교육받고 있는 동안에는 딜(deal)을 하지 못할 것이다.
2. 거래 또는 거래 상대방 거절 – 컴플라이언스 부서가 규제상의 이유로 특정 비즈니스나 신규 거래 관계를 거절할 경우, 이로 인해 돈을 벌 수 없게 된다.
3. 컴플라이언스 사무 – 비즈니스 부문에서 개인계좌 거래에 대한 승인 획득, KYC 문서 수집, 교육 및 역량 평가 수행 등과 같은 컴플라이언스 사안에 소요된 시간은 그들이 고객과 접촉함으로써 이익을 증가시킬 시간을 감소시킨다.
4. 시정 조치 – 심각한 규제상의 문제가 발견될 경우, 이를 해결하기 위해서는 상당한 시간과 돈이 소요될 것이다.

2.5 전문 직업으로서의 컴플라이언스

컴플라이언스 기능에 대해 지금까지 말해 온 모든 것은 해가 없는 것처럼 보이는데, 왜 컴플라이언스 책임자들이 그토록 심한 압력을 받는 걸까? 우리는 그저 도움을 주고 싶을 뿐인데, 회사에서 가장 인기 없는 사람들이다. 우리는 회사와 동료들이 규제 당국과의 문제에 빠져들지 않게 도와주고 싶을 뿐인데, 왜 그토록 인기가 없는가?

이는 대부분 인식에 기인하는 바, 컴플라이언스는 확실히 이미지 개조를 필요로 하는 직업이다. 사람들은 일반적으로 어떻게 하라는 말을 듣는 것을 좋아하지 않으며(특히 금융업의 일선에서 일하는 사람들은 더 그렇다), 누구도 '잔소리'를 좋아하지 않는다. 그런데 컴플라이언스 책임자는 금융업계에서 흔히 '바가지 긁는 아내'로 여겨진다. '더러운 양말을 거실 바닥에 놔두지 마세요, 식사 마쳤으면 식기를 식기 세척기에 넣어 두세요, 잔디 좀 깎으세요, 차 좀 고치세요, 지금 당장 시험 공부해라, 그 선물을 받지 마라, 그 주식 사기 전에 내 승인을 받아라, 내가 괜찮다고 말하지 않는 한 고객과 저녁 식사하러 가지 마라…!'

컴플라이언스 업무를 바라보는 또 다른 방식은, 우리가 동료들의 신체적 건강이 아니라 그들의 규제상의 건강을 보살피는 의사로 보는 것이다! 건강을 유지하려면 매일 일정한 양의 과일과 채소를 먹어야 한다는 것을 모두 알지만, 많은 사람들이 그렇게 하지 않으며, 이 메시지를 매일 계속해서 듣기를 원하지 않는다. 대부분의 금융기관 종사자들은 자신의 유익을 위해 특정 행동을 취해야 할 필요가 있음을 알지만, 그들이 할 필요가 있는 것과 하고 싶어 하는 것은 완전히 별개이며, 그들은 계속해서 이에 대해 상기되기를 원하지 않는다.

가련한 컴플라이언스 책임자들이여! 우리는 왜 우리 덕분에 어려움에 빠지지 않게 되더라도 전혀 고마워하거나 우리의 공을 인정하지 않는 안하무

인격인 일선 부서에 정면으로 맞서고, 일이 잘못되면 집중적인 비난을 받게 될 가능성이 높은 일을 하려 하는가? 우리는 왜 그리도 많은 사람들이 태생적으로 반감을 지니고 있는 듯 하고, 다소의 'PR 마법'이 절실히 필요한 분야에서 일을 하는가? 일반적으로 우리의 보수가 박하지는 않지만, 그렇다고 수익 센터의 보수 수준에는 크게 미치지 못한다. 그리고 우리는 일선 부서에서 매우 따분하다고 생각하는 이슈들을 다루어야 한다. 이 모든 것에 더하여, 잘못된 결정을 내리는 컴플라이언스 책임자는 개인의 평판 손상은 말할 것도 없고 규제상 또는 법적 제재를 받을 가능성에 직면한다(그러니 회사의 임원 및 책임자 배상 보험의 보호를 받는지 확인해 두라). 규제 당국이 우리를 도와 주리라고 가정하지 마라. 자금세탁자들에 반하는 연설을 한 직후 2006년 9월에 살해당한 러시아 중앙은행의 전 부총재 안드레이 안드레이에비치 코즐로프를 기억하는가?

당신이 힘든 하루를 보내고 다소의 격려를 필요로 할 경우를 대비하여, 컴플라이언스 분야에서 일하는 것이 왜 참으로 재미있는지 몇 가지 상기할 사항을 아래에 열거한다.

- 경력 초기에는 매우 반복적인 과제를 수행할 수도 있으나, 컴플라이언스 업무는 매우 다양하며 대부분의 회사 업무를 다루게 한다(9장 및 부록 C와 D를 보라). 그러므로 컴플라이언스 분야에서 일하면 한 분야에만 특화되는 사람들보다 회사와 업계를 더 잘 이해할 수 있다. 예를 들어 채권 트레이더는 채권 트레이딩에 대해 많이 알고 결제팀에서 일하는 사람은 트레이드를 어떻게 결제하는지 알겠지만, 그들이 금융서비스의 다른 분야에 대해 얼마나 많은 경험을 해 볼 수 있겠는가?
- 이 일은 회사의 거의 모든 사람들과의 관계를 발전시킬 수 있는 거의 독특한 기회를 제공하는 인간 중심적인 역할이 될 수도 있다. 보다 내향적인 사람도 보다 후선에서 정책 개발, 문서 작성, 임박한 규제 변화 평가

등 할 수 있는 범위가 많다.

- 컴플라이언스 업무는 매우 광범위하지만, 아래의 예와 같은 특정 분야가 당신의 흥미를 끌거나 당신의 배경에 적합할 수도 있다.

  – 변호사: 금융범죄(자금세탁, 사기, 내부자 거래, 시장오용)

  – 회계사: 건전성 보고, 통제

  – 감사인: 컴플라이언스 모니터링(국제적으로 업무를 할 경우 해외출장을 많이 갈 수도 있다)

  – 강사: 컴플라이언스 개발 프로그램, 교육 및 역량

  – 프로그래머: 컴퓨터 기반 통제 및 감독 시스템

- 컴플라이언스 직군이 성숙해감에 따라, 이 업무가 더 재미있어진다. 점검표에 체크만 하는 시대는 지나갔으며, 규제 관련 업무는 점점 더 전략에 중점을 두고 있다. 물론 점검표 체크 자체는 아직도 남아 있고 앞으로도 그럴 테지만, 규제가 새로운 비즈니스 모델이나 사업에 미치는 영향을 고려할 때 이제는 컴플라이언스 책임자가 전략적 의사 결정에 관여할 여지가 훨씬 더 많아졌다. 컴플라이언스 책임자가 비즈니스에 도움이 되는 것이 아니라 방해만 된다는 이미지에서 벗어나, 전략적 의사 결정에서 규제가 미치는 영향을 고려함으로써 가치를 부가하는 쪽으로 전환되기를 기대해 본다.

- 금융 서비스가 더 복잡해질수록 컴플라이언스의 기능도 확대되는 바, 이 또한 컴플라이언스 업무를 따분하지 않고 흥미있는 업무가 되게 한다. 새로운 상품과 거래 구조가 만들어지고, 새로운 시장이 열리며, 아웃소싱이 점점 더 유행하게 되고, 더 많은 일들이 국경을 넘어서 수행되며, 범죄인 인도법의 변화(469쪽의 Box 4 '범죄인 인도'를 보라)는 우리가 해외의 요건에 신경을 더 많이 써야 함을 의미한다.

- 좀 더 철학적인 사람들에게는 씨름해야 할 윤리 이슈들이 자주 발생한다

는 점도 컴플라이언스 분야에서 일할 때의 장점이다. 이는 컴플라이언스는 단지 특정 규칙들을 따르게 하는 것 이상이기 때문이다. 단순히 특정 요건의 문구를 엄수하기보다는 그 정신까지 따를 필요가 있는 경우가 흔하다. 특정 규정에 의해 규제되는지 여부를 떠나서 그 자체로 옳거나 그른 것들도 있다. 이는 통제 프레임워크 내에서 '내가 이를 받아들이는 위치에 있다면 어떻게 느낄까' 라는 질문을 하면서, 비즈니스가 윤리적으로 수행되게 하는 방법을 고안해 내는 것을 의미한다.

- 컴플라이언스 세계는 범죄 소탕이라는 관점에서도 매우 드라마틱하다! 당신이 만일 경찰에 범죄로 의심되는 활동을 알리고 당신의 건물에서 피의자를 체포하기 위해 비밀 작전을 벌이거나, 그들을 체포할 수 있도록 그들의 움직임을 비밀리에 촬영하고 그들의 대화를 비밀리에 녹음해 본 적이 있다면, 내 말의 뜻을 알게 될 것이다.
- 컴플라이언스는 또한 당신의 프로젝트 관리와 문제 해결 기술을 연마해 줄 것이다. 당신이 관여했거나 이끌었던 시정 프로그램이나 개선 프로그램이 결실을 맺는 것을 보는 것은 매우 뿌듯한 일이다.
- 직접 '안 돼' 라고 말하면 즉각적으로 비즈니스 부문 동료들의 분노를 야기할 것이 거의 확실하므로 실제로 이 단어를 사용하지 않으면서도 그런 취지로 말할 수 있는 수 천 가지 방법을 찾아내기 위해서는 지극히 창의적이어야 한다.

이처럼 이 분야에서 일할 때의 장점들이 많다. 우리가 미쳐서 이 일을 하는 것이 아니고, 우리가 선택한 일이 실제로 매력 있는 일임을 확신할 수 있다. 컴플라이언스 부서와 비즈니스 사이에는 언제나 다소 긴장이 있기 마련이라는 사실은 우리가 세계 최고의 컴플라이언스 책임자라 할지라도 이 직무에 존재하는 위험 중의 하나에 지나지 않으며, 그러한 긴장이 있어야만 한다. 전혀 마찰이 없다면 뭔가가 잘못된 것이다. 즉, 일선 부서가 완전히 컴플라이언스에 겁을 집어먹고 있어서 비즈니스 발전에 방해가 되고 있거나, 컴플라이언스 부서가 '안 돼'라고 말하는 방법을 모르고 비즈니스 부문이 과도하게 압박하고 있을 수 있는 것이다.

마찰이 없는 상태가 계속되면 회사가 혁신, 성장 및 발전 결여로 망가지거나, 회복할 수 없는 컴플라이언스 스캔들이 발생할 터이니, 이 상태는 오래 가지 않을 것이다. 이런 일이 발생하면 당신에게는 마찰 없이 지낼 수 있는 비즈니스 부문 자체가 남아 있지 않게 될 것이다.

Chapter 3

컴플라이언스 계약

이 책의 4장~9장은 그 안에서 당신의 회사가 운영되고 있는 '세계'의 핵심 요소들에 관한 지침을 제공하며, 당신과 당신의 팀이 지녀야 할 유형의 지식과, 회사에서 성공적인 컴플라이언스 제도를 운영하기 위해 당신의 부서가 관여해야 할 활동들에 대한 아이디어를 제공한다. 위의 내용들에 익숙해지고 이를 이해하게 되면, 이 좋은 소식을 회사에 퍼뜨려야 한다! 우리 모두가 너무도 잘 아는 바와 같이, 컴플라이언스는 결코 회사에서 가장 인기 있는 부서가 되지는 않을 것이다. 그러니 당신이 제공하는 서비스를 조직의 다른 부문 동료들에게 많이 홍보할수록 좋을 것이다. '진흙을 많이 던지면 그 중 일부는 달라붙을 것이다' 라는 말이 대개 부정적 맥락에서 사용되기는 하지만, 이 말은 그 반대로도 작용할 수 있다. 컴플라이언스 기능의 긍정적인 면들에 대해 충분히 많이 말하면, 그 중 일부는 동료들의 마음에 달라붙을 것이다. 그런데, 당신이 말한 긍정적인 내용들은 반드시 사실이어야 할 것이다.

컴플라이언스를 홍보하는 방법으로는 몇 가지 방안이 있는데, 이 경우에는 이 모든 방법들을 함께 사용하는 것이 최상이다. 당신이 동료들에게 이해되게 하는 방법 몇 가지를 아래에 소개한다.

1. 당신의 책임과 활동의 성격에 대해 이사회와 상위 경영진의 신임을 얻으라.

2. 컴플라이언스 사명 선언문(아래를 보라)을 제정하고 이를 주저 말고 사용하라. 이 선언문을 컴플라이언스 매뉴얼에 포함시키고 회사의 인트라넷 사이트에 게시하라. 또한 이(또는 이의 축소판)를 컴플라이언스 부서 직원들이 보내는 전자우편의 '꼬리말'과 컴플라이언스 문서, 보고서, 절차 또는 정책 등에 포스터로 사용하라.

3. 공식 컴플라이언스 규정(아래를 보라)을 제정하고 이사회에서 공식으로 승인 받으라.

4. 컴플라이언스 책임, 활동과 이의 유익에 대한 요약을 컴플라이언스 매뉴얼과 회사 인트라넷 사이트에 게재하라.

5. 컴플라이언스 부서의 업무, 존재 이유와 컴플라이언스 부서가 직원들에게 어떤 도움을 줄 수 있는지에 대해 교육을 실시하라.

6. 회사의 다른 부문이 컴플라이언스 부서의 존재를 항상 인식할 수 있도록 '광고 캠페인'을 벌이라. 예를 들어 아래와 같은 사항을 실시할 수 있다.

   - 컴플라이언스 팀이 제공하는 내용에 대한 포스터를 전시한다.
   - 고객 만족 조사를 실시한다. (회사의 실제 고객들에게 물어보는 것이 아니라, 회사의 다른 부문이 바로 당신 부서의 '고객들'이다.)
   - 컴플라이언스 대회를 개최한다.
   - 전자우편 게시판에 컴플라이언스 메시지를 보낸다.
   - 신문을 제작한다.
   - 당신의 활동에 관한 소책자나 짤막한 브로셔를 제작하여 사람들이

읽을 수 있도록 사무실에 비치해 두라.

- 회사의 다른 부문을 위한 행사를 기획하라.
- 일선 부서 경영진과 함께 식사하면서 그들이 컴플라이언스가 어떻게 일하고 있다고 생각하는지, 잘되고 있는 것은 무엇이며 원하는 것은 무엇인지, 우려는 무엇인지에 대해 말할 수 있는 기회를 주는 행사를 기획하라.

당신 회사에 효과가 있을 만한 다른 사항들도 생각할 수 있을 것이다. 당신의 메시지를 광고할 수 있는 위의 방법들 중에서 컴플라이언스 사명 선언문과 컴플라이언스 규정 두 가지에 대해서는 여기에서 보다 자세히 설명할 필요가 있다.

3.1 컴플라이언스 사명 선언문

사명 선언문은 컴플라이언스 부서의 가장 근본적인 목표에 대한 간결한 정의를 제공해야 한다. 이 선언문은 컴플라이언스 부서의 용도와 이외 부서의 용도가 다소 다르다.

- **컴플라이언스 부서 직원들에 대한 사명 선언문의 용도**
컴플라이언스 부서 내의 직원들에게는 컴플라이언스 사명 선언문이 컴플라이언스 부서의 일원이 된다는 것이 무엇을 의미하는지, 사람들이 왜 컴플라이언스 분야에서 일하기로 했는지, 그들이 무엇을 달성하기 원하는지에 대해 상기시켜 줄 수 있다. 또한 과제들에 우선순위를 부여하고 참으로 중요한 일에 집중하도록 도움을 줄 수 있다.
- **다른 직원들에 대한 사명 선언문의 용도**
컴플라이언스 사명 선언문이 컴플라이언스 부서 이외 부서의 직원들에게는 왜 컴플라이언스 부서가 존재하는지에 대해 간략히 상기시켜 주는 역할을 해야 한다. 이 선언문은 비즈니스 부문에 가급적 긍정적인 방식으로 작성되어야 함은 말할 나위가 없다. 규제 당국을 기쁘게 하는 데에만 중점을 두고 회사를 돕는 데 관해서는 아무 말도 하지 않는 사명 선언문은 큰 도움이 되지 않을 것이다.

컴플라이언스 사명 선언문은 컴플라이언스 부서 직원이나 다른 부서 직원 모두에게 '컴플라이언스 부서는 왜 존재하는가?' 라는 질문에 대한 답을 제공해야 한다. 사명 선언문이라는 개념에 대해서는 상당한 양의 글들이 나와 있는데, 사명 선언문은 짧고(몇 문장을 넘지 않는 것이 좋다), 박력이 있으며, 긍정적이고 이해하기 쉬워야 한다는 데 일반적으로 동의가 이뤄지고 있다.

컴플라이언스의 유익, 성공적인 컴플라이언스 부서의 핵심 특징들과 같은 2장의 섹션 2.3과 2.4에서 보았던 몇 가지 사안들에 기초해서, 다음과 같은 컴플라이언스 팀의 사명 선언문 표본을 생각해 볼 수 있을 것이다.

- XYZ 은행에 성공적인 비즈니스 관행을 증진하면서도 규제 요건을 충족하는 성공적인 컴플라이언스 솔루션을 제공한다.
- 실제적이고, 효율적이며, 비즈니스 친화적인 컴플라이언스 솔루션을 제공함으로써 EFG사가 높은 규제 컴플라이언스 기준을 달성하게 한다.
- 비즈니스 관행을 개선하고 이를 통해 회사 전체에 가치를 부가하는 방식으로 규제 컴플라이언스에 대한 최고의 기준을 증진한다.

3.2 컴플라이언스 규정

컴플라이언스 규정은 사명 선언문에 포함된 핵심 개념들을 확장한다. 이 규정은 컴플라이언스 부서의 책임 및 권한 범위와 한계에 대해 명확히 정의하는 한편, 컴플라이언스 부서가 회사에 제공하는 서비스를 증진한다는 두 가지 목적에 이바지한다. 이 규정은 어느 정도는 컴플라이언스 부서와 회사의 나머지 부문들 사이에 체결되는 일종의 계약으로 생각할 수 있다. 컴플라이언스 부서는 자신이 어떤 토대 위에서 운영할지 정의하는 한편, 회사 전체를 위해 무엇을 할지 공식으로 표명할 기회를 가지게 된다. 상위 경영진은 이를 인증하여 모든 사람들이 컴플라이언스의 위치에 대해 알 수 있게 한다. 이는 향후의 차이, 분쟁, 추가 자원 요청이나 중대한 시정 조치 필요를 관리하는 토대가 될 것이다.

규정 초안을 작성할 때 회사의 다른 부문들에서 사용되는 동일한 언어를 사용하면 비즈니스 부문이 받아들이는 데 도움이 될 수 있다. 당신의 회사에 특수한 은어, 구호, 전사적 사명 선언문 등이 있는가? 회사 내에서 비즈니스 부문과 소통할 때 MBA들의 용어가 산재해 있는가? 항상 사용되는 단어나 표현이 있는가? '집안의 언어'를 사용하여 규정을 제정하면 동료들이 이를 훨씬 더 잘 받아들일 것이다.

3.2.1 컴플라이언스 규정의 내용

아래의 섹션들에서는 컴플라이언스 규정에 포함되면 유용할 수 있는 몇 가지 항목들을 제안한다.

내용
컴플라이언스 리스크의 정의 규정에 컴플라이언스 리스크의 정의를 포함하는 것이 유용하다. 2장의 섹션 2.1에서 살펴 본 은행감독에 관한 바젤위원회의 정의를 사용할 수도 있을 것이다.

컴플라이언스에 대한 전반적인 책임

주요 국가 및 국제 규제 기구들과 맥락을 같이하여(앞 장을 보라), 컴플라이언스 규정은 컴플라이언스 책임은 상위 경영진에게 있으며 컴플라이언스 부서의 역할은 상위 경영진이 이 책임을 이행하도록 돕는 것이라는 점을 명확히 해야 한다.

또한 모든 직원들이 자신의 규제 관련 행동에 대해 책임이 있으며, 관련 규칙, 법률, 기준 등을 준수할 책임이 있음을 명확히 해야 한다. 컴플라이언스는 무언가 컴플라이언스 부서에 의해 '행해지는' 것이라기보다는 회사 전체에 의해 공유되는 윤리로 여겨져야 한다. 이 개념을 강화하기 위해 각 직원의 컴플라이언스 윤리가 연례 평가 시에 고려될 것이라는 점을 추가할 수도 있다.

컴플라이언스 부서 책임의 범위와 한계

아래 사항들의 관점에서 당신이 관여할 범위를 구성할 요소들을 정의하라.

- 부서, 비즈니스 부문, 법적 실체(legal entity) 등
- 법률, 규칙, 업무 수칙 등

컴플라이언스 업무가 회사 내 다른 부서에서 수행되거나 외주되는 경우도 있을 수 있다. 이 경우 각 부서 또는 관련 인물들의 책임을 명확히 정의해서 책임의 공백 상태가 발생하지 않게 해야 한다.

다른 부서의 실패에 대해 비난받고 싶지 않을 테니, 컴플라이언스 부서가 책임지지 않는 사안들을 규정에 포함시켜야 한다. 회사마다 다르겠지만, 컴플라이언스 부서의 검토 과제에서 배제될 만한 영역으로는 데이터 보호 법률, 회사법 준수, 보건 및 안전법, 민원 처리, 규제 관련 재무보고, 교육과 역량 등이 포함될 것이다. 자금세탁방지는 이 점에서 논란이 있는 영역

인데, 이 기능은 때로는 컴플라이언스 부서에서 관리하기도 하고, 때로는 다른 부서에서 관리하기도 한다.

컴플라이언스 부서의 상위 수준의 목표

이 섹션에서 컴플라이언스 부서의 활동들에 대해 제대로 홍보하고 당신이 회사의 다른 부문에 제공하는 것을 알리라. 이 섹션은 너무 구체적이지 않고, 목표를 요약하기만 하면 된다. 모든 컴플라이언스 부서들의 목표는 대체로 유사한 바, 컴플라이언스 부서는 아래 사항들을 목표로 한다는 진술이 포함되어야 한다.

• 관련 요건들을 준수하게 할 수 있는 인프라스트럭처가 갖춰지게 한다.

• 회사가 윤리적인 접근법을 취해서 직원들의 행동을 규율하는 특정 규칙 또는 규정이 없는 경우에도 회사의 정책과 절차가 직원들이 올곧게 행동할 수 있도록 허용하게 한다.

• 비즈니스 부문과 협력해서, 단순히 요건들을 강요하기보다는 성공적인 컴플라이언스 요건들을 증진하기 위해 노력한다.

• 비즈니스에 가치를 부가하기 위해 규제 관련 절차에서 효율성을 향상시키는 노력을 계속 해야 한다.

• 비즈니스 부문의 필요와 목표를 이해하기 위해 비즈니스 부문과 계속적이고 전향적인 대화를 도모한다.

일상 업무

10장 및 부록 A와 B는 컴플라이언스 부서가 관여해야 하는 일상 업무에 대해 많은 지침을 제공해 준다. 여기에서 당신의 회사에 관련되는 활동들을 선택하고 이에 추가해야 할 사항이 있으면 그렇게 해야 할 것이다.

이 부분이 당신의 일이 관여하는 모든 일상적인 과제를 열거하는 곳은 아니므로, 여기에서 너무 자세하게 다룰 필요는 없다. 그저 컴플라이언스 부서가 상시적으로 관여할 활동들을 상위 수준에서 정하기만 하면 된다.

이 섹션을 너무 규범적으로 만들어서 리스크 기반 접근법을 취할 유연성을 저해할 정도로까지 나가지 말아야 한다.

컴플라이언스 부서의 권한

컴플라이언스 규정의 많은 부분은 컴플라이언스 부서가 어떻게 회사의 다른 부문들을 지원할 것인가, 즉 비즈니스 부문이 당신과 당신의 팀에게 기대할 수 있는 권리가 있는 서비스를 정하는 데 할애된다. 그러나 비즈니스 부문은 권리는 책임을 수반함을 깨달아야 한다. 비즈니스 부문은 당신이 비즈니스 부문에 훌륭한 서비스를 제공하기 위해서는 자신이 당신에게 이 서비스를 제공할 권한과 수단을 제공해야 함을 이해해야 한다.

이는 당신이 적절하게 일할 수 있기 위해서는 무엇을 필요로 하는지 밝힐 수 있는 기회이다. 회사마다 다르겠지만, 컴플라이언스 부서가 성공하기 위해 필요로 하는 최소한의 요건을 나타내는 공통적인 주제들이 있다. 아래의 사항들이 이에 포함될 것이다.

- 회사에서 적절한 입지를 지니고 있는 상위 직급이 컴플라이언스를 이끌 책임자로 임명되어야 한다.
- 컴플라이언스 부서는 독립적으로 행동할 수 있어야 한다. 컴플라이언스 부서는 비즈니스 부문에 보고하지 않아야 하며, 이사회(또는 하위 위원회)에 출석하여야 한다.

컴플라이언스 부서는 또한 다음 사항들을 갖춰야 한다.

- 회사의 규제 관련 건강이 위험에 처하게 될 경우, CEO, 이사회, 감사 위원회, 비상임 이사 등 개입할 수 있는 지위에 있을 정도로 충분한 권한을

가지고 있는 독립적인 인사에게 직접 접근할 수 있는 능력. 컴플라이언스 책임자가 적절하다고 판단할 경우 중대하거나 진정한 우려사항을 아무 방해 없이 조직의 상부에 직접 보고할 수 있어야 한다.

- 어떤 규제 위반이 징계 사유, 해고 사유, 심각한 위반 행위인지에 관해 영향을 주기 위해 HR과 협의하도록 허용. 규칙 위반에 대한 제재가 명확하지 않으면 컴플라이언스 부서는 효과적이지 않게 될 것이다.
- 규제 목적상 필요하다고 판단될 경우, 개인 서류를 포함하여 회사의 서류 또는 기록에 대한 접근 허용.
- 직원, 컴퓨터, 사무실 공간, 교육, 출장 예산 등의 측면에서 적정한 자원.
- 컴플라이언스 업무를 수행할 때 회사 내 다른 부서들로부터 협력을 기대할 권리.

회사의 다른 부문들의 컴플라이언스 책임

당신은 다른 부문들의 회사 동료들에게 컴플라이언스 기능의 성공에 기여하기를 기대한다는 점을 명확히 하라. 그들의 책임에는 아래의 사항들이 포함될 수 있다.

- 새로운 비즈니스 이니셔티브와 신상품에 컴플라이언스의 검토를 받는다.
- 컴플라이언스 교육을 마친다.
- 규제 관련 정책과 절차 변화의 최신 내용을 철저히 이해한다.
- 민원과 규칙 위반을 컴플라이언스 부서에 통지한다.
- 규제 당국과 논의나 회의가 있으면 컴플라이언스 부서를 통하여 이를 조정한다.
- 컴플라이언스 관련 문의나 우려사항에 대해 지침을 구한다.
- 컴플라이언스 부서가 자금세탁 혐의에 대한 적절한 보고 통로일 경우, 이 혐의를 컴플라이언스 부서에 보고한다.

성과 측정

- 모든 사람의 책임이 정해지고 나면, 양측(컴플라이언스와 비즈니스)이 컴플라이언스 규정 하에서 어떻게 성과를 측정할 것인지 어느 한 쪽이 의무를 이행하지 않을 경우 어떻게 할지에 대해 정해 둘 필요가 있다. 당신이 일을 잘 하고 있다는 것을 어떻게 증명할 수 있는가? 비즈니스 부문이 협조하지 않고 있다는 것을 어떻게 증명할 수 있는가?
- 내부 감사에서 회사의 규제 관련 인프라스트럭처의 적정성과 컴플라이언스 규정 준수 여부를 최소 연 1회 검토하도록 권장된다.

상위 경영진 보고

이 섹션에서는 컴플라이언스의 성과 계량화에 요구되는 경영 정보의 유형을 정해야 한다. 컴플라이언스 부서는 어떤 사안에 대해 상위 경영진에게 보고하기를 원하며, 또 보고할 필요가 있는가? 이 정보가 어떻게 보고되어야 하는가? 얼마나 자주 보고되어야 하는가? 부록 A의 294쪽에 이 분야에 대한 추가 지침이 수록되어 있다.

보고(escalation) 절차

양측의 보고 절차를 확립해 둘 필요가 있다. 비즈니스 부문이 중요한 내용을 당신에게 알려주지 않는다고 생각할 경우 어떻게 할 것인가? 비즈니스 부문이 당신이 시행한 컴플라이언스 제도의 어느 요소에 대해 기분 나빠할 경우 당신은 그들이 어떻게 하기를 원하는가? 당신이 규정에서 이 부분을 찾아볼 필요가 없기를 바라지만, 문제가 생길 경우에 대비하여 이를 다루는 방법을 미리 정해 두면 유용하다. 당신이 비즈니스 부문으로부터 전혀 협조를 받지 못하는 것을 원하지 않는 것과 마찬가지로, 비즈니스 부문도 당신이 비즈니스와의 견해차를 해소하기 위해 틈만 나면 규제 당국에 달려가기를 원하지 않는다. (규제 당국도 이를 원하지 않을 것이다!)

규정 승인

컴플라이언스 규정을 (비즈니스 부문과 상의하지 않고) 컴플라이언스 부서 안에서만 완성하여 이를 경영진에게 기정사실로 제출하지 않도록 하라. 그러면, 비즈니스 부문에서는 그렇게 제정된 규정을 자신들과는 별 관련이 없는 또 하나의 컴플라이언스 문서 중 하나로 여기고서 이를 진정으로 '받아들이지' 않을 것이다. 컴플라이언스 규정에서 진정한 가치를 끌어내기 위해서는, 비즈니스 부문이 이 개념을 받아들이도록 설득할 필요가 있다.

컴플라이언스 규정이 그들에게 어떻게 유익을 줄 수 있는지 그들이 알 수 있는 방식으로 제시하라. 그들의 의견을 구하라. 상위 경영진이 이를 검토하고, 보다 더 적절하게 수정하기 위해, 필요할 경우 당신이 없는 자리에서 이에 대해 논의하게 하라. 양측 모두 만족할 때까지 컴플라이언스 규정이 몇 차례의 수정을 거친다면 이는 좋은 일이다. 컴플라이언스 규정 제정에 비즈니스 부문 경영진이 더 많이 관여할수록, 그들은 이 문서가 컴플라이언스 부서에 속할 뿐 아니라 자신에게도 속한다고 생각할 것이고, 그 결과 당신은 더 많은 협조를 받을 것이다.

비즈니스 부문의 수용을 받아야 하는 가장 중요한 이유 중 하나는, 그렇게 할 경우 비즈니스 부문 경영진이 나중에 컴플라이언스 부서가 하는 일 또는 하지 않는 일에 관해 불평하기가 더 어려워진다는 것이다. 비즈니스 부문이 컴플라이언스 규정에 서명했고 이를 이사회 차원에서 승인한 경우에는, 그들의 불평 제기는 컴플라이언스 부서만의 모델이 아니라 자신이 합의한 컴플라이언스 모델을 비판하는 것이라는 점을 알아야 한다.

규정 변경

컴플라이언스 규정은 오랫동안 정태적인 상태에 머물러 있지 않을 것이다. 최소 연 1회 검토를 실시하여 양측(즉, 컴플라이언스와 비즈니스) 모두 비즈니스, 규제, 시장, 경영진, 프로세스 등의 변화를 반영할 수 있게 하는 것이 최선일 것이다. 변경 사항 또는 현행 규정을 변경하지 않고 차기 검토 시까지 유지하려는 결정은 이사회 의사록에 기록되어야 한다.

마지막 경고

컴플라이언스 규정을, 특히 고정된 절차 또는 컴플라이언스 부서의 제공물이라는 견지에서 지나치게 상세하거나 규범적이지 않게 하라. 당신은 다른 부서에 지나친 짐을 지우거나 자신의 발등을 찍기를 원하지 않을 것이다. 과잉 대응을 주의하라.

Chapter 4

컴플라이언스 대상 영역 매핑

컴플라이언스 분야의 일에 진지하게 임하는 사람과 이 일에 장기적으로 종사하는 사람들은 자신의 활동과 회사의 활동이 보다 넓은 법률과 규제 대상 영역에 어떻게 들어맞는지 이해할 필요가 있다. 먼저 이 말에 대해 조금 더 설명해 보자. 만일 당신이 날마다 출근해서 규칙들을 읽기만 하면서 다시 퇴근할 시간만을 기다리는 식으로 사는 데 만족한다면, 당신의 회사가 어떻게 보다 넓은 규제 환경 안에 놓여있는지 별로 알 필요가 없을 것이다. 그러나 당신이 그런 사람이라면 이 책을 읽고 있지 않을 것이다.

반면에 당신이 당신의 회사가 복잡한 컴플라이언스 대상 영역을 성공적으로 헤쳐 나가도록 인도할 위치에 있기 원한다면, 보다 큰 맥락을 이해할 필요가 있다. 컴플라이언스 규정(3장을 보라)에서 상위 차원의 당신의 책임 범위를 결정하고 나면, 당신의 환경의 보다 구체적인 측면들을 다룰 필요가 있을 것이다. 이를 성공적으로 해내기 위해서는 당신의 회사에서 시행할 컴플라이언스 제도의 기초 단위(building blocks)를 형성할 막대한 양의 정보를 충분히 이해할 필요가 있으며, 아래와 같은 분야들을 다루어야 한다.

- 당신의 그룹에 속한 운영 실체들(operating entities)
- 각 운영 실체들 내의 비즈니스 부문과 지원 부서들
- 외부 서비스 제공자들
- 조직의 운영을 둘러싸고 있는 규제 환경
  - 규제 기구와 기타 표준 수립 기구
  - 법률, 규정과 모범실무관행 등
- 상품, 서비스, 비즈니스 활동들
- 트레이딩, 규제 사안, 기타 관련 분야와 관련하여 흔히 사용되는 문서

　당신의 일이 '간단한' 컴플라이언스 책임자의 일이라 할 경우에도, 위에 언급한 몇 가지 분야는 좁은 의미의 규제 컴플라이언스 범위 밖에 있음을 알아차릴 것이다. 여기에는 단순히 당신의 호기심을 충족시키는 것 이상의 목적이 있다. 컴플라이언스 책임자는 신디케이트 론이 어떻게 작동하는지 또는 HR부서가 무엇을 하는지 알 필요가 있다고 생각하지 않을 수도 있다. 그러나 다른 분야에 대한 지식이야말로 당신의 활동이 의미 있는 맥락 안에서 수행되게 하고, 따라서 당신이 일하고 있는 세계에 대한 당신의 이해를 넓혀 주는 요소이다.

　예를 들어 금융상품 판촉 관련 규칙들에 대한 깊이 있는 지식을 갖추는 것은 좋은 일이지만, 당신이 회사가 무엇을 광고하거나 판촉하고 있는지, 이러한 상품과 서비스가 어떻게 작동하는지, 또는 이들의 목표 대상은 누구이며 그 이유는 무엇인지 등에 대해 알지 못하면, 당신이 완벽한 교과서적 규제 지식을 갖추고 있더라도 별 도움이 되지 않을 것이다.

　또한 회사가 어떻게 작동하는지에 대해 더 많이 알수록, 비즈니스 부문의 신뢰를 더 많이 받게 되고, 신뢰를 더 많이 받을수록 더 많이 받아들여지게 된다. 비즈니스 부문은 당신에게 아무 때에나 무엇이든 물어보게 되

어 있는데, 당신이 그들이 생각하기에 합리적인 시간 내에(대개 즉시) 답변할 수 없으면, 당신은 그들의 신뢰를 잃을 것이다. 그들은 HR부서와 컴플라이언스 부서에 의해 요구되는 형식 사이의 명확한 구분이나, 규제 목적상과 세금 목적상 고객에 보내져야 하는 계약 사이의 차이에 대해서는 신경을 쓰지 않는다. 많은 일선 부서 인력들에게 이런 사항들은 중요하지 않다. 그러니 실망하지 마라.

그렇다고 안내원(receptionist)이 서류를 정리하는 방법에서부터 복잡한 구조의 거래를 결제 시스템 안에 기장하는 방법에 이르기까지 회사의 모든 세세한 부분까지 배워야 한다고 제안하는 것은 아니다. 그러나 ISDA 계약이 무엇인지, 그것이 왜 요구되며 회사 내에서 누가 이에 대해 더 자세하게 도움을 줄 수 있는지에 대해 권위와 지식을 가지고 트레이더에게 얘기할 수 있다면, 그것이 무엇인지, 왜 필요한지, 또는 당신의 회사에서 이를 사용하는지 여부에 대해 모른다고 인정할 때보다는 확실히 당신의 입지가 강화될 것이다.

여기에서 당신이 획득할 필요가 있는, 당신의 회사에 관련된 모든 정보를 알려주는 일반적인 지침을 제공할 수는 없지만, 정보 수집 프로세스에서 아래와 같은 방법을 사용할 수 있다.

1. 5장의 기본적인 정보 수집 모델은 당신의 회사, 그룹과 개별 부서들에 대한 사실 발견 작업 수행 시 수집할 필요가 있는 데이터 유형에 대한 지침을 제공한다. 이 모델은 '잡동사니'로 디자인되었지만, 이를 당신의 회사에 맞도록 수정하고 이후 필요시 업데이트한다면, 당신의 구체적인 역할에서 실제로 어떤 책임이 있는지 정의하는 데 핵심 도구 중 하나가 될 것이다.

사실 발견 작업을 완료할 때, 제안된 정보 중 일부는 획득하기가 특히 어렵다는 것을 발견할 수도 있을 것이다. 이 경우, 두 가지 가능성이 있다.

(a) 이 정보가 당신의 비즈니스와 관련이 없다. 예를 들어 당신의 회사에는 특약 대리점(tied agent)이 없을 수 있는데, 이 경우 확실히 이 분야의 데이터를 모을 수 없을 것이다.

(b) 문제가 있다. 예를 들어 당신의 회사에 특약 대리점이 많이 있지만 아무도 이 관계에 대해 책임이 없거나 제3자에 관해(매우 기본적인 사항 외에는) 별로 알지 못하는 것 같다. 이 경우 상황이 어떠한지 파악하고 이를 통제하기 위해 사실 발견에 더욱 노력을 기울여야 한다.

2. 이 책은 또한 모든 컴플라이언스 대상 영역의 핵심 구성 부분에 대한 기본적인 요약을 제공해 줌으로써 정보 수집 작업을 도와준다. 상품, 문서화, 규제 당국, 법률과 당신의 회사에 존재할 법한 다른 부서들에 관해 그러한 정보들이 제공된다. 해외의 규제 당국에 관한 정보와 같이 여기에서 다루지 않는 추가 사항이 필요할 경우, 이 책에서 제공하는 정보를 당신의 상황에 맞게 수정하여 사용할 수 있다.

사실 발견을 본격적으로 시작하기 전에 마지막으로 한 마디 덧붙이고자 한다. 이 단계에서는 그저 정보만을 수집하고, 당신의 세계에 대해 편안해지고 익숙해지도록 하라. 그 단계에 도달한 뒤에야 상품 X가 규칙 Y에 의해 어떻게 영향을 받는가, 이 부서의 절차는 관련 법률에 부합하는가, 이러이러한 문서에 관한 규제상의 요건이 있는가, 있다면 어떤 요건인가 등과 같은 분석을 시작할 수 있다.

이 뒤의 장들은 위에서 설명한 개념상의 '컴플라이언스 대상 영역 매핑'에서 당신 회사의 구성 부분들과 그들이 그 안에서 운영되고 있는 환경들로 나누어서 이를 실제로 수행하는 데로 나아간다.

특히, 아래와 같은 영역들이 다루어진다.

- 5장: 회사 대상 영역 매핑
- 6장: 규제 기관과 기타 업계 기구
- 7장: 입법 환경과 규칙 매핑
- 8장: 금융상품, 서비스와 문서화

Chapter 5

회사 대상 영역 매핑

이번 장은 당신의 책임 범위에 속하는 운영 실체, 비즈니스 부문과 외부 서비스 제공자에 대해 지니고 있어야 할 기본적인 데이터 유형에 대한 지침을 제공한다.

5.1 운영 실체

맨 먼저 해야 할 기본 과제는 당신이 책임을 지는 그룹 내 모든 운영 실체들의 명단을 작성하는 것이다. 이 일이 끝나고 나면, 당신이 책임을 지지 않는 운영 실체들의 명단을 작성하라. 이 일이 쉬운 사람도 있겠지만, 그렇지 않은 사람도 있을 것이다. 예를 들어 당신이 모회사, 자회사, 관계회사가 없이 영국에 소재하고 있는 단 하나의 규제 대상 회사의 컴플라이언스 책임자라면, 당신의 영역은 여러 지점이 있는 국제적 금융 그룹에서 일하는 사람들의 영역보다 덜 복잡할 것이다. 당신은 아래의 어느 실체들에 대한 책임을 지고 있는가?

- 국내 지점
- 해외 지점

- 해외 그룹 회사의 국내 사무소
- 국내 실체의 해외 사무소
- 그룹 소속 회사 중 복수의 국내 규제 당국의 규제를 받는 회사
- 그룹 소속 회사 중 규제를 받지 않는 회사(이 회사들은 FSA의 규제를 받지는 않을 지라도 회사의 모범실무관행 기준과 정책, 데이터 보호법, 해외의 선도적 규제 당국에 의해 정해진 규칙 등에 의해 규율될 수도 있음을 주의하라. 또한 일부 영리한 사람들이 갑자기 투자 비즈니스에서 규제를 받지 않기 위해 특정 거래를 규제를 받지 않는 실체에 기장하기로 결정하지는 않는지 점검할 필요가 있다)
- 특수 목적 기구(special purpose vehicle; SPV)
- 투자 펀드
- 지명 회사(nominee company; 관리 계약에 따라 실제 소유자 대신 관리인으로서 증권 또는 기타 자산을 보유하기 위해 은행 또는 수임인에 의해 설립된 회사. business dictionary.com의 설명을 번역, 인용함. 역자 주)
- 다른 회사들이 일부를 소유하고 있는 합작 회사
- 휴업 중인 실체 – 규제를 받지 않는 회사에 관한 위의 설명을 보라.

당신은 당신의 주요 책임 대상인 각각의 실체들에 대해 아래에 열거하는 유형의 정보를 다루는 기본 정보 대장(臺帳)을 유지하고자 할 것이다. (이를 정기적으로 업데이트할 필요가 있을 것이다.)

당신이 책임지지 않는 실체들에 대해서는 어떠한가? 이에 대해서는 사안별로 판단하라. 지구 반대편에 여러 해 동안 휴업 상태에 있으며 당신의 회사에 전혀 관련된 적이 없던 해외 사무소가 있거든, 이 사무소가 존재한다는 사실과 주된 접촉 대상 파악 이외에는 더 이상 할 일이 없을 것이다. 다른 실체들에 대해서는 보다 많은 정보를 유지해야 할 수도 있다. 언제 사정이 변해서 더 많이 알 필요가 있게 될지 아무도 알 수 없는 일이다.

필요한 정보	논평
완전한 명칭	• 약어가 있을 경우, 완전한 명칭을 표시하라. • Plc, Ltd, AG, SA 등 정확한 회사 표시를 사용하라.
종전 이름	• 종전 이름은 참으로 오래 간다. 당신이 책임을 지고 있는 회사가 예전에 다른 이름으로 알려졌을 경우, 이에 대해 알아두는 것이 좋다. • 회사를 계속 종전 이름으로 부르는 사람들이 있을 것이다. 그들이 어느 회사에 대해 얘기하는지 알 필요가 있다. 또한 종전 파일을 읽을 때 지금은 다른 이름을 쓰는 어느 회사를 의미하는지 알 필요가 있다.
등록된 주소	공식적인 법률상 합의, 계약, 기타 문서에 어느 주소를 사용해야 할지 알 필요가 있다.
비즈니스가 수행되는 주소	• 사무소 방문 시 어디로 가야 할지 알 필요가 있다. • 하나의 실체에 여러 영업소가 있을 수 있으며, 하나의 도시 안에서도 여러 장소에서 활동들이 벌어질 수 있다.
주된 연락처 이름, 전화번호, e-메일 주소, 팩스 번호,	필요할 때 연락이 안 되는 것은 변명할 수 없다.
웹사이트 주소	이 정보는 해당 실체에 대해 보다 많이 알 수 있게 해 주며, 웹사이트는 회사의 홍보수단으로 간주되고 관련 요건을 준수해야 하므로 웹사이트 주소를 아는 것이 매우 중요하다.
설립지, 설립일, 회사 등록번호, 세금 등록번호	기본적인 회사 정보를 가까이 둬서 나쁠 것은 없다.
실체의 유형	이 실체는 유한 책임 회사, 상장 유한책임회사, 파트너십, 유한책임 파트너십, 펀드, 특수목적 기구, 사무소, 지점 중 어느 것에 해당하는가?
현지 규제 당국(들)의 이름	규제 당국이 여러 개일 수도 있으므로 이들을 모두 자세하게 기록해 두라.
현지 규제 당국 승인일 현지 규제 당국 승인 /등록 번호	

○

필요한 정보	논평
자본 총액	자본 총액은 다음 사항들에 영향을 줄 것이다. • 규제 자본 자원 • 회사의 대출한도 • 회사의 차입조건 • 수행할 수 있는 거래의 유형/규모와 규제 자본 요건 위의 사항들은 또한 규제 당국에 의해 요구되는 보고 빈도와 강도에서 하나의 요인이 될 것이다.
회계연도 종료일	이는 규제상의 재무 보고일에 영향을 준다.
소유자 및 기타 관계회사	• 단지 유용한 정보이기만 한 것이 아니다. 규제 관련 보고목적상 회사의 '컨트롤러(controller)'가 누구인지 어느 회사와 '가까운 관계'에 있는지 알 필요가 있다. • 해당 실체의 컴플라이언스 상태에 관해 경영 정보를 보낼 부서 또는 담당자를 알 필요가 있다. • 모회사 또는 모회사들이 해외에서 규제를 받을 경우, 해외의 법률과 규정을 추가적으로 적용해야 할 수도 있다.
상장	해당 실체가 거래소에 상장되었는가? 그럴 경우 상장 규칙을 준수해야 한다.
자회사, 사무소, 지점	• FSA는 자신이 규제하는 회사들과 밀접한 관련이 있는 것으로 간주하는 실체들에 관한 다양한 규칙들을 가지고 있으며, 규제 대상 회사의 인가 조건 중 하나는 회사와 밀접한 관련이 있는 조직들이 FSA의 해당 회사 감독을 방해하지 않아야 한다는 것이다. • 당신이 책임을 맡고 있는 실체에 자회사, 사무소, 지점, 특수목적 기구(SPV) 등이 있을 경우, 이들에 대해서도 해당 실체에 관해 아는 것만큼 잘 아는 것이 좋다.
대리권	누가 해당 실체를 대표해서 서명할 법적 권한이 있는가, 누가 거래를 체결할 수 있는가, 누가 규제 당국에 대한 답신에 서명할 수 있는가, 누가 회사에 서비스 계약을 구속시킬 수 있는가 등을 알 필요가 있다.
비서 업무	• 회사 정보에 관한 유용한 출처 • 컴플라이언스 요건이 비서 업무에 어떻게 영향을 주는지에 대한 지침은 부록 D를 보라.

필요한 정보	논평
위원회	위원회들이 어떻게 작동하는지 및 접촉하게 될 가능성이 가장 높은 위원은 누구인지 알 필요가 있다. 예를 들어 당신은 교육, 이해상충, 새로운 비즈니스, 컴플라이언스 리스크와 같은 영역들을 다루는 위원회를 접촉하게 될 것이다. 각각의 위원회에 대한 연락처를 확보하고 위원들을 파악하라.
컴플라이언스 책임자, 자금세탁 보고 책임자, 기타 핵심 직원	이러한 업무를 수행하는 동료들과 좋은 관계를 유지하고 연락 후 곧바로 만날 수 있어야 한다. 그들은 유용한 조언, 지침과 지원의 원천이 될 것이다. • 누가 다음과 같은 역할을 맡고 있는지 알면 유용하다. 최고운영책임자, 최고재무책임자, 내부 감사 부문장, 운영 리스크 부문장, HR부문장, 법무 부문장, 오퍼레이션 부문장. • 물론, 각 비즈니스 부문의 장의 이름을 알아야 한다. • 위의 사람들의 상세한 연락처를 가지고 있으면 더 좋다.
감사인	• 감사인들과 좋은 업무 관계를 형성할 필요가 있을 것이다. 그들은 재무감사 및 규제 당국을 대신한 다양한 기능들을 수행할 책임이 있다. • 감사인들과 관계가 좋을 경우, 무료로 컴플라이언스 관련 문의에 대해 다소의 비공식적인 조언을 받을 수도 있다. 감사인은 많은 피규제 회사들을 다루고 있으므로, 당신의 회사와 유사한 다른 회사들에 어떤 유형의 통제를 갖춰야 하는지에 대한 감이 있을 것이다.
법률 고문	• 어느 실체가 특정 법무법인과 끈끈한 관계를 맺고 있을 경우, 특히 이 실체가 수행하는 비즈니스에 관련된 규제상의 조언을 구할 때 이 관계가 매우 귀중할 수 있다.
회사 또는 비즈니스에 대한 서비스 제공자	• 각각의 실체에는 청소업체에서부터 비밀 서류를 파쇄하는 계약자까지 다양한 서비스 제공자가 있을 수 있다. • 이러한 서비스 제공자 중 일부는 분명히 컴플라이언스와 다소 관련이 있을 것이다. • 제3자에 외주되는 서비스가 있을 경우, 준수해야 할 FSA 요건이 있다. 외부 제도 전반에 대한 지침은 부록 A의 287쪽을, 외주 계약에 관한 지침은 부록 21을 보라.
비즈니스 부문	• 일선 부서와 후선 부서를 모두 포함하여 비즈니스와 관련된 모든 부서들의 명단을 작성하라(여기에서 요구되는 보다 상세한 정보는 아래에서 설명한다). ❍

필요한 정보	논평
	• 법무, HR, 재무 보고 등 다른 모든 부서들의 명단을 작성하라. • 회사 내 다른 부서들의 업무와 이들이 컴플라이언스 제도에 어떤 영향을 주는지에 대한 지침은 9장과 부록 C, 부록 D를 보라.

5.2 비즈니스 부문

책임을 맡고 있는 운영 실체들을 파악하고 이들에 대해 어느 정도의 기본 정보를 입수하고 나면, 이들 실체 내의 비즈니스 부문과 기타 부서들에 대해 친숙해질 필요가 있을 것이다. 각각의 비즈니스 부문에 대해 아래와 같은 유형의 정보를 잘 알아두고 이를 자주 업데이트해야 한다. 금융기관의 다양한 비즈니스 부문에서 수행하는 활동들에 대한 지침에 대해서는 9장과 부록 C, 부록 D를 보라.

필요한 정보	논평
이름, 종전 이름	각각의 법적 실체의 경우에서와 마찬가지로, 약어 이름이 무엇을 나타내는지, 이전에는 어떤 이름으로 불렸는지 알면 유용하다.
부문(division)	• 대형 그룹/회사들에서는 개별 부서들이 합쳐져 자체의 목표, 절차와 비즈니스 모델 등을 지니는 부문을 구성하기 마련이다. • 당신의 부서가 어느 부문 소속인지 알 필요가 있다.
국제 사무소	• 일부 부서는 여러 국가에 직원을 두고 모두 하나의 팀으로서 국제적으로 운영되기도 한다. • 이로 인해 컴플라이언스 책임자는 해외 직원들을 알아야 하고 해외 규제 당국의 규제 요건도 다루어야 하기에, 복잡성이 증가한다.
주요 내부 비즈니스 부서와의 접촉	• 다른 어떤 서비스 부서가 당신이 책임을 맡고 있는 비즈니스 부문과 협력하는지 알면 유용하다. • 그러한 부서의 직원들은 유용한 정보를 제공해 줄 수 있으며, 규제 관련 과업에 대해 당신과 협력할 수 있다. 예를 들어 당신은 교육 계획에 관해 HR부서와 협력할 수 있으며, 고객과의 합의서 작성 시 법무부서와 협력할 수 있다. ◗

필요한 정보	논평
	• 회사 내 여러 부서들과 좋은 관계를 맺고 있으면 이러한 일들이 훨씬 더 쉬워질 것이다.
서명권자	이를 알면 서명 권한이 없는 사람에 의해 서명된 문서를 탐지할 수 있다.
법무 법인, 비즈니스 컨설턴트, 기타 외부 서비스 제공자	• 선호되는 법무 법인과 비즈니스 컨설턴트가 누구인지 알면 유용한 배경 정보가 된다. • 법률 계약에서 요구되는 조건 등 다양한 규제상의 이슈들을 해결하기 위해 당신이 이들과 연락해야 할 가능성이 있으므로 누구와 상의해야 하는지 알아두면 도움이 된다. • 외부 전문가들과 좋은 관계를 유지하고 있으면 그들에게 비공식 조언과 지침을 구할 수 있으므로, 누가 외부 전문가인지 알면 유용하다. • 외주에 FSA의 규칙들을 적용하기 위해서는 당신의 회사를 대신하여 외주 기능을 수행하는 것으로 간주될 수 있는 서비스 제공자를 파악할 필요가 있다. 외주 제도에 관한 지침은 287쪽을, 외주 합의에 대한 지침은 부록 21을 보라.
인트라넷 사용	인트라넷 사이트는 특정 비즈니스에 관해 더 많은 정보를 알아볼 수 있는 유용한 수단이며, 컴플라이언스 공지, 양식, 체크리스트, 절차 매뉴얼 등을 올려놓을 수 있는 유용한 도구이기도 하다.
상위 경영진	• 당신이 책임을 맡고 있는 각 비즈니스 부문의 경영진을 잘 알고 그들과 좋은 관계를 유지할 필요가 있다. • 이들 상위 경영진은 당신과 '현장에서' 수행되고 있는 비즈니스 사이의 연결 고리이다. 이들을 당신 편으로 만들면 이들이 자기가 책임지는 부문 직원들에게 당신의 컴플라이언스 메시지를 전해 줘서 당신이 일하기가 훨씬 쉬워질 것이다. 이들은 또한 자신의 부하 직원들이 관련 요건들을 준수하게 하고 긍정적인 '상부의 기조'를 세우는 데 도움이 될 것이다. • 또한 FSA는 상위 경영진이 컴플라이언스에 대한 책임을 지도록 요구하고 있으므로, 그들에게 이 분야의 책임을 상기시켜 주기 위하여 이 영역에 해당하는 사람을 파악할 수 있어야 한다. • 상위 경영진에 대한 보다 자세한 지침은 부록 D의 376쪽에서 찾아볼 수 있다.

필요한 정보	논평
기타 직원	• 누가 규제상의 등록이 필요한지, 누가 FSA 교육/역량 규칙의 적용을 받는지/받을 필요가 있는지, 누가 징계 중에 있는지, 누가 다른 부서로 이동했는지, 누가 퇴사해서 규제 관련 참고 사항(regulatory reference)을 필요로 하게 될지 등에 대해 알려면 당신이 책임을 맡고 있는 각 부서들의 직원 명단이 필요할 것이다. • 각 부서의 직원을 가급적 많이 알도록 노력하라. 누군가와 좋은 관계를 맺고 있으면, 그 사람에게 (아마도 인기가 없을) 컴플라이언스 메시지를 전달할 때 확실히 도움이 된다. • 수수료를 증대시키거나 유지하기 위해 컴플라이언스를 무시하려는 유혹을 받을 수 있는 실적 '스타' 직원이 있는지 파악하라. • 지정 대리점(appointed representative)이 있는지 파악하라.
경영진의 주요 컴플라이언스 우려사항	당신은 이 사안들을 해결하기 위해 경영진과 협력해야 하므로 이에 대해 알 필요가 있다.
상품, 서비스, 활동	각 부서에서 제공하는 전 범위의 상품(예를 들어 채권, 신디케이트 론)과 서비스(예를 들어 보관)에 대해 친숙해야 한다. 부록 7-18에서 여러 금융상품들에 대한 안내를 받을 수 있다.
거래소 참여	당신이 책임을 맡고 있는 비즈니스 부문이 거래소에서 활동할 경우, 거래소 트레이딩 규칙에 대해서도 잘 알아야 한다.
독특한 세일즈 포인트	배경 지식으로서, 당신의 비즈니스 부문이나 회사를 특별하게 하는 요인이 무엇인지 알면 유용하다.
어떻게 수익이 창출되는가?	• 이 정보는 수수료가 공정하게 부과되는지, 고객에게 정확한 공시가 이뤄지는지 알 수 있게 해 준다. • 수수료 구조는 이해상충을 야기할 수도 있다. 자문역은 특정 거래가 고객의 최상의 이익에 합치하기 때문이 아니라 수수료를 발생시키기 위해 이를 추천할 유혹에 빠질 수도 있다. • 보상 정책에 대한 이해도 유용하다. 직원들에 대한 보상이 규제 준수에 어느 정도 연결되는 것이 이상적이다. 누군가가 규제 리스크를 무시함으로써 큰 이익을 남겼다고 해서 거액의 보너스를 받는 것은 적절하지 않다.
사용된 거래 문서와 고객 관련 문서	• 해당 부서가 사용하는 거래 문서를 열거하라. 예, ISDA. • 해당 부서가 사용하는 모든 고객 관련 문서를 열거하라. 예, 고객 분류 결과 통보서 ●

필요한 정보	논평
	• 해당 부서에서 사용하는 모든 규제상의 합의를 열거하라. 예, 고객 금전 신탁 서한 • 기타 합의를 열거하라. 예, 외주 계약서, 소프트 커미션 계약서 등 • (문서에 관한 보다 자세한 정보는 8장과 부록 19와 20을 보라.)
당해 연도 재무 목표	• 이는 유용한 배경 정보일 뿐만 아니라, 이익 목표를 알면 사람들이 절차를 생략하고, 리스크를 무릅쓰며, 규제상의 요건을 무시할 수 있는 상황을 쉽게 알 수 있다. • 예를 들어 특정 직원 또는 부서가 목표에 크게 미달하고 있으면, 그들은 해당 거래가 그들의 목표 달성에 도움이 된다고 생각할 경우 '의심스러운' 고객과 거래 관계를 맺을 수도 있다.
광고와 마케팅	• 판촉 자료는 이를 작성한 부서에 관한 좋은 배경 정보의 원천이다. • 그러나 작성된 마케팅 자료가 관련 규제 요건을 준수하는지 검토할 수 있도록 어떤 마케팅 자료가 만들어지는지에 대해서도 알 필요가 있다.
목표 고객층	• 당신의 회사가 중점을 두는 고객 유형을 알 필요가 있다. 이 정보는 FSA 규칙집의 어느 부분이 적용되는지에 대해 말해 준다. • 좋은 배경 정보로서, 목표 고객의 소속 국가와 실체 유형을 아는 것도 도움이 된다.
최우수 고객 (현재 및 목표상)	• 해당 부서 최고 고객들과 관련된 요청을 신속히 처리함으로써 호감을 얻는다. • 해당 부서 최고 고객들과의 좋은 관계가 편애로 귀결되어 다른 고객들과의 관계를 악화시키는지 여부에 대해서도 생각해봐야 한다.
관련 협회	• 이들은 당신이 책임을 맡은 부서에 의해 제공되는 상품과 서비스에 관한 배경 정보의 유용한 원천이 될 수 있다. • 당신이 책임을 맡고 있는 부서가 그러한 협회들의 행동 수칙을 준수하기로 결정했을 수도 있다.
IT시스템	• 이들은 유용한 배경 정보이므로 알아둘 필요가 있다. • 비즈니스 시스템을 사용하여 컴플라이언스 부서의 모니터링에 유용할 수 있는 보고서를 작성할 수도 있다.

필요한 정보	논평
과거 12개월 동안 최고의 딜과 최악의 딜	이들은 유용한 배경 정보이다.
경쟁	• 경쟁에 관한 정보는 유용한 배경 정보이다. 특히 핵심 경쟁자에게 규제상의 문제가 있다는 언론 보도가 나올 경우 더욱 그렇다. 이로 인해 고객들이 경쟁자를 떠나 당신 회사로 옮겨 옴에 따라 당신 회사의 비즈니스 패턴이 바뀌거나, 고객이 해당 산업을 너무 위험하다고 생각한 나머지 이 시장 자체를 외면해서 당신의 비즈니스가 줄어들 수도 있다. • 비즈니스에 대한 영향이 어떻든 간에, 경쟁사에서 무엇이 잘못되었는지 점검하여 당신의 회사에서도 동일한 실수가 일어나지 않게 할 필요가 있다.
도전 과제	• 당신이 책임을 맡고 있는 부서가 직면하고 있는 도전 과제들을 알면, 당신이 그들의 상황에 더 잘 맞추는 데 도움이 된다. • 도전 과제는 또한 사람들이 리스크를 떠안도록 유혹받을 수 있으므로 가장 세심하게 주의를 기울여야 하는 영역을 의미할 수도 있다.
규제 환경(규칙 지도)	당신의 비즈니스에 영향을 줄 수 있는 법률, 규정, 모범실무관행 조항들에 대한 모든 잠재적 원천들을 파악할 필요가 있다. 규칙 매핑에 관한 추가 정보는 7장과 부록 A에 제공되어 있으며, 관련 법률에 관한 추가 정보는 부록 3-6에 제공되어 있다.
매뉴얼, 절차, 정책 문서	• 배경 정보에 대한 유용한 정보의 원천이다. • 이들을 검토해서 관련 요건 준수에 부합하지 않는 절차가 제공되지 않게 해야 한다. • 이 문서들에 규제 관련 참조처가 추가되게 할 수도 있다.
리스크	• 해당 부서에 영향을 주는 핵심 리스크들과 이들이 어떻게 관리되는지, 시정조치를 취할 사항이 있는지에 대해 알아야 한다. • 모든 리스크가 컴플라이언스 부서의 직접적인 우려사항은 아니지만, 다른 영역들의 리스크에 대해 인식하면 해당 부서의 활동들에 영향을 주는 이슈들에 관해 유용한 배경 지식을 제공해 준다. • 컴플라이언스 부서가 어떤 조치를 취할 필요가 있는지 결정하라.

필요한 정보	논평
이해상충	• 철저한 조사를 실시하여 해당 부서에 영향을 줄 수 있는 모든 잠재적 이해상충을 기록하고 이들이 어떻게 관리 및 경감되고 있는지 파악할 필요가 있다. • 미흡한 점(gap)이 있을 경우 이를 파악하고 가능한 조속히 시정 조치 이행 계획을 수립해야 한다. • 이해상충은 전 세계 규제 당국들의 핵심 주제 중 하나로서, 이 영역에서는 잘못을 용납하지 않는다. • 부록 A의 243쪽에 보다 자세한 정보가 나와 있다.
최근의 규제 관련 이슈들	• 해당 부서의 규제 관련 역사를 알 필요가 있다. • 최근에 규제 관련 이슈가 없다면 좋은 일이다. 이를 계속 유지하도록 하라. • 그러나 문제가 있었을 경우, 이들에 관해 모든 것을 알 필요가 있다. 예를 들면 다음과 같은 사항을 파악해야 한다. 그 일이 왜 어떻게 발생했는가? 누구의 책임이었는가? 관련인들이 아직도 회사에 재직하는가? 규제 당국이 아직도 이 상황을 모니터하고 있는가? 시정 조치가 아직도 진행 중인가? 그 문제가 재발할 위험이 있는가?
규제 관련 핵심 주제	• 최근에 해당 부서에 관련이 있는 규제상의 제재가 있었는지 파악하라. • 업계에 당신이 담당하고 있는 부서가 수행하고 있는 비즈니스에 영향을 주는 현행 규제 관련 이슈가 있는지 파악하라. 예를 들어 금융관련 언론 기사를 읽고 규제 당국의 웹사이트를 점검하여 최근에 당신의 회사에 관련 있는 정책 문서가 발표되었는지 알아보라.
과거 12개월간의 변화	이는 당신이 현재 서 있는 위치를 파악하는 데 유용한 정보이다.
향후 12개월간 계획된 변화	• 이는 매우 중요한 정보이다. 비즈니스 부문이 이들로 인해 발생할 수 있는 컴플라이언스 이슈들을 적시에 다루기 위한 어떤 계획을 가지고 있는지 알 필요가 있다. • 해당 부문의 향후 12개월간의 계획을 파악하고 이 계획이 컴플라이언스, 상품, 구조, 서비스 등에 미칠 영향을 평가하라.

●

5.3 외부 서비스 제공자

당신의 그룹에 속하지 않은 회사들도 당신의 회사가 규제 요건을 충족할 수 있는 능력에 영향을 줌으로써 규제 대상 영역의 일부를 형성한다. 그러한 제3자들은 다음과 같다.

- 국내, 해외 브로커와 소개 브로커(introducing broker. 상품 또는 선물 브로커리지 회사로서 고객과 직접 딜(deal)을 하지만 트레이드 집행과 후선 업무는 청산소에 맡기는 회사. about.com의 설명을 번역함. 역자 주)
- 비즈니스 컨설턴트, 에이전트, 자문사
- 지정 대리점
- 제휴 대리인
- 규제 프로세스의 특정 부분에 대해 외주를 주었거나 그들로부터 특정 서비스의 외주를 받은 영국 회사와 해외 회사
- 투자 펀드의 매니저, 판매인, 관리인(custodian)과 후원자

당신의 그룹 소속이 아닌 이들 실체에 관해 필요한 정보는 이들과 맺는 관계의 성격에 따라 달라지겠지만, 최소한 다음과 같은 정보를 포함해야 한다.

필요한 정보	논평
연락처	주소, 전화번호, 웹사이트
담당자	제3자 회사에서 핵심 접촉 대상
내부 담당자	당신의 회사에서 어느 부서와 직원이 이 실체와의 관계를 '담당'하는가?
주요 일자	• 이 관계가 언제 시작되었는가? • 신규 관계일 경우, 제안된 시작일은 언제인가? • 정해진 이 관계 종료일이나 검토일이 있는가? ○

필요한 정보	논평
고객 알기(KYC)	• 이 실체에 대해 KYC를 수행할 필요가 있는가? • 그럴 경우, KYC가 수행되었으며 문서 기록이 업데이트되었는가?
관계의 성격	당신의 회사에 어떤 서비스 및/또는 상품이 이 제3자에 의해 제공되는가?
규제상의 지위	• 이 실체는 영국 또는 해외에서 규제되는가? • 규제될 경우, 규제상의 지위는 어떠한가? • 이 실체의 규제 관련 역사는 어떠한가?
배경	지금까지 이 관계는 어떠했는가? 이 관계는 성공적인 것으로 인식되고 있는가? 아니라면 무엇이 문제인가? 이 상황을 개선하기 위해 조치가 취해지고 있는가?
계획	가까운 장래에 이 관계에 변화를 줄 계획이 있는가?
외주	• 이 관계가 FSA 규제 제도 하에서 중대한 외주를 구성하는 것으로 여겨질 수 있는가? • 그럴 경우, 관련 규제 요건들이 준수되고 있는가? (부록 A의 182쪽을 보라.)
모니터링 및 감독	• 다른 회사에 의해 제공되는 서비스 표준을 검토하기 위해 모니터링 방문을 실시할 필요가 있는가? • 또는 다른 회사가 당신 회사의 모니터링 점검을 수행하기 위해 당신 회사에 방문할 권리가 있는가?
계약상의 합의	• 이 관계에 대해 보다 잘 이해하기 위해 당신 회사와 제3자 간의 계약서를 검토하라. • 이 관계가 외주와 관련이 있을 경우, 합의서는 특정 규제 요건을 충족시켜야 한다. 부록 21을 보라.
수수료	• 이 실체의 서비스 대가는 어떤 기준으로 지급되는가? • 필요시 고객에게 공시하는가? • 이 관계가 소프트 커미션에 해당할 수 있는가?
내부 요건	• 이 제3자와의 관계에 적용되는 내부 정책이나 절차가 있는가?

제3자와의 관계에 관한 추가 안내는 부록 A의 232쪽을 보라.

Chapter 6

규제 기관과 기타 업계 기구

규제 대상 영역을 매핑할 때 회사가 그 안에서 운영되고 있는 환경의 일부를 구성하는 규제 기관, 기타 조직과 기구들을 파악했을 것이다. 규칙 제정 권한과 일이 잘못되었을 때 당신을 곤란하게 할 수 있는 이 기관들에 대해 상세한 지식을 갖출 필요가 있다. 그러나 성공적인 컴플라이언스 책임자는 거기서 멈추지 않는다. 그들은 자신과 자신의 회사가 관여하고 있는 비즈니스 유형에 연결되어 있는 모든 업계 기구들을 알 가치가 있음을 이해하고 있다. 아래 조직들이 이에 포함된다.

- 정부 부서 – 자국과 타국의 정부 부서
- 중앙은행
- 업계 협회
- 국제기구
- 거래소와 청산소 – 이에 대해서는 아래에 보다 많은 정보가 제공됨
- 법집행기구
- 특정 분야에서 공동 입장을 취하는 비공식 금융기관 연합
- 소비자 그룹

그리고 언론 기관을 잊지 마라. 그들은 자신의 이익이 되는 분야에서 의견을 내고 사고와 전략에 영향을 미치는 점에서 매우 강력한 힘을 발휘한다. 다음과 같은 이유로 위에 열거되어 있는 조직 중 규제와 무관한 여러 유형의 업계 기구들에 대해서도 잘 알아둘 필요가 있다.

- 그들은 FSA나 정부에 로비를 함으로써 규제 정책 형성에 도움을 줄 수 있다(당신은 특정 이슈에 대해 확고한 입장을 가지고 있어서 이에 관여하고 싶어질 수도 있을 것이다).
- 그들은 당신의 비즈니스 분야에 있는 회사들에 의해 채택되는 모범실무관행 기준을 제정할 수 있다(당신은 이에 뒤떨어지기를 원하지 않을 것이다). FSA가 보다 원칙 기반 규제로 나아감에 따라 모범실무관행 기준들은 점점 더 중요해지고 있다. 460쪽의 Box 1('원칙에 따라 행동하기')과 476쪽의 Box 7('산업 지침')을 보라.) 그 결과 우리는 통상적으로 다루어야 하는 규범적 규칙보다는 산업에 기반을 둔 많은 행동수칙에 따르게 될 것으로 전망된다.
- 그들은 특정 분야의 규제나 규제상의 전개 방향에 관한 지침을 제공할 수 있다.
- 그들은 규율을 제공해 줄 수 있다.
- 그들은 네트워킹 기회를 제공해 줄 수 있다. 일부 조직들은 정기적으로 모임을 개최한다. 이러한 모임은 업계의 다른 사람들을 만나 다른 회사에서 무슨 일이 벌어지고 있는지, 그들은 어떤 유형의 이슈에 직면해 있는지, 그들은 어떤 규칙을 시행하고 있는지 등에 대해 알아볼 수 있는 좋은 기회를 제공한다. 그리고 더 많은 사람들을 알수록, 어떻게 처리해야 할지 자신이 없는 문제들이 생길 때 더 많은 사람들에게 물어볼 수 있다.

당신이 관련이 있는 것으로 파악한 각각의 규제기관, 표준수립기구 또는 업계협회에 대해, 이들이 당신의 회사에 어떻게 영향을 주는지, 당신의 팀에서 누가 그들과의 관계를 관리하고 진전 사항을 추적 관리할 책임을 지는지에 대해서도 기록해 두도록 권장된다.

부록 1은 영국의 금융기관들과 관련이 있을 가능성이 큰 몇 개의 규제기관들과 기타 업계 기구들에 대한 세부 요약 사항을 제공한다. 당신의 회사가 국제적으로 활동할 경우, 해당 국가에서 당신의 역할과 관련이 있는 유사한 기구들도 파악해야 한다.

6.1 거래소

거래소의 감독 기관들은 거래소들에게 그들이 상장시키는 회사들과 거래소에서 거래하는 실체들에 관한 건실한 규칙을 시행하도록 요구하고 있기 때문에, 거래소들은 규제 분야에서 규제 기관, 중앙은행, 정부와 함께 가장 중요한 주체에 속한다. 거래소의 출현은 수백년 전으로 거슬러 올라갈 수 있지만, 과거 20년 동안 거래소들은 그 이전의 전체 역사를 통틀어 겪었던 것만큼 많은 변화를 겪었다. 컴플라이언스 책임자들이 자신의 회사가 속해 있는 산업에 대해 철저히 이해하려면 이러한 변경 내용들을 추적 관리할 필요가 있다.

거래소들은 전통적으로 거래소 회원사들에 의해 소유 및 관리되었으며, 일국의 산업 역량, 경제력 금융 산업 전반을 반영하는, 일종의 국가 지위의 상징으로 간주되는 경향이 있었다. 그러나 현재에는 애국심과 감정은 버려지고 있으며, 많은 거래소들은 회원제를 탈피해서 일반 회사들처럼 이익을 내기 위해 노력하고 있고, 경쟁에 직면해 있으며(이에 대해서는 아래에서 살펴보게 된다), 흔히 국제적으로 운영되고 있는 특수한 형태의 회사가 되었다. 그러나 이러한 변화에도 불구하고, 거래소들의 전통적인 기능은 그다지 변하지 않았다.

기업 자금 조달

주식 거래소는 회사들이 주식을 발행함으로써 '공개' 또는 '상장' 할 수 있는 수단을 제공하며, 이를 통해 회사들에게 자금을 제공하기 원하는 사람들과 자금을 제공할 수 있는 사람들을 증가시키며, 계획대로 일이 진행될 경우 회사가 비즈니스에 사용할 현금의 양을 증가시킨다. 최초의 기업 공개가 이뤄진 뒤에는, 회사들은 새로운 주식을 발행하거나 상장된 회사채를 발행함으로써 자금을 계속 조달할 수 있다. 회사들에게 확장에 필요한 자금을 조달할 수단을 제공하는 이 역할은 거래소가 국가 경제에서 중추 역할을 담당함을 의미한다. 모든 거래소들이 상장 기능을 가지고 있지는 않음에 주의하기 바란다.

트레이딩과 유동성

특정 투자 대상이 거래소에 상장되면, 거래소는 IT를 통한 중심적인 거래 환경을 제공한다. 거래소에 의해 제공되는 조직화된 시장은 투자자들에게 자신이 처분하는 자산의 매입자와, 사고 싶은 자산의 매도자를 발견할 수 있게 해 준다. 거래소가 특정 부류 주식의 유동성을 확보하기 위해 시장 조성 시스템을 사용할 경우(아래를 보라), 투자자들은 항상 매입자 또는 매도자를 발견할 수 있다.

가격 발견과 벤치마킹

중앙 집중화된 시장의 또 다른 중요한 측면 중 하나는, 이 시장이 거래되는 상품의 공정한 가격 결정을 증진한다는 것이다. 즉, 과도해 보이는 가격을 부르는 사람은 자신의 호가를 조정할 필요가 있을 것이다. 그렇지 않으면 시장에서 배제될 것이다. 그러므로 거래소는 투자자들이 자신이 매입한 금융상품에 대해 과도한 가격을 지불하지 않았으며, 매도한 금융상품에 대해 공정한 가치를 받았다는 안도감을 줌으로써 금융시장에 신뢰감을 불어넣는다. 금융시장에서는 가격 결정이 중요한 핵심 요소인 바, 거래소에서 결정된 가격 수준은 아래와 같은 많은 곳에 사용될 수 있다.

- 주가수익배율(PE ratio), 배당수익률 등의 주식 평가
- 시장 지수 형성. 시장 지수는 다음과 같은 용도에 사용된다.
  - 전반적인 경제 상황을 측정하기 위한 벤치마크
  - 기초 금속 또는 원유와 같은 특정 시장 상황을 측정하기 위한 벤치마크
  - 개별 상품 또는 집합투자펀드 성과 평가
  - 차이 보전 계약과 같은 다른 상품의 토대
  - 파생상품 계약과 구조화 상품의 토대
- 집합투자기구 단위 가치평가
- 포트폴리오 가치평가
- 마진콜 시기 결정

조직화된 시장

거래소는 통제되고 시험된 환경 하에서 거래가 이루어지는 조직화되고 구조화된 시장을 제공한다. 이 시장이 시장 참여자들에게 주는 확신은 금융시장 전체의 신뢰 유지에 필수적이며, 거래소가 중앙의 거래 상대방 또는 청산소와 협력하여 이들이 제공할 수 있는 결제의 안전까지 도모할 경우 시장의 신뢰가 더 강화될 수 있다.

전략 구상

파생상품 거래소들은 시장 참가자들에게 투기거래를 통한 이익 극대화나 특정일의 가격 확정을 통한 리스크 회피(헤지)와 같은 다양한 전략을 구사할 기회를 제공한다.

기업 구조조정

주식 거래소들은 주식 공개 매입을 통한 기업인수 수단을 제공한다(부록 8
을 보라).

규제

거래소들은 위에서 설명한 모든 핵심 기능들을 제공하기 때문에, 시장
참가자들이 시장에 대한 신뢰를 유지하게 하려면 거래소들은 반드시 공정
하고, 신뢰할 만하며, 투명하게 운영되어야 한다. 거래소들은 건강한 금융
시장의 운영에 매우 중요한 역할을 담당하므로 거래소 자체가 규제를 받을
뿐만 아니라, 거래소 참가자들에게도 엄격한 규칙들을 부과하도록 요구된
다. 이 규칙들은 아래와 같이 넓은 범위의 활동들을 다룬다.

- 상장(영국에서는 FSA에 의해 요건이 정해진다)
- 회원 기준 설정
- 트레이드 시간과 규모
- 투명성
  - 시장오용과의 전쟁의 핵심 요소 중 하나로서, 상장 회사들은 중대
    한 정보를 가급적 빨리 공시하도록 요구된다.
  - 트레이드 후 가격과 조건 보고
  - 트레이드 전 주문 발표 요건
- 거래소에서 신규로 트레이드되는 상품 승인
- 참가자들 사이의 분쟁 해결 촉진
- 시장오용과 기타 부적절한 활동을 파악하기 위한 감독
- 징계 조치

위에서 언급한 전통적인 활동들 외에도, 거래소들은 다른 거래소들과의

경쟁뿐 아니라 대체 트레이딩 장치 및 통로들과 치열한 경쟁에 직면하여 점점 더 자신의 서비스에 대한 마케팅과 판촉 활동을 활발히 수행하고 있다. 세계화의 진전으로 국제적인 회사들은 더 이상 자동으로 법인 설립국가의 거래소에서 상장하지는 않게 되었다. 또한 한 나라의 거래소가 다른 나라에서 트레이딩 통로를 설치할 수 있게 되었다. 거래소 간 경쟁 격화가 그들의 상업적 야망과 규제상의 책임 사이의 이해상충에 어떤 영향을 줄지에 대한 많은 우려가 제기되고 있는 가운데, 대부분의 논쟁은 다음과 같은 영역에 집중되고 있다.

- 기준 저하 – 거래소 간의 경쟁으로 회원사 인정 기준이 낮춰질 수 있으며, 따라서 시장의 무결성에 해를 끼칠 수 있다. 확실히 일부 경쟁 거래소들은 AIM(대안 투자 시장)에 대해 이러한 논쟁을 제기하고 있다(또는 AIM이 매우 성공적이어서 이를 시기해서 혹평하는 것에 지니지 않는 것일 수도 있다).

- 규제 관련 투자 – 거래소들은 수익성에 보다 직접적인 영향을 줄 수 있는 활동들에 사용할 자금을 확보하기 위해 규제 관련 인프라스트럭처에 대한 지출을 줄일 수 있다.

- 규제상의 자금 조달 – 거래소들이 시장 참가자들에 대한 재무상의 벌칙을 자신의 수입을 올리는 방편으로 사용하려는 유혹을 받지는 않을 것인가? 재무상 벌칙은 장기적으로는 회원사들이 이를 두려워하여 해당 거래소를 탈퇴하게 할 수 있으므로 그럴 가능성이 적지만, 단기적으로는 재무상의 어려움을 탈피하는 손쉬운 수단이기에 그럴 가능성도 있다.

- 경쟁자에 대한 규제 – 거래소들이 자신과 경쟁하는 집행 통로를 제공하는 경쟁 회사를 (시장 참가자 또는 상장 회사로서) 규제하는 경우, 그들에게 불이익을 줄 정도로 엄격한 규제상의 조사와 관행을 부과하는 성향이 있을 수 있다.

- 공공 서비스 – 거래소들은 국가 경제에 매우 근본적인 공적 역할을 수행하는데, 그처럼 중요한 서비스를 상업적 세계의 불확실성과 공공의 이익이 아닌 수익성 추구에 맡겨 두는 것은 너무 위험하다고 생각하는 사람도 있다.

거래소들이 이같이 인식되고 있는 위험들에 맞서기 위해서는 거래소 규제 당국이 정한 규칙들을 준수해야 한다. 규제 관련 책임에서 벗어나고 있는 거래소들도 많다. 예를 들어 런던주식거래소는 이제 더 이상 상장에 대한 권한이 없다.

거래소들은 일반적으로 위에서 설명한 특징들을 공유하지만, 운영 방식과 제공 서비스 면에서는 상당한 차이가 있다. 중요한 차이점 몇 가지는 다음과 같다.

- 상품 제공 – 회사의 자금 조달과 상장 수단을 제공하는 거래소가 있는가 하면, 상장 기능을 제공하지 않는 거래소도 있다. 유가증권은 상장하지 않고 파생상품 계약만 제공하는 거래소도 있다. 일부 거래소들은 통화와 상품(commodity) 트레이딩 기능도 제공한다.
- 트레이딩 스타일 – 트레이딩은 거래소 플로어(floor)에서 화면과 전화를 통한 대면 접촉으로 이루어지기도 하고('공개 호가'), 거래소 자체 전자거래시스템을 통하기도 하며, 이들을 혼용하기도 한다.
- 트레이딩 방법 – 가장 간단한 형태의 거래소에서는 거래소가 잠재 매수인과 매도인의 이해를 조정하는 별도의 장치 없이, 그저 이들이 만나는 장소 역할만 할 수도 있다. 이러한 방법은 거래소가 제공해야 하는 핵심 요건인 일정한 정도의 유동성에 대한 기대, 즉 매도인과 매수인을 쉽게 구할 수 있어야 한다는 요구를 지원하지 못하기 때문에 현대 거래소에서는 별로 발견되지 않는다.

현대 거래소들은 이를 달성하기 위해 주로 아래의 두 가지 방법을 사용하는데, 첫째 방법은 유서가 깊고 기술적으로 덜 복잡한 거래소들이 사용한다.

- 일반 주식 또는 기타 상품, 특히 '자연적인' 유동성을 향유하지 못하는 소규모 회사들의 주식에 대해 시장 유동성을 직접 지원하는 '시장 조성 시스템'. 이 경우 브로커들은 일정한 특권을 누리는 대신 특정 상품들에 대한 시장 조성(매수 가격과 매도 가격 호가)을 떠맡는다.
- FTSE 100과 같은 정상급 지수에 포함되는 주식과 같이 보다 '자연적인' 유동성을 지닌 투자에는 전자주문장부가 주로 사용된다. 여기에서는 모든 규모의 매수 주문과 매도 주문이 익명으로 입력될 수 있으며(가격 제한 폭이 있을 수 있음), 상응하는 매수 주문 또는 매도 주문이 있으면 이 가격에 거래된다.

컴플라이언스 책임자 입장에서 가장 차이가 있는 것은 지위일 것이다. 위에 열거한 거래소의 기능들 중 상장과 시장 지수 구성 같은 일부 기능은 '전통적인' 거래소들에 의해서만 제공될 수 있으며, 회사들이 자금조달, 트레이드 실행과 가격을 가늠할 수 있는 방법들에는 다른 대안들이 있다. 이 분야에서 전통적인 거래소들에 대한 경쟁자들이 발견된다.

몇 년 전까지만 해도 거래소 트레이딩에 대한 주된 대안은 다른 거래 상대방과의 직접적인 트레이드였는데, 이를 '장외(over the counter; OTC)' 거래라고 부른다. 그러나 정보기술 세계의 발전 특히 인터넷의 성장으로 전통적인 거래소는 아니지만 더 이상 OTC 형태에도 들어맞지 않는 혼성 설비가 출현했다. 우리는 이제 '비공식', 또는 유사 거래소들을 가지게 되었다.

규제 당국들은 그들이 어떤 기구를 진짜(bona fide) 거래소라고 여기는지를 정의해 왔다. 영국에서 규제 당국자들이 인정하는 거래소는 FSMA와 2000

년 FSMA (투자 거래소와 청산소 인정 요건) Regulations 2001에 규정된 관련 요건을 충족하고 준수하는 기관이 이에 해당한다. 이에 해당하지 않는 기관들은 아무리 이와 유사해 보이고 이와 유사한 활동을 한다 해도 투자자들에게 이 기관들이 FSA 승인을 받도록 요구된다는 규제상의 확실성을 제공해 주지 못하며, '거래소'라는 이름을 붙이도록 허용되지 않는다. 다른 유형의 트레이딩 통로를 일컫는 업계 용어들이 혼선을 빚기 때문에, 이에 대한 지침을 아래에 제공한다.

유형	논평
인정 투자 거래소(recognized investment exchanges; RIEs)	RIEs는 FSA의 승인 기준을 충족하고 영국에서 설립되었으며, 이후 계속 FSA의 감독을 받는 거래소들이다.
지정 투자 거래소(Designated investment exchanges; DIEs)	DIEs는 영국에서 활동하지는 않지만, FSA가 소비자들에게 적정 수준의 보호를 제공한다고 여기는 거래소들이다.
규제되는 시장	RIEs는 여러 개의 시장을 제공할 수 있지만, 이들 모두가 '규제되는 시장' 기준을 충족하는 것은 아니다. 예를 들어 런던 주식 거래소의 국내 시장은 '규제되'는 반면, AIM은 그렇지 않다(대신 '거래소에 의해 규제되는 시장'이다).
거래소에 의해 규제되는 시장	자금을 공모하기 원하는 신규 회사와 소규모 회사들에게 덜 엄격한 규제 제도를 제공한다. 증권들은 '상장된' 것으로 분류되지만, '규제되는 시장'에 적용되는 상장 규칙들은 적용되지 않는다. MiFID하에서는 엄격한 사전 및 사후 트레이드 투명성 요건이 적용된다.
다자간 트레이딩 설비 (multilateral trading facility; MTF)[1]	MTFs(MiFID에서 만들어 낸 용어)는 거래소와 같은 유형의 트레이딩 설비를 제공하지만, 거래소에서와 같은 요건은 적용되지 않는다(그러나 투자 비즈니스 영위 승인은 받아야 한다). 트레이딩은 양 당사자들 사이에서 직접 전자적으로 수행된다. ➲

유형	논평
체계적 인터널라이저 (systematic internalizer)[1]	체계적 인터널라이저(이 용어도 MiFID에서 만들어냈다)는 자신이 대규모 유가증권 재고를 보유하고 있어서 규칙적으로 고객의 주문을 내부적으로 집행할 수 있는 투자 회사이다.
전자 크로스 네트워크 또는 전자 커뮤니케이션 네트워크(ECN)	MTF의 별칭
대체 트레이딩 시스템(alternative trading system)[1]	MTF의 별칭
불리틴 보드(bulletin board)[1]	불리틴 보드는 매도자들이 자신의 재고에 대해 광고하고 매수자들이 무엇이 제공되는지 볼 수 있는 설비를 제공한다.

1) OTC 트레이딩

이들 비공식 거래소들이 등장함에 따라, 규제 당국의 조사가 감소하고 투자자들은 무슨 일이 일어날지 알 수 없는 미지의 세계에 놓이게 되었다. 그런데 왜 사람들은 이를 통해 투자할 때의 위험을 감수하려 하는가? 주된 이유는 유연성과 비용이다.

- 유연성 – 투자자들이 직접 거래하면, 자신의 트레이드와 반대 방향 트레이드 상대방을 찾을 수만 있다면 자신이 선택하는 어떤 방식으로든 투자할 수 있다. 그들은 거래소에서 승인한 투자 또는 계약의 제약을 받지 않는다.
- 비용 – 이들 유사 거래소에는 제한된 물리적 설비만 있고, 유지할 규칙과 요건들이라는 인프라스트럭처가 없기 때문에 가격이 낮게 유지될 수 있다.

이 모든 것들이 금융 산업 전체에 어떤 의미가 있는가? 거래소들은 대체 트레이딩 수단들로부터 자신을 방어해야 되기 때문에, 이는 상당한 고민거리가 될 것이다. 이에 따라 거래소들은 자국 거래소에 대한 통제력을 상실한 국가들과 국경을 넘은 제휴를 맺고 있다. 거래소들은 본질적으로는 특수 기능을 수행하는 회사들이지만, 흔히 국가를 상징하는 지위를 가지고 있는 것으로 여겨지고 있기 때문에 많은 사람들은 자국 거래소의 소유권이 외국인에게 넘어가는 데 대해 불쾌하게 생각한다.

그리 오래되지 않은 과거에 8~9개의 선도적 거래소들을 합병하여 유럽 '초대형' 거래소를 만들겠다는 계획이 진행되었으나, 해당 거래소들의 경영진은 합병 조건에 합의할 수 없었다(이는 놀랄 일이 아니다). 그 이후 런던 거래소와 보사 이탈리아나(Bosa Italiana) 합병, 유로넥스트(Euronext)와 라피(LAFFE) 합병과 같은 소규모 합병이 다수 일어나고 있다.

거래소들의 국제적 제휴는 광범위한 영향을 미칠 수 있으므로 컴플라이언스 책임자는 이에 대해 잘 알고 있어야 한다. 우리는 2006년에 나스닥이 런던주식거래소(LSE) 매입에 관심이 있다는 사실이 분명해졌을 때 이에 대한 좋은 예를 목격했다. 영국 회사와 투자자들은 상장 요건이 뉴욕 거래소에서보다 유연하고 실용적인 런던거래소에서 상당한 수의 신규 상장이 이루어졌었는데, LSE가 미국 회사의 자회사가 된다면 향후 상장 시 미국 사베인-옥슬리법(부록 6을 보라)의 매우 엄격한 요건을 준수하도록 요구될 것이라고 우려하였다.

영국 정부는 재빨리 이에 대응하여 2006년 투자거래소 및 청산소법(Investment Exchanges and Clearing Houses Act; IEC Act)을 통과시켜 거래소 소유자의 국적과 무관하게 영국 규칙이 적용되게 했다. 결국 이 딜은 성사되지 못했는데, 나스닥은 LSE를 포기하고 스웨덴 거래소로 관심을 돌렸다. 스웨덴은 언제쯤 IEC Act와 같은 법을 통과시킬까?

복수의 트레이딩 통로로 인해 유동성이 나눠질 것이라고 우려하는 사람도 있지만, 일반적으로 유럽 거래소들의 통합은 비즈니스 관점에서 일리가 있다고 생각된다. 유럽은 누더기같은 접근법과 간소화 결여에 수반되는 고비용으로 인해 미국에 비해 경쟁상 불리한 입장에 놓여 있다. 또한 미국은 본질적으로 단일 규제 시스템을 가지고 있지만 유럽은 그렇지 않다. MiFID를 통해 수렴되고 있음에도(부록 5와 480쪽의 Box 9를 보라), 유럽의 규제 지형은 통일성이 없으며 단일 유럽거래소를 수용하려면 아직 갈 길이 멀다.

우리는 그 동안에는 현재 목도하고 있는 바와 같이 다양한 트레이딩 통로를 지니게 될 것이고 유동성 경쟁을 벌이게 될 것이다. 이는 컴플라이언스 책임자들에게 다음과 같은 점을 시사한다.

- 집행 통로(execution venue)가 많다는 것은 추적 관리해야 할 규칙과 요건들이 많음을 의미한다.
- 집행할 수 있는 통로가 너무도 많기 때문에 최상의 집행을 확보하기가 더 어려울 수 있다.
- 더 많은 규제 당국과의 관계를 유지해야 되고, 규제 당국의 방문, 감독과 징계 조치 등이 증가할 가능성이 있다.
- 다양한 집행 통로들 사이의 차이를 아는 것이 중요해진다. — 시장남용 지침은 규제되는 시장에만 적용되는 바, 모든 설비(facility)들이 이 범주에 속하는 것은 아니다.
- 중앙 청산소를 갖춘 거래소에서 트레이드되는 비중이 작아짐에 따라 결제/거래 상대방 리스크가 더 커진다.

개별 거래소와 청산소들에 대한 보다 자세한 정보는 부록 2에서 찾을 수 있다.

6.2 청산소

거래소와 청산소의 관계는 금융기관의 일선 부서와 후선 부서의 관계와 같다. 청산소의 역할은 금융시장에서 수행된 트레이드의 결제를 촉진하는 것이다. 청산소는 때로는 거래소 밖에서(즉, 장외 또는 OTC) 수행된 거래의 결제에 사용될 수도 있지만, 특정 거래소와 관련되어 있는 경우가 흔하다. 청산소는 매수자와 매도자를 연결시켜서 매수자에게는 그들이 대가를 지급한 자산을 수령하게 해 주고, 매도자에게는 받아야 할 금액을 수령하게 해 준다. 그들은 또한 개시 증거금과 유지 증거금 지불과 수령을 촉진한다.

크게 볼 때 청산소는 두 가지 결제 모델을 사용하는데, 한 모델은 중앙의 거래 상대방에 대한 갱신(novation) 시스템을 사용하는 반면, 또 다른 모델은 매수자와 매도자가 직접 대면하여 결제하는 것을 허용한다. 갱신 방식에서는 청산소가 자동으로 모든 트레이드의 양측에 대해 거래 상대방이 되므로 (즉 모든 매도자들에 대한 매수자가 되고, 모든 매수자들에 대한 매도자가 된다) 시장 참가자에 대한 결제/신용 리스크가 크게 줄어든다. 청산소는 자신과 회원들을 재무적으로 보호하기 위해 개시 증거금과 유지 증거금 요건 부과 및 회원들에 대한 최소 자기 자본 요건 설정과 같은 다양한 수단들을 가지고 있다. 또한 갱신은 많은 거래 상대방들에게 다수의 현금 수수 대신에 수령할 금액과 지급할 금액을 상쇄하여 차액을 지급하거나 수령하기만 할 수 있도록 하는 상계를 촉진한다. 그리고 갱신 방식에서 결제는 항상 반대편 거래 상대방이 아니라 청산소와의 사이에서 이루어지므로, 회사들은 실제 거래 상대방을 알 수 없어서 익명성이 확보된다. 이는 민감한 트레이딩 전략의 기밀이 유지됨을 의미한다.

갱신 방식이 사용되지 않는 경우, 결제/신용 리스크는 해당 트레이드의 거래 상대방에게 남게 되며, 그들이 매입한 자산에 대한 대금을 지급할 수 없게 되면 이미 해당 자산을 인도했던 매도자는 신용 손실을 감수하게 된다.

FSA는 영국에서 활동하는 청산소들을 인정하고 감독할 권리(와 의무)를 가진다. '인정된' 지위를 얻으려면, FSA로부터 해당 청산소가 2000년 금융 서비스 및 시장법(FSMA) 섹션 XVIII과 2001년 투자 거래소 및 청산소 규정의 인정 요건을 준수했음을 인정받아야 한다. FSMA하에서 인정된 청산소 지위를 받으면, 그렇지 않을 경우 적용받게 될 투자 비즈니스를 수행할 인가를 받을 필요가 없다. 또한 가장 신뢰할 만하고 잘 관리되는 기관만 인정된 지위를 부여받고 이를 유지할 수 있다는 점에서 이 지위는 안전판 역할도 한다. 인정된 청산소에 대한 FSA의 감독에 관한 추가 정보는 인정된 투자 거래소 및 인정된 청산소 자료집에서 찾아볼 수 있다.

영국의 2개의 인정된 청산소에 대한 안내는 부록 2에서 찾아볼 수 있다.

Chapter 7

법률 환경과 규칙 매핑

당신이 성공적인 컴플라이언스 책임자라면 이미 당신의 회사에 적용되는 모든 법률 목록을 가지고 있거나, 이를 작성하는 과정에 있을 것이다. 특정 규칙의 제정 목적이 무엇인지, 그 유래는 무엇인지, 당신 또는 당신의 동료들이 이 법을 준수하지 않으면 감옥에 갈 가능성이 있는지 등에 대해 알아야 할 때가 있을 것이기 때문에, 어떤 법률이 적용되는지 알고 난 다음에는 그 내용에 대해서도 파악해 둘 필요가 있다.

때로는 주된 원천, 즉 애초에 해당 요건이 생겨나게 했던 법률의 관련 부분을 찾아보는 것이 요건의 내용을 진정으로 알 수 있는 유일한 방법인 경우가 있다. 물론, 법률은 주요 용어와 개념들을 정의하는 데에도 유용하다. FSA의 용어 해설(Glossary)은 흔히 FSMA의 관련 섹션 또는 EU 지침과 같은 이해하기 어려운 텍스트들을 언급하기만 하는데, 이 경우 당신이 해당 법률의 사본을 가지고 있거나 이를 쉽게 입수할 수 있지 않는 한 그다지 도움이 되지 않을 것이다.

영국에서 영위되는 대다수의 금융기관들에게는 FSMA가 핵심 법률이다. 그렇다고 해서 다른 법률들을 무시해도 되는 것은 아니다. 금융 서비스 활동에 직접적으로 영향을 주는 많은 법률에 대해서도 알 필요가 있는데, 그 중 일부는 위반에 대해 상당한 벌칙을 부과한다.

당신의 회사에서 상위 경영진이 컴플라이언스에 우호적이지 않을 경우, 이 점이 특히 중요해진다. 당신이 각각의 법률과 관련해서 회사의 '고위 간부'들이 직면하게 될 개인적 책임에 대해 속속들이 알고 있다면 경영진에게 이에 관한 예를 제시해 줄 수 있을 것이고, 왜 (비용 또는 불편에도 불구하고) 특정 통제를 도입할 필요가 있는지에 대해 경영진과 논의할 때 그러한 정보를 적시에 제시한다면 컴플라이언스 프로그램을 가장 꺼리는 상사조차도 당신이 말하는 바에 주의를 기울이게 될 것이다. 적용되는 규제 관련 법률은 크게 아래의 3가지 범주로 나눠진다.

1. 금융 산업에 대한 법률 프레임워크를 확립하기 위해 제정된 법(예를 들어 2000년 금융 서비스 및 시장법)
2. 특정 유형 금융 서비스 활동에만 적용되는 법(예를 들어 환어음법)
3. 다소 일반적으로 적용되지만, 금융기관에 중대한 영향을 주는 법(예를 들어 2002년 범죄수익법)

영국의 금융기관들에게 관련되는 상당한 양의 해외 법들이 있다는 점도 기억해야 한다. 그렇게 해야 되는 이유에 대한 예는 473쪽의 Box 6('세계화')을 보라.

당신의 회사에 관련이 있는 주요 법률들을 파악하고 나면, 컴플라이언스 부서에서 주된 책임을 지는 법률과 다른 부서에 의해 관리되는 법률을 결정해야 한다. 그 다음에는 누가 무엇을 해야 하는지에 대해 혼선이 없도록 이를 컴플라이언스 규정 (3장의 90쪽을 보라)에 기재할 수 있다.

당신이 책임을 맡은 각각의 법률에 대해 리스크 관리와 경감 프로그램을 기록해 두는 것도 좋은 방법이다. 당신이 다룰 수도 있는 사안들이 아래에 요약되어 있다.

이슈	논평
책임	부서가 대규모 조직이거나 알아야 할 법의 양이 많을 경우, 팀원들에게 특정 법에 대한 책임을 배정할 수도 있다.
적용도	해당 법이 당신의 회사에 어느 정도 적용되는지 평가하라. 이 법이 관계되는 비즈니스 부문, 활동과 상품을 나열하라.
리스크	각각의 법과 관련하여 회사에 대한 주요 리스크가 무엇인지 파악하라.
통제	파악된 각각의 리스크에 대한 대응으로 시행된 통제를 기록하라.
취약점	파악된 리스크와 관련한 통제 프레임워크에 취약점이 있는지 파악하라.
행동 계획	파악한 취약점을 다루는 시정 조치 계획을 수립하라. 정기적으로 진전 사항을 기록하고 추적 관리하라.
검토 빈도	해당 법에 의해 당신의 회사가 직면하게 된 리스크에 기초해서, 이의 준수 여부를 얼마나 자주 모니터해야 하는지 결정하라. 법률의 섹션마다 검토 주기가 다를 수도 있다.
리스크 등급	이 법에 대해 전반적으로 어떤 리스크 등급을 부여하겠는가? 리스크 등급은 다음과 같은 요인들에 기초를 둘 수 있다. • 해당 법에 의해 부과될 수 있는 벌칙의 심각성 • 벌칙이 부과되는 빈도 • 이 법이 회사에 적용되는 정도 – 회사 전체에 적용되는가, 아니면 회사의 일부에만 적용되는가? • 컴플라이언스 부서가 해당 법률 준수에 대한 일차적 책임을 지는가? 아니면 일차적 책임은 다른 부서에 놓여 있고 컴플라이언스 부서에는 부수적인 영향만을 주는가?

부록 3-6은 영국의 금융기관들에게 관련이 있는 주요 법률들 일부에 대한 요약으로 구성되어 있다. 당신의 회사가 국제 영업망을 갖추고 있을 경우, 당신의 역할과 관련이 있는 국가에 관한 법에 대해서도 연구할 필요가 있을 것이다.

영국법의 내용은 인터넷에서 쉽게 찾을 수 있는데, 아래의 두 웹사이트가 특히 유용하다.

- **공공 부문 정보청**(Office of Public Sector Information) (http://www.opsi.gov.uk/)
  이 사이트는 이용하기가 특히 쉽지만, 특정 법을 이 사이트에서 찾을 수 있다 해도 이 법이 현재는 유효하지 않거나, 이 법의 상당 부분이 다른 법에 의해 폐기되거나 개정되었을 수도 있음을 명심해야 한다. 이 사이트는 또한 제정된 지 20년이 넘은 법은 포함하지 않고 있다.

- **영국 법률 데이터베이스**(The UK State Law Database) (http://www.statelaw.gov.uk/)
  법무부에 의해 운영되는 이 사이트는 위의 사이트보다 검색하기가 다소 어렵지만, 특정 법률이 어떻게 개정되었는지 그리고 아직 발효되지 않고 있는 개정안에 의해 어떤 영향을 받을지에 관한 유용한 세부 내용을 포함하고 있다. 이 사이트는 또한 OPSI에서 찾을 수 있는 법률보다 훨씬 전에 제정된 법률도 포함하고 있다.

7.1 규칙 매핑

당신의 회사에 영향을 주는 요건들의 다양한 원천(법, 규정, 업계 모범실무관행 등)을 파악하고 나면, 컴플라이언스 책임자가 알아야 할, 아래와 같은 가장 기본적인 세 가지 사항들에 대해 잘 파악할 위치에 있게 된다.

- 회사가 현재 준수할 필요가 있는 요건들
- 회사에서 계획하고 있는 활동 변화가 현행 규정에 의해 어떤 영향을 받을 것인가?

- 계획되어 있는 규제 대상 영역의 변화가 회사에 어떤 영향을 줄 것인가?

스스로 규칙들을 확고히 파악하는 것이야말로 이 세 가지 사항을 진정으로 알게 되는 유일한 방법이다. 그런데 규칙 매핑은 인류에게 알려진 가장 지루한 활동 중 하나일 수 있다. 그렇지 않았다고 말하는 사람은 아무도 없었다. 이 일이 아무리 지루한 활동이라 해도 성공적인 컴플라이언스 책임자가 이를 벗어날 길은 없다. (믿을 만한 동료에게 이를 대신해 달라고 설득할 수 없는 한 말이다!)

규칙 매핑은 2개 차원에서 행해질 필요가 있다.

1. 상위 차원 – 당신이 일하고 있는 국가의 규제 프레임워크를 이해하라.
2. 세부 차원 – 해당 국가의 규제 프레임워크가 당신 회사 운영에 어떻게 영향을 주는지 이해하라.

영국 금융기관의 규제 환경에 대한 상위차원의 간략한 요약이 1장에 제공되어 있다. 이는 또한 당신이 책임을 맡고 있는 해외 국가에서의 규제 환경에 관해 수집해야 할 정보의 종류에 대한 안내 역할을 할 것이다.

7.2 회사에 적용될 상세한 규칙 매핑

먼저, 상위 차원 규칙 지도는 동일 국가에 있는 모든 회사들에게는 아주 유사할 것이다. 그러나 일단 이 프레임워크를 확립하고 나면, 회사마다 다른 유형의 활동들을 수행할 것이고, 해당 국가의 상위 차원의 제도에 의해 서로 다른 방식으로 영향을 받을 것이기 때문에 세부 사항들을 덧붙일 필요가 있다. 예를 들면, 각각의 법률의 모든 부분이 모든 회사에 적용되는 것은 아니다.

보다 상세하게 규칙을 매핑할 때에는, 특정 국가 규제 제도의 다양한 구성 요소들이 당신 회사가 제공하는 상품과 서비스의 맥락에서 어떻게 당신 회사에 영향을 주는지 파악할 필요가 있다. 이를 돕기 위해 부록 1-6은 영국에서뿐 아니라 국제적으로 규제 대상 영역의 일부를 구성하는 몇 개의 주요 법률들과 주요 규제 당국 및 기준 수립 기구들에 대해 안내해 준다. 이 장들은 관련이 있는 법률, 규제 당국 등을 파악하기 위한 일종의 '선별하여 합치는(pick and mix)' 선택 프로세스에 사용될 수 있다. 이 과정은 당신이 책임을 맡고 있는 각각의 회사에 적합하도록 맞춰진 상세한 모델을 준비할 수 있게 해 줄 것이다. 당신의 회사에서 시행한 내부 정책과 절차 또한 규제 대상 영역의 일부를 구성하므로 이들을 포함시키는 것도 잊지 마라.

당신의 회사가 하나의 비즈니스 라인만을 지닌, 상대적으로 소규모 회사라면 규제 프레임워크 파악은 간단하겠지만, 많은 컴플라이언스 책임자들에게는 거기에서 일이 끝나지 않는다. 모두에게 적용되는 상위 차원 요건들을 넘어서 보다 깊이 들어가 보면, 각각의 회사가 수행하는 비즈니스 활동들에 관련되는 별개 요건들이 있기 마련이다. 예를 들어 FSA 규칙집의 세부 내용을 파고들면, 이 규칙의 모든 부분들이 모든 경우에 관련이 있는 것은 아니라는 점을 깨닫게 될 것이다. 예를 들어 당신 회사가 자산 관리 기능을 수행하지 않는다면 집합투자기구 자료집은 당신의 삶에서 그다지 중요한 부분이 되지 않을 것이다.

보다 상세한 규칙 매핑에 관해서는 상향식과 하향식 두 가지 접근법을 취할 수 있다.

• **상향식 접근법** – 특정 부서, 상품, 활동 등을 취해서 이에 적용되는 모

든 규정, 법 등을 파악한다(부록 3-6, 24, C와 D에 출발점으로 사용할 수 있는 다소의 안내가 나와 있다).

- 하향식 접근법 – 이는 규칙 매핑 프로세스에서 가장 상세하고, 시간이 많이 소요되는 방법이다. 특정 규정 또는 법률을 취해서 각각의 요건들이 당신의 회사와 관련이 있는 다양한 부서, 상품, 활동들에 어떻게 적용되는지 파악한다. 이를 매우 상세하게 수행할 수도 있는 바, 당신이 이 분야에 익숙하지 않다면 이를 가급적 자세히 해 둘 가치가 있다. 142쪽의 표는 주식 세일즈, 고유 계정 트레이딩, 투자 리서치, 기업재무의 4개 부서가 있는 가상의 회사를 위한 하향식 규칙 지도 양식의 예를 보여준다. 적용 여부에 대한 설명 중 일부는 특정 활동에 따라 다를 수 있다(예를 들어 어느 회사에 주식 세일즈 부서가 있는데 원격 마케팅을 하지 않을 경우, COBS 5는 관련이 없을 것이다). 적용 가능성에 대한 다른 설명들은 모든 회사들에 동일할 것이다(예를 들어 어느 회사도 주식 세일즈 팀에게 장기 보험 청구를 다루게 하지 않을 것이므로, COBS 17은 결코 이 회사에 관련이 없을 것이다).

이 표가 '상세한 규칙 지도'라는 제목 하에 제공되었지만, 여기에 포함된 것보다 훨씬 더 자세하게 파악할 여지가 있음을 주의하라. 특정 부서에 적용할 수 있는 일련의 요건들이 파악된 뒤에는, 해당 특정 요건들에 대해 별도의 표를 만드는 것이 이상적이다. 한 예로, 이 표의 COBS 2: 비즈니스 수칙 의무는 주식 세일즈 부서에 적용된다. COBS 2에는 4개의 하위 섹션들이 있는데, 이 하위 섹션들에 대해서도 적용 가능성을 표시할 수 있다.

규칙 매핑은 고통스러울 정도로 지루한 프로세스이지만, 진정으로 그럴 만한 가치가 있다. 일련의 요건들을 가장 기본적인 단위들로 나누고, 정확하게 무엇이 요구되는지, 이 요건들이 당신의 회사에 어떻게 적용되는지,

당신의 회사가 정확히 어떤 방식으로 이 특정 요건들을 준수하는지 이해하기 위한 프로세스를 밟으면, 이전에는 알아차리지 못했을 수도 있는 컴플라이언스 인프라스트럭처 상의 약점들이 드러날 수 있다. 어떤 약점도 드러나지 않는다 해도, 이 프로세스는 특정 규칙 또는 요건을 진정으로 이해하게 되는 훌륭한 학습 도구이기도 하다.

규칙 매핑에 관한 보다 구체적인 정보는 234쪽의 부록 A에서 찾아볼 수 있다.

표본 규칙 지도: 이 표는 세일즈 및 트레이딩, 고유 계정 트레이딩, 리서치, 기업 재무의 4개 일선 부서가 있는 가상의 회사를 위해 작성된 규칙 표를 보여준다.

규칙 조항	주제	특정 부서 적용 여부			
		주식 세일즈	고유계정 트레이딩	리서치	기업 재무
COBS 1	적용	적용되지만, 참고 목적에 한함: COBS 요건의 범위를 설명함	적용되지만, 참고 목적에 한함: COBS 요건의 범위를 설명함	적용되지만, 참고 목적에 한함: COBS 요건의 범위를 설명함	적용되지만, 참고 목적에 한함: COBS 요건의 범위를 설명함
COBS 2	비즈니스 수칙 의무	적용됨	적용됨	적용됨	적용됨
COBS 3	고객 유형 분류	적용됨	적용됨	적용됨	적용됨
COBS 4	고객과의 소통, 판촉 포함	적용됨	적용됨	적용됨	적용됨

규칙 조항	주제	특정 부서 적용 여부			
		주식 세일즈	고유계정 트레이딩	리서치	기업 재무
COBS 5	원격 소통	적용됨: 수행되는 광범한 원격 마케팅 활동	적용되지 않음: FSA에 의해 정의된 '소비자'들에게만 적용됨	적용되지 않음: 리서치 부서는 원격 마케팅을 수행하지 아니함	적용되지 않음: FSA에 의해 정의된 '소비자'들에게만 적용됨
COBS 6	회사, 회사의 서비스, 보상에 관한 정보	적용됨	적용됨	적용됨	적용됨
COBS 7	보험 중개	적용되지 아니함: 보험 비즈니스를 수행하지 아니함	적용되지 아니함: 보험 비즈니스를 수행하지 아니함	적용되지 아니함: 보험 비즈니스를 수행하지 아니함	적용되지 아니함: 보험 비즈니스를 수행하지 아니함
COBS 8	고객 동의	적용됨	적용되지 않음: 고객과의 비즈니스를 수행하지 아니함	적용되지 아니함: 지정된 투자 비즈니스를 수행하지 아니함	적용됨
COBS 9	적합성 (기본적인 자문 포함)	적용됨	적용되지 아니함: 개인적인 추천이 이루어지지 아니함	적용되지 아니함: 개인적인 추천이 이루어지지 아니함	개인적인 추천이 이루어지는 경우에만 적용됨
COBS 10	적절성(비자문 서비스에 대해)	적용됨	적용되지 아니함: 관련 활동이 수행되지 아니함	적용되지 아니함: 관련 활동이 수행되지 아니함	적용되지 아니함: 관련 활동이 수행되지 아니함
COBS 11	딜링과 관리	적용됨	적용됨	적용되지 아니함: 관련 활동이 수행되지 아니함	적용되지 아니함: 관련 활동이 수행되지 아니함

○

		특정 부서 적용 여부			
규칙 조항	주제	주식 세일즈	고유계정 트레이딩	리서치	기업 재무
COBS 12	투자 리서치	적용되지 아니함: 투자 리서치 작성 또는 배포를 수행하지 아니함	적용되지 아니함: 투자 리서치 작성 또는 배포를 수행하지 아니함	적용됨	적용되지 아니함: 투자 리서치 작성 또는 배포를 수행하지 아니함
COBS 13	상품 정보 작성	적용되지 아니함: 관련 활동이 수행되지 아니함	적용되지 아니함: 관련 활동이 수행되지 아니함	적용되지 아니함: 관련 활동이 수행되지 아니함	적용되지 아니함: 관련 활동이 수행되지 아니함
COBS 14	고객에 상품 정보 제공	적용되지 아니함: 관련 활동이 수행되지 아니함	적용되지 아니함: 관련 활동이 수행되지 아니함	적용되지 아니함: 관련 활동이 수행되지 아니함	적용되지 아니함: 관련 활동이 수행되지 아니함
COBS 15	취소	적용되지 아니함: 관련 활동이 수행되지 아니함	적용되지 아니함: 관련 활동이 수행되지 아니함	적용되지 아니함: 관련 활동이 수행되지 아니함	적용되지 아니함: 관련 활동이 수행되지 아니함
COBS 16	고객에 대한 정보 보고	간접적으로 관련이 있음: 거래들은 보고 대상이지만 보고서는 후선 부서에서 송부함	간접적으로 관련이 있음: 거래들은 보고 대상이지만 보고서는 후선 부서에서 송부함	적용되지 아니함: 관련 활동이 수행되지 아니함	적용되지 아니함: 관련 활동이 수행되지 아니함
COBS 17	장기 요양 보험 청구 취급	적용되지 아니함: 보험 비즈니스가 수행되지 아니함	적용되지 아니함: 보험 비즈니스가 수행되지 아니함	적용되지 아니함: 보험 비즈니스가 수행되지 아니함	적용되지 아니함: 보험 비즈니스가 수행되지 아니함
COBS 18	스페셜 리스트 제도	주식 대여에 관한 규칙들만 관련이 있음.	적용되지 아니함: 관련 비즈니스가 수행되지 아니함	적용되지 아니함: 관련 비즈니스가 수행되지 아니함	기업 재무 비즈니스에 관한 규칙들만 관련이 있음

●

규칙 조항	주제	특정 부서 적용 여부			
		주식 세일즈	고유계정 트레이딩	리서치	기업 재무
COBS 19	기금 보충 조항	적용되지 아니 함: 연금 업무 가 수행되지 아니함	적용되지 아니 함: 연금 업무 가 수행되지 아니함	적용되지 아니 함: 연금 업무 가 수행되지 아니함	적용되지 아니 함: 연금 업무 가 수행되지 아니함
COBS 20	(보험의) 이익 배당	적용되지 아니 함: 보험 비즈 니스가 수행되 지 아니함	적용되지 아니 함: 보험 비즈 니스가 수행되 지 아니함	적용되지 아니 함: 보험 비즈 니스가 수행되 지 아니함	적용되지 아니 함: 보험 비즈 니스가 수행되 지 아니함
COBS 21	(보험에서) 허용된 연결	적용되지 아니 함: 보험 비즈 니스가 수행되 지 아니함	적용되지 아니 함: 보험 비즈 니스가 수행되 지 아니함	적용되지 아니 함: 보험 비즈 니스가 수행되 지 아니함	적용되지 아니 함: 보험 비즈 니스가 수행되 지 아니함

7.3 해외 국가 규칙 매핑

당신이 책임을 맡는 각각의 국가에 대해, 최소한 1장에서 영국의 규제 제도에 대해 설명한 만큼은 이해할 필요가 있다. 이 과제를 마치고 나면, 영국의 경우에서보다 훨씬 긴 요건 원천 목록을 지니게 될 수도 있다. 해외 에서는 금융 서비스 활동마다 별개의 규제 당국에 의해 규제되는 경우가 흔하다. 예를 들어 은행에 대한 규제 당국과 보험에 대한 규제 당국, 증권 브로커에 대한 규제 당국이 각각 다를 수 있다.

적용 대상 법률, 규정과 규칙 등이 모두 파악되고 나면, 이 장에서 설명 한 바와 같이 구체적인 요건들에 대해 파악한다.

Chapter 8

금융상품, 서비스, 문서

8.1 상품과 서비스

회사에서 제공하는 모든 상품과 서비스를 이해하지 못하면 성공적인 컴플라이언스 책임자가 되기 어렵다. 기본적인 업무 환경 요소를 이해하지 못하면 그릇되거나 부적절한 자문을 해서 자신과 회사 동료들을 문제에 빠뜨릴 수 있다. 또한 속임수에 빠지기 쉽다. 만일 당신에게 제기된 컴플라이언스 질문을 다루고 있을 때, 당신이 스왑(swap)과 컬러(collar)를 구분하지 못하기 때문에 트레이더 또는 펀드 매니저가 '당신에게 과학으로 사기 칠' 수 있다면, 당신의 대답은 '절대로 안 돼요'가 되어야 하는 사안에서 '예'라는 대답을 주도록 '획책당할 수(being engineered)' 있다.

신용과 호의도 이에 못지않게 중요하다. 일선 부서 직원들은 그들이 무슨 말을 하는지 아는 사람, 특히 회사의 비즈니스에 대해 아는 사람과 상대하기를 원한다. 당신이 담당하고 있는 부서에 관련된 주요 상품들에 관해 의미 있는 대화를 할 수 있다면 비즈니스 부문이 당신의 말을 훨씬 더 쉽게 '수용'할 수 있을 것이다. 예를 들어 누군가가 당신에게 신용 부도 스왑(credit default swap; CDS)의 규제상의 함의를 물어보았는데, 당신이 이 상품이

147

무엇인지 몰라서 먼저 이 상품에 대해 설명을 들어야 한다면, 당신은 질문한 사람에게 신용을 잃게 될 것이다(그리고 시간도 낭비될 것이다).

제공되고 있는 금융상품과 서비스가 매우 많고 새로운 변종들이 계속 생겨나고 있는 상황에서 당신이 이 분야에 대해 전문가가 될 수는 없다. 모든 상품과 서비스에 전문가라면 컴플라이언스 분야에서 일하고 있지 않을 것이다! 그러나 당신은 최소한 아래와 같이 해야 한다.

- 당신의 회사가 어느 상품과 서비스를 트레이드/제공하도록 허용되었는지 알라. 이는 당신 회사의 인가 범위에 따라 다를 것이다. (규제를 받는 회사 각각에 대해 허용되는 상품과 서비스의 상세한 내용은 FSA의 웹사이트에 표시되어 있지만, 많은 규제 기관들은 개별적인 인가를 내준다.)
- 이 상품과 서비스들 중 어느 것이 내부 승인을 받았는지 알라. (이는 규제 당국의 허용 내용과 다를 수도 있다.)
- 당신의 회사가 현재 어떤 상품과 서비스를 실제로 제공하고 있는지 확인하라. (예를 들어 회사가 상품 선물과 관련된 자문 제공에 대해 규제 당국과 경영진의 승인을 받았지만 아직 이를 담당하는 부서가 없을 수도 있다.)
- 당신의 회사가 어떤 토대 위에서 각 상품에 관여하고 있는지 명확히 파악하라(아래 표를 보라).

당신이 책임을 맡고 있는 각각의 실체 또는 부서와 관련하여 위에 언급한 바를 확실히 해두고 난 뒤에는(이는 쉬운 부분이다), 정말로 심각한 일을 해야 한다. 당신은 회사에서 제공하는 상품과 서비스들에 대해 최소한 기본적으로라도 이해할 필요가 있다. 이들이 어떻게 작동하는가? 이들은 무슨 목적으로 사용되는가? 이들은 규제 대상 영역에 의해 어떤 영향을 받는가?

서비스 토대	논평
집행만 하는 딜링	고객이 회사로부터 자문을 제공받지 않고 트레이드 지시만 내린다.
자문	고객이 회사의 자문에 대해 수수료를 지급하기는 하지만, 회사의 권고에 주의를 기울이거나 이에 따라 행동할 필요는 없다.
일임 관리	회사가 각각의 트레이드에 대한 사전 승인을 받을 필요 없이, 미리 합의된 파라미터 내에서 고객 또는 고객군을 위해 투자 결정을 내린다.
고유계정 트레이딩	고객이 관여하지 않는다. 회사에 재무적 이득을 안겨줄 것으로 생각하는 트레이딩 전략을 따른다.

8.2 상품과 서비스를 맥락 안에서 이해하기

많은 금융상품들을 처음 접할 때는 이해하기 어려울 정도로 복잡해 보일 수도 있다. 그러나 거래가 아무리 '고약해' 보여도 대다수의 상품과 서비스의 토대를 이루고 있는 개념은 매우 단순하다는 점에 안도하기 바란다.

- 한 사람은 사고, 다른 사람은 판다.
- 한 사람은 빌려 주고, 다른 사람은 빌린다.

이를 한편으로는 금융상품과 서비스의 소비자들이 있고, 다른 한편으로는 이들 상품과 서비스 제공을 업으로 하는 회사와 개인들이 있다고 생각할 수도 있다.

다음번에 누군가가 참으로 '속임수' 같은 무언가를 가져오거든 위에서 설명한 개념들을 사용하여 이를 분해해 보라. 그러면 더 쉽게 이해될 것이다.

금융 서비스 소비자들의 요구와 기대 수준은 매우 다르며 제공되는 상품도 다양하지만, 그럼에도 이들을 아래에 요약되어 있는 바와 같이 몇 개의 기본 범주들로 나누어 볼 수 있다.

부록 7-18에서는 금융시장에 대한 기본적인 소개와 가장 잘 알려진 금융상품과 서비스 일부에 대해 대략적인 안내를 찾아볼 수 있다. (보다 상세한 정보를 필요로 할 경우, 교육 과정과 참고 서적들이 많이 있다.) 이 부록들에는 또한 각 상품 유형에 대한 주요 컴플라이언스 우려 사항들, 규제 요건과 관련 산업 조직들에 대한 원천도 제공되어 있다.

소비자의 필요	논평/예	표본 상품/서비스
여분의 자금조달	• 기업들은 확장 또는 새로운 장비 구입을 위해 자금을 필요로 한다. • 개인들은 집을 사거나, 시내 중심가에서 소비하기 위해 자금을 필요로 한다.	• 주식 발행 • 미공개 주식(private equity) • 무역 금융 • 대출
금융상의 평온감	• 어느 회사가 일 년 후에 금속을 위탁 판매하기로 한 경우, 이 회사는 판매할 준비가 되어 있을 때 금속 가격이 급락하는 위험을 무릅쓰기보다는 오늘 그 가격에 대해 합의해 두는 것이 좋을 것이다. • 어느 개인이 실직을 두려워할 경우, 그가 직장을 잃을 때 어느 정도의 소득을 '구매'할 수 있다면 다소 안심이 될 것이다.	• 은행 보증 • 선물(future) • 소득 보장 보험
통화 교환	• 영국의 소매업자가 이탈리아에서 구두를 수입하면, 이 회사는 상품 대금을 지급하기 위해 파운드화를 유로화로 교환할 필요가 있을 것이다. • 당신이 주말에 뉴욕에 여행 간다면, 미 달러화를 매입할 필요가 있을 것이다.	• 환전 서비스
안전	회사와 개인들 모두 현재 1백만 파운드를 보유하고 있다면(돈을 두 배로 늘리기 위해 '도박'을 해서 이를 잃을 위험을 감수하지 않는 한), 미래에도 최소한 1백만 파운드를 확보하고 싶어한다.	• 예금 계좌 • 단기자금시장펀드(MMF) • 예금 증서(CD)

소비자의 필요	논평/예	표본 상품/서비스
부의 축적	회사와 개인들은 미래에 1백만 파운드를 안전하게 확보할 뿐 아니라, 이에 약간을 더할 수 있는 방법이 있다면 매우 기뻐할 것이다.	• 국채 • 장기 저축 계좌
세금 계획	회사와 개인들은 세금 납부액을 줄이는 데 큰 관심을 기울인다.	• 세금 자문 • 개인저축계좌 • 신탁과 같은 세금 회피 기법
자문과 전문성	많은 회사와 개인들은 재무 계획을 가지고 있지만 이를 달성할 수 있는 방법을 모른다. 예를 들어 채굴 회사는 땅에서 금을 캐내는 가장 좋은 방법은 알지 몰라도 새로운 광산을 구입하기 위한 지금을 조달하는 최선의 방법은 모를 수도 있다. 이와 유사하게, 패라리 운전법은 잘 알지만, 이를 구매할 돈을 구하는 방법에 대해서는 문외한일 수 있다.	• 재정 자문 • 일임투자관리
재미	많은 사람들은 '시장을 이기기', '안전한' 우량주식들의 믿을 만한 포트폴리오가 가치가 올라가는 것을 지켜보기, 또는 보다 이색적인 상품을 취급하기 등을 통해 시장을 주시하는 취미에 커다란 즐거움을 누린다.	• 주식 브로커 서비스 • 스프레드 베팅(spread betting)

8.3 문서

회사의 상품, 서비스와 활동들은 이를 통합하는 문서와 밀접하게 연결되어 있다. 이 문서들은 한쪽 당사자가 다른 당사자에게서 무엇을 기대하는지와 이것이 어떻게 달성되는지 정확하게 정하는 서류이다. 컴플라이언스 책임자가 잘 알고 있을 필요가 있는 문서들에는 기본적으로 4가지 유형이 있다.

유형	논평
거래 계약서	• 이 계약서는 특정 금융 서비스 공급자와 소비자 사이의 관계를 설명한다. • 이 계약서는 규제 관련 문서가 아니다. 규제 당국이 그 내용을 정하는 것도 아니고 이의 사용이 규제 요건도 아니다(규제 자본 계산에 영향을 줄 수는 있다). • 일반적으로 거래 문서에 대해 상세한 지식을 가지고 있을 필요는 없지만, 최소한 당신의 회사에서 사용하고 있는 계약서에 대한 기본 배경 지식은 필수적이다. 예를 들어 어느 트레이더가 당신에게 ISDA에 관해 얘기할 때 당신이 이에 대해 전혀 모르고 있다면, 당신이 그 사람으로부터 신뢰를 받을 가능성이 낮아진다. 사람들에게 당신을 가볍게 대할 변명거리를 주지 마라. • 별도의 법무부서 또는 문서 담당 부서가 없는 소규모 회사에서는 흔히 컴플라이언스 책임자에게 트레이드 문서화 작업이 원활하게 이뤄지게 할 책임이 맡겨진다. • 많은 유형의 거래에 대해 업계 협회들이 특정 유형의 비즈니스를 겨냥하여 준비한 계약서 양식들이 구비되어 있다. • 양식이 없는 경우, 회사 법무부서 또는 외부 자문사에 의해 이러한 유형의 거래에 필요한 문서가 개별적으로 작성되어야 할 것이다.
소비자 문서 (계좌 개설 및 오퍼레이팅 용)	• 계좌 개설 문서는 회사가 고객과의 전반적인 관계를 관리할 토대를 정하는 데 사용된다. • 이 범주에 속하는 다른 문서들은, 예를 들어 고객 계좌의 활동 내역을 고객에게 통지하거나, 회사와 기존 고객의 관계 변화를 반영하기 위해 지속적으로 필요하다. • 이 부류의 문서 중 일부는 규제 목적상 요구되지만, 다른 일부는 단지 모범 실무관행으로 및 편의상 이용된다. • 때로는 컴플라이언스 부서가 이 문서들을 발송하는 책임을 지게 되며, 규제상 포함되어야 할 요건이 확실히 준수되도록 문서 작성 시 항상 컴플라이언스 부서가 관여해야 한다. • 컴플라이언스 책임자는 자기 회사에서 사용되고 있는 이 부류의 문서들에 대해 잘 알고 있어야 한다.
세금 문서	• 과세 당국은 금융 서비스 소비자들의 활동, 그들의 신원, 관련 자산, 수익자의 주소에 관심이 있다. 그들의 관심이 지대하다 보니 정확한 세금 관련 정보를 수집하기 위해 회사들은 일련의 양식과 신고 내용을 작성하여 고객들에게 배부하고 있다. • 세금 문서들은 특정 컴플라이언스 요건과 관련은 없지만, 그럼에도 이 분야에 대해 최소한 대략적으로라도 알 필요가 있다. • 소규모 회사에서는 (트레이딩 계약서의 경우에서와 같이) 세금 문서화 작업이 원활하게 이루어지게 할 책임이 컴플라이언스 책임자에게 맡겨지는 경우가 흔하다. ❍

유형	논평
규제 관련 문서	• 문서의 마지막 부류는 FSA 또는 기타 규제 당국에 의해 정해진 잡다한 요건들과 관련이 있다. • 컴플라이언스 책임자는 이 부류의 문서들에 대해 잘 알아야 한다.

부록 19-22는 가장 보편적으로 사용되는 문서 몇 가지에 대한 간략한 개요를 제공해 준다.

Chapter 9

컴플라이언스 부서 외부의 컴플라이언스

당신의 회사에서 누가 컴플라이언스와 규제 요건에 대해 알 필요가 있는가? 투자 매니저인가? 법무부서인가? HR부서인가? 안내원인가? 간단한 대답은 규제를 받는 모든 회사의 전 임직원이 컴플라이언스에 대해 알 필요가 있다는 것이다. 어느 정도로 명확히 알아야 하는지는 회사 내 역할과 지위에 따라 크게 다르겠지만, 컴플라이언스 요건이 자신의 역할에 조금도 관련이 없다고 말할 수 있는 사람이 있다고 생각하기는 어렵다. 예를 들어 운전사나 메신저 또는 임시직 비서라 할지라도 가격에 민감한 정보에 기초해서 행동하지 말아야 하며, 고객에 대한 자세한 정보가 잘못된 사람의 손에 들어가지 않도록 서류를 아무 데나 놔둬서는 안 된다는 점을 알 필요가 있다. 다른 한편으로는, 일선 기능과 후선 기능의 수장(Head)들은 자신이 맡고 있는 특수한 영역에서는 컴플라이언스 요건에 대해 컴플라이언스 책임자만큼이나 잘 알 필요가 있다고 할 수 있다. 그들이 그러한 지식을 갖추게 하는 것이 바로 당신이 할 일이다. 그러기 위해서 당신은 그들이 무슨 일을 하는지에 대해 알 필요가 있다. 먼저 어느 규칙이 그들에게 영향을 주는지 파악하고, 둘째 그들의 전문 영역에서 그들에게 속지 않아야 한다.

컴플라이언스 책임자는 회사에 어떤 부서들이 있는지에 대해 알고, 이 각 부서의 사람들에게 어떤 유형과 정도의 규제 관련 지식이 요구되는지 알고, 그들을 교육시키거나 매뉴얼 또는 설명 노트 제작 또는 부록 A의 217에 설명된 다양한 기타 방법을 통해 그들에게 기대되는 바를 알게 해야 한다.

당신이 이 일을 하지 않고 있다면, 자신의 책임을 다 하지 않는 것이다. 금융기관 종사자들은 자신에게는 많은 규칙과 규정들이 적용되며, 이 요건들을 위반할 경우 무거운 벌칙에 처해질 수 있다는 점을 알 필요가 있다. 당신의 동료들에게 그들의 책임과 의무를 알려줘서 그들이 규칙을 몰라서 위반하는 일이 없도록 보호해 줘야 한다. 당신이 이 일을 하지 않으면, 당신은 모든 사람에게 기대되는 바를 확실히 알려주지 않음으로써 당신의 회사를 몰락시키고 있는 셈이다.

일반적으로 금융기관의 부서들은 크게 일선 부서와 후선부서/지원 분야의 두 부류로 나누어진다. 또한 상위 경영진과 이사회는 이 두 부류 위에 별도로 존재하는 부류라 할 수 있다. 이번 장의 마지막 섹션들은 일선 부서와 후선부서에 대해 간략히 설명한다. 이들에 대한 보다 상세한 안내는 부록 C(일선 부서)와 부록 D(후선 부서, 지원 기능과 상위 경영진)에 나와 있다. 이 부록들에서는 전형적인 일선 부서와 후선 부서들에 대해 다음과 같은 사항들을 보다 자세히 설명한다.

- 각 부서의 주요 활동을 설명하기 위한 일반 배경 정보
- 규제와 법률상 요건들. 이에 대해 살펴보는 목적은 다음과 같다.
  - 각 부서와 관련하여 문제가 발생할 수 있는 주요 영역에 대해 알 수 있게 해 준다.
  - 관련 부서의 직원들에게 적용되는 요건들을 알려줘서 그들이 일상 활동에서 이를 고려할 수 있게 해 준다.

- 컴플라이언스 부서와 다른 부서(특히 후선부서와 기타 지원 기능) 사이에 중복될 수 있는 상황. 이를 살펴보는 목적은 다음 사항들에 대해 알 수 있기 위함이다.
  - 당신에게 도움이 될 수 있는 정보를 가지고 있을 수 있는 사람
  - 규제 관련 이슈를 따를 때 도움이 될 수 있는 사람
  - 당신이 정보를 제공하는 것이 유용할 수 있는 사람
  - 당신의 성과를 평가하게 될 사람

회사마다 구조가 달라서 기관마다 부서의 이름도 다르고, 각 부서의 책임 범위도 다를 것이다. 그러나 일반적으로, 부록 C와 D에 나오는 이슈의 특성은 모든 조직에 해당될 것이다.

9.1 일선 부서

'일선 부서'는 회사에서 고객을 대면하고 수익을 발생시키는 부분을 일컫는다. 부록 C에서는 투자은행들에 보편적인 4개의 일선 부서에 대한 간략한 요약을 제공한다.

- 소비자 세일즈 및 트레이딩
- 투자 관리
- 기업 재무와 투자 은행
- 리서치

이처럼 많은 범위의 활동들이 일선 부서에 의해 수행되기 때문에, 부록 C에서 다루어지는 컴플라이언스 요건과 통제들은 획일적으로 적용되지 않는다.

- 모든 활동들에 적용되지는 않는 요건들이 있다.

- 모든 활동들에 적용되지만, 관련된 상품과 서비스의 성격이 다르기 때문에 미치는 영향도 각기 다른 요건들이 있다.
- 적용 여부가 관련 고객의 유형에 의존하는 요건들도 있다.

위에 열거한 차이들과 관련된 많은 규칙들의 복잡성 때문에, 부록 C는 각각의 규제 요건들의 미묘한 부분까지 다루기보다는 컴플라이언스 부서와 일선 부서 모두 알아야 할 규칙 또는 요건 배후의 원리와 일반 개념들에 중점을 둔다.

9.2 후선 부서와 지원 기능

후선 부서는 일선 부서 직원들의 수익 창출 활동을 지원한다. 후선부서는 예를 들어 트레이드의 결제가 정확하게 이루어지게 하고, 고객들에게 정보를 제공하며, 리스크를 모니터하고, 시스템과 통제가 만족스럽게 작동하도록 하는 일을 한다. 이 부서들에 적용되는 컴플라이언스 요건들은 일선 부서에 적용되는 요건들보다는 적지만, 이 부서들에도 중요한 요건들이 적용될 수 있다(교육 계획을 수립할 때 이 점을 잊지 않아야 한다).

컴플라이언스 부서와 후선 부서, 지원 부서들의 책임이 어느 정도 중복될 가능성이 있다. 이를 이용하여 관련 직원들에게 감시, 정보 획득, 조언, 공동 조치 시행 등을 가급적 많이 의존하라.

부록 D의 후선 부서 자료는 각 분야의 활동들에 대해 설명하는 바, 컴플라이언스 부서와 시너지를 낼 수 있는 방법을 강조하고 관련 규제 요건들을 설명한다. 마지막으로, 특정 기능을 외주 줄지라도(많은 회사들이 결제, 고객 보고 등과 같은 활동들을 외주 준다), 컴플라이언스 기준을 충족할 책임은 당신의 회사에 있음을 기억하라. 기능은 외주 줄 수 있지만, 책임은 그렇지 않다.

Chapter 10

컴플라이언스 부서의 주요 활동

이번 장은 컴플라이언스 책임자들이 매일 관여하는 활동 유형에 대해 살펴본다. 이 활동들은 대략적으로 아래와 같이 나눌 수 있다.

- 일상 활동
- 컴플라이언스가 '정상 항로를 벗어나' 뭔가 새롭고 익숙하지 않은 분야를 다루도록 요청 받는 경우에 수행하는 자문 업무

10.1 일상 활동

금융 회사들이 영위하는 비즈니스 유형은 매우 다양하다. 설사 유사한 비즈니스 라인을 영위하는 회사들이라 해도 개별 회사들의 규제 환경과 회사 환경은 다른 회사의 환경과 많은 차이가 있다. 그러나 비즈니스 라인은 다를지라도 컴플라이언스 부서들은 일반적으로 상당히 유사한 조직을 가지고 있으며, 유사한 일상 활동을 수행할 것이다(모든 컴플라이언스 부서들은 2장에서 설명한 바와 같은 유사한 목표들을 가지고 있어야 함을 기억하라).

기본적인 일상 업무는 회사의 컴플라이언스 제도를 구성하는데, 이 일상 업무들을 올바로 수행해야 한다. 그렇지 않을 경우 FSMA 규제와 회사 내

에서의 평판이라는 관점에서 너무도 많은 위험이 도사리고 있다. 규칙들이 요구하는 바와 회사에서 시행한 내부 절차들을 이해하고 나면, 이 기능들은 비교적 간단하며 이들 중 많은 일들을 자동으로 할 수 있음을 알게 될 것이다.

일반적으로 일상 업무들이 컴플라이언스 업무의 '매력적인' 부분으로 여겨지지는 않지만, 당신은 이를 친구로 보아야 한다. 이 업무들에 관해 처리해야 할 일련의 컴플라이언스 이슈들, 즉, 혐의거래 보고 방법, 개인 계좌 트레이드 처리 방법, 고객에게 받은 선물 처리 방법 등에 관해 정확히 어떻게 해야 하는지 알면 어느 정도 안도할 수 있다. 컴플라이언스 업무 초보자들도 이러한 일상 업무에서부터 컴플라이언스 업무를 처음으로 배울 수 있다.

부록 A와 B는 대부분의 컴플라이언스 부서에서 수행하게 될 주요 활동들을 나열한다. (회사에 따라서는, 이 업무들은 오퍼레이션이나 법무부서 등과 같은 다른 부서의 책임일 수도 있다.) 이 부록들은 또한 이 활동들과 관련된 주요 요건들과 이 요건들을 준수하기 위해 취할 필요가 있는 실제 조치들에 관한 지침도 제공해 준다.

마지막으로 한 마디 덧붙이자면, 부록 A와 B에 나오는 지침은 (비록 각각의 규칙의 세부 사항을 맹목적으로 따르지는 않지만) 주로 현행 FSMA 규제 제도에 기반을 두고 있다. 요건들은 규제 기관마다, 나라마다, 심지어 해마다 변한다. 세부 사항들은 그다지 중요하지 않다. 원리와 관련 개념들을 이해하고, 규칙 또는 요건의 근간을 이루는 의도를 명확히 이해하는 것이 일을 제대로 하는 열쇠이다. 원칙기반 규제가 부상함에 따라 상세한 규칙의 중요성은 향후 그 역할이 점점 더 작아질 것이다. 460쪽의 Box 1을 보라.

10.2 정상 항로를 벗어난 컴플라이언스 활동: 자문 업무

이 책의 많은 부분은 (예를 들어 이번 장의 앞 섹션에서 몇 가지 주요 과제들을 완수하기 위한 '방법'들을 제안한 것과 같이) 당신이 일을 신속하고 쉽게 해낼 수 있도록 도와줄 컴플라이언스 세계 '매핑'에 할애되었다. 그러나 지도가 없고 '항로를 벗어나'야 할 필요가 있는 때가 올 것이다. 이는 컴플라이언스 업무의 다른 측면인 특별 사안에 대한 자문과 지도에 표시되지 않은 영역에서의 프로젝트 업무이다. 당신은 이곳에서도 일상 업무에서와 마찬가지로 편안해질 필요가 있다. 컴플라이언스의 이 분야 업무는 규제상의 롤러코스터를 타는 것처럼 무섭기도 하지만 만족스럽기도 한, 황홀한 전율을 제공한다. 이 일은 당신에게 활력을 줄 것이고 매일 새로운 도전, 즉 당신이 폭넓게 생각하고 당신의 회사가 '규제의 정글'을 성공적으로 헤쳐 가도록 안내할 해법을 개발할 수 있게 해 주는(또는 그렇게 하도록 강제하는) 도전을 제공해 줄 것이다. 그러나 이 분야는 또한 컴플라이언스 책임자에게 가장 많은 위험이 도사리고 있는 곳이기도 하다. 이 분야에서 삐끗하면 심각한 어려움에 처하게 될 것이다. 이 일을 제대로 하면, CEO에게 컴플라이언스 부서가 얼마나 유익할 수 있는지 보여 줄 수 있는 기회가 될 것이다. 즉, 컴플라이언스 부서는 규제상의 확실성과 내부 효율성 향상 및 고객 서비스를 성공적으로 결합시킬 수 있음을 보여줄 수 있다.

이 책에서 당신에게 제기될 모든 문제들과 이슈들에 대한 지침을 제공해 줄 수는 없다. 또한 자문 업무를 성공적으로 수행하기 위한 핵심 기술인 스스로 생각하는 법이나 기대를 관리하는 법을 가르쳐 줄 수도 없다. 또한 이 책에서 컴플라이언스 책임자의 경험과 배경에 따라서는 어떤 컴플라이언스 책임자에게는 일상적인 질의가 다른 책임자에게는 미지의 세계로 들어가는 발판이 된다는 사실을 고려할 수도 없다. 그러나 이 책에서 긴급하고 복잡한 질문이나 단순하기는 하지만 접해보지 않았던 질문에 직면할 때 고려해야 할 몇 가지 이슈들의 유형을 제공해 줄 수는 있다.

당신에게 제기될 수 있는 이슈의 유형은 매우 다양하지만, 뭔가 새로운 것들을 다룰 때 당신은 최소한 비교적 표준적인 접근법을 취할 수 있다는 사실에 위안을 받을 수 있다. 당신의 회사나 비즈니스에 완전히 새로운 문제(예를 들어 우리는 칠레에 지점 개설을 원하는데, 어떻게 하면 되는가?)가 제시되었을 때, 당신은 통상적인 경우에서 약간 벗어나기는 했지만 '일상적인 비즈니스' 맥락에서 발생하는 문제(예를 들어 고객이 아나콘다를 선물하려는데, 받아도 되는가?)를 다룰 때와 똑같은 모델을 적용할 수 있다.

이 프로세스에는 세 단계가 있다.

- 제기된 새로운 상황/질의에 관해 가급적 많이 이해한다.
- 새로운 상황이 어떤 것인지 또는 질의가 정확히 무엇에 관련된 것인지 대해 충분히 이해하고 나면, 어떤 규제상의 시사점이 있는지 판단한다.
- 이 문제를 어떻게 다루는 것이 최선인지 결정하고, 계획을 수립하여 이를 사후 관리한다.

이번 장의 다음 섹션은 당신이 이 세 단계를 실제로 수행하도록 도와주는 데 할애된다.

10.2.1 문제에 대해 이해하기

아무리 경험이 많아도 금융 산업의 모든 측면들, 모든 규제 요건들 또는 양자가 어떻게 상호작용하는지를 다 이해할 수는 없다. 당신이 잘 알지 못하는 사안에 대해 질문 받게 되는 상황을 피할 수 없을 것이다. 당신이 몇 분 이상 생각할 필요가 있는 질문이나 이슈가 있다면, 뭔가 새로운 이슈가 제시되었기 때문일 것이다. 이는 익숙한 이슈가 새로운 맥락 안에서 제시되거나, 당신이 전혀 접해보지 않았던 이슈(그리고 아마도 존재한다는 것조차 몰랐던 이슈일 수도 있다)일 것이다.

익숙하지 않은 사안을 다루기 위해 무엇을 해야 하는지에 대해 자세히 살펴보기 전에, 절대로 해서는 안 되는 것들을 살펴볼 필요가 있다. 당신이 편하게 느끼기 전에는 절대로 성급하게 대답하지 마라. 절대로 모든 이슈들을 고려하지 못했는데 신속하게 답변하도록 압력을 받아서는 안 된다. 그렇게 할 경우, 당신은 자신이나 회사에게 조금도 기여하지 못하게 된다. 성공적인 컴플라이언스 책임자라면 신속하게 응답해 줄 수 있을 것이라 생각할 수도 있겠지만, 이는 당신이 무슨 말을 하고 있는지 정확히 알 때에만 맞는 말이다. 그렇지 않을 경우, 일을 엉망으로 만들 위험이 있다. 당신이 이해하지 못하는 뭔가에 대해 아주 간단히 살펴보고 나서 괜찮다는 신호를 주면, 심각한 규칙 위반에 대해 진행 신호를 보내는 것일 수 있다. 반대로, 당신이 충분히 이해하지 못하는 뭔가에 대해 '안 돼'라고 말하면, 수익성도 있고 완전히 합법적인 비즈니스 활동을 수행하지 못하도록 방해하는 꼴이 될 수도 있다. 그리고 이는 당신의 보너스에도 영향을 준다는 점을 기억하라!

아래 표는 당신이 판단을 내리도록 요구될 수도 있는 이슈들에 대해 보다 깊이 이해하기 위해 물어 볼 수 있는 몇 가지 기본적인 질문들의 예를 보여준다.

주제	비고
누가	• 회사 내에서 누가 이 질문과 관련되어 있는가? • 어느 부서가 관련되어 있는가? • 어느 운영 실체가 관련되어 있는가? • 컨설턴트, 지정 대리점, 변호사 등의 제3자가 관련되어 있는가? • 어떤 유형의 고객이 관련되어 있는가? • 어느 규제 당국이 관련될 것인가? ➡

주제	비고
무엇을	이 질문은 정확히 무엇과 관련이 있는가? • 새로운 서비스? • 혁신적인 트레이드 구조? • 어느 상품? • 어느 법률?
왜	애초에 왜 이 질문이 제기되었는가? 왜 종전과 같이 수행되지 못하는가?
언제	• 언제 대답이 필요한가? • 언제 변경이 일어나는가, 아니면 이미 발생했는가? • 당신이 듣지 못했던 어떤 일이 이미 발생했는가?
어디에서	• 이 상황은 어떤 관할 국가에 영향을 줄 것인가? • 영국 내에서 어느 지역이 관련되는가? • 목표 고객은 어디에 기반을 둘 것인가? • 합작 파트너는 어디에 기반을 둘 것인가? • 제3자 서비스 공급자는 어디에 기반을 둘 것인가?

위에 설명된 바와 같은 기본 사항들을 파악하고 나면, 아래에서 제안된 바에 따라 당신이 이해하기 위해 애쓰고 있는 상황에 관해 보다 자세히 알아볼 수 있다.

- 질문하는 사람에게 그 질의를 글로 써 달라고 말하라. 그러면 어느 정도 시간을 벌어 주고, 검토할 뭔가 구체적인 내용도 제공해 줄 것이다.
- 다소의 배경 정보를 구하기 위해 새로운 상황이나 질의에 관한 문서가 있으면 이를 보여 달라고 요청하라. 보여 달라고 요청할 수 있는 문서에는 비즈니스 계획, 이전의 유사한 거래들의 우선 협상 계약서(mandate), 여신 신청, 비즈니스 제안 등이 포함된다.
- 필요로 하는 모든 정보를 구했다고 생각할 때까지 멈추지 말고 계속 질문하라. 아래의 사람들과 얘기하는 것이 유용할 수도 있다.
  - 조언이나 안내를 받으러 온 사람
  - 안내를 받으러 온 사람의 상사 - 경험이 많아서 더 설명을 잘할 가

능성이 있다.

- 질의를 한 부서의 하위직 직원 – 하위 직원들은 고참 직원들보다 컴플라이언스 부서에 더 기꺼이 말하는 경우가 있다(그들은 보다 시간이 많고, 자기를 더 증명해 보이고 싶어 하며, 누군가가 자신에게 시간을 내서 얘기할 정도로 자신이 중요한 사람이라고 생각할 수도 있다!). 또한 보다 상위직 동료들에게 당신의 무지를 드러내고 싶지 않을 때 하위직 직원에게 '어리석은' 질문을 하는 것에 대해서는 그리 나쁘게 생각하지 않을 수도 있다.
- 컴플라이언스 부서 직원들
- 다른 회사 컴플라이언스 직원들 – 이 경우에는 비밀을 유지하고, 일반적인 사항만 말해야 한다.
- 당신의 질문과 관련된 분야에 중점을 두는 업계 협회 직원들
- 당신에게 제기된 사안에 의해 영향을 받을 수도 있는, 회사 내 다른 부서 직원. 상황에 따라서는 법무, 문서, 오퍼레이션, 재무, 내부 감사, 인사, 정보보안 부서 직원에게 조언을 구할 수도 있다.

• 이 상황에 대해 말할 때, 사안을 단계로 나누거나 현금과 자산의 흐름을 보여주는 그림을 그리면 도움이 될 수 있다.

• 복잡한 거래 구조의 그림을 그리면 혼란스러운 제안을 보다 간단해 보이게 하는 데에도 유용하다.

• 질문을 받은 분야와 관련된 모든 정의(definition), 규칙과 요건들을 점검하라. 당신이 규칙을 잘 안다고 생각할 경우라도 일차 자료집을 다시 확인하라. 이를 새로운 상황의 맥락에서 다시 점검하라, 규칙집의 지침을 읽으라. 용어집을 공부하라. 관련 법률들을 살펴보라.

• 인터넷에서 핵심 단어나 구절을 찾아보라.

• 교과서나 참고 자료집에서 질문을 받고 있는 분야의 자료를 찾아보라.

• 금융 용어 사전에서 정의를 찾아보라.

10.2.2 어떤 규제 관련 시사점이 있는가?

당신에게 제기된 새로운 상황이나 질의에 대해 충분히 이해했다고 생각되면, 규제 면에서 이 문제들의 시사점이 무엇인지 판단할 수 있는 위치에 있게 될 것이다. 당신에게 제기될 문제의 범위는 하도 넓어서 모든 상황을 포함하는 완전한 목록을 제공하기는 불가능하므로, '천편일률'적 접근법이 있을 수 없다는 점이 강조되어야 한다. 그럼에도 아래 목록은 새로운 상황에 관한 결정을 내릴 때 자신과 다른 사람들에게 물어볼 질문 유형들에 대해 약간의 맛을 보여 준다. 질문해야 할 항목들은 두 개 범주로 나눌 수 있다.

1. 이미 일어난 상황에 대해 어떻게 해야 하는가?
2. 제안된 새로운 제도가 시행될 수 있는가?

이미 발생한 상황에 대한 질문들

분야	질문
규제 기관의 승인	당신의 회사는 당신이 질문을 받고 있는 활동 영위에 관해 적절한 규제기관의 승인을 받았는가?
적용되는 규칙과 요건	아래의 요건들 중에 위반한 사항이 있는가? • 법률 • 감독 규정(규제 기관, 거래소와 청산소를 고려하라) • 모범실무관행 • 계약 • 윤리 강령 • 내부 절차
직원 권한 부여	질의에 관련된 사람은 아래와 같은 측면에서 벌어진 일을 할 권한을 가지고 있는가? • 회사의 내부 제도 • 교육과 역량 규칙 • 승인자 규칙

분야	질문
데이터 보안	비밀 유지, 데이터 보호 또는 정보 보안이 위반되었는가?
거래 상대방에 대한 영향	• 벌어진 일의 결과 특정 고객이 불이익을 받게 되는가? • 어떤 유형의 고객이 영향을 받게 되는가? • 회사가 배상해야 할 가능성이 있는가?
임계치 조건	이 사안이 회사의 인가 유지를 위한 FSA의 임계치 조건을 계속 준수하는 데 영향을 주는가?
적합성과 적절성	이 사안이 승인자 규칙 또는 컨트롤러의 적합성과 적정성에 영향을 주는가?
컴플라이언스 자원	벌어진 일을 다루기에 충분한 컴플라이언스 자원이 있는가? 아니면 이 사안이 하도 심각해서 시정 프로젝트의 일환으로 추가 직원이 필요한가?
위반과 민원	• 시정 조치를 필요로 할 상황에 대해 통지를 받았는가? • 추가 조사 작업이 필요한가? • 이 상황이 정확히 어떻게 발생했는가? • 이 상황이 재발할 가능성이 있는가? • 즉각적으로 예방 조치를 취할 필요가 있는가? • 이 사안은 이미 검토되고 있는 사건들의 유형에 해당하는가? • 민원 제기 적격자로부터 제기된 민원이 있는가? 그럴 경우, 적절한 민원 처리 규칙을 따랐는가?
자금세탁	• 자금세탁이 발생했을 가능성이 있는가? • 자금세탁 보고책임자 또는 SOCA에 필요한 보고를 했는가? • '귀띔'이 발생했다고 우려하는가?
시장오용	• 시장오용이 발생했을 가능성이 있는가? • 시장오용이 의심된다고 FSA에 신고할 필요가 있는가?
사기	• 사기가 발생한 것 같은가? • 회사의 사기 담당 책임자 또는 부서는 무슨 일이 발생했는지 알고 있는가? • 그들이 이 상황을 이미 조사하고 있는가?
외주	• 이 문제가 서비스 제공자에서 발생한 일의 결과로 비롯되었는가? • 서비스 계약이 위반되었는가?

분야	질문
운영 손실	• 운영상의 손실이 발생하였는가? • 그럴 경우, 운영 리스크 부서는 이 상황을 알고 있는가, 아니면 당신이 이를 알려줘야 하는가?
보고와 통지	• 규제 당국에 무슨 일이 일어났는지 통지할 필요가 있는가? • 상위 경영진 또는 본사에 보고할 필요가 있는가? • 수상한 활동 보고서를 제출할 필요가 있는가? • 다른 부서에 통지할 필요가 있는가? • 법률에 관한 도움을 받을 필요가 있는가?
추가적인 파악	• 이 상황에 대해 보다 더 자세히 알 필요가 있을 경우, 누구에게 물어볼 수 있는가? • 어떤 문서를 검토할 수 있는가? • 주요 대화들이 녹음되는가?

제안된 새로운 제도에 대한 질문

분야	질문
규제 기관의 승인	당신의 회사는 당신이 질문을 받고 있는 활동 영위에 관해 규제기관의 승인을 받았는가, 아니면 새로운 승인이 요구되는가? 해외 규제 기관의 승인을 받을 필요가 있는가?
규칙 매핑	• 질문을 받고 있는 사안에 관해 어떤 법이 적용되는가? • 질문을 받고 있는 사안에 관해 어떤 규정이 적용되는가? • 해외 요건들을 고려할 필요가 있는가? • 당신 회사의 직원들은 이들 요건과 관련된 프로세스에 대해 친숙한가? • 질문을 받고 있는 새로운 활동이 수행될 수 없는 분명한 규제상 또는 법률상 이유가 있는가?
거래소	• 이 상황은 신규 거래소 회원 가입을 요구하는가? • 그럴 경우, 회원 가입 승인이 얼마나 오래 걸리는가? • 누가 가입 신청서를 작성하는가? • 최초 비용과 계속적인 비용은 얼마인가?
청산소	• 새로운 청산소에 가입할 필요가 있는가? • 그럴 경우, 회원 가입 승인이 얼마나 오래 걸리는가? ❯

분야	질문
	• 회사 내에 관련 청산소 규칙에 대해 경험이 있는 직원이 있는가? • 누가 가입 승인 신청서를 작성하는가? • 최초 비용과 계속적인 비용은 얼마인가?
규제 자본	• 질문을 받은 새로운 활동이 규제 자본에 어떤 영향을 미치는가? • 재무/규제 관련 보고 부서는 이 계획을 알고 있는가, 아니면 당신이 이들에게 알려줘야 하는가?
교육과 역량	• 일선 부서와 오퍼레이션 직원들이 새로운 활동 수행에 관해 T&C 규칙들 하에서 올바른 지위를 가지고 있는가? • 새로운 직원이 필요할 경우, 어떤 T&C 지위가 요구되는가? • 직원들을 새로운 활동에 대해 준비시키기 위해 어떤 교육이 요구되는가?
승인자들	• 현재 직원들은 제안된 새로운 활동 수행에 관해 승인자들 제도하에서 올바른 지위를 가지고 있는가? • 새로운 직원이 필요할 경우, 어떤 승인자 지위가 필요한가?

내부 승인	• 이 제안에 대해 관련 상위 경영진이 승인했는가?
	• 모든 지원 부서들이 이 상황에 대해 알고 있는가? 당신은 아래의 부서들과 연락을 취하고자 할 수 있을 것이다(부록 D를 보라).
	  – IT
	  – 법무
	  – 오퍼레이션
	  – 세금
	  – 재무
	  – HR
	  – 마케팅

직원 권한 부여	• 관련된 사람들은 제안된 일을 하기에 적절한 수준의 내부 권한을 지니고 있는가? • 그렇지 않을 경우, 그들의 계획은 경영진으로부터 승인 받았는가?(이 경우 당신은 그들과 얘기할 필요가 있다) • 현재 권한이 없을 경우, 이 권한을 부여하는 것이 적절한가?
IT시스템	• 제안된 새로운 활동 지원에 필요한 IT시스템이 갖추어져 있는가? • IT부서는 이 계획을 알고 있는가, 아니면 당신이 이들에게 알려줘야 하는가?

분야	질문
	• 추가적인 컴플라이언스 시스템이 요구되거나, 기존 시스템에 변경이 요구되는가? 예를 들어 당신의 트레이드 감시 소프트웨어는 누군가가 트레이드하기 원하는 특정 신상품을 포함하도록 구성되어 있지 않을 수 있다.
책임	• 새로운 활동에 궁극적으로 상위 경영진이 책임진다는 점을 보여 주는 명확한 보고 라인이 있는가? • 책임이 있는 상위 경영진이 새로운 상황이 발생시키는 규제 관련 이슈에 대해 경험이 있는가?

거래 상대방 영향	• 새로운 활동이 회사 고객 기반에 어떤 영향을 주겠는가? 다음 중 어느 유형의 고객이 취득되겠는가?
	  – 리테일 고객
	  – 전문 고객
	  – 적격 시장 거래 상대방
	• 서비스는 다음 중 어느 토대 위에서 제공되게 되는가?
	  – 자문
	  – 일임
	  – 집행만 수행
	  – 대리인을 통해서 수행

인적 지원	• 회사 내의 직원들은 새로운 유형의 고객 또는 서비스 토대를 지원하기 위한 경험이 있는가?
	  – 일선 부서
	  – 오퍼레이션
	  – 컴플라이언스
	  – 여신
	  – 법무
	  – 마케팅
	  – IT
	  – 재무
	  – HR
	  – 리스크

민원	• 새로운 상황이 FSA에서 정의한 적격 민원인이 생기게 할 것인가? • 그럴 경우, 적절한 시스템과 통제가 갖춰져 있는가? • 과거에 유사한 분야에서 당신의 회사에 민원이 제기된 적이 있는가? • 그럴 경우, 그러한 민원이 재발되지 않도록 적절한 시정 조치를 취했는가?

분야	질문
문서	• 새로운 상황으로 추가적인 문서 요건이 발생하는가? • 그럴 경우, 회사 내에 이 문서 초안을 작성하거나 협상할 경험이 있는 사람이 있는가, 아니면 외부 도움이 필요한가?

고객 자산	• 당신이 질문을 받고 있는 제도가 다음과 같은 고객 자산 서비스에 변화를 초래하는가?
	  – 고객의 돈
	  – 보관
	  – 담보
	  – 제3의 은행 계좌에 대한 위임

컴플라이언스 자원	• 새로운 상황을 다루기 위한 적정한 컴플라이언스 자원이 있는가? • 특정 프로젝트를 위해 임시 직원이 필요한가, 아니면 전적으로 새로운 비즈니스 영역에 대해 상시 책임을 맡을 정규 직원이 필요한가?
자금세탁	• 새로운 상품 또는 서비스를 고려하기 위해 회사 자금세탁방지 제도를 업데이트할 필요가 있는가? • 당신은 새로운 상품 또는 서비스와 관련된 모든 자금세탁 리스크를 이해하는가?
시사성(topicality)	• 이 제안과 관련하여 거액 벌금, 언론상의 스캔들, "CEO앞 서한" 등 고려해야 할 규제상의 '뜨거운 주제들'이 있는가? • 위의 질문에 대한 답이 '예'일 경우 규제 당국의 조사가 강해질 수 있으므로, 당신은 일을 올바로 처리하기 위해 추가로 주의를 기울이고 싶을 것이다.
이해상충	• 당신이 질문을 받고 있는 사안과 관련된 잠재적 이해상충은 무엇인가? • 잠재적 이해상충과 이들이 어떻게 관리 및 경감될 수 있는지 모두 나열하라. • 또는 이 일을 더 진행하기에는 이 상황이 제기하는 이해상충이 너무도 중대한가?
내부 절차	• 당신이 질문을 받은 사안이 내부 절차 위반은 아닌가? • 컴플라이언스 매뉴얼을 개정할 필요가 있는가? • 새로운 절차 매뉴얼이 요구되겠는가? • 새로운 정책 문서가 요구되겠는가?

분야	질문
음성 녹음	• 당신이 질문을 받고 있는 새로운 활동에 음성 녹음이 적용될 필요가 있는가? • 그럴 경우, 회사가 충분한 음성 녹음 용량을 지니고 있는가, 아니면 IT 인프라스트럭처에 대한 변경이 요구되는가?
외주	• 당신이 질문을 받고 있는 사안이 새로운 외주 계약과 관련되는가? • 그럴 경우, 이 계약은 FSA 규제 제도 하에서 '중대한 외주'에 해당될 수 있는가? • 또는 당신의 회사가 제3자를 위한 활동, 즉 인소싱에 관여하게 되는가? • 외주 계약서가 요구될 것인가?
기록 보관	• 당신이 질문을 받고 있는 상황과 관련된 기록 유지 요건은 무엇인가? • 현행 절차를 변경해야 하겠는가?
규제 기관의 제재	• 새로운 영역에서 일이 잘못되면 당신의 회사는 어떤 제재에 직면하게 되는가? • 이 위험을 무릅쓸 가치가 있는가?
판촉	• 새로운 서비스 또는 상품 제공에 관한 판촉 자료가 작성될 것인가? • 어느 국가에 판촉 자료가 배포될 것인가? 당신은 그곳의 광고 규칙에 대해 알고 있는가? • 이 판촉 자료는 어느 유형의 고객을 겨냥하는가?
일반 사항	• 재앙적 시나리오는 무엇인가? 당신이 새로운 프로젝트를 진행하라는 신호를 줄 경우, 잘못될 수 있는 최악의 상황은 무엇이며 그 결과는 무엇인가? • 이러한 일이 벌어질 경우 규제 당국이 신경을 많이 쓸 것인가, 아니면 이 사안은 그다지 중요하지 않은가?
	규제 당국의 '핫 이슈'가 무엇인지에 대한 안내는 11장을 보라.

10.2.3 공략 계획

이미 벌어진 일에 대처하기

누군가가 당신에게 잠재적인 문제를 가져온다. 당신은 이에 대해 조사를 해보고 나서 현재 진행되고 있는 일이 아주 불쾌함을 발견하게 된다. 그럴 경우에는 어떻게 할 것인가? 당신은 확실히 누군가에게 지금 그들이 하고 있는 일을 중단하고 대신에 무언가를 하라고 말해야 할 것이다. 그러나 가장 단순한 경우를 제외하고는, 일들이 거기에서 중단되지는 않을 것이다. 당신은 빈번히 발생한 일을 시정하기 위한 일종의 시정 조치 계획을 시행해야 할 것이다. 아래의 목록은 문제를 시정하고자 할 때 고려해야 할 이슈의 유형에 대해 안내한다.

이슈	설명
정책과 절차	• 이 상황을 다루거나, 이 상황이 재발하지 않도록 방지하기 위해 새로운 정책이나 절차가 요구되겠는가?
교육	• 이 상황이 교육이 필요함을 강조하는가? • 당신 또는 컴플라이언스 부원들도 교육이 필요할 수 있음을 기억하라.
징계 조치	• 내부 징계 조치가 적절한가? • 징계를 어떻게 진행하는 것이 가장 좋은지 HR과 상의했는가?
역량	• 누군가가 매우 심각한 짓을 저질러서 T&C 제도상 그들의 '자격'에 손상을 가져올 가능성이 있는가? • 이 사람을 더 이상 자격이 없는 것으로 간주해야 하는가? 아니면 추가 교육을 제공함으로써 이 상황이 간단하게 시정될 수 있는가?
승인자 제도	• 누군가가 매우 심각한 짓을 저질러서 승인자 제도상 그들의 적합성과 적정성에 영향을 줄 가능성이 있는가? • 그럴 경우, FSA에 통지했는가?
통지	새로운 상황에 대해 누구에게 통지할 필요가 있는가? • 상위 경영진 • FSA • 본사 • 기타 규제 당국 • 경찰 • 고객

이슈	설명
연속성 계획	• 비즈니스 연속성 계획이 환기될 필요가 있는가? • 발생한 사건을 고려하기 위해 비즈니스 연속성 계획을 업데이트할 필요가 있는가?
외주	• 제3자에게 피해 배상을 청구할 수 있는가? • 보다 믿을 만한 서비스 제공자를 찾을 필요가 있는가?

새로운 상황/사업/상품

제기되고 있는 새로운 상황이 정확히 무엇인지 파악하고 나면, 다음에는 무엇을 할지 결정해야 한다. 다음과 같은 여러 대안이 있다.

• 어떤 경우에도 제안한 내용에 대해 '안 된다' 고 말한다. 그걸로 끝이다.

• 제안된 계획이 실행가능하게 될 수 있도록 약간 '손을 보고' 나서 '진행하라' 고 말한다.

• 곧바로 '예' 라고 말한다. – 질문 받고 있는 사안에 규제 관련 이슈가 관련되어 있지 않을 수도 있다.

• 상위 경영진이 컴플라이언스에 책임이 있다는 사실을 최대로 활용한다. 이슈들을 요약하는 간략한 설명 자료를 작성하고, 상위 경영진이 이 리스크를 취하기 원한다면 이를 직접 결정하게 한다. 걸려 있는 사안이 명쾌하지 않을 경우 이 접근법을 사용할 수 있다. 예를 들어 제안된 프로젝트가 매우 심각한 규칙 위반으로 진행될 가능성이 있지만, 본질적으로 잘못된 것은 없는 경우가 있을 수 있다. 이런 식으로, 상위 경영진은 어떤 일이 발생할 수 있는지에 대해 인식하고, 문제가 발생할 경우 책임을 지게 되리라는 것을 알게 된다. 그러나 회사는 '컴플라이언스' 를 위해 존재하는 것이 아니라 비즈니스를 위해 존재하기에 그들은 비즈니스의 효용과 균형을 추구할 수도 있다. 이 경로를 택할

경우 상위 경영진에게 예를 들어 규제 당국의 벌금과 제재 등 관련 분야에서 일이 잘못된 최근의 예를 제공하면 큰 도움이 된다.

- 신규 제안과 복잡한 제안에 대해 규칙적으로 검토 요청을 받을 경우, 새로운 비즈니스 사업을 토론할 위원회나 포럼을 설치하면 유용할 것이다. 변화에 의해 가장 큰 영향을 받을 것으로 예상되는 다양한 부서의 동료들과 회의를 개최해서 잠재적인 문제들과 이 문제들이 어떻게 다루어질 수 있는지 파악할 수 있다. 이렇게 하면 예를 들어 새로운 비즈니스 계획의 규제 관련 시사점을 파악하느라 오랜 시간을 들이고 나서, 법무부서에서 이미 새로운 사업을 진행할 수 없는 이유를 발견했음을 알게 되는 경우와 같은 상황을 막을 수 있다.

- 복잡한 새로운 계획이 정규적으로 제출되면, 비즈니스 부문이 새로운 계획을 제출하기 전에 약간의 기초 작업을 하도록 주선함으로써 일을 보다 원활하게 진행할 수 있다. 예를 들어 당신에게 최소한 일정 수준의 정보를 제공하지 않으면 새로운 제안 검토를 진행하지 않는다는 절차를 만들 수 있다. 이번 장의 앞에 열거된 제안들을 이용해서 제공받고 싶은 정보를 정한 양식을 작성할 수도 있다.

- 계획을 세우라. 물론 진행하라고 말할 사안들 중 일부는 많은 작업을 필요로 하지 않을 것이다. 그러나 지점 신설에 대해 그저 '예'라고 말했다면, 앞으로 해야 할 일이 많을 것이다. 규제 관점에서 정확히 무엇을 할 필요가 있는지, 누가 그것을 할 필요가 있는지 파악하라. 비즈니스 부문이 당신의 계획을 보게 하고, 모든 사안이 다루어지기 전에는 진행할 수 없다는 점을 분명히 하라.

도와주세요!

아직도 어떻게 해야 할지 모르겠는가? 그렇다면 잠시 위에서 말한 것을 다 잊어버리고 당신의 본능적 반응을 생각해 보라.

- 이 제안에 수상한 '냄새' 가 나는가?
- 이 제안이 '신문 머리기사' 에 나도 무방한가?
- 당신은 대부분의 사람들이 당신이 고려하고 있는 사안을 받아들이기를 수치스럽게 생각하리라고 보는가?
- 규제 당국이 이를 발견하는 것이 꺼려지겠는가?
- 당신의 동료들이 이에 대해 발견하지 않기를 바라는가?
- 특정 부서, 회사 또는 섹터의 모든 사람들이 당신에게 요청된 일을 원할 경우, 이것이 국내 금융 산업 전반에 긍정적인 영향을 줄 것 같은가, 아니면 부정적인 영향을 줄 것 같은가?

때로는 이 간단한 질문들이 당신을 올바른 방향으로 안내할 수 있다.

이번 장에서 제안된 모든 대안들을 동원하고서도 아직도 어떻게 해야 할지 모를 경우에는, 이를 인정할 필요가 있다. 컴플라이언스 부서 또는 당신의 회사 안에서 다루어 질 수 없는 사안들도 있다. 당신은 어떻게 해야 할지 알아야 한다. 알지 못하고서 결정을 내리면 실수할 가능성이 너무도 크다. 전문가의 조언을 구하고, 필요한 강좌를 수강하라. 그러면 다음번에는 어떻게 해야 할지 알게 될 것이다.

10.3 컴플라이언스 난제들

위에서 본 바와 같이, 우리는 수천 쪽에 달하는 개별 규칙들과 일반 가이드라인을 수록한 규칙집을 가지고 일을 하고 있음에도 컴플라이언스는 커다란 회색 지대인 것처럼 보일 때가 있다. 실제 삶에서는 특정 규칙에 깔끔하게 들어맞고 간단한 예/아니오 대답을 내릴 수 있는 경우란 그리 많지 않다. 대부분의 컴플라이언스 질문들은 복잡하다. 이는 컴플라이언스 직무의 가장 혼란스러운(그리고 가장 보람이 있는) 부분이다.

부록 E는 컴플라이언스 대상 영역이 어떠한지를 보여 주는 실제 세계의 복잡한 시나리오들에 대한 예를 제공한다. 일부 예들은 핵심 '컴플라이언스' 이슈들을 접하기 위해 아주 단순화되었지만, 이들은 모두 당신이 실제 세계에서 만날 가능성이 있는 유형의 이슈들이다. '논평과 해법'은 난국에 직면했을 때 채택해야 할 전략을 제공하고, 아래의 요소들에 바탕을 둔 관점을 제시한다. 대부분의 난제들을 해결하기 위해서는 아래의 요소들이 모두 필요하기 때문이다.

- 규칙에 대한 지식과 존중
- 실용주의와 비례성
- 상업적 이해

이번 장의 나머지 부분은 컴플라이언스 종사자들에게 가장 큰 난제를 다룬다. 비즈니스 부문의 기본적인 협조 결여를 어떻게 다룰 것인가? 컴플라이언스 부서 중에는 양심적이고 주의를 기울이면서 컴플라이언스의 중요성에 대해 인식하고 자신의 일을 알아서 하는 비즈니스 부문과 개방적이고 건설적인 관계에 있는 호사를 누리는 곳이 있는가 하면, 비즈니스 부문과의 관계가 좋지 않고 그들은 컴플라이언스 부서에서 제안한 어떤 해법에도 저항하기로 굳게 결심하고 있으며, 계속해서 '일회성 컴플라이언스' 상황이 발생하는 상황에 처해 있는 곳도 있을 수 있다. 먼저 비즈니스 부문이 바른 위치에 있게 하면 애초에 부록에서 묘사하는 심각한 상황들의 많은 부분이 발생하지 않을 것이다. 그렇게 하지 않으면 당신의 일이 불가능해질 것이다.

10.4 비협조에 대처하기

비즈니스 부문의 비협조 다루기는 당신이 컴플라이언스 책임자로서 직면하게 될 가장 어려운 도전 과제 중 하나일 것이다. 다른 어려움들은 당신의 노력으로 극복할 수 있다. 규칙집을 찾아보면 새 규칙을 배울 수 있고, 매뉴얼을 만들어서 절차를 문서화할 수 있으며, 검토 작업을 수행함으로써 미준수 사례를 찾아낼 수 있다. 그런데 무엇을 통해서 사람들이 법규를 준수하게 하는가? 마인드 컨트롤, 최면, 컴플라이언스의 무력 동원을 통해서 할 것인가?

2장의 섹션 2.3.3에 나오는 위험신호 중 당신 회사에 해당하는 사항이 있다면 자주 저항에 부닥칠 가능성이 있다. 위험신호가 없고 당신이 아무리 합리적이고 당신 회사의 동료들이 아무리 합리적이라 할지라도, 때로는 '권력을 쥔 촌놈', 즉 흉악범의 정신 자세와 권력을 아울러 가지고 있는 상급자가 자신이 원하는 대답을 듣기 위해 다음과 같이 행동하면서 당신을 위협하는 경우에 직면할 수 있다.

- 당신이 이해하지 못하고 있다고 말한다.
- 당신이 요점을 놓치고 있다고 말한다.
- 컴플라이언스 부서 서비스가 형편없으며, 돈 버는 데 전혀 도움이 되지 않는다고 말한다.
- 당신의 방해자적인 태도에 대해 당신 상사에게 불만을 제기하겠다고 말한다(당신이 먼저 상사에게 말하라. 상사가 제대로 된 사람이라면 당신을 지지할 것이다!).
- 소리 지른다.
- 난폭하게 행동한다.

당신은 컴플라이언스, 규정, 당신의 회사에 관해 알아야 할 모든 것을 알고 있고, 내용과 형식면에서 세계에서 가장 잘 만들어진 컴플라이언스 매뉴얼을 가지고 있을 수 있다. 그러나 사람들이 당신의 말에 주의를 기울이게 하지 못하거나, 당신의 훌륭한 매뉴얼을 읽거나 이에 주의를 기울이게 하지 못한다면, 당신은 세계에서 가장 좋은 자산을 지니고도 일을 잘 해내지 못할 것이다.

비협조적이거나 당신의 회사에 건강한 규제 환경을 조성하지 않는 방식으로 행동하는 사람들에 직면했을 때 시도할 수 있는 전술 몇 가지를 소개한다.

1. 애초에 그런 단계로 들어가지 마라 – 비즈니스 부문이 애초에 뭔가 잘못된 일을 하는 성향이 생기지 않도록 훈련시키고 설명하라.
2. 당신이 말하는 것이 정확한지 잘 생각하라 – 결국, 당신이 틀릴 수도 있다. 그리고 물러난다 해서 세상이 끝나는 건 아니다.
3. 사람들에게 그들이 하려는 것을 하지 말라고 말하고, 대신 당신이 그들에게 원하는 것에 대해 알려 주라. 경우에 따라서는 이는 멋지고 간단하면서도 매우 효과적일 수 있다.
4. 당신이 그들에게 원하는 것에 관련된 컴플라이언스 매뉴얼이나 절차 매뉴얼 섹션을 다시 읽어 보라고 요청하라.
5. 조르고 꾀어라. 그러고 나서 그 사람이 당신이 원하는 바를 하고 있는지 보라.
6. 그들이 당신이 요청하는 대로 하지 않을 경우 직면할 수도 있는 내부 벌칙에 대해 상기시켜주라.
7. 그들이 당신이 요청하는 대로 하지 않을 경우 직면할 수도 있는 법적, 규제상, 평판상의 불이익에 대해 상기시켜 주라.
8. 그들의 상사에게 자기 부하 직원이 무엇을 하려는지(또는 상황에 따라서는 하지 않으려는지) 말해 주고, 그 상사가 부하 직원에게 압력을 가해 달라고

부탁하라.

9. 실행 가능한 대안을 가져오라 – 그들이 원했던 것보다 훨씬 더 비즈니스 친화적인 해법이 나올 수도 있다.

10. 동료들에게 유사한 상황에서 어떻게 했는지에 대해 조언을 들으라.

11. 다른 회사의 컴플라이언스 담당자들에게 의견을 구하라 – 당신이 너무 리스크 회피적일 지도 모른다.

12. 당신이 사람들에게 원하는 것이 정말 중요한지 자문하라 – 이 사안은 싸울 가치가 없어서, 가까이에 있는 폭탄을 처리하기 위한 에너지를 보존할 필요가 있을 수도 있다.

13. 그 사람에게 당신의 말을 듣지 않으려는 이유를 설명하게 하고, 그 말에 설득되거든 그들이 원하는 대로 하게 하라 – 당신이 애초에 그들을 이해하지 못해서 실제로는 관련이 없거나 심지어 부정확한 것을 요청하고 있었을 수도 있다.

14. 이 사안을 보류해 두었다가, 팀 회의에서 의제 삼아 토의해 보라.

15. 이 사안을 보류해 두었다가, 다음번 컴플라이언스 검토나 내부 감사 검토에서 이 사안이 다루어지게 하라.

16. 어떤 사람이 하고 있는 일이 다른 사람에게 영향을 줄 경우, HR, 규제 보고, 교육 담당자 등 당신을 지지해 줄 수 있는 적절한 사람에게 말하라.

17. 당신의 상사에게 말해서 당신의 상사가 그 악한을 압박하게 하라. 또는 당신은 예외승인 권한이 없지만 당신의 상사에게는 이 상황에 대해 예외승인 권한이 있을 수도 있다.

18. 당신의 상사가 당신을 지원해 주지 않으면, 그 상사의 상사에게 말하라. 당신이 진퇴양난에 빠져 있고 상황이 좋지 않게 돌아가고 있거든, 가능한 이를 상부로 넘겨라 – 당신은 이러한 상황을 처리할

만큼 충분한 보상을 받지 않고 있다!

19. 내부 감사, 본사 컴플라이언스 부서, 또는 외부 감사에게 말하라. 그들은 당신이 우려하고 있는 영역을 다음번 검토 대상에 포함시킬 수도 있다.

20. 비즈니스 부문이 당신의 의견에 반하는 리스크를 부담하겠다고 결정하는 데 동의할 필요가 있을 수도 있다 – 규제 당국은 컴플라이언스에 대한 책임이 상위 경영진에게 있다는 점에 대해 확고한 입장을 취하고 있으므로 당신은 이를 상위 경영진에게 맡겨야만 할 수도 있다.

21. 위의 아무것도 통하지 않고, 당신이 옳으며, 당신이 인식하고 있는 이 문제가 매우 심각하다고 확신한다면, FSA에게 그렇게 말하라(대부분의 경우 이는 최후 수단이어야만 한다).

더 진행하기 전에 이 문제에 대해 마지막 주의 사항 한 가지를 언급하고자 한다. 뭔가 부적절한 것이 진행되고 있는데 필요한 지원을 받지 못한다고 생각할 경우, 당신은 다른 사람들과 나누었던 토론 내용에 대한 간략한 자료를 작성해서 그들의 반응을 기록해야 한다. 또한 당신이 내린 결정의 근거도 기록해야 한다. 문제를 발견하고서도 아무것도 하지 않았다는 비난은 받지 않아야 한다!

Chapter 11

준수하느냐, 죽느냐
– 일이 그릇될 때

물론 당신의 회사에 규제 당국이 눈썹을 찌푸릴 만한 일이 발생한 적이 없었을 수도 있다. 그러나 잘못될 수 있는 요소가 무엇인지, 그리고 그런 일이 발생하면 무슨 일이 일어날지 알면 (나쁜 사람들이 무슨 일을 해 왔는지, 그들에게 무슨 일이 벌어질지 지켜보는 데에서 오는 관음적인 쾌락 말고) 유용할 때가 많다.

이에 대해 알아야 할 두 가지 주된 이유가 있다.

- 규제 재앙과 법률 재앙에 이르는 주된 길 – 그리고 규제 당국의 레이더에 걸려들 가능성이 있는 요인들 – 에 대해 알면 업무 과제와 자원 우선순위를 정할 때 유용하다. 예를 들어 오퍼레이션에서 훨씬 더 머리를 쭈뼛해지게 하는 일이 벌어지고 있는데, 왜 주식 데스크에서 일어나고 있는 중요하지 않은 일에 대해 애태우느라 시간을 보내겠는가?

- 규제상 또는 법률상 제제 가능성은 다루기 힘든 임직원들로부터 컴플라이언스를 '뽑아' 내는 편리한 전술이 될 수 있다. 만약 누군가 안하무인격인 사람이 당신의 컴플라이언스 시스템을 '이탈하기'로 결심한 경우 이 절차를 따를 필요가 없다고 생각한 다른 사람에게 무슨 일이

일어났는지 주의를 주면, 그 사람이 정신을 차리게 하는 마법을 부리는 경우가 있다. '컴플라이언스 요건들을 지키는 것'은 재미없지만 투옥되는 것보다는 훨씬 낫다. 모든 금융기관 종사자들은 궁극적으로 투옥은 피해야 한다.

그러나 그러한 '겁주기 전술'은 최후수단으로만 사용되어야 함을 주의하라. 투옥되지 않기 위해서가 아니라 올바른 일을 하겠다는 집단적 소원에 의해 컴플라이언스를 달성하는 것이 훨씬 낫다. 장기적으로 이러한 접근법이 훨씬 오래 지속되고 뿌리 깊은 결과를 가져올 것이다. '법규 준수'는 최선의 방법은 아니지만, 다른 방법들이 통하지 않을 경우 이는 매우 유용한 도구가 될 수 있다.

이번 장은 아래와 같은 세 가지 제한을 유념하면서 주로 FSMA하에서 영국의 법규 집행을 다룬다.

- 1장에서 언급했듯이 영국에는 다른 규제 제도도 있는데 이 제도들은 각각 위법 행위 탐지 및 처벌 방법을 두고 있다.
- 부록 3-6은 영국에서 금융 산업에 적용될 수 있는 많은 법률들에 대해 안내한다. 이 법률들도 FSMA 제도 밖에서 추가 제재를 가할 수 있으므로 이에 대해서도 고려해야 한다.
- 당신의 회사가 활동하고 있는 각국은 자체 집행 제도를 가지고 있다. 당신과 당신의 동료들은 외국의 제도에 관해 아래에서 영국의 경우에 대해 설명하는 바에 따른 지식을 갖추고, 이 제도가 어떻게 작동하는지 알아야 한다.

FSA의 관점에서 보면, FSA의 4가지 법률상 목표(시장 신뢰, 대중의 인식, 소비자 보호, 금융 범죄 감소) 달성을 지원하기 위해 나쁜 관행을 처벌하고 이를 시정하기 위한 장치가 필요한데, 기준이 낮거나 행동이 부적절하면 이 목표들이 부정적인 영향을 받게 된다. 따라서 FSA의 집행 제도는 아래의 목적으로 설계되었다.

- 바람직하지 않은 행동을 저지한다.
- 높은 시장 행동 기준과 규제 관련 행동 기준을 증진한다.
- 보상과 배상을 위한 장치를 제공한다.
- 시정 조치가 규정될 수 있게 한다.
- 나쁜 행동을 처벌한다.

징계와 집행 프로세스는 광범위하고 복잡한 법률과 규제 프레임워크에 기반을 두고 있으며, 이 분야에서 FSA의 주된 권한은 FSMA에 의해 부여되고 있다. FSMA는 FSA에게 넓은 범위의 징계 권한과, 회사와 개인이 FSA 규제 대상인지 여부를 불문하고 이들에 대해 민형사상 조치를 취할 수 있는 권리를 부여한다. FSA는 또한 다른 많은 법률상 권한도 가지고 있다(부록 24를 보라).

FSA는 이 권한을 어떻게 행사할지에 관한 자유 재량권을 가지고 있지 않으며, 엄격한 절차 요건을 준수해야 한다. FSA는 또한 1998년 인권법(부록 3을 보라)에 따라 행동해야 한다. 취해진 조치는 반드시 균형이 잡혀야 하고 공정해야 하며, 공식 채널뿐만 아니라 언론을 통해서도 철저히 검증받아야 하는데, 언론은 FSA가 특정 사안을 다루는 방식에 대해 자신의 견해를 명백히 밝힌다.

그러나 대부분의 사람들은 이 분야에서 규제 당국의 권한과 활동 배후의 이론에 대해서는 별로 관심을 기울이지 않는다. 그들은 단지 '이것이 우리에게 영향을 주는가?'와 '어떻게 문제에 말려드는 것을 피할 수 있는가?'에 대해서만 알고 싶어 한다. 따라서 이 장에서는 아래의 사항들에 중점을 둔다.

1. 규제 당국이 당신 회사의 컴플라이언스 위반 사항을 발견하는 방법을 알아본다.
2. 무엇이 규제 당국의 관심을 야기하는지 파악한다. – 그들이 당신의 회사에서 보고 싶지 않은 주요 사항들은 무엇인가?
3. 감독 당국이 뭔가 옳지 않다는 육감을 가지게 된 경우, 그 내용을 보다 자세히 발견하는 방법에 대해 알아본다.
4. FSA가 당신의 동료나 회사를 조사할 때 당신이 취할 수 있는 방법
5. 당신의 회사, 또는 직원 중 누군가가 위법행위를 저질렀을 경우 무슨 일이 일어날 수 있는지 요약한다.

11.1 누군가가 당신을 지켜보고 있다

당신이 아무리 영리하게 행동했다고 생각할지라도 FSA는 당신의 비행을 발견해 내는 신비한 능력이 있다. FSA에게 이런 능력이 있는 것은 그들이 천리안과 무소부재(無所不在)라는 초능력 소유자이기 때문이 아니라, 자신이 규제하는 회사들을 감독할 수 있는 일련의 장치와 요건을 갖추고 있기 때문이다.

FSA는 감독 대상 회사들에게 정기적으로 특정 정보를 제공하도록 요구하며, FSA가 필요하다고 생각할 때마다 추가 정보를 요구할 수 있는 권리도 가지고 있다. 우연한 발견도 한 몫을 하며, 다양한 '무작위' 방식으로 발각될 수도 있다.

아래의 목록은 FSA가 당신의 회사가 무엇을 하고 있는지 발견할 수 있는 주요 방법들을 설명한다. 이를 고려할 때, 감독 당국과의 모든 접촉은 원칙 11에 나와 있는 바와 같이 FSA에 대해 개방적이고 협조적이어야 한다는 근본 원칙에 따라 규율되어야 함을 명심해야 한다.

감사인 보고서

- 규제 대상 회사들은 적절한 감사인을 두어야 하며, 감사인은 회사의 기록에 대한 적정한 접근권이 부여되어야 한다.
- FSA는 감사인의 역할을 매우 중대하게 보고 있으며, 감사인에게 허위 또는 오도하는 정보를 제공하는 것은 FSMA의 s346에 의한 형사 범죄다.
- 감사인의 주요 의무는 FSA에 다음과 같은 3개의 주요 문서를 제출하는 것이다.
  - 감사 보고서. 이 보고서의 감사 대상 기간 중 회사의 규제 관련 보고 활동에 대한 정보 포함.
  - 회사의 내부 통제에 대해 언급하거나(이는 좋지 않은 경우이다), 감사인이 언급할 사항이 없다고 확인하는(이는 좋은 경우이다) 내부통제 서한
  - 회사의 고객자산규칙 준수 여부를 다루는 고객자산보고서
- 감사인의 보고서는 FSA가 사후관리를 원할 수도 있는 많은 정보를 FSA에 제공하지만, 이 보고서 자체도 감사를 받는 회사에 특정 통보 의무를 발생시킨다.

보험계리인 보고서

보험계리 보고서에 관한 규칙은 감사인 보고서에 관한 규칙들과 대체로 유사하지만, 장기 보험업자 및 친목 협회와 같은 한정된 범위의 회사들에만 적용된다.

Part IV 승인 변경 신청

인가 변경 요청서를 제출하면, 승인 프로세스 중에 받게 될 조사에서 예를 들어 당신의 회사가 인가받지 않은 투자 비즈니스를 수행하고 있었다는 사

실 등 알려지지 않았던 회사의 비행이 드러날 수 있다.

규칙 면제 또는 개정 요청

FSA에 규칙 면제 또는 개정을 요청할 경우 요청이 승인되지 않을 뿐만 아니라 FSA에 당신의 회사에서 FSA가 달가워하지 않는 일이 일어나고 있음을 무심코 알려준 셈이 될 수도 있다.

지침을 구하기 위한 FSA와의 접촉

Part IV 승인 변경 또는 규칙 면제나 개정 요청의 경우와 같이, 특정 사안에 대한 FSA의 지침을 구하고자 접촉할 경우 그들이 좋아하지 않는 뭔가를 알려준 꼴이 되어 그들이 추가 조사를 고려하게 되는 상황에 처하게 될 수도 있다.

승인자 보고

FSA는 승인자와 관련하여 제출된 다양한 양식들로부터 많은 정보를 발견할 수 있다(그들은 이 모든 정보를 우호적으로 바라보지는 않을 수도 있다). 두 가지 좋은 예를 들자면 아래와 같다.

• 특정인이 당신의 회사가 인가받지 않은 활동을 수행할 수 있도록 승인해 달라는 신청서를 제출하는 얼빠진 짓을 한다.

• FSA에 누군가가 위법행위로 해고되었다고 통보한다. 그러면 FSA는 이 위법행위가 발생한 맥락에 관해 추가로 알아보고, 이 상황이 통제나 절차상 실패의 징후인지 파악하기 위해 당신에게 접촉할 수 있다.

컨트롤러와 '관계 회사' 보고

회사의 컨트롤러 또는 관계 회사에 관한 특정 사안에 관해 FSA에 통보해야 한다. 그러한 통보는 회사들이 FSA 승인 조건 임계치를 계속 준수하고 있다는 점에 대해 FSA가 만족할 수 있게 해 준다. 당신의 회사가 평판이 좋지 않은 회사에 의해 통제되고 있거나, 이 회사와 가까운 연결 관계가 있을 경우, FSA가 이에 큰 관심을 기울일 가능성이 있다.

지정 대리점 보고

이는 (위의) 승인자 보고와 유사하지만, 대신 지정 대리점을 다룬다.

잡다한 통보 요건

FSA가 규제하는 회사들에 관해 통보하도록 요구하는 사안들은 매우 광범위하다. 아래와 같은 통보 요건들이 있다(다른 많은 요건들도 있다).

- 시장오용 혐의
- 지점 신설 의향
- 중대한 규칙 위반
- 중요한 외주 계약 체결
- 회사가 사기 당했다는 증거

보고 요건

FSA가 회사의 활동에 대해 종합적으로 이해하고 요건 위반을 찾아내기 위해 많은 정기 보고와 상시 보고 요건이 회사들에게 부과된다. 아래 사항들이 정기 보고 요건에 의해 다루어지는 사안에 포함된다.

- 자본적정성
- 지정 대리점
- 회사의 그룹 내에 해외 국가의 규제를 받는 실체가 있을 경우, 해외 규제 당국의 목록

거래 보고

FSA가 어느 회사가 허용된 활동 범위를 넘어 비즈니스를 하고 있는지와 같은 사안들을 모니터 및 평가하고, 시장오용을 탐지하도록 도와주기 위해 회사들은 다양한 유형의 거래에 대해 보고하도록 요구된다.

FSA가 위에서 상술한 통상적인 보고 요건을 넘어 정보를 수집할 수 있는 권한

정기 방문 검사

- FSA는 자신이 규제하는 회사들에 대해 모니터링 방문을 수행할 권한을 가지고 있다. 이 방문은 예정된 것일 수도 있고 예정되지 않은 것일 수도 있으며, FSA가 얼마나 상세하게 사람들을 면담하고 기록들을 보게 될지는 상황에 따라 달라진다.
- FSA는 중대한 외주 계약 관계에 있는 공급자들도 외주를 준 회사에 대해서와 마찬가지의 접근권을 가지고 있다.

리스크 평가 방문

FSA는 감독에 관해 리스크 기반 접근법을 취하는 바, 특정 회사와 금융시장 전반의 리스크 평가 프로세스의 일환으로 정기적인 리스크 평가 방문을 실시한다. 465쪽의 Box 2('ARROW')를 보라.

미스테리 쇼핑

FSA의 '첩자'가 회사에 전화를 걸거나 회사에 방문해서 판매 기법의 적절성과 더불어 조언과 권고 기준을 평가할 수 있다. 리테일 사업을 영위하는 회사들은 미스테리 쇼핑을 경험할 가능성이 매우 크다.

다른 규제 당국과의 소통

- FSA는 영국 및 해외의 다른 규제 기관들과 협력하도록 기대된다.

- 이들 규제기관이 FSA에게 그들이 조사하고 있는 회사에 관한 추가 자료를 요청할 경우, 이는 FSA에게 그 회사에 대해 조사할 무언가가 있음을 시사할 가능성이 있다.
- 해외 규제 당국과의 소통은 특히 국제적 그룹의 일원이거나 해외 서비스를 제공하는 회사의 경우에 의미가 있을 것이다.
- 투자 거래소가 규제하는 회사가 거래소 규칙을 위반할 경우, FSA는 거래소로부터 해당 불법행위에 대해 통보받을 수도 있다.

당신의 회사가 하고 있는 일에 관해 FSA가 우연히 발견할 수 있는 방법

판촉 활동

- FSA 직원들도 우리와 마찬가지로 매스컴에 접근한다. 그들이 적절하지 않다고 생각하는 판촉을 듣거나 보게 될 경우, 당신은 그 내용과 왜 이를 허용해 줬는지 설명하라고 요구될 수도 있다.
- 그것이 전부가 아니다. FSA는 대중들에게 오도하는 금융 판촉 활동에 대해 신고하도록 적극적으로 권장하며, 이를 위한 전용 핫라인 전화를 개설하고 있다. 그러니 조심하라!

신문 또는 언론 매체 기사

신문이나 TV 또는 라디오 프로그램에서 당신의 회사에 대해 언급하는 기사가 FSA가 모르고 있던 상황을 알려주어서, FSA가 이 사항에 대해 더 알아보거나 또는 왜 사전에 통보받지 못했는지 알아보려 할 수도 있다.

다른 회사에 대한 조사 도중

당신이 특히 재수가 없을 경우 FSA가 다른 회사에 대해 조사하다가 당신의 회사가 그들과 모종의 거래를 하고 있다는 소문에 접하고, 당신의 회사에 대해서도 관심을 가지게 될 수도 있다.

FSA 또는 금융 옴부즈맨 사무국(FOS)에 대한 고객 민원

불만을 품은 고객들이 FSA나 FOS에 전화를 걸어서 당신의 회사가 제공한 서비스에 대해 불만을 제기할 수 있다. 민원이 정당하건 허풍이건 간에, 그 주장이 충분히 심각하고 어느 정도 신빙성이 있을 경우 FSA가 그들을 무시하기 어려워서 더 자세히 알아보기 위해 당신에게 접촉하게 될 것이다.

내부 고발

- 자신의 직장에서 뭔가가 벌어지고 있다고 믿고 있는 특정 관행들에 관해 '내부 고발' 하는 직원들은 1998년 공익공개법에 따라 보호된다.
- 그러한 관행에는 범죄 행위와 법적 의무 위반이 포함된다.
- FSA는 회사들에게 내부 고발 절차를 시행하도록 장려하지만, 자신도 그러한 신고를 받을 사람을 공식적으로 지정하였다.
- 불만을 품은 직원이 FSA에게 당신의 회사가 범죄 행위를 저지르고 있거나 법적 요건을 준수하지 않고 있다는 믿을 만한 제보를 할 경우, 당신은 머지않아 전화를 받게 될 것이다.

다른 회사의 불만 제기

고객 또는 비즈니스 파트너인 다른 회사에 좋지 않은 대우를 하면, 그들이 당신 회사의 행동에 관해 FSA에 불만을 제기할 수 있다.

만일 당신이 FSA가 발견하지는 못했지만, 뭔가 잘못된 일을 발견하면 어떻게 하겠는가? 당신은 이 사안이 규제 당국에 알리기에 충분할 만큼 중대한지 결정할 필요가 있다. 이 결정은 당신이 컴플라이언스 책임자로서 내려야 할 결정 중 가장 어려운 결정일 것이다. 단순히 '고백했다' 해서 관대한 처분을 받으리라고 믿을 수는 없다. 그러나 그렇지 않을 경우, 규제 당국이 스스로 이를 발견하면 상황은 훨씬 더 악화될 것이다. 당신이 문제를 발견하고서 규제 당국에 말하지 않기로 결정한 경우, 가장 중요한 일 중 하나는 그렇게 결정한 이유를 문서화하는 것이다. 그러면 필요시 당신의 결정을 정당화하는 데 도움이 될 것이다.

11.2 FSA에는 '핫 이슈'가 있다

모든 규정 위반들이 동일하게 취급되지는 않는다. 될 수 있으면 어떤 종류의 규칙 위반도 피해야 한다는 데에는 의문의 여지가 없지만, 일부 규칙은 위반하더라도 FSA의 관심을 별로 유발하지 않을 수 있다. 어쩌다 고객 주문을 받은 직원의 이름을 기록하지 않은 것이 FTSE 100의 인수(takeover) 활동에 규정된 계속된 시장오용에 해당하지는 않을 것이다.

FSA는 리스크 기반 감독이라는 맥락에서 그들이 어떤 이슈들을 심각하게 다룰지 명확히 제시했다. 이 점에서는 감춰진 부분이 없으며 FSA가 취하는 접근법은 언제나 특정 이슈가 앞에서 상세히 설명한 FSA의 법령상 목표들에 미칠 수 있는 영향에 의해 좌우될 것이다. 이 점에서 볼 때 FSA는 대체로 아래와 같은 사항에 언제나 관심을 보일 것이다.

- 특정 사안이 시장의 신뢰에 미칠 수 있는 영향
- 검토되고 있는 사안이 금융 서비스 산업에 대한 대중의 이해에 해로운지 여부
- 특정 회사 또는 개인의 행동으로 인해 금융 서비스 산업에 대해 소비자가 잘못 이해할 수 있는 정도
- 조사되고 있는 이슈가 금융 범죄와 관련이 있는지 여부

아래 표에서는 FSA가 위반, 위반 혐의 또는 니어 미스(near miss; 위반까지는 가지 않았지만 거의 위반할 뻔한 경우)가 얼마나 심각한지 결정할 때 고려할 사항들에 대한 보다 상세한 지침을 제공한다.

- 규칙이 실제로 위반 되었는가? 이는 FSA 규칙 이외에도 아래와 같은 규칙에까지 확장된다.
  - 불공정한 조건 규정
  - JLMSG(자금세탁 공동 스티어링 그룹) 지침노트
  - 인수 합병에 관한 도시 코드
- 적용 대상 법률이 위반되었는가?
- 법률을 의도적으로 위반했는가?
- 자금세탁, 시장오용과 같은 금융범죄의 증거가 있는가?
- 해당 사안이 반복적으로 발생했다는 증거가 있는가?
- 해당 사안이 해당 회사가 FSA의 임계치 조건을 더 이상 충족하지 못할 만큼 심각한 것으로 간주할 수 있는가?
- 승인자가 업무준칙을 위반했는가?
- 이 문제가 재발할 가능성이 얼마나 큰가?
- 이 일은 얼마나 오래전에 발생했는가?
- 리테일 고객이 관련되어 있는가?
- 회사 또는 직원의 행동으로 고객에게 재정 손실이 발생했는가?
- 회사는 특정 법률 위반을 피할 수 있는 방법에 대해 교육을 실시했는가? 이 교육은 적절했는가?
- 적절한 시정 조치가 취해졌는가?
- 해당 회사 또는 개인은 발생한 일의 의미를 얼마나 잘 이해하고 있는가?
- 해당 회사 또는 개인은 FSA에 얼마나 협조적이었는가?

- 이 사안은 내부 통제 시스템과 통제가 부적절하다는 징후인가, 아니면 '일회성'인가?
- 해당 회사나 개인은 애초에 이 사건이 발생하지 않도록 어느 정도의 조치를 취할 수 있었는가?
- 이 사안을 파헤침으로써 소비자에게 어느 정도의 이익이 되겠는가?
- 조사되고 있는 사안과 관련하여 경영진의 통제가 결여되었다는 증거가 있는가?
- 이 문제가 회사의 인가조건 위반에 해당하는가?
- 승인자가 자신의 승인 범위를 벗어난 행위를 하고 있는가?
- 해당 회사 또는 개인의 과거 기록은 어떠한가? 전에 징계를 받은 사실이 있는가?
- 검토 중에 있는 사고 또는 활동이 어느 정도로 사전에 계획되었는가?
- 이 활동을 수행한 사람은 이 행동이 규칙 위반에 해당한다거나, 달리 적절하지 않다는 점을 알고 있었는가?
- 해당 회사 또는 개인이 무모하게 행동했는가?
- 회사는 이 사안을 인지한 즉시 FSA에 통보했는가?
- 이 사안이 해당 회사 또는 개인의 다른 '비위'와 연결되어 있는가?
- 이 행동은 다른 규제 당국에 의해 처벌받게 되는가?
- FSA의 비즈니스 원칙을 위반했는가?
- FSA에 의해 해당 회사에 부과된 개별 요건을 위반했는가?
- 회사의 내부 정책 또는 절차를 위반했는가?
- 시장 행동 수칙을 위반했는가?
- 해당 사안이 발각되는 것을 막기 위해 FSA에 허위 정보 또는 오도하는 정보를 제공한 증거가 있는가?
- 해당 행동이 규칙집에 제공되었거나 개별적으로 제공된 FSA 지침에 반

하는가?

- 해당 회사는 검토되고 있는 사안을 어떻게 다루어야 할지에 대한 지침을 구했는가?
- 금지 명령을 위반했는가?

11.3 추가 발견을 위해 FSA가 취할 수 있는 조치들

FSA가 당신의 회사에서 발생하고 있을 수도 있는 일에 동의할 수 없다고 생각하면 그들은 위에서 열거한 외에도 여러 방법으로 정보를 모을 수 있다. 이들 중 대부분은 FSA가 당신 회사와의 통상적인 관계에서 정보를 수집할 수 있는 권한 범위를 넘어선다.

FSA가 추가로 알아낼 수 있는 방법

추가 정보 요청

- 가장 낮은 수준 또는 초기의 관심 단계에서는 FSA가 비공식 대화를 하거나 특정 기록에 대한 접근을 요청함으로써 자신이 관심을 가지고 있는 사안에 대해 추가 정보를 요청할 수 있다. 추가 정보 제공 시한이 정해질 수도 있다.
- 그 사안이 이 단계에서 그칠 수도 있고, FSA가 보다 엄격한 전술을 사용할 수도 있다. 회사와의 통상적인 관계에서 정중하게 정보를 요청해서는 적절한 협조를 얻을 수 없다고 간주할 경우, FSA는 엄하게 나올 수 있다. FSA는 당신이 정보 공유를 원하지 않을 경우에도 일정 시일 내에 특정 정보에 대한 접근을 요구할 권리가 있다.

의무적 또는 자발적 면담

FSA는 사람들에게 자발적으로 면담에 응하도록 요청할 수 있을 뿐만 아니라, 면담을 강제할 수도 있다. 면담은 녹음되는 경우가 있는데, 특정인이 범죄 혐의를 받고 있을 경우 당국의 권한과 피면담자의 권리 및 자유 사이에 올바른 균형을 확보하기 위해 PACE[7] 법 조항이 적용되어야 하므로 피혐의자에게 면담이 녹음된다는 사실을 알려준다.

공식 조사

FSA가 특정 회사 또는 개인이 지금까지 해 오고 있는 상황에 대해 마음에 들지 않는다고 생각할 경우 공식 조사에 착수할 수 있다. FSA 스스로 조사를 수행할 수도 있고 그들을 대신해 조사할 사람을 지정할 수도 있다.

기술자(skilled persons) 보고서

FSA가 스스로 조사를 수행하지 않을 경우, FSA는 회사 또는 관련인에게 승인받은 '기술자'를 지정하여 회사의 행동에 관한 보고서를 작성시키도록 요구할 수 있다.

압수 수색권

FSA는 문서와 기타 정보를 수색하고 변경하거나 파괴하지 못하도록 압수를 허용하는 영장을 발부받을 수 있다. 수색 영장은 일반적으로 FSA가 다른 방법으로는 요구되는 문서 또는 기록을 입수할 수 없다고 믿을 때에만 사용된다.

금융 옴부즈맨 사무국과의 연락

'적격 민원인'으로부터 민원이 제기되면, 금융 옴부즈맨 사무국은 자체 조사를 수행할 수 있다. 그러한 조사 시에 회사가 관련 서류를 제출할 수 있는데 이 서류가 FSA에 넘겨질 수도 있다.

---

7) 1984년 경찰 및 범죄 증거법(Police and Criminal Evidence Act).

11.4 조사를 받고 있거나 징계 조치를 받게 될 때 어떻게 해야 하는가

FSA 조사를 받게 될 때 기억해야 할 중요한 점은 개방적이고 협조적이어야 한다는 것이다(원칙 11). 아무리 유혹이 크더라도, 증거를 없애지 마라. 국외로 도망가지 말고 컴퓨터의 삭제 버튼을 눌러대지 마라. 너무 똑똑해지려 하지 말고 당신이 그들보다 한 수 앞설 수 있다고 생각하지 마라. 아무리 속상해도 FSA가 당신보다 강자이니 그들을 적대시하지 마라. 이는 굴복을 의미하지 않는다. FSA 사건들은 결론이 정해져 있는 것은 아니다. 그러나 모든 것을 감안할 때 감추는 것은 도움이 되지 않으며, 비협조적일수록 당신의 얘기가 먹혀 들 가능성이 줄어든다. 아래에 주요 대안을 설명한다.

조사 또는 징계 조치를 받게 될 사람이 취할 수 있는 행동

전문가의 도움을 요청한다.

- FSA의 눈 밖에 난 사람이 제일 먼저 해야 할 가장 중요한 사항은 전문가의 도움을 요청하는 것이다. 아래와 같은 사람들과 상의할 수 있다.
  - 변호사
  - 회계사

- 컴플라이언스 컨설턴트

- 위의 모두

• 이 전문가들은 FSA의 집행 프로세스에 대해 당신보다 더 많이 알고 있으며, 이를 겪었던 다른 회사들이 조사에 대처하도록 도와준 경험이 있을 것이다.

• 이들의 서비스 대가로 많은 돈을 지불하겠지만, 투옥당하는 것보다는 차라리 그것이 낫다.

FSA에 의견 제출

FSA로부터 징계 조치 예정 통보서를 받은 즉시, (문서 또는 구두로) 자신의 입장을 지지하는 의견을 제출할 수 있다. 그러한 의견 제출은 정해진 기간 안에 이루어져야 한다.

독립적 민원 담당 위원

FSMA는 FSA에게 자신의 활동에 관한 민원을 조사할 장치를 마련하도록 요구하고 있는데 이에 따라 FSA는 독립적인 민원 담당 위원을 임명했다. 자신에 대한 FSA의 태도에 대해 불만이 있는 사람들은 민원 담당 위원에게 자신의 민원을 조사해 달라고 신청할 수 있다.

금융기관 및 시장 재판소

• 금융기관 및 시장 재판소는 FSA 징계 결정 검토를 위해 설치되었다.

• 이 재판소는 FSMA에 따라 설치되었지만, FSA로부터 독립적이며 이 재판소에서 다루는 사안들은 다음과 같다.

- 승인자 지위 박탈

- 규제 대상 회사에 대한 징계 조치

- FSA에 의한 특정 회사의 규제 관련 승인 변경
- 시장오용에 관한 징계 조치

- 최근에 이 재판소가 FSA에 반하는 결정을 내린 몇 건의 사례들이 잘 알려져 있다. L&G 불완전 판매 사례(479쪽의 Box 8을 보라)와 시장오용과 관련된 폴 데이빗슨(Paul Davidson, '배관공'이라는 별명이 있음) 사례가 이에 해당한다.

- 이 재판소에 제소하는 길을 가기로 결정할 경우 조심해야 한다. 캐나코드 캐피탈의 브로커 팀 볼드윈은 이 재판소에 의해 FSA가 그에게 씌운 시장오용 혐의에서 벗어났다. 그러나 그는 FSA에 대항한 법정 다툼에서 상당한 법률 비용을 지출했으며, 이 비용은 원래 벌금 액수를 초과했다. 볼드윈은 자신의 명예는 깔끔하게 회복했지만 재정적으로는 큰 손실을 입게 되었다.

- 이 재판소에 관한 추가 정보는 부록 1에서 찾아볼 수 있다.

조정

FSA의 독립적 중재 제도를 이용하여 당사자 간의 합의에 도달하도록 도움을 줄 수 있다. 이 제도 하에서는 협상을 돕기 위해 독립적인 중재인이 임명되는데 FSA가 형사 기소를 하는 경우를 제외한 대부분의 집행 사안에 이용할 수 있다.

언론에 알린다

당신이 참으로 FSA에 의해 잘못된 대우를 받았다고 생각할 경우, 언론에 접촉하여 그들이 당신을 위해 캠페인을 벌이게 하는 (비정통적인) 대안이 있다. 이 방법은 성공하리라는 보장이 없으며, 부작용을 빚을 수도 있다. 이 방법은 취하기에는 위험한 경로이지만, 절박한 경우 당신은 잃을 것이 없다고 느낄 수도 있다.

1998년 인권법에 따른 소송

인권법은 (FSA와 같은) 공적 기관이 유럽 인권 조약에 반하는 방식으로 행동하는 것을 금지한다. FSA 측의 행동이 그러한 권리를 위반했다고 생각할 경우, 이 행동을 법원에서 다툴 수 있다.

소속 협회에 지원 요청

FSA로부터 공정하게 대우받지 않고 있다고 생각할 경우, 부록 1에 상술된 것과 같은 협회들을 접촉하여, 그들이 회원의 이익을 위해 당신을 지원할 수 있는지 알아볼 수 있다.

1998년 민사 절차 규칙 Part 54의 사법검토

• FSA 또는 FOS에 의해 취해진 결정이나 조치의 합법성에 대해 도전하기 원할 경우 1998년 민사 절차 규칙(Part 54)에 따른 사법 검토에 의해 그들의 결정을 다툴 수도 있다.

• 법원이 FSA 또는 FOS가 적법하지 않게 행동했다고 결정할 경우, 법원은 취소 명령 또는 금지 명령과 같은 시정책을 부여할 권리가 있다. 사법 검토는 내용에 대한 불복이 아니라 올바른 절차에 따라 결정이 내려졌는지에 대해 다툴 뿐이라는 점을 기억해야 한다.

11.5 규칙 위반과 기타 규제 관련 비행의 결과

컴플라이언스는 재미없지만, 잘못을 저질러서 규제 당국을 격노하게 하거나 투옥되는 것보다는 훨씬 낫다. 앞에서 인정한 바와 같이 당신의 회사나 우리 회사에는 아무것도 잘못되는 일이 없을 수도 있다! 그러나 만일의 경우에 대비해서 고집 센 회사(고집 센 직원들과 고집 센 컴플라이언스 책임자들 포함)들이 규제 요건 준수는 자신들에는 해당하지 않는다고 생각할 경우 발생할 수 있는 끔찍한 일들의 목록을 아래에 제시한다.

FSA가 중대한 조치를 취하려면 공식 집행 프로세스를 따라야 한다. 이 프로세스는 FSA의 결정 절차와 벌칙 모듈에 정해져 있다. 이에 따르면 FSA는 징계 조치를 취할 예정이라는 사실과 그 이후 징계 조치를 취한 사실, 이 조치의 효력 발생일을 (가장 간단하게) 통보해야 한다. (488쪽의 Box 12('집행 프로세스')를 보라.)

잠재적 결과

아무런 조치도 없음

운이 좋을 경우, FSA가 잘못된 것이 없고 아무런 조치도 필요하지 않다고 결정할 수 있다. 또는 FSA가 징계 조치를 취하려다, 이를 번복할 수도 있다. 이 경우 전에 경고장에 상술된 조치를 진행하지 않겠다는 통보 또는 조치를 취하지 않을 것이라는 통보를 보내게 된다.

뭔가 달라져야 한다는 비공식 요청 또는 FSA에 계속 통보하라는 요청

당신의 회사에서 발생하고 있는 일에 대해 별로 우려하지 않아도 된다고 생각할 경우, FSA는 무엇이 다르게 행해질 수 있는지/행해져야 하는지에 대해 비공식적인 제안만 할 수도 있다. 또는 FSA가 관심을 보이는 분야에 대해 향후 진전 사항을 계속 알려 달라고 요청할 수도 있다. 이 경우 전면적인 특별 검토를 실시하고, 이후 '문제 영역'을 정기적으로 모니터하여 다음번 일상 방문 검사에 대비할 필요가 있다.

개별 지침

• FSA는 특정 회사에게 개별 지침을 내려 특정한 방식으로 행동하도록 요

구할 수 있는데, 이는 '비공식 요청'보다 한 단계 더 심각한 수준이며, 일반적으로 문서로 작성되고 통상적으로 사전에 해당 회사와 상의한다.

- 개별 지침이 내려질 수 있는 상황은 다양하다. 예를 들어 규칙집의 어느 요건이 특정 회사에 어떻게 적용되는지 구체적으로 말해 주거나, 특정 회사의 활동이 규칙집에 포함된 내용 이상의 지침을 필요로 할 수도 있다.

FSA 자체 판단에 따른 Part IV 인가 변경(개별 요구)

특정 회사의 비즈니스에 대한 특별한 우려 사항이 있을 경우, FSA는 이 회사의 규제상의 승인을 변경할 수 있다.

- 이 조치는 FSA가 부적절한 시스템과 내부 통제로 인해 이 회사가 더 이상 승인 조건 기준을 만족하지 못한다고 우려하거나, 회사가 기존의 인가로 다루어지지 않는 새로운 상품을 도입한 결과 등과 같은 다양한 이유로 발생할 수 있다.
- 법률상의 제한 또는 요건 부과에 의해 Part IV 인가가 변경될 수 있다.
- 개별적인 제한은 회사가 영위할 수 있는 활동의 종류, 다룰 수 있는 고객 유형, 또는 제공할 수 있는 투자 유형과 관련될 수 있다.
- 개별적 요구는 자본 적정성 또는 특별 보고서 제출과 관련될 수 있다.
- FSA는 또한 해외 규제 당국을 지원하는 차원에서 Part IV 인가를 변경할 수 있다.
- FSA는 문제의 회사와 통상적인 규제 관계 안에서 동일한 결과를 달성할 수 있다고 생각될 경우 공식으로 회사의 Part IV 인가를 변경하지 않는다.

Part IV 인가 취소

FSA가 특정 회사에 대해 매우 불안하게 생각할 경우 그 회사의 인가를 취소할 권한이 있다. 또한 FSA는 해외 규제 당국 지원 차원에서 특정 회사의 Part IV 인가를 취소할 수도 있다.

중지 명령

- FSA는 특정인의 행동이 FSA의 목표와 충돌할 가능성이 있다고 판단할 경우 법원에 FSMA와 불공정 계약 조건 규정에 따른 중지명령을 신청할 권한이 있다.
- 중지 명령은 다음과 같은 목적으로 사용될 수 있다.
  - 불공정한 계약 조건 사용 예방
  - 자산 동결
  - 특정 행동 억제
  - 특정 행동 시정

승인자 지위 철회

- FSA가 어느 승인자가 더 이상 적합성과 적절성 기준을 충족하지 못한다고 간주할 경우, 그 사람의 승인 지위를 철회하거나 그 사람에게 특정 활동을 수행하지 못하게 할 수 있다. 이 조치는 금지 명령에 의해서도 달성될 수 있다(아래를 보라).

개인의 활동 금지

- 승인자 지위 여하에 불구하고 어느 개인에게나 금지 명령이 내려질 수 있다. 금지 명령은 다음과 같은 목적으로 사용될 수 있다.
  - 특정인이 규제되는 활동에 관한 특정 기능을 수행하지 못하게 한다.
  - 특정인이 규제 대상 특정 회사에서 일하지 못하게 한다.
  - 특정인이 특정 유형의 규제 대상 회사에서 일하지 못하게 한다.
  - 특정인이 특정 활동을 수행하지 못하게 한다.

- FSA가 특정인이 적합성과 적정성 기준을 충족하지 않는다고 생각할 경우 금지 명령이 내려질 수 있다.
- 일정 기간이 지나면 FSA가 금지 명령을 철회할 수 있다. 관련인은 FSA에 이 명령 철회 또는 변경을 신청할 수 있다.

배상, 시정, 보상

- FSA는 FSMA에 따라 배상금 지급을 명하거나 법원에 배상 명령을 구할 수 있다.
- 배상 명령을 내릴지 여부에 대해 결정할 때 FSA는 다음과 같은 요소들을 고려한다.
  - 영향을 받은 사람의 수
  - 시정 확보 비용
  - 다른 규제 당국의 시정 확보 여부
  - 특정인이 자체적으로 절차를 진행하는지 여부
- 금융 옴부즈맨 사무국이 회사들에게 배상금 지급 또는 기타 적절하다고 생각되는 조치를 취하도록 요구할 수도 있다.

파산 명령

FSA는 그렇게 하는 것이 대중의 이익에 합치한다고 생각할 경우 법원에 여러 종류의 파산 명령을 신청할 수 있다. 그러한 명령은 FSA가 해당 실체가 부채를 상환할 수 없거나 상환하지 못할 가능성이 있다고 생각할 경우에 신청된다. FSA 자체가 채권자일 필요는 없다.

공개 견책

FSA는 다음과 같은 다양한 경우에 특정 회사 또는 개인에 대해 공개 견책할 수 있다.

- 승인자 수칙 위반
- 시장오용

벌금

- FSA는 회사와 개인에게 벌금을 부과할 수 있다.
- FSA 벌금에 대비한 보험 가입은 허용되지 않는다.
- 보고서 제출 지연은 예외로 하고, 벌금 규모는 정해져 있지 않다. FSA는 제재 대상 행동의 심각성에 따라 적절한 벌금액을 결정할 권한이 있다.
- 특별한 경우 벌금을 조기에 납부하면 할인받을 수 있다. 아래 표에서 보는 바와 같이 FSA의 벌금은 높아지는 추세를 보이고 있다.

연도	벌금 건수	벌금 총액
2000/01	79	£ 5,847,748
2001/02	76	£ 10,062,597
2002/03	16	£ 10,119,000
2003/04	21	£ 12,425,000
2004/05	31	£ 22,249,000
2005/06	17	£ 17,430,860
2006/07	32	£ 14,661,143

출처: FSA 웹사이트 10/11/07

기소

- FSMA는 FSA에게 다음과 같은 특정 형사 범죄를 기소할 권한을 부여한다.
  - 시장오용
  - 내부자 거래
  - 자금세탁 규정 위반
- FSA는 기소 전에 위반 행위의 심각성 정도를 고려하며, 자금세탁 관련

위반과 관련해서는 JMLSG 지침노트 위반 여부도 고려한다(부록 1을 보라).

- 피할 수만 있다면 FSA는 기소를 원하지 않을 가능성이 있다. FSA가 승소하지 못할 수도 있고, FSA의 결정이 번복될 수도 있는데, 그럴 경우 FSA의 신뢰성에 타격을 주게 될 것이다.

주의 촉구

FSA는 기소하기보다는 주의 촉구 조치를 취하기로 결정할 수도 있다. 그러한 주의는 개인의 '규제 관련 전과 기록'의 일부로 경찰 컴퓨터에 기록되고 FSA에 의해 유지된다.

사적 경고

- FSA가 특정 회사 또는 승인자의 행동에 대해 불쾌하게 생각하지만 공식 징계 절차 진행을 원하지 않을 경우, 사적 경고장을 발하기로 결정할 수도 있다.
- 그러한 사례는 보다 경미한 위반 또는 즉각적이고 적절한 시정 조치가 취해진 경우와 관련되는 경향이 있다.
- 사적 경고는 이를 받은 사람의 '규제 기록'의 일부를 구성하는 공식 서면 문서이다.

FSA 외의 규제 당국에 대한 통보와 이들에 대한 지원

FSA는 비행에 관한 정보를 인수 패널 또는 해외의 규제 기관과 같은 다른 당국에 넘겨 줄 수 있으며, 해외 규제 기관의 요청에 따라 조사관을 지정하고 면담을 수행할 수도 있다. 최악의 경우에는 이로 인해 범죄인 인도가 초래될 수도 있다('NatWest 3'과 관련한 469쪽의 Box 4('범죄인 인도')를 보라).

FSA 이외의 당국에 의한 조치

FSA가 자체 징계 조치를 취하지 않기로 결정하는 경우, 이는 그들이 조사하고 있는 사안이 다음과 같은 규제/조사 기관에 의해 처리될 것이기 때문일 수도 있다.

- 인정된 투자 거래소
- 해외 규제 당국 또는 법집행기관
- 중대사기처리청
- 기업규제개혁부
- 검찰
- 영국, 웨일즈, 노던 아일랜드 최고경찰책임자 협회
- 형사부

다른 당국에서 조치를 취했다 해서 자동으로 FSA가 자체 조치를 취하지 못하는 것은 아니다.

피해에 대한 조치

특정 규칙이나 법률 요건을 위반할 경우, 그러한 위반으로 피해를 입은 사람(과 특정한 경우 다른 사람들)은 이에 대해 소송을 제기할 수 있다. 어떤 규칙에 이러한 권리가 적용되는지는 FSA 핸드북의 각 섹션 말미에 나와 있다.

합의 사항 강제집행 불능

주요 FSMA 요건들을 위반하여 이루어진 합의는 강제 집행할 수 없는 경우가 있다. 아래와 같은 경우가 이에 해당한다.

- 일반적 금지를 위반하여 행해지고 있는 규제 대상 활동들과 관련한 합의
- 불법적인 소통 결과 체결된 합의

FSA와 무관한 민원 제도에 소개

금융 서비스 옴부즈맨은 자신에게 제기된 민원을 다른 민원 결정 기구에 보내기로 결정할 수도 있다.

회사와 개인의 평판 손상

당신 또는 당신 회사의 이름이 잘못된 이유로 머리기사로 나온다면, 최고의 고객이나 새로운 일자리를 얻지 못할 것이다. 또한 당신이 승인자 지위를 요하는 일을 구하고자 할 경우, FSA나 다른 규제 당국의 징계 조치를 밝힐 필요가 있다. 그런데 FSA가 이를 관리하기 때문에, 아무 일이 없었던 것처럼 가장할 수 없다.

고용 계약 위반

고용 계약 위반 결과는 회사마다 다르다. 혜택이 상실될 수도 있고(예를 들어 보너스 미지급), 다른 직장으로 옮겨가고자 할 경우 조회서에 좋지 않은 내용이 언급될 수도 있다. '최악의 경우' 해고되거나, 책임지라는 '통보'를 받을 수도 있다. 밝은 면을 보자면, (특히 당신이 잘못한 경우) 이 경로가 비밀리에 비적대적으로 진행되어 당신의 향후 고용 전망에 최소한의 피해만 입힐 수도 있다.

전략적 회사 폐쇄

중대한 규제상의 문제를 겪고 난 이후 영국 회사의 해외 소유자들은 영국에서 비즈니스를 수행할 가치가 없으니 철수하겠다고 결정하여 당신과 당신의 동료들이 실업자가 될 수도 있다.

미준수의 궁극적 대가

당신의 비즈니스 부문이 FSA의 법규 집행 조치 전망에 대해 불안해 할 경우, 당신은 그들이 중국의 규제를 받지 않는다는 것이 얼마나 다행인지를 설명해야 한다. 최근에 중국에서 최소 2건의 은행 법규 위반 관련자들에 대한 사형 부과 사례가 있었다.

영국에서 취해진 보다 덜 극단적인 법규 집행 조치의 예들을 부록 A에서 찾아볼 수 있다. 이번 장의 서두에서 언급한 바와 같이, 이들 몇 개 사례들과 기타 유사한 사례들은 법규 준수를 우습게 아는 가장 골치 아픈 임직원들조차도 법규를 위반하지 못하도록 막는 데 충분할 것이다. 그래서 감독 당국의 관련 조치들에 관한 뉴스를 당신의 경영진과 동료들에게 배포하는 시스템을 갖추는 것이 좋다. 부록 23에서 이와 관련된 유용한 내용을 발견할 수 있을 것이다. 그곳에서 다양한 회사들과 개인들에 관한 사례를 찾아볼 수 있다. 당신은 그곳에서 가장 큰 회사들과 가장 작은 회사들, 그리고 개인들에게 취해진 조치들을 보게 될 것이다. 우리와 우리의 동료들과 같은 사람들, 우리의 회사와 같은 회사들, 즉 당신이 매일의 삶 속에서 만나게 되는 유형의 사람과 회사들이 상황상의 이유로 또는 뭔가 보다 불길한 사유로 징계 조치의 중심에 서게 되었는데, 그 중에는 회복할 수 없는 조치들도 있다.

컴플라이언스 일상 업무

이 부록은 컴플라이언스 책임자가 가장 보편적으로 수행하는 일상 업무들을 자세히 담고 있다. 각각의 분야에서 제공되는 내용들은 요약에 지나지 않으며, 이를 당신 회사의 절차와 통제에 적용하려면 당신의 비즈니스 활동과 고객 기반에 맞게 조정해야 함을 기억해야 한다.

활동	
컴플라이언스 문화, 윤리와 올곧음	213
컴플라이언스 매뉴얼 유지 보수	214
컴플라이언스 정책과 절차 유지 보수	216
규제 관련 교육	217
시정조치 계획 실행, 감독	219
조직 내부와의 관계	220
연간 컴플라이언스 계획	221
컴플라이언스 부서 규정 관리	222
연례 컴플라이언스 서약	223
그룹 내 다른 기관 감독	223
컴플라이언스 및 규제 리스크 대장 관리	225

⊙

활동	
신규 거래 또는 비표준 거래 승인	281
음성 녹음 장치	282
데이터 보호 컴플라이언스	283
회사에 관한 지식	285
기록 유지	285
사무소 신설	286
외주	287
내부고발	290
고객 분류	291
경영 정보	294
사기	296
컴플라이언스 모니터링	297

주제	컴플라이언스 문화, 윤리와 올곧음
목표	회사의 기업 문화가 일관되게 윤리적인 관행을 증진하는 문화가 되게 한다.
설명	• 회사의 컴플라이언스 문화가 허약하면, 당신이 실시하는 모든 교육과 당신이 작성하는 모든 정책과 절차들은 아무 소용이 없을 것이다. 직원들이 기준의 근간을 이루는 원칙들에 헌신되어 있지 않을 경우, 기준을 우회할 수 있는 방법을 모색할 것이다. • FSA의 '고객 공정대우 조치' 도입과 규칙집 간소화에서 보듯이, 최근에 규제 당국이 규칙기반 규제에서 보다 원칙기반 규제로 옮겨감에 따라 회사에 윤리와 올곧음의 문화를 갖추는 것이 점점 더 중요해지고 있다. 어떠한 규칙도 위반하지 않았다 해도, FSA는 공정하게 행동하지 않았다는 이유로 징계조치를 취할 수 있다. • 또한 윤리적으로 행동하는 것이 최상의 이익이라는 점을 명심해야 한다. 만일 영국이 비즈니스를 수행하기에 '부정직한' 나라라는 평판이 생기게 되면, 국제적으로 이동할 수 있는 회사들은 지체 없이 다른 곳에서 거래할 것이다. ➡

주제	컴플라이언스 문화, 윤리와 올곧음
필요 조치	1. 사람들이 양심에 따라 행동하게 하는 것은 간단한 일이 아니다. 동료들이 바람직한 마음 자세를 가지도록 확보하는 매뉴얼을 작성하거나 그러한 절차를 도입할 수는 없다. 이는 직원들에게 공정성과 고객, 동료 직원, 업계 전반을 향한 열린 마음을 고취하는 문제이다. 2. 이는 좋은 본을 보이고, 특정 행동이 금지되지 않은 경우에도 다른 사람을 향한 회사의 행동에 계속적으로 의문을 제기함으로써 달성될 수 있다. 이 지점에서 컴플라이언스 부서가 회사의 규제 나침반 또는 회사의 양심 역할을 하게 된다. 3. 상위 경영진도 회사의 컴플라이언스 문화 강화에서 중추적인 역할을 해야 하며, 자신이 회사에 좋은 본이 되어야 함을 잘 알고 있어야 한다. 4. 당신 회사가 영위하고 있는 특정 활동들에 근거하여 윤리 교육을 제공하는 것도 적절할 수 있다. 5. 공익공개법에 따라 회사들은 내부고발 절차를 시행해야 한다. 이 절차는 직원들이 비윤리적인 행동이나 건전한 컴플라이언스 문화와 양립하지 않는 행동을 목격한 경우, 이를 보고하는 데 사용할 수 있는 적절한 통로가 될 수 있다. 6. 평판 리스크 및 윤리 위원회를 설치하여 비즈니스 계획의 도덕적 올곧음을 평가하고, 직원이 문제시되는 행동을 했을 경우 이에 대해 징계조치나 시정조치가 필요한지 결정하게 하는 것도 좋은 방법이다. 7. 일부 회사들은 단지 규제 관련 이슈들만이 아니라 행동의 모든 측면들(회사 소모품 가져가기, 근무 시간 중 인터넷 서핑, 더 나은 고용 조건을 얻기 위한 이력서 각색 등)을 다루는 윤리 강령을 갖추고 있다
추가 정보	부록 24를 보라.

주제	컴플라이언스 매뉴얼 유지 보수
목표	• 컴플라이언스 매뉴얼에 회사의 규제 시스템과 통제에 관한 핵심적인 세부 사항들을 문서화한다.
설명	• 영국에서 회사들이 컴플라이언스 매뉴얼을 갖추라는 공식 의무는 없지만, 규제 당국은 회사들이 그러한 매뉴얼을 갖추기를 기대한다. 그러한 문서는 직원들이 규제 관점에서 자신에게 기대되는 바가 무엇인지 이해하게 해 주며, 또한 이러한 기대들이 충족되지 않을 경우의 잠재적 벌칙에 대해 알게 해 준다.

주제	컴플라이언스 매뉴얼 유지 보수
	• 종합적인 컴플라이언스 매뉴얼은 컴플라이언스 책임자에게도 유용한 도구이다. 당신이 컴플라이언스 매뉴얼에서 요건을 다루었고 이를 직원들에게 알려 준 이상, 규제 당국은 당신에게 규칙을 알려주지 않았다고 비난하지 못할 것이다. • 종합적인 컴플라이언스 매뉴얼 제작에는 많은 시간이 소요된다. 일부 회사들은 컨설턴트나 법무법인에게 이 일을 맡기기도 한다. • 이 일에 대한 책임을 맡은 사람이 쓴 표본 매뉴얼을 살펴보라. 당신은 당신의 회사에 효용이 있을 매뉴얼을 필요로 한다. 매우 포괄적인 2,000쪽 분량의 책자를 만들면 아무도 읽지 않을 것이다. 당신 자신도 말이다! • 대체로 상위 차원에서 작성되고 모든 사람들에게 적용될 수 있는 컴플라이언스 매뉴얼을 보다 상세하고, 적용 대상이 보다 집중되어 있는 컴플라이언스 정책 및 절차와 비교한다.
필요 조치	1. 당신의 매뉴얼을 제작한다. - 컴플라이언스 매뉴얼은 대개 다음과 같은 내용을 포함한다. 　- 컴플라이언스가 무엇이며, 왜 중요한지에 대한 간략한 설명 　- 회사 안에서 컴플라이언스 기능에 대한 간략한 설명 　- 회사의 컴플라이언스 세계에 대한 상위 차원의 요약 　- 회사에 관련되는 주요 요건들의 상세 내용 　- 관련 요건들이 직원들에게 주는 영향 　- 요건 준수를 위해 직원들이 해야 할 필요가 있는 사항 　- 일이 잘못될 경우의 벌칙 　- 추가 정보 및 지침의 원천 2. 모든 신규 채용자들이 다음 사항을 표시하는 컴플라이언스 선언서에 서명하게 한다. 　- 컴플라이언스 매뉴얼을 읽었음 　- 그 내용을 이해하였음 　- 이 매뉴얼이 상술하는 요건들을 준수하기로 동의함 3. 컴플라이언스 매뉴얼을 정기적으로 업데이트한다(매년 업데이트하는 것이 좋다). 이와 아울러, 직원들이 알 필요가 있는 큰 변경 사항들은 중간에라도 게시판을 통해 알려줘야 할 것이다. 매뉴얼을 업데이트한 뒤에는, 직원들에게 새로 컴플라이언스 선언서에 서명하게 해야 한다. 4. 컴플라이언스 매뉴얼을 인트라넷에서 구할 수 있게 한다. 이를 통해 종이를 절약할 수 있으며, 아무도 이를 제공받지 않았다고 말하지 못하게 할 수 있다.

215

주제	컴플라이언스 매뉴얼 유지 보수
	5. 회사 표준고용계약서에 직원들은 회사 컴플라이언스 매뉴얼을 준수해야 하며, 요건을 위반할 경우 징계를 받을 수 있다는 내용을 포함시키라.
추가 정보	부록 24를 보라.

주제	컴플라이언스 정책과 절차 유지보수
목표	회사가 모든 적절한 정책과 절차를 갖추게 해서 직원들이 업무 수행 시 준수해야 할 규제상 및 모범관행상의 기준들을 알 수 있게 한다.
설명	• 회사가 의무적으로 또는 모범실무관행에 따라 작성해야 할 정책과 절차들이 많다. 다음 사항들이 이에 해당한다. 　– 이해상충(FSA) 　– 고객 주문 집행(FSA) 　– 자금세탁방지(JMLSG) 　– 내부고발(1998년 공익공개법) • 아래와 같은 영역에서 당신 회사의 구체적인 활동들에 맞춰진 정책과 절차 문서들을 작성할 수도 있다. 　– 사기 　– 정보차단벽 장치 　– 음성 녹음 　– 데이터 보안 • 적절한 정책과 절차 공급은 교육 기능의 일부이다. 직원들에게 말해 주지 않는 한, 그들이 어떻게 해야 하는지 알 것이라고 기대할 수 없다. 모든 정책과 요건들이 직관적인 것은 아니다. 적절한 정책/절차 매뉴얼을 갖추고 있으면 일이 잘못될 때 당신과 회사의 입장을 보호하는 데 도움이 된다. 부적절하게 행동한 직원은 이를 무지의 탓으로 돌릴 수 없을 것이다. • 정책/절차 매뉴얼은 일반적으로 보다 구체적이고 회사 전체에 걸쳐 획일적으로 적용되지 않을 수 있는 반면, 컴플라이언스 매뉴얼은 대개 보다 상위 차원이고 모든 직원들에게 적용된다는 점에서 정책/절차 매뉴얼은 컴플라이언스 매뉴얼의 범위를 넘어선다.
필요 조치	1. FSA가 당신의 회사에 적용되는 성문 정책을 작성하도록 요구하는 분야를 파악한다. ◯

주제	컴플라이언스 정책과 절차 유지보수
	2. 기록된 정책이 있으면 유익할 만한 다른 분야가 있는지 생각한다. 관련 규정 또는 법률상의 요건들과 당신 회사 자체의 관행 및 활동들을 고려해서 정책과 절차들을 작성한다. 3. 문서가 너무 길고 복잡해지지 않게 한다. 그렇지 않으면 사람들이 읽어보지 않을 것이다(그래서 역효과를 낳는다). 그리고 너무 자세하게 규정해 두면 대수롭지 않은 정책 위반들이 많아질 것이고, 조금만 변화가 있어도 정책을 개정할 필요가 있을 것이다. 4. 당신의 회사가 보다 큰 그룹의 일원일 경우 다른 그룹에도 시행하게 되리라는 관점으로 정책을 개발하거나, 그룹내 다른 기관들에서 이미 개발된 정책을 당신의 회사에 모두 적용하지는 않을지라도 최소한 당신의 회사에 적용할 기본 뼈대로 사용하는 것도 좋은 방법이다. 자금세탁방지 정책과 이해상충 정책은 그룹 전체적으로 적용되어야 함에 주의한다. 5. 당신 회사의 정책 승인 프로세스를 확실히 이해한다. 정책 문서를 이사회에서 승인받거나, 내부 참조번호를 달거나, 중앙의 정책 관리 부서에 통보해야 할 경우 등이 있을 수 있다. 6. 정책과 절차를 필요로 하는 모든 사람들이 이를 입수할 수 있게 한다. 인트라넷에 게시하는 것이 좋은 방법이다. 7. 정책 또는 절차가 새로 제정될 경우, 영향을 받게 될 사람들에게 교육을 실시해야 한다. 8. 관련 직원들에게 해당 정책을 읽고, 이해했으며, 이를 준수하기로 동의한다는 확인서에 서명하게 하는 것도 좋은 방법이다. 9. 컴플라이언스 정책과 절차들이 준수되고 있는지 정기적으로 모니터링을 실시해야 한다. 내부 감사부서에서도 이를 수행하게 될 터이므로 당신이 먼저 위반 내용을 찾아내서 이를 시정할 기회를 가지는 것이 좋다. 법률, 감독 규정, 회사 활동의 변경 사항을 반영하기 위해 정책과 절차를 정기적으로 업데이트해야 한다.
추가 정보	부록 24를 보라.

주제	규제 관련 교육
목표	직원들이 자신에게 적용되는 컴플라이언스 요건을 알게 한다.
설명	• 직원들에게 어떤 요건이 있는지 알려 주지 않고서 그들이 이를 준수하리라고 기대할 수는 없기 때문에, 교육 실시에 관한 공식 요건이 없을 경우에도 교육을 실시할 필요가 있다. ◐

주제	규제 관련 교육
	• 교육 제공은 일이 잘못될 경우 당신과 회사의 입장을 보호하는 데에도 도움이 된다. 직원들이 관련 분야에 대해 철저한 교육을 받은 경우 자신의 부적절한 행동에 대해 몰랐다는 핑계를 댈 수 없다.
필요 조치	1. 의무 교육을 실시해야 하는 영역이 있는지 파악한다. 예를 들어 자금세탁방지 인식은 잘 알려진 의무 교육 대상이다. 2. 교육이 권고될 만한 다른 영역들을 파악한다. 이 영역들은 아래와 같은 다양한 원천을 통해 파악할 수 있다. 　– 당신이 발견한 내부적 취약점 　– 내부 감사인 또는 외부 감사인 등과 같은 기타 검토자에 의해 파악된 취약점 　– 다른 부서 또는 경영진의 요청 　– 회사 업무 변경으로 추가적인 컴플라이언스 요건이 발생한 경우 　– 다른 회사들에 대한 규제 당국의 조치 – 당신은 동일한 실수를 저지르기를 원하지 않는다. 　– 정규적으로 언론에서 다루어지는 사안들 – 다음번에 당신의 회사가 머리기사에 실리는 것을 원하지 않는다. 3. 교육을 실시할 필요가 있는 영역이 파악되고 나면 교육계획을 세우라. 연간 계획을 수립하는 것이 좋다. 4. 교육의 가급적 많은 부분을 당신 회사의 상황에 맞게 구성한다. 모든 부서들이 동일한 활동을 수행하는 것은 아니므로 모든 부서에 동일한 교육을 실시할 필요가 없다. 따라서 교육 계획 수립 및 교육교재 준비 시 이 점을 고려해야 한다. 5. 아래와 같은 교육 방법이 있다. 　– 당신 스스로 강의한다. 　– 교육 회사를 초청하여 당신의 회사에서 교육을 실시하게 한다. 　– 직원들을 외부 교육 과정에 파견한다. 　– 워크숍과 실무 세션을 개최한다. 　– 라운드 테이블 토론을 실시한다. 　– 관련 직원들에게 전자우편을 통해 규제 관련 내용을 알려준다. 　– 특정 문서를 읽도록 요구한다. 6. 교육에 대한 상위 경영진의 지지를 얻고, 그들이 모든 직원들이 교육에 참여하도록 장려하게 해야 한다.

주제	규제 관련 교육
	7. 모든 참석 의무자들의 명단을 작성하고, 교육을 마친 직원들의 기록을 관리해야 한다. 대면 교육에서는 서명지를 사용하는 것이 좋다. 일부 회사들은 수료증을 수여하기도 한다. 8. 정해진 기간 안에 교육을 마치지 않은 직원들의 명단은 경영진에게 보고되어야 한다. 9. 특별히 컴플라이언스를 소개하는 교육을 고려해 볼 필요가 있다. 당신의 회사에서 일하기 시작한 직원들이 어느 정도의 규제 관련 지식을 갖추기를 원하는가? 새로운 입사자들에 대한 규제 교육 프로그램과 컴플라이언스 매뉴얼 및 그들에게 적용될 정책과 절차를 담은 소개 자료집을 준비해야 한다. 10. 임시직 직원과 계약자들에게 어떤 교육을 제공할지에 대해서도 생각한다. 단기간 동안만 일하게 될 경우 그들에게 전면적인 신입 직원 교육 및 자료집 제공은 적절하지 않을 수 있지만, 그럼에도 어느 정도의 지침을 제공할 필요가 있다. 11. 정규직, 임시직, 계약자 등 새로운 직원에 대해 알 수 있도록 HR부서와 연락한다. 그렇지 않을 경우 누가 교육을 필요로 하는지 알 수 없을 것이다.
추가 정보	부록 24를 보라.

주제	시정조치 계획 실행, 감독
목표	통제상 취약점 또는 법규 위반이 있을 경우 적절하고 신속하게 처리되게 한다.
설명	• 컴플라이언스 기능 자체가 일정한 검토나 평가를 받게 되는 때가 있을 것이다. • 그러한 검토는 아래와 같은 기관이나 사람에 의해 수행될 수 있다. 　- 규제 당국 　- 거래소 　- 내부 감사인 　- 외부감사인 　- 본사 컴플라이언스팀(당신의 회사가 보다 큰 그룹의 일원일 경우) 　- 검토 후에 컴플라이언스 책임자는 일반적으로 규칙 위반을 처리하거나 통제 인프라스트럭처를 강화하기 위해 취할 필요가 있는 시정조치 목록을 제공받게 될 것이다. ○

주제	시정조치 계획 실행, 감독
필요 조치	1. 검토를 받게 될 수 있다는 신호를 가급적 조기에 파악한다. 그러면 감사인들이 도착하기 전에 좀더 '깔끔하게 정리' 할 수 있다. 2. 직원들에게 검토가 수행될 것이라는 점에 대해 대비하게 한다. 그들에게 검토자, 검토 목적, 그들이 질문할 유형에 대해 말해준다. 3. 검토가 끝나면 검토 팀과 종료회의를 개최해서 그들이 보고서에서 제기할 수 있는 사안들에 대해 가급적 일찍 파악한다. 4. 당신이 동의하지 않는 지적 사항이 있을 경우, 검토 팀에게 그들의 발견 사항이 정확하지 않거나 회사 전체 상황을 대표하지 않는다는 증거를 제공한다. 5. 보고서에 기록될 시정조치에 관해 협상할 기회를 얻도록 노력한다. 당신은 그들이 다루어야 한다고 지적한 이슈들을 다룰 필요가 있다는 사실에는 동의할지라도, 전혀 실제적이지 않은 조치들을 시행하고 싶지는 않을 것이다. 6. 이슈와 시정조치들의 최종 목록이 나오면 이를 데이터베이스에 기록하고, 컴플라이언스팀의 누가 어느 조치에 대해 책임이 있는지, 언제까지 조치가 취해져야 하는지 표시한다. 7. 필요할 경우 경영진에게 진전 사항에 대해 보고한다. 8. 검토 팀이 그들의 지적 사항에 대해 사후 관리할 경우 그들에게 보여 줄 수 있도록, 각각의 사항들을 다루기 위해 취해진 조치들을 상세히 기록한다. 9. 새로운 정책, 절차 또는 관행들이 준수되고 있는지 확인하기 위해 자체 검토를 수행할 필요가 있을 수도 있다. 10. 제기된 일부 사안들은 규제상의 영향이 있을지라도, 시정책임이 컴플라이언스 팀에 있지 않을 수도 있다. 그럴 경우에는 시정조치와 관련된 부서가 위에 설명된 바와 유사한 계획을 시행하는지 감시해야 한다. 당신은 그들의 실패가 당신의 명성에 흠집을 내기를 원하지 않을 것이다.
추가 정보	부록 24를 보라.

주제	조직 내부와의 관계
목표	유익한 정보 교환이 이루어질 수 있도록 회사 내 다른 부서들과 좋은 관계를 유지한다.
설명	• 컴플라이언스 부서는 회사의 다른 부서들이 입수해서 사용하는 정보로부터 유익을 얻을 수 있다. ➡

주제	조직 내부와의 관계

	• 다른 부서들도 컴플라이언스 부서에서 획득한 지식으로부터 유익을 얻을 수 있다.
	• 아래의 부서들과 긴밀한 관계를 유지할 필요가 가장 클 것이다.
	   – 내부 감사
	   – 법무
	   – 운영 리스크
	   – 마케팅
	   – 신용
	   – HR

필요 조치	1. 회사의 어느 부서들이 정보 교환으로 가장 큰 유익을 얻게 될지 결정한다.
	2. 각 부서의 핵심 구성원들을 접촉 대상자로 삼으라.
	3. 정규적으로 정보를 받을 수 있도록, 당신을 수신처 또는 사본 배부처에 추가해 달라고 한다.
	4. 각 부서의 접촉 대상자들에게 받아보면 유용할 것으로 생각되는 정보를 설명한다. 예를 들어 아래 사항들에 대한 세부내용 정보를 받아 볼 수 있을 것이다.
	   – 사기
	   – 심각한 통제 위반
	   – 징계 조치
	5. 접촉 대상자들과 정규적으로 만나서 그들 부서의 상황을 업데이트 받으라.
	6. 당신이 생산하거나 수령하는 정보 중 회사의 다른 부서에 유익할 만한 정보를 찾아서 해당 부서에 배포한다.

추가 정보	부록 D를 보라.

주제	연간 컴플라이언스 계획
목표	컴플라이언스 부서의 업무가 초점을 맞게 하고, 결과가 측정될 수 있게 한다.
설명	• 대부분의 사안들은 계획이 없으면 표류하는 경향이 있다. 컴플라이언스 부서의 활동들도 마찬가지다. 계획은 우선순위를 정해 주며, 중요한 일에 집중하게 해 준다. • 계획은 또한 당신과 회사의 다른 부분이 당신의 성과를 측정하고 컴플라이언스부서의 기여를 이해하는 데 도움을 준다. ◐

주제	연간 컴플라이언스 계획
필요 조치	1. 대상 기간을 달리 할 수도 있지만, 많은 사람들은 연간 계획을 세우는 것이 가장 좋다고 생각한다. 2. 12개월 후까지 당신의 부서에서 달성할 필요가 있는 활동들을 결정한다. 3. 아래의 사안들이 이에 포함될 수 있다. 　– 추가 직원 채용 　– 직원 교육 제공 　– 새로운 정책과 절차 제정 　– 기존 정책과 절차 개정 　– 특정 업계 단체 가입 　– 특정 모니터링 검토 수행 　– 현재 수작업으로 수행되고 있는 특정 프로세스 자동화 4. 우선순위는 아래의 사항들에 의해 정해질 수 있다. 　– 다른 부서들의 요청 　– 현재 규제상의 초점 분야 　– 회사 자체 또는 FSA의 최근 징계조치 　– 회사 비즈니스 모델 변화 5. 각 활동에 대해 종료 시한을 정한다. 6. 각 활동에 대해 책임을 부여한다. 7. 규칙적으로 진행 사항을 점검한다. 8. 예상하지 못했던 사건들을 다룰 수 있도록 계획에 어느 정도의 여유를 두고, 계획을 너무 엄격하게 따르지 마라. 상황이 변해서 1월에 타당했던 계획이 6월이 되면 그렇지 않게 될 수도 있다. 9. 계획 수립 프로세스의 중요한 부분 중 하나는 예산이다. 수중에 천 파운드밖에 없는데 백만 파운드를 필요로 하는 계획을 준비하는 것은 의미가 없다.
추가 정보	–

주제	컴플라이언스 부서 규정 유지 보수
목표	컴플라이언스 규정이 적절하며 최신으로 유지되고, 그 요건이 준수되게 한다.
설명	3장에서 언급한 바와 같이 컴플라이언스 부서가 회사의 나머지 부분들에 대해 행사하는 규제 관련 권리와 책임을 규정하는 컴플라이언스 규정을 갖추면 유용하다.

주제	컴플라이언스 부서 규정 유지 보수
필요 조치	3장에 제공된 지침을 따라 컴플라이언스 규정을 제정한다. 이 규정이 최신으로 유지되고, 적절하며, 회사의 다른 부분들에 알려지게 한다.
추가 정보	3장을 보라.

주제	연례 컴플라이언스 서약
목표	직원들이 컴플라이언스 정책, 절차와 매뉴얼에 대한 인식을 유지하게 한다.
설명	당신의 동료들에게 컴플라이언스 의무를 상기시켜 주는 것은 결코 부적절하지 않다. 1년 전에 읽었던 매뉴얼이 바뀌었을 수도 있고, 절차가 바뀌었을 수도 있으며, 교육받은 내용이 가물가물할 수도 있다.
필요 조치	1. 직원들에게 연례 컴플라이언스 선언 또는 서약에 서명하게 하는 것은 좋은 방법이다. 2. 이 서약은 당신이 원하는 무엇이든 포함되게 할 수 있다. 직원들이 아래 사항을 확인하게 할 수 있다. 　– 컴플라이언스 매뉴얼, 컴플라이언스 정책/절차 준수 　– 모든 개인계좌 거래는 회사의 정책에 따라 이루어졌다는 내용 　– 모든 선물과 접대는 회사의 정책에 따라 처리되었다는 내용 　– 승인자 등록을 위해 FSA에 제출된 상세 내용에 관해 어떠한 정보도 바뀌지 않았다는 내용, 또는 변화가 있을 경우 새로운 내용 제공 3. 서약서 제출 기한을 정한다. 4. 서약서에 서명한 직원들과 아직 서명하지 않은 직원들의 명단을 유지한다. 5. 기한까지 서약서에 서명하지 않은 직원의 명단은 상위 경영진에게 통보되어야 한다.
추가 정보	–

주제	그룹내 다른 실체 감독
목표	그룹 소속 모든 컴플라이언스부서들이 자신이 책임을 맡고 있는 그룹내 실체들에게 적절한 규제 관련 서비스를 제공할 수 있도록 관리한다. ❷

주제	그룹내 다른 실체 감독
설명	• 당신이 그룹 소속 회사에 근무할 경우 그룹 본사에 중앙의 컴플라이언스 부서가 있을 것이다. • 당신의 부서가 구조의 가장 상부에 위치해 있어서 다른 실체들에 있는 컴플라이언스팀들의 활동을 조정할 책임을 맡고 있다면 이 감독을 수행하기 위한 건전한 제도를 시행해야 한다. 당신은 이해하지 못하거나 알지 못하는 사람, 이슈 또는 활동에 대해 책임지고 싶지 않을 것이다. • 현지의 방법론과 규정의 차이에 대해 개방적이면서도 통일적인 접근법을 채택할 필요가 있다.
필요 조치	1. 당신이 감독할 책임이 있는 모든 컴플라이언스 부서들의 목록을 작성한다. 2. 각각의 부서에 대해 직원들과 그들이 하는 일, 특히 컴플라이언스 수장(首長)을 파악한다. 3. 또한 각각의 부서가 어느 회사에 컴플라이언스 서비스를 제공하는지도 알아야 한다. 4. 어떤 컴플라이언스 서비스, 활동, 정책과 절차를 그룹 전체에 시행하기 원하는지 결정한다. 예를 들어 하나의 컴플라이언스 매뉴얼로 모든 기관들에 적용할 수 있는가, 또는 한 곳에서 개인계좌 거래 요청이 처리되거나 그룹의 교육 기록이 유지될 수 있는가? 5. 특정 정책은 그룹차원에서 시행될 필요가 있음을 인식한다(예를 들어 영국에 기반을 둔 회사들에는 이해상충 규정과 자금세탁방지 규정이 적용된다). 6. 격지의 컴플라이언스 부서들에 대해 적절한 감독 활동이 수행되게 한다. 아래와 같은 프로세스를 갖출 수 있다. – 대면, 화상 또는 전화 회의를 통해 모든 컴플라이언스 부서들의 정기 회의를 개최한다. – 정규적으로 서면으로 보고하게 한다. – 수시로 중요 사항을 통보하게 한다. – 모든 팀들에게 교육 및 지식 최소요건을 부과한다. – 모든 컴플라이언스팀들이 따라야 하는 단일한 컴플라이언스 절차를 마련한다. – 격지의 컴플라이언스 부서에 대한 모니터링을 수행한다. – 정규적으로 격지의 컴플라이언스 부서를 방문하고, 그들의 직원들도 당신의 부서에 방문하게 한다.
추가 정보	5장을 보라.

주제	컴플라이언스 및 규제 리스크 대장 관리
목표	회사가 직면한 주요 리스크들과 이 리스크들이 어떻게 관리 및 경감되는지 인식하게 한다.
설명	컴플라이언스에 대한 리스크 기반 접근법이 점점 더 강조되고 있는 바, 리스크 대장 작성은 이러한 접근법의 기초 요소(building block) 중 하나이다.
필요 조치	당신이 리스크를 평가하기 원하는 비즈니스 측면들을 결정한다. 아래와 같은 영역들이 포함될 수 있다. 　– 개별 규정 　– 법률 　– 상품 　– 서비스 　– 부서 　– 전체 조직 2. 리스크 등급 부여 방법론을 결정한다. 아래와 같은 리스크 측정 방법이 선택될 수 있다. 　– 감독규정 또는 법률 위반 가능성 　– 규정 또는 법률 위반의 영향 　– 해당 이슈/분야가 현재 FSA, 기타 규제 당국, 또는 언론의 '뜨거운 주제'이며, 따라서 규제 당국의 주의를 끌 가능성이 있는지 여부 　– 해당 이슈/분야가 최근에 규제 당국으로부터 상당한 징계 조치를 받았는지 여부 　– 해당 이슈/분야를 규제 당국이 중점을 두는 분야로 정했는지 여부 　– 회사에 대한 특정 이슈/분야의 중요성 　– 내부 규제 관련 역사– 해당 이슈/분야가 컴플라이언스 모니터링 또는 내부 감사 보고에서 부정적인 견해를 받았는지, 또는 운영 리스크 관리 부서가 이를 우려 대상으로 삼았는지 여부 　– 이 이슈/분야와 관련하여 상당한 수의 민원이 발생했는지 여부 　– 회사가 이 이슈/분야를 다룰 경험 있는 직원을 보유하고 있는지 여부 이 각각의 요인들과 당신이 사용하고 있는 기타 요인들에 대해 리스크 값이 부여될 수 있다.

주제	컴플라이언스 및 규제 리스크 대장 관리
	3. 평가하고 있는 각 분야와 관련된 리스크를 식별하고, 각 리스크에 대해 위에서 정해진 방법론에 따라 리스크 등급을 부여한다. 4. 특정 분야와 관련된 모든 컴플라이언스 리스크를 파악하고 나면, 각각의 리스크가 어떻게 관리 및 경감되는지 기록해야 한다. 이를 통해 추가 통제를 시행할 필요가 있는 분야를 찾아낼 수 있다. 5. 또한 리스크 감내도(risk tolerance) 수준을 정해야 한다. 특정 분야에 해당하는 리스크 값을 높음, 중간, 낮음으로 정할 수도 있다. 6. 다음 쪽의 표는 리스크 대장이 어떤 형식을 취할 수 있는지에 대한 예를 보여준다. 7. 리스크 평가를 수행하고 시정조치가 요구되는 영역을 파악한 뒤에는, 어느 영역에 특별한 주의가 필요한지 알 수 있어야 한다. 이를 연례 컴플라이언스 계획에 반영할 수 있다.(221쪽을 보라). 8. 이 리스크 평가는 검토되어야 할 이슈/영역들을 찾아내기 위한 컴플라이언스 모니터링 용도로도 사용될 수 있다(297쪽을 보라). 9. 리스크 대장은 해당 회사 및 산업 전반의 상황 변화와 보조를 맞춰 정기적으로 업데이트되어야 한다.
추가 정보	–

표본 리스크 대장–리서치 부서

이 표는 가상의 리서치 부서가 직면하는 몇 가지 규제 리스크와 이를 경감하기 위해 시행된 조치들, 그리고 통제 환경을 보다 더 강화하기 위해 향후 취해질 조치들을 보여준다. 리스크는 3개 등급으로 분류되는데, 3은 가장 높은 수준의 리스크를 나타낸다.

리스크	기존 통제	향후 취할 조치
리서치가 고객에게 배포되기 전에 내부부서에 누설한다. 리스크 등급: 2(높은 리스크이지만 강력한 통제가 갖춰져 있다).	• 전자 배포 시스템 사용은 내부부서를 포함한 모든 리서치 수령자들이 동시에 수령함을 의미한다. • 리서치팀은 모든 수령자들에 대한 리서치 동시 배포의 중요성에 대한 교육을 받았다.	• 전자 배포 시스템이 적절하게 작동하는지 확인하기 위해 이 시스템에 대해 정기 감사를 수행한다. • 동시 배포에 관해 상기시키는 교육을 실시한다.
투자관리팀이 이익을 얻게 할 목적으로 증권 가격에 영향을 주기 위해 투자관리팀과 공모하여 리서치를 발표한다. 리스크 등급: 2(높은 리스크이지만 강력한 통제가 갖춰져 있다).	• 투자관리팀과 리서치팀 직원 모두 리서치 독립성이 필요하다는 교육을 받았다. • 컴플라이언스팀은 리서치와 투자관리 부서 거래 사이에 상관 관계가 있는지 파악하기 위해 규칙적으로 수작업에 의한 검토를 실시한다.	• 발표된 리서치 보고서와 투자관리 부서 거래 사이의 상관관계가 있는지 파악하는 자동화 시스템 시행 가능성을 조사한다.
리서치 애널리스트가 리서치 보고서 배포 전에 트레이드한다. 리스크 등급: 2(높은 리스크이지만 강력한 통제가 갖춰져 있다).	모든 리서치 애널리스트들의 트레이드는 집행 전에 라인 관리자와 컴플라이언스 부서의 승인을 받아야 한다.	리서치 보고서 배포 전에 완료된 거래가 있는지 파악하기 위해 리서치 애널리스트들의 트레이드에 대해 정기 사후 검토를 시작한다.
리서치 애널리스트가 증권 발행인과 리서치 보고서의 내용을 합의한다. 리스크 등급: 2(높은 리스크이지만 강력한 통제가 갖춰져 있다).	• 리서치 부서의 절차는 이러한 행동을 명확히 금지한다. • 증권 발행 회사와 리서치 보고서의 내용을 합의하는 것은 회사의 징계 사유로 정해져 있다. • 모든 리서치 애널리스트들은 자신의 리서치가 독립적이라는 확인서에 서명해야 한다.	• 현재로서는 추가 조치가 고려되고 있지 아니함.

리스크	기존 통제	향후 취할 조치
리서치 보고서에 요구되는 부인 문구를 포함하지 않는다. 리스크 등급: 1(강력한 통제가 갖춰져 있으며, 리스크의 발생 가능성과 영향이 다른 리스크들만큼 중요하지 않다).	• 모든 리서치는 배포 전에 적절한 부인 문구가 포함되어 있는지 점검된다.	• 현재로서는 추가 조치가 고려되고 있지 아니함.
새로운 리서치 수장이 해외에 있으며 영국의 규제제도에 대해 잘 이해하지 못한다. 리스크 등급: 2(잠재적으로 리스크가 높은 상황이지만 강력한 통제가 갖춰져 있다)	• 기존 리서치 멤버들이 리서치에 대한 영국의 규제 요건에 대해 경험이 있다. • 리서치 부서의 절차들이 영국의 규제 요건을 반영하고 있다.	• 새로운 리서치 수장에게 영국의 규제 요건에 대한 교육을 제공한다. • 새로운 리서치 수장이 영국의 요건에 대해 보다 익숙해질 때까지 컴플라이언스부서의 감독을 강화한다.
리서치팀이 정보차단벽 뒤에 있지 않다. 리스크 등급: 3(경감 통제가 제한적인 영향만을 줄 수 있는 높은 리스크 상황이다)	• 물리적 분리는 없지만 리서치 부서가 다른 일선 부서 근처에 위치하고 있지 않다. • 회사의 모든 직원들이 리서치 활동은 독립적일 필요가 있음에 대해 교육을 받았다.	• 리서치 부서가 가급적 빨리 접근이 제한된 장소로 이동하도록 주선한다. • 물리적 분리를 지지하는 적절한 절차를 도입하고 모든 관련 직원들에게 교육을 실시한다.

주제	자문, 프로젝트 업무
목표	규제 사안에 대해 건전한 자문을 제공하고 프로젝트 업무를 수행할 경우, 모든 관련 규정, 법률과 모범실무관행 요건들을 고려하게 한다.
설명	• 모든 컴플라이언스 활동들이 오리엔테이션 교육 제공, 개인계좌 트레이드 승인 또는 승인자 등록 처리 등과 같이 간단한 업무는 아니다. • 다루어야 할 대부분의 이슈들은 훨씬 더 복잡하며, 일련의 간단한 절차를 따르기보다는 종합적인 사고를 필요로 한다. ➲

주제	자문, 프로젝트 업무
필요 조치	1. 규제 관련 자문 제공이나 프로젝트 업무에 관여하도록 요청받을 경우 요청 내용에 대해 가급적 많은 것을 알아내야 한다. 2. 마감 시한에 대해서도 의견 요청자와 합의해야 한다. 즉각적인 자문을 요청받을 수도 있지만, 보다 복잡한 이슈들을 적절하게 처리하기 위해서는 몇 달이 걸릴 수도 있다. 3. 정상 항로를 벗어난 컴플라이언스 활동에 관한 10장의 정보를 이러한 유형의 이슈들에 대한 가이드로 사용할 수 있다. 4. 시한을 지키지 못하게 될 경우 당신의 자문이나 프로젝트 업무를 요청한 사람에게 알려줘서 시한을 연기하거나 조언 또는 프로젝트 범위가 수정될 수 있게 한다.
추가 정보	–

주제	규제 당국, 거래소, 청산소 등과의 관계 관리
목표	규제 당국 및 회사에 관련 있는 규제 기관들과 좋은 관계를 유지한다.
설명	컴플라이언스 책임자는 규제 당국과 규제 기관들을 개방적이고 협조적인 자세로 대해야 한다.
필요 조치	1. 회사와 관련이 있는 모든 규제 당국과 규제 기관을 파악한다. 주식 거래소, 청산소, 정부 부서들이 여기에 포함될 수 있다. 보다 자세한 예는 부록 1과 2를 보라. 2. 위의 1에서 언급한 목록이 작성되면, 규제 당국과 규제 기관의 주요 접촉 대상을 알도록 한다. 그들의 이름, 자세한 연락처, 담당 업무를 기록한다. 3. 규제 기관으로부터 긴급한 메시지를 전달받을 경우 이에 대해 대응할 수 있도록 컴플라이언스 부서의 모든 직원들과 회사의 주요 인물들이 규제 기관의 주요 접촉 대상을 알게 한다. 4. 모든 정기보고, 특별 보고와 통보 요건을 파악하고, 보고 및 통보가 적시에 이루어지게 한다. 5. 규제 당국의 추가 정보 요청에 신속히 대응한다. 이를 위해서는 기록에 쉽게 접근할 수 있어야 하고, 직원들이 규제 당국과의 개방적이고 진실한 소통의 중요성을 알아야 한다. ○

주제	규제 당국, 거래소, 청산소 등과의 관계 관리
	6. 직원들에게 규제 기관이라고 주장하는 사람으로부터 전화를 받을 경우 즉시 컴플라이언스 부서에 보고하여 규제 기관의 정보요청이 사실임이 판명되기 전에는 대응하지 말아야 함을 알게 한다. 회사나 고객에 관한 비밀 정보를 입수하기 위해 규제 기관을 사칭하는 사례가 많이 있다. 7. 직원들에게 규제 기관으로부터 받은 문서가 있을 경우 사본을 컴플라이언스 부서에 보내게 한다. 8. 규제 기관과 소통한 내용에 대한 파일을 유지하여 규제 기관과 소통한 모든 기록들을 쉽게 찾아볼 수 있게 한다. 9. 컴플라이언스 부서가 규제 기관과의 관계를 완전히 통제할 수 있도록, 직원들에게 컴플라이언스 부서로부터 사전 승인을 받지 않는 한 규제 당국과 접촉하지 못하게 하고, 규제 당국과 소통한 결과를 가급적 빨리 컴플라이언스 부서에 보고하게 할 수도 있다. 10. 중요한 외주 공급자, 지정 대리점, 그룹 소속 다른 회사들과 같이 당신의 회사와 연결된 사람들이 위의 요건을 알게 한다.
추가 정보	–

주제	규제 당국의 방문 검사
목표	규제 당국의 방문 검사가 가급적 성공적으로 수행되게 한다.
설명	• 규제 당국의 방문 검사는 회사와 규제 기관의 관계에 매우 중요한 역할을 한다. 상당한 계획 수립과 노력을 통해 이 검사가 가급적 부드럽고 성공적으로 수행되게 해야 한다. • 회사들은 일반적으로 방문 검사시 충분한 사전 통보를 받겠지만, 반드시 그런 것은 아니다. 규제 당국이 조사를 수행할 때에는 특히 더 그렇다. • 규제 기관의 방문 검사를 수행할 수 있는 조직들은 다음과 같다. 　– 현지 규제 기관 　– 당신의 회사가 지점을 두고 있거나 국경을 넘은 서비스를 제공하는 해외 국가의 규제 기관 　– 소속 그룹내 다른 회사의 규제 기관 　– 투자 거래소 　– 당신의 회사가 중대한 외주 서비스를 제공하는 상대 회사의 규제 기관 ❯

주제	규제 당국의 방문 검사

필요 조치	1. 규제 당국의 방문 조사 통보를 받는 즉시 아래 사항에 관해 가급적 자세한 정보를 입수한다.
	  – 방문 목적
	  – 검토될 사안
	  – 검토될 문서와 기록
	  – 면담 대상자
	  – 방문할 규제 기관의 직원 명단과 각자의 역할
	2. 예를 들어 주요 직원이 출근하지 않거나 다른 규제 기관이 조사하고 있어서 규제 기관의 방문 시기가 적절하지 않을 경우 해당 조사의 긴급성과 중요성에 따라서는 일정을 재조정할 수 있을 것이다.
	3. 조사팀이 사용할 사무실 공간과 컴퓨터, 전화를 확보해 두라.
	4. 요청받은 즉시 문서들이 조사될 수 있도록 정리해 두라.
	5. 면담 대상 직원에게 FSA가 그들을 면담하기 원한다고 알려주고, 그들에게 물어볼 만한 사항들에 관해 지침을 제공해 주라.
	6. 직원들에게 규제 당국과 개방적이고 진실하게 소통할 의무에 대해 상기시켜 주라.
	7. FSA에게 컴플라이언스 직원이 면담에 동석하기 원하는지 또는 이를 허용할지 물어보고, 그럴 경우 각각의 면담에 적절한 직급의 경험 있는 직원이 참석할 수 있게 한다.
	8. 회사 전체에 검사 개시일에 대해 일반적으로 알려주고, 직원들에게 '최상의 처신을 할' 의무가 있음을 상기시켜 주라.
	9. 규제 당국이 회사의 모든 장소에 접근할 수 있게 한다.
	10. 검사 후에 규제 당국이 시정조치를 요구하는 보고서를 작성할 경우, 해당 보고서가 최종 완료되기 전에 지적 사항에 대해 조사팀과 토론한다. 이를 통해 오해를 시정하고, 정상 참작 요인을 설명하며, 요구되는 시정조치와 시정 완료 목표일에 영향을 줄 수 있는 기회를 가지게 될 수도 있다.
	11. 규제 당국의 검사 보고서가 완료되면, 이를 상위 경영진에게 소통하고 제기된 모든 문제들을 다루고 시정하기 위한 조치들을 시행한다. 모든 조치들이 완료될 때까지 진행 상황을 모니터하고, 이를 정규적으로 상위 경영진에 보고한다.
	12. 규제 당국은 주요 외주 공급자, 지정 대리점, 소속 그룹내 다른 회사 등과 같이 규제 대상 회사와 관련이 있는 사람을 방문하기 원할 수도 있다. 그럴 경우 위에 열거된 것과 유사한 절차가 시행되어야 한다.

추가 정보	465쪽의 Box 2 ARROW를 보라.

주제	규제 대상 서비스 제공자
목표	회사가 평판이 좋은 서비스 제공자들과만 관계를 유지하고, 규제 관련 시사점이 있을 경우 서비스 제공자와의 관계가 공식화되기 전에 적용 대상 규칙 요건들이 다루어지게 한다.
설명	• FSA 규칙에 의해 다루어지는 기능을 수행하기 위해 많은 서비스 제공자들이 사용된다. • 그러한 서비스 제공자에는 아래와 같은 서비스를 제공하는 회사들이 포함된다. 　– 보관(custody) 　– 고객 예수금 보유 　– 청산과 결제 • 컴플라이언스 부서는 신규 관계가 FSA 요건에 따라 시작되고 이후에도 적절하게 유지되게 해야 한다.
필요 조치	**기존 서비스 제공자들과의 관계** 1. 회사에 규제상의 영향을 주는 모든 서비스 제공자를 열거한다. 아래와 같은 서비스 제공자가 포함될 수 있다. 　(a) 외부 감사인 　(b) 규제 관련 변호사 　(c) 컴플라이언스 부서와 회사 전체에 대한 교육 제공자 　(d) 컴플라이언스 부서에서 사용되는 전문 컴퓨터 시스템에 대한 IT 지원 제공자 　(e) 컴플리넷(Complinet)과 같은 뉴스 서비스 　(f) 규제 관련 잡지 및 저널 발행사/배급사 　(g) 컨설턴트, 전문 컴플라이언스 자문사 　(h) 컴플라이언스 관련 활동 외주 수행자 2. 그들의 접촉 대상자에게 그들이 FSA 요건을 준수하는지 확인한다. 3. 아래와 같은 사항이 확보되고 있는지 정기 검토를 수행한다. 　– 각각의 관계가 적절하게 유지된다. 　– 지급된 수수료가 과도하지 않으며, 계약서에서 의도된 바와 일치한다. 4. 각 서비스 제공자의 접촉 대상자 명단을 확보한다. **새로운 서비스 제공자들과의 관계** 5. 규제 관련 영향을 주는 새로운 관계를 담당하는 직원이 관련 요건을 알 수 있게 하는 절차를 시행한다.

주제	규제 대상 서비스 제공자
	6. 그러한 모든 새로운 관계를 컴플라이언스 부서에서 승인하게 할 수도 있다. 또는 회사 내에서 적절한 자격을 갖추고 충분한 수준의 상위 직급이 그러한 승인을 하게 해야 한다. 7. 제안된 서비스 제공자가 비즈니스 관계를 맺기에 적절한 상대인지 확실히 하기 위해 그들에 대해 정밀조사(due diligence)를 실시한다.
추가 정보	–

주제	규정 제(개)정안과 업계 상황에 대한 대응
목표	규제 전략 방향 설정에 일익을 담당한다.
설명	• FSA는 도입될 조치들이 필요하고, 실행 가능하며, 균형 잡혀 있고, 영국을 규제상의 불이익에 처하지 않도록 규정 제정안과 개정안에 대한 의견을 표명해 달라고 요청한다. • 업계 단체들은 규제 관련 의사 결정에 영향력을 행사하고, 모범 실무관행 기준을 정하며, 업계 현안에 대한 일치된 대응을 위해 정기적으로 모임을 갖는다. • 금융업은 영국 경제의 중요한 부분이며, 규제 정책은 영국 내 금융 서비스 활동 수행에 큰 영향을 준다. • 영국이 세계 금융시장에서 선도적 지위를 유지하려면, 영국의 규제 지위가 강해야 한다(우리는 미국에서 복잡하고 엄격한 사베인-옥슬리법이 도입된 결과 무슨 일이 벌어졌는지 알고 있다. 영국의 규제 제도가 건실하면서도, 영국이 불필요한 엄격함으로 인해 경쟁상 불리한 입장에 놓이지 않게 해야 한다).
필요 조치	1. 국내외 업계와 규제 관련 현안에 대해 업데이트한다. 2. FSA나 기타 규제 기관의 규칙 재/개정안을 검토하고 당신의 경험 또는 전문성과 관련된 주제에 대해 의견을 제시한다. 3. 업계 단체에 가입하고 정책 입안 프로세스에 기여한다(당신이 투표하는 번거로움을 감수할 수 없다면, 당신이 받는 규제에 대해 불평해서는 안 된다).
추가 정보	–

주제	규칙 매핑, 새로운 법률과 규제의 영향 검토
목표	회사가 모든 관련 컴플라이언스 요건을 준수하게 한다.
설명	회사에 영향을 주는 규칙과 요건이 무엇인지 모르면, 회사가 이 요건들을 준수하게 할 수 없다.
필요 조치	1. 회사의 운영에 영향을 주는 모든 컴플라이언스 요건의 원천들을 파악한다. 아래의 사항들로부터 요구되는 요건들이 포함된다. – 법률 – 규정 – 업계 수칙 – 인정된 모범실무관행 – 내부 정책 2. 위의 원천들과 요건들을 분석하고, 각각 회사에 어떤 영향을 주는지 문서화한다. 3. 업무에 우선순위를 정하기 위해 각각의 원천의 요건들에 대해 리스크 등급을 매길 수도 있다. 리스크 등급 부여에 사용될 수 있는 방법들은 다음과 같다. – 회사 내에서 해당 요건에 의해 영향을 받는 부서 또는 상품의 수 – 요건 위반시 초래될 징계 조치의 성격 – 법, 규정 등과 관련된 최근 징계 사례의 수 – 요건의 복잡성 및 회사 및 컴플라이언스 부서에서 이들을 이해하고 있는 정도 4. 회사에 다양한 부서, 다양한 자회사, 넓은 범위의 상품 등이 있을 경우, 이들 각각을 위한 규칙 지도를 만들면 유용할 수 있다. 5. 위의 규칙 지도들이 완성되면, 이를 최신으로 유지되도록 업데이트해야 하며, 관련 요건들을 컴플라이언스 부서와 회사전체에 소통해야 한다. 6. 표본 규칙 지도는 142쪽에서 찾아볼 수 있다.
추가 정보	7장을 보라.

주제	FSA에 대한 정기 보고
목표	규제 기관에 대한 모든 정기 보고가 적시에 이루어지고 요구되는 모든 정보가 포함되게 한다.

◐

주제	FSA에 대한 정기 보고
설명	규제를 받는 회사들은 감독자들에게 많은 정기 보고서를 제출하도록 요구된다. FSA에 의해 요구되는 정기 보고서의 상세 내용은 SUP(감독 자료집) 16에 나와 있지만, 당신의 회사가 해외 기관에 연결되어 있을 경우 해외 보고 요건도 준수해야 할 것이다.
필요 조치	1. 모든 관련 규제 요건들의 원천을 분석하고 감독자들에게 정기 보고를 요구하는 모든 규칙들을 파악한다. 2. 컴플라이언스 부서가 모든 보고서에 대한 책임을 맡지 않을 수도 있으므로 각각의 보고서에 대한 책임이 있는 부서들을 파악한다. 3. 위의 정보에 기초해서 아래 사항들을 보여 주는 보고관리대장을 작성한다. 　－ 보고서 이름 　－ 보고서를 제출할 규제 기관 또는 기타 기관 　－ 보고서 내용 　－ 보고일자 　－ 보고서 담당자/부서 4. 다른 부서에서 보고서를 작성할 경우 그 보고서가 담고 있는 내용과 그 보고서가 왜 요구되는지 이해하도록 한다. 5. 각 보고서의 내용이 정확해야 하며 보고한 보고서의 기록이 유지되어야 한다. 6. FSA는 보고서 제출 방법을 지정한다. 일반 우편 방식이 이용될 경우 배달 증명 영수증을 받아 두는 것이 좋다. 7. 규제 당국이 요구되는 보고서를 받지 못하면 회사에 이를 통지할 가능성이 있지만, 보고가 제대로 이루어지는지 정기적으로 모니터링을 실시해야 한다. 8. 보고서를 적시에 제출하지 않으면 과징금을 납부하거나 징계 조치에 처해질 수 있다.
추가 정보	부록 24를 보라.

주제	FSA에 대한 특별 보고
목표	규제 기관에 대한 모든 특별 보고가 적시에 이루어지고 요구되는 모든 정보가 포함되게 한다.
설명	규제를 받는 회사들은 감독자들에게 많은 특별 보고, 통보를 하도록 요구된다. ◐

주제	FSA에 대한 특별 보고
필요 조치	1. 모든 관련 규제 요건들의 원천을 분석하고 감독자들에게 특별 보고를 요구하는 모든 규칙들을 파악한다. 2. 보고/통보 요건 목록을 작성하고 아래의 정보를 기록한다. 　– 보고/통보의 성격 　– 시한 요건 　– 보고할 감독자/기관 　– 요건의 원천 　– 보고를 하지 않을 경우 잠재적인 징계 조치 3. 모든 직원들에게 보고 및 통보 요건을 알게 하고 특별 보고 사유 발생 시 컴플라이언스 부서에 알리게 한다. 통보해야 할 사유를 알아야 통보할 수 있는데, 본사에 통보해야 할 사안들이 모두 컴플라이언스 부서 소관인 것은 아니다. 4. 각 통보의 상세 내용들은 정확해야 하며, 각각의 통보 사실에 대한 기록이 유지되어야 한다.
추가 정보	부록 24를 보라.

주제	FSA에 대한 수수료 납부
목표	FSA에 대한 수수료가 적시에 완납되게 한다.
설명	• 규제를 받는 회사들은 FSA에 다양한 연례 수수료와 특별 수수료를 납부한다. • FSA는 다음 사항들과 관련하여 여러 수수료 지급을 요구한다. 　– 최초의 승인 　– 상장 신청 　– 해외 집합투자기구의 개별적 인정 　– 사업설명서 승인과 조사 　– 거래 보고 　– 금융 옴부즈맨 사무국 자금 조달 　– 금융기관 보상제도 자금 조달
필요 조치	1. FSA의 수수료 지급 매뉴얼을 검토하고 회사에서 지급해야 하는 모든 수수료를 파악한다. 2. 지급할 수수료 목록을 작성하고 지급액과 지급 주기, 지급 기한을 기록한다. 3. 수수료 지급 일정관리 및 수수료 지급 담당자를 지정한다.
추가 정보	부록 24를 보라.

주제	전문 단체 가입
목표	컴플라이언스 부서 업무 관련 전문 단체에서 제공하는 서비스를 이용하고 그들의 운영에 기여한다.
설명	전문 단체들은 컴플라이언스 책임자에게 매우 유용하다. 전문 단체 회원들은 조언과 안내의 원천이 될 수 있으며, 이 단체들은 유용한 읽을거리나 모범실무관행 기준을 정하는 다양한 문서들을 발행하고 있다. 또한 그들은 규제 인프라스트럭처를 만들기 위해 규제 당국 및 기타 기준수립기관들과 교류한다.
필요 조치	1. 당신에게 유용할 수 있는 전문 단체들을 검토한다. 보다 다양한 범위를 다루는 일부 단체들은 규제 관련 사안에 중점을 두는 하위 그룹을 두고 있을 수도 있으므로 컴플라이언스와 관련된 단체들에만 집중하지 마라. 2. 당신에게 가장 유용할 것으로 생각되는 그룹에 가입한다. 그들이 제공하는 모든 것을 활용하되, 당신 자신의 지식도 공유하고, 당신이 기여할 수 있는 바를 기여하라.
추가 정보	부록 1을 보라.

주제	최신 정보/상태 따라 잡기
목표	회사에 영향을 주는 법률, 규제와 산업 현황에 대해 계속적으로 철저히 이해한다.
설명	최신 상태를 유지하고 있지 않으면 요청받을 때 적절하고 적시의 조언과 의견을 제공하지 못할 것이다. 회사는 당신의 서비스 대가로 급여를 지급하고 있으며, 당신은 가급적 최상의 서비스를 제공할 책임이 있다.
필요 조치	1. 당신이 최신 상태로 유지하고 있어야 할 모든 핵심 영역과 주변 영역들에 대한 목록을 작성한다. 아래의 사항들이 이에 포함될 수 있다. 　– 법률 　– 규정 　– 추세 　– 모범실무관행 　– 새로운 유형의 금융범죄 　– 새로운 컴플라이언스 방법론 　– EU의 조치들 　– 해외시장 동향　　　　　　　　　　　　　　　　　　⬤

주제	최신 정보/상태 따라 잡기

	2. 컴플라이언스팀이 큰 부서일 경우 각각의 구체적인 영역에 집중할 사람 또는 부문을 지정한다. 예를 들어 한 사람은 금융범죄에 중점을 두고, 또 다른 사람은 EU의 이니셔티브에 집중하게 할 수 있다.
	3. 이용할 수 있는 다양한 교육 제공자들과 기타 정보 원천을 활용하여 지식이 최신으로 유지되게 한다. 아래와 같은 방법들을 이용할 수 있다.
	  – 규제기관의 웹사이트 검토
	  – 규정 제(개)정안과 협의 문서 검토
	  – 정부 웹사이트 검토
	  – 파이낸셜 타임즈, 더 파이낸셜 뉴스, 컴플라이언스 모니터, 컴플라이언스 리코더 등과 같은 간행물 읽기
	  – 컴플리넷(Complinet), 먼닥(Mondaq) 등과 같은 인터넷 뉴스 서비스 구독
	  – 특정 관심 부분에 대해 자동으로 통보받을 수 있는 구글(Google) 알림 기능 사용
	  – 교육과정 참가
	  – 컨퍼런스 및 세미나 참가(많은 법무법인과 회계법인들은 훌륭한 무료 세미나를 제공한다)
	  – 관련 전문단체들이 개최하는 회의 및 토론 그룹 참가
	  – 관련 업계 자격증 취득
	  – 소속 그룹 내 다른 컴플라이언스 부서와 교류
	4. 최신 정보/상태 따라잡기는 따로 떨어진 활동이어서는 안 된다. 선제적으로 대처한다. 입수한 지식을 회사의 상품, 서비스, 활동과 계획에 비추어 끊임없이 검토해서 그 영향을 평가하고 교육, 절차 개정, 검토 수행 등의 컴플라이언스 조치를 취할 필요가 있는지 판단한다.
	5. 새로운 팀원을 위한 교육 개발 계획을 세우고, 이를 완료하기 전에는 새로운 팀원이 팀에 충분히 통합되지 않은 것으로 간주할 수도 있다.
	6. 이를 위해 다음과 같은 활동들을 고려해 볼 수 있을 것이다.
	  – 교육과정 참석
	  – 관련 문서 또는 정기 간행물 읽기
	  – 특정 자격증 취득

추가 정보	–

주제	징계 절차
목표	컴플라이언스 규칙이나 정책을 위반한 직원을 징계할 적절한 절차가 갖춰지게 한다.
설명	징계 정책은 직원들이 컴플라이언스 요건을 위반하지 못하도록 억제하는 역할을 하며, 규제 당국에게는 당신의 회사가 규제 준수를 중요하게 생각하고 있음을 보여준다. 명확한 징계 절차가 없으면, 부적절한 행위를 한 직원을 해고하기도 더 어렵다.
필요 조치	1. HR부서, 법무부서와 협력하여 받아들일 수 없는 행동과 그러한 행동이 초래할 수 있는 결과를 명확히 밝히는 징계 정책을 기안한다. 2. 직원들은 모든 관련 컴플라이언스 규칙, 정책과 절차를 준수할 것으로 기대되며 준수하지 않을 경우 징계 조치가 취해질 수 있다는 사실을 모든 직원들이 알게 한다. 이를 위해 표준고용 계약서 조항에 이 내용을 포함시키거나, 각각의 컴플라이언스 정책/절차/매뉴얼에 이 문서를 준수하지 않으면 징계를 받을 수 있다는 문구를 포함시킬 수 있다. 3. 승인자 등록이 철회될 경우 향후 취직이 어려워질 수 있으므로 징계 사안은 한 사람의 인생에 큰 영향을 줄 수 있는 민감한 문제이다. 4. 당신의 조치에 대해 불공정한 해고 또는 차별을 이유로 소송이 제기될 수도 있으므로, 징계 조치를 취하기 전에 이 사건을 법정에서 입증할 수 있을 정도로 모든 사실 관계에 대해 확실히 파악해야 한다. 5. 이 분야의 기록 유지는 나무랄 데 없어야 하며, 이 기록들은 매우 민감한 이슈들과 관련되므로 관련 데이터 보호법에 부합하도록 유지해야 한다. 6. 이 맥락에서 직원 조회에 관한 정책을 고려해야 한다. 다른 회사에서 징계를 받은 직원에 대해 조회를 요청한 경우, 어느 정도로 자세한 정보를 제공할 것인가? 부정적인 의견을 줄 경우 회사가 소송을 제기 당할 수도 있으므로, 조회 의견을 요청받으면 법무부서나 고용 전문 변호사와 상의하도록 권장된다. 7. 특정 직원을 징계할 필요가 있을 경우 고려할 점이 많다. 아래의 사항들이 이에 포함된다. • 다른 직원 연루 여부 • 사기의 증거가 있는지 여부 • 고객이 불리한 대우를 받았는지 여부 • FSA에 통보할 필요가 있는지 여부 ➲

주제	징계 절차
	• 이 사안이 FIT하에서 해당 직원의 적합성과 적절성에 의문을 제기하는지 여부 • 이 이슈가 FSA의 승인자 행동강령 위반에 해당 하는지 여부
추가 정보	–

주제	해외 진출
목표	모든 해외 진출이 관련 EU 지침에 정해진 요건에 따라 운영되고, 그러한 제도에 대해 적절한 컴플라이언스 통제가 시행되게 한다.
설명	• EEA(유럽 경제 지역) 소속 국가에 본사를 두고 있는 회사들은 서비스가 제공되는 국가로부터 별도의 승인을 받지 않아도 다른 EEA 국가에 특정 금융서비스를 제공할 수 있다. • 회사가 근거를 두고 있는 국가를 본국이라 한다. • 서비스가 제공되고 있는 국가를 유치국이라 한다. • 보험, UCITS(이전가능증권 집합투자 수임) 등 수행되고 있는 금융 서비스 유형에 따라 다양한 해외 진출 제도가 운영된다. • 출입국이 허가된 서비스는 두 가지 방식으로 제공된다. – 다른 나라에 지점을 설립함 – '국경을 넘어' 서비스를 제공함. 즉 본국에서 유치국에 서비스를 제공함
필요 조치	**지점을 통한 해외 진출** 1. 경영진이 지점을 신설할 때 컴플라이언스 부서에 통보해야 한다는 것을 알게 한다. 2. 해당 비즈니스 모델과 계획된 활동들이 해외 진출 제도에 해당하는지, 그럴 경우 어느 제도에 해당하는지 평가한다. 3. 지점 개설 전 계획 단계에서 현지의 규제 환경에 대해 가급적 많이 파악하고, 현지의 어느 감독 규정이 제안된 활동에 적용될지 결정한다. 4. 제공될 서비스와 현지 규제 환경의 특성에 기초하여, 누가 컴플라이언스 책임자가 될 것인가, 컴플라이언스 매뉴얼에 무슨 내용을 담을 것인가, 본사에 어떻게 보고할 것인가 등 새로운 지점에 대한 현지 규제 인프라스트럭처를 시행해야 한다. 5. SUP 13.5.1와 SUP 13 첨부 1 또는 2에 정해진 통보 요건에 따라 FSA에 지점 개설 계획을 통보한다.

6. 통보 후 FSA로부터 유치국의 규제 기관에 동의서를 보냈다는 통보를 받기 전에 지점을 개설해서는 안 된다.

7. 지점이 개설된 후에는 그 활동을 정규적으로 검토하여 지점이 본국과 유치국의 모든 관련 요건을 준수하게 해야 한다.

8. 본국에 상시적으로 경영 관리상의 보고가 이루어져야 한다.

9. 지점 운영 제도에 변화가 있을 경우 SUP 13.8에 따라 FSA에 통보한다.

국경을 넘은 서비스를 통한 해외 진출

10. 경영진에게 본국으로부터 국경을 넘은 새로운 서비스가 제공될 경우 컴플라이언스팀에 통보해야 한다는 것을 알게 한다. 지점 개설은 중요한 사건으로서 당신이 알아차리지 못할 가능성이 낮지만, 국경을 넘은 서비스 제공을 알아차리기는 보다 어려울 가능성이 있다. 지나치게 열성적인 세일즈 요원이 갑자기 스페인 시장이나 독일 시장을 두드리기로 결심할 경우, 당신이 이에 대해 알게 해 주는 어떤 시스템을 시행할 수 있는가?

11. 인식을 제고하기 위해서는 경영진과 일선 부서 직원들에게 해외 진출에 관한 교육을 제공해야 하며, 컴플라이언스 매뉴얼에서 해외 진출에 대해서도 다루어야 한다.

12. 새로운 고객의 주소 또는 확인서와 고객에 보내는 서신이 보내지는 주소를 정기적으로 모니터링할 수도 있다. 이러한 모니터링은 올바른 해외진출 프로세스를 밟지 않은 국가로 진출하여 제공되는 서비스 파악에 도움이 될 수 있다.

13. 국경을 넘은 해외 진출 계획에 대해 알게 되면, 제공될 서비스에 대해 가급적 많은 사실을 파악하여 이 서비스가 EU의 해외 진출 제도 중 하나에 해당하는지 파악하고, 그럴 경우 SUP 13.4.2와 SUP 13 첨부3에 따라 FSA에 통보한다.

14. 유치국의 규제 환경을 조사하여 회사가 국경을 넘은 서비스를 제공할 때 준수해야 할 규제 요건을 파악하고, 관련 직원들에게 교육을 실시한다. 성문 지침서를 제공해 줄 수도 있다.

15. FSA로부터 유치국의 규제 기관에 동의서를 보냈다는 통보를 받기 전에 국경을 넘은 서비스가 시작되지 않게 한다.

16. 국경을 넘은 서비스 제공이 개시된 후에는 그 활동을 정규적으로 검토하여 본국과 유치국의 모든 관련 요건이 준수되게 해야 한다.

17. 국경을 넘은 서비스가 제공되는 토대에 변경이 있는 경우 이를 SUP 13.8에 따라 FSA에 통보한다.

주제	해외 진출
일반 사항	18. 회사의 해외 진출 허가에 대한 기록 유지에 주의를 기울여야 한다. 본국과 유치국에 다음과 같은 기록들이 유지되어야 한다. 　– FSA에 신청한 날 　– FSA로부터 승인 통보를 받은 날 　– 서비스가 지점을 통해 제공되는지, 국경을 넘어 제공되는지 　– 승인된 서비스의 성격 　– 관련 유치국 규제 요건
추가 정보	부록 24를 보라.

주제	규제 관련 계약서와 문서
목표	규제 관련 문서 양식이 요구되는 모든 조항들을 포함하게 한다.
설명	FSA는 규제를 받는 회사들이 사용할 많은 문서들을 정했다. 이 문서들은 특별히 요구되는 세부 사항을 포함해야 하고, 정해진 기간 안에 송부되어야 하며, 때로는 고객이나 기타 제3자로부터 서면 회신이 요구되기도 한다.
필요 조치	1. FSA 규칙에 비추어 회사의 활동을 검토하고, 어떤 규제 관련 문서들이 요구되는지 판단한다. 2. 부록 19와 21에 보다 자세한 내용이 나와 있지만, 아래의 문서들이 좋은 예이다. 　– 고객 약정서/비즈니스 조건 　– 트레이드 확인서 　– 정기 현황 설명서 　– 외주 계약서 　– 고객자금 신탁 서한 　– 고객자산 신탁 서한 　– 보관(custody) 약정서 　– 약식 사업설명서 3. 각 문서의 양식을 검토하여 이 문서들이 요구되는 모든 조항들을 포함하고 있는지 확인한다. 누락된 조항이 있을 경우 이를 포함시키거나, 필요한 경우 새로운 양식을 준비한다. 4. 이 일은 법무부서와 협력하여 수행할 수도 있다. 5. 문서 작성 및 발송 담당자가 어느 조항이 요구되는 조항인지, 컴플라이언스 부서와 상의하지 않고 제거하거나 변경할 수 있는 조항인지 알게 한다. ❍

주제	규제 관련 계약서와 문서
	6. 문서 발송 담당자가 이 문서들이 언제 사용되어야 하는지, 발송 마감 시한이 언제인지 알게 한다. 7. 고객에 대한 설명서, 보관 약정서 등의 작성은 일반적으로 컴플라이언스 부서의 책임이 아니므로, 정기적으로 검토해서 승인된 양식이 변경되지 않았는지, 정해진 시한 내에 발송되었는지, 필요시 고객으로부터 서면 회신을 받았는지 확인한다.
추가 정보	부록 19와 부록 21을 보라.

주제	이해상충
목표	회사에 영향을 주는 모든 실제 이해상충과 잠재적 이해상충이 파악되고, 이에 대해 적절하게 관리하고 경감 조치를 취하게 한다.
설명	• 특정 고객의 이익이 회사, 직원 또는 다른 고객의 이익과 충돌할 때 이해상충이 발생한다. • 적절한 이익상충 관리제도가 시행되는 한 특정 거래 또는 상황에 이해상충 가능성이 있을지라도 회사가 이 거래를 진행하지 못하는 것은 아니다. • 서비스를 제공받는 측과 제공하는 측의 이익이 결코 완전하게 조화될 수는 없다. 고객 입장에서 이상적인 세계에서는 서비스는 무료로 제공받고, 자산은 대가를 지불하고 구입할 것이다. 여기서 정당한 비즈니스 관계를 문제 삼는 것은 아니다. 힘의 균형이 무너질 때, 즉 정보나 자원의 존재가 한 당사자에게는 알려져 있지만 다른 당사자에게는 알려져 있지 않고, 이를 이용하여 후자에게 불이익을 가할 때 이해상충이 발생한다. • 이해상충이 발생할 수 있는 전형적인 상황은 아래와 같다. – 회사가 거래 발생에 이해관계가 있지만 고객이 이에 대해 알지 못하고 있는 경우 (예를 들어 회사가 권유 수수료를 받거나 보답으로 특혜를 주는 경우) – 회사가 고객에게 피해를 주면서 이익을 얻거나 손해를 회피하고자 하는 경우 – 특정 고객이 다른 고객의 희생 하에 특혜를 받는 경우 • 금융기관에서 만날 수 있는 이해상충의 상세한 예는 부록 E에 나와 있다.

❍

주제	이해상충
필요 조치	1. 이해상충 관리 제도의 주요 구성 요소는 다음과 같다. 　– 실제 또는 잠재적 이해상충을 식별하기 위한 제도 시행 　– 파악된 이해상충을 관리 및 경감하기 위한 제도 시행 　– 통제 정책과 절차 문서화 　– 직원 교육과 인식 　– 모니터링 회사가 그룹의 일원일 경우, 그룹 차원의 '이해상충' 관리 제도가 시행되어야 한다. **이해상충 식별** 2. 두 가지 유형의 이해상충이 식별될 수 있다. 　– 지속적으로 존재하는 일반적 상황(예를 들어 세일즈팀과 리서치부서 이해관계의 잠재적 경합) 　– 일회성 이해상충(예를 들어 기업재무 부서의 두 고객이 동일한 목표 기업을 매수하고자 하는 경우) 3. 일반적 상황에 대해서는, 회사가 직면할 수 있는 모든 잠재적 이해상충을 식별하는 대장을 작성해야 한다. 이 대장은 각 상황을 관리하는 방법도 나타내야 한다. 대기업의 경우 부서마다 다른 유형의 이해상충에 처하게 될 것이기 때문에, 이 작업을 부서마다 별도로 수행하는 것이 좋다. 4. 이처럼 작성된 이해상충 대장을 비즈니스, 담당 직원, 상품/시장 개발, 운영 환경 부문과 함께 정규적으로 검토하여 계속 업데이트해야 한다. 5. 위의 대장을 사용하여 통제 환경을 강화하기 위해 취해야 할 조치가 있는지 파악하고, 이 조치가 시행되게 한다. 6. 일회성 이해상충 식별은 그리 간단하지 않다. 아래와 같은 다양한 방법이 있다. 　– 잠재적으로 이해가 상충하는 상황이 발생할 경우 이를 인식할 수 있도록, 회사의 일상적 비즈니스와 고객에 대해 잘 안다. 　– 직원의 경계심에 의존한다. 일선 부서 직원은 어떤 상황이 이해상충을 가져오는지 알아야 하며, 그러한 상황이 일어날 수도 있다고 생각할 경우 이를 컴플라이언스 부서에 알려야 한다. 　– 현재 및 장래의 프로젝트와 거래들이 논의되는 일선 부서 비즈니스 회의에 정규적으로 참석한다. 　– 어느 부서와 고객이 무엇을 하고 있는지 알 수 있도록 정규적인 비즈니스 파이프라인 보고서를 수령한다.

주제	이해상충
필요 조치	– 회사에 의해 수행되는 다른 비즈니스와 상충하는 요소가 있는지 점검할 수 있도록 리서치 보고서 발행 전에 컴플라이언스 부서의 승인을 받게 한다. – 직원들의 유가증권 트레이드를 컴플라이언스 부서에 사전 승인받게 해서, 고객에게 불이익을 주는 직원들의 유가증권 트레이드를 거절할 수 있게 한다. – 컴플라이언스 부서에서 접대/선물 수수를 사전 승인하도록 요구해서, 특정 고객에게 불이익을 줄 수도 있는 선물이나 혜택과 관련된 요청을 거절한다. – 전자 이해상충 해소 시스템을 시행해서 이해상충 가능성이 발생할 경우 자동으로 통보받게 한다. 그런 시스템은 대개 모든 기업재무나 투자은행 거래들이 거래 데이터베이스에 기록되게 함으로써 운영된다. 이 시스템은 고객명, 거래명 등이 일치하는지 파악해서 해당 상황이 조사될 수 있도록 컴플라이언스 팀에 전자우편을 발송한다. – 이해상충이 발생할 수도 있는 거래들의 자세한 내용을 감시 리스트와 제한 리스트에 등재해서, 새로운 거래들에 합의하기 전에 이 리스트에 해당하는지 점검하게 한다. – 거래 데이터베이스나 감시 리스트와 제한 리스트에 대한 접근은 엄격하게 제한되어야 하며, 이해상충 점검이 완료되기 전에는 새로운 우선 협상 계약서(mandate)에 합의해서는 안 된다.

이해상충 관리

7. 일반적인 상황인지 특수한 상황인지에 따라, 이해상충 관리 기법도 달라진다. 아래의 조치들은 가장 보편적으로 사용되는 일반적 이해상충 통제 방법의 몇 가지 예이다.
   – 영구적인 정보차단벽을 설치해서 민감한 부서들을 격리한다.
   – 적절한 보고 라인을 시행해서 잠재적으로 이해가 상충되는 부서들(예를 들어 고유자산 트레이딩과 고객 투자자산 관리)이 동일인에게 보고하지 않게 한다.
   – 회사의 보상 정책이 직원들에게 고객의 이해를 해치면서까지 빠듯한 세일즈 목표를 맞추도록 부당한 압력을 가하지 않게 한다.

8. 아래 조치들은 가장 보편적으로 사용되는 일회성 이해상충 통제 방법의 몇 가지 예이다.
   – 부적절한 향응이나 개인계좌 트레이드를 거절한다.

주제	이해상충
필요 조치	– 고객들에게 회사와 고객의 관계에 영향을 주는 특수한 이해 상충을 고지하고, 고객에게 그러한 상황의 리스크를 경고하 며, 거래를 진행하기 전에 고객으로부터 명시적으로 승인받 는다. – 일시적인 정보차단벽을 설치한다. 동일한 부서 내에서 두 개 의 팀이 이해가 상충하는 거래들에 대해 일하고 있을 경우 이렇게 할 필요가 있을 것이다. 일시적인 정보차단벽의 적용 을 받는 거래와 직원들에게 주의를 기울이고, 그러한 거래가 적절하게 수행되는지 검토한다. 이해상충 관리가 변화될 필 요가 있는지 평가하기 위해 계속 검토한다. – 회사가 이미 다른 고객을 위해 수행하고 있는 일과 이해가 상충되는 계약 수락을 거절한다. **성문 정책과 절차** 9. 직원들이 이 분야에서 자신의 책임이 무엇인지 정확히 이해하 도록 이해상충 식별, 관리 및 경감을 위한 내부 절차가 명확하 게 문서화되어야 한다. FSA는 회사 이해상충 정책의 구체적인 내용에 대한 요건을 상세히 서술하는데, 여기서는 특히 기업재 무 비즈니스에 주의를 기울이고 있다. **교육과 인식** 10. 직원들에게 자신의 부서에서 만나게 될 가능성이 가장 큰 이 해상충과 이들을 어떻게 관리해야 하는지에 대해 교육을 실시 한다. **모니터링** 12. 아래와 같은 목적으로 정규적인 컴플라이언스 모니터링을 시 행한다. • 회사가 인식하지 못하고 있던 이해상충을 식별한다. • 이해상충 식별 통제가 적절하게 작동하게 한다. • 이해상충 관리 통제가 적절하게 작동하게 한다. • 이해상충 정책과 절차가 준수되는지 평가한다.
추가 정보	부록 24를 보라.

주제	시장오용
목표	회사가 자신의 계정을 위해 또는 고객을 돕기 위해 시장오용을 저지르지 않게 하고, 시장오용 혐의를 식별하여 필요한 경우 FSA에 보고한다.
설명	• 시장오용은 투명하고 효율적인 시장을 왜곡하며, 아래와 같은 수단에 의해 이익을 얻으려는 몰염치한 참가자들에게 불공정한 혜택을 준다. 　– 가격에 민감한 정보로서 공개되지 않은 정보 　– 상장 유가증권의 가격 조종 • FSA는 시장오용을 점점 더 심각하게 다루고 시장오용은 FSA의 4가지 법적 목표의 중심을 차지하는 영국 금융 시스템의 신뢰 유지와 영국 시장이 금융 범죄에 이용되는 것을 방지하는 것과 관련된다. 시장오용은 시장이 부정직하게 이용되는 모든 상황을 일컫는다. 특정 시장에서 시장오용이 제지되지 않을 경우, 이 시장의 신뢰가 상실되어 사람들은 다른 곳에서 비즈니스를 수행하게 될 것이다. • 시장오용 범죄가 발생하려면, 오용적인 활동들이 '지정된 시장'에서 거래되는 '적격투자'와 관련하여 (또는 지정된 시장에서의 거래를 위한 신청과 관련하여) 행해져야 한다. • '적격투자'는 규제 활동 명령에 의해 다루어지는 활동이다(부록 3을 보라). • '지정된 시장'은 EEA 내에서 기반을 잡고 규제받는 시장으로 승인된 거래소이다. • FSA는 시장오용이 실행될 수 있는 몇 가지 방식을 규정한다. FSA와 1993년 형사사법법에서는 많은 특수한 정의들이 사용되며, 지면 관계상 이들을 모두 수록할 수는 없지만, 이들을 아래에 요약한다. 크게 보면, 두 가지 유형의 시장오용이 있다. 　– 내부자 거래와 관련된 행동들(과 개념들) 　– 시세조종과 관련된 행동들 • 내부자 거래와 관련된 행동들은 다음과 같다. 　– 내부자 거래 자체 　– (내부정보의) 부적절한 공개 　– (내부 또는 관련) 정보의 오용 • 시세조종에 해당하는 행동들은 다음과 같다. 　– 조종 거래 　– 조종 장치 　– 유포 　– 오도하는 행동과 왜곡 ❍

주제	시장오용
	• 시장오용 의도가 없더라도 이 조항이 위반될 수 있음을 주목한다. • 시장오용 혐의는 FSA에 보고되어야 한다. 많은 사람들이 FSA가 현재까지는 시장오용 혐의 사안을 제대로 기소하지 못했다고 여기고 있으므로, 향후 이 분야의 감독이 강해지리라고 예상할 수 있다. • FSA는 (시장 행동 수칙에) FSA가 포착하지 않는, 각각의 정의된 오용 형태에 대한 예를 제공한다. 이들은 '안전한 항구'라기보다는 그 안에 위반이 존재하는 모호한 경계에 대해 추가로 정의를 제공하기 위한 시도이다. 이들은 여전히 일반적이기는 하지만, '경계 안에' 해당하는 유용한 사례를 보여 준다. 물론이 사례들이 전부는 아니다. 이 사례들은 시장오용을 저지르려는 의도가 아닌, 뭔가 다른 의도에서 비롯된 정상적인 상업 활동은 일반적으로 위반이 아님을 보여준다.
내부자 거래	• 이는 내부자가 다음과 같은 거래를 하거나 다른 사람에게 거래를 하게 하려 할 때 발생한다. – 적격투자 또는 관련 투자에 대해 – 문제의 투자에 관한 내부정보에 기초한 거래 • '내부자'와 '내부정보'라는 용어는 매우 엄격하게 정의되며, 정보가 내부정보의 자격을 갖추려면 FSA에서 정한 몇 가지 요건들이 존재해야 한다. – 예: 내부자로부터 어느 회사가 예상치 못한 상당한 손실을 발표할 것이라는 얘기를 듣고, 주가가 크게 하락할 경우의 손실을 피하기 위해 회사 실적 발표 전에 보유하고 있던 그 회사 주식을 판다. • 내부자 거래일 수도 있는 신호들에는 (해당 고객에게 일반적이지 않은 방식으로) 급박한 트레이드, 불리해 보이는 가격에도 불구하고 내놓은 거래 주문, 같은 자산에 대한 두 고객 사이의 반복적인 거래 등이 포함된다. • 흥미롭게도 내부자 거래에 대한 영국의 가장 최근의 기소는 자신의 역할 때문에 내부정보에 접하게 된 뒤 내부자 거래를 공모한 혐의로 투옥된 컴플라이언스 책임자가 대상자였다(이는 다소 낙담하게 하는 소식이기도 하다).
부적절한 공개	• 이는 내부자가 자신의 고용, 직업, 또는 의무로 인해 합법적으로 요구되는 경우 이외에, 다른 사람에게 내부정보를 공개할 때 발생한다. – 예: 내부자인 당신은 당신의 회사가 예상하지 못한 상당한 손실을 발표할 예정이라는 것을 알고서, 회사 실적 발표 전에 다른 사람에게 이 사실을 말해 줘서 손실을 피할 수 있게 해 준다. ❍

주제	시장오용
정보오용	• 정보오용은 내부자 거래와 유사하지만 '내부정보'만이 아니라, '관련 정보'에도 적용된다는 점에서 범위가 더 넓다. • 관련 정보는 내부정보 정의의 구체적인 요건은 충족하지 못하지만, 일반적으로 입수할 수 없고 적격투자 의사 결정에 영향을 줄 수 있는 정보이다. 　－ 예: 당신은 직무상 당신의 회사가 고객 서비스에 대한 불만으로 주요 고객들과의 관계가 악화돼 있다는 것을 알게 되자, 이 고객들이 다른 곳으로 거래를 옮겨갈 경우 회사 주가가 하락할 것으로 예측하여 회사 주식을 판다.
조종 거래	• 적격투자의 공급, 수요 또는 가격에 관한 허위의 또는 오도적인 인상을 주거나 그런 방식으로 적격투자의 가격에 영향을 주기 위한 거래 　－ 예: 특정 주식에 상당한 수요가 있는 것처럼 보이게 해서 이 주식 가격이 오르게 하고, 그렇지 않았더라면 달성하지 못할 가격에 보유 주식을 팔기 위해 다른 트레이더와 공모해서 이 주식을 반복적으로 매매함
조종 장치	• 관련 적격투자에 관해 오도적인 정보를 유포시키는 것과 관련된 트레이딩 전략 　－ 예: 당신은 A 회사 주식에 막대한 고유 포지션을 매입한다. 그 뒤에 A 회사에 관하여 긍정적으로 전망하는 허위 정보를 유포하고 A 회사의 주가가 오르기를 기다렸다가, 그렇지 않을 경우 달성하지 못할 가격에 고유 포지션을 판다.
유포	• 적격투자에 관해 허위 또는 오도적인 인상을 줄 가능성이 있는 정보를 퍼뜨리는 것 　－ 예: 가격 상승으로 이익을 보기 위해 인터넷 게시판을 이용하여 (자신이 포트폴리오에 보유하고 있는) 어느 상장 회사가 공개 매수될 것이라는 허위 루머를 게시한다.
오도적인 행동과 왜곡	• 적격투자에 관해 직접적으로 취해지지는 않지만, 해당 적격투자의 가격, 수요, 공급 또는 가치에 관해 그릇된 인상을 줄 가능성이 있는 활동들. 아래와 관련하여 취해진 행동이 이에 대한 예가 될 수 있다. 　－ 설탕과 같은 상품. 이는 Euronext.Liffe에서 설탕 선물이 거래되기 때문임 　－ 런던 거래소에 상장된 주식에 기초한 OTC 주식 파생상품. 이는 그러한 주식은 적격투자일 것이기 때문임 ➋

주제	시장오용
	– 예: 설탕 수요에 관해 그릇된 인상을 주는 방식으로 설탕이 운송되도록 위탁 판매를 주선하여, Euronext.Liffe에서 거래되는 설탕 계약의 가격에 영향을 준다.
필요 조치	1. 회사의 시장오용 방지 제도는 다음 사항들을 포함해야 한다. – 회사가 가장 취약한 시장오용 유형 식별 – 예방 통제 시행 – 탐지 통제 시행 – 시장 조종에 관한 대내외 보고 시스템 시행 – 기록 유지 – 직원 교육과 인식 – 모니터링 **식별** 2. 회사가 가장 취약한 시장오용 유형을 식별한다. 회사가 대기업이고 여러 활동들을 영위할 경우, 각 부서마다 취약한 시장오용 유형이 다를 터이므로, 부서마다 이를 시행하는 것이 좋다. 3. FSA의 시장 행동 수칙에서 많은 예를 찾아볼 수 있다. **예방 통제** 4. 사용할 수 있는 예방 통제에는 아래와 같은 조치들이 포함된다. – 정규 교육–각각의 부서들이 만나게 될 가능성이 가장 높은 시장오용의 구체적인 유형에 따른 (대체적인, 그러나 배타적이지는 않은) 맞춤 교육 – 시장오용 통제에 관한 서면 지침 제공 – 회사의 한 부분에서 다른 부분으로 정보가 부적절하게 흘러가지 않도록 방지하기 위해 설계된 정보차단벽 사용 – 감시 리스트와 제한 리스트를 사용하여 트레이딩을 통제 및 모니터링함 – 개인계좌 거래 통제를 통해 직원의 부적절한 거래를 통제함 **탐지 통제** 5. 감독 당국은 점점 더 회사들이 전자 감독 시스템을 사용하여 시장오용 혐의를 찾아낼 것으로 기대한다. 이 시스템은 회사의 기업재무 부서에서 인수에 관여하고 있어서 내부정보를 보유하고 있을 수도 있는 회사가 인수 거래를 발표하기 하루 전에 그 회사에 대규모로 회사 자체 포지션을 취하는 것과 같이, 시장오용을 암시할 수도 있는 상황을 찾아내도록 프로그래밍될 수도 있다. ●

주제	시장오용

6. 전자 및 자동 감독 시스템만 사용되어서는 안 되며, 트레이딩 활동에 대해 정기적으로 수작업으로 검토해야 한다. 하루에 수천 건의 거래가 체결될 경우, 변칙 행동(irregularity)이 발각되지 않을 가능성이 높다.

보고

7. (직원의 경계를 통해 파악되었건 전자적으로 파악되었건 간에) 시장오용 혐의가 컴플라이언스 부서에게 알려지게 할 수 있는 시스템을 시행한다.

8. 해결될 수 없거나 만족스럽게 설명될 수 없는 시장오용 혐의는 FSA에 보고되어야 한다.

9. 시장오용의 범죄성에 비추어 볼 때 시장오용을 통한 수령액은 범죄 수익으로 간주될 수 있는데, 이는 자금세탁 법률 및 통제 영역에 속하게 되므로, 중대조직범죄국에 보고해야 할 수도 있다.

기록 유지

10. 시장오용과 관련하여 유지해야 하는 기록들은 다음과 같다.
    - 혐의 포착일
    - 혐의 행동 발생일로부터 경과 일수
    - 혐의의 성격
    - 관여된 직원 수
    - 혐의 보고자
    - 관련된 부서
    - 관련된 고객에 관한 상세 내용
    - 관련된 상품 또는 서비스의 상세 내용
    - 해당 혐의를 FSA에 보고했는지 여부
    - 중대조직범죄국에 보고했는지 여부
    - 취해진 시정조치
    - 해당 혐의를 상위 경영진에 보고했는지 여부
    - 징계 실시 여부
    - 고객의 민원 제기 여부(제기했을 경우, 세부 내용)
    - 어떻게 진행할지에 관해 법률 지침을 받았는지 여부(그럴 경우, 상세 내용)
    - 고객에 보상금 지급여부, 지급했을 경우 금액
    - 혐의 조사가 완료된 것으로 간주된 일자

주제	시장오용

	직원 교육과 인식
	 11. 직원들이 시장오용을 구성하는 행동들과 이에 관련한 심각한 벌칙을 알게 한다.
	 12. 교육 목적에 사용되는 시장오용의 예를 회사의 활동과 적합한 상황에 맞출 필요가 있다.
	 13. 대면 교육 실시 외에, 서면 지침 자료도 중요하다. 많은 회사들은 시장오용 정책도 시행하고 있다.
	
	 모니터링
	 14. 다음 사항들을 포착하기 위해 컴플라이언스 모니터링 팀에서 정규적으로 모니터링을 실시해야 한다.
	    – 지금까지 발견되지 않았고 조사될 필요가 있는 시장오용 의심 사례
	    – 전자 방식 감독 실패
	    – 비즈니스의 변화를 반영하기 위해 전자 방식 감독에 가할 필요가 있는 변경 내용
	    – 파악되었으나 적절히 사후 관리되지 않았던 시장오용 혐의 사례
	    – FSA에 보고해야 했으나 보고하지 않았던 시장오용 사례
	    – 필수 시장오용 교육을 받지 않은 직원

추가 정보	부록 24를 보라.

2000년 FSMA의 내부자 정보 정의

1993년 형사 사법법(Criminal Justice Act) s.52에는 별도의 내부자 거래 정의가 있지만, 이 정의는 범위가 보다 좁으며, 아래의 요소들에 포함된다.

필요한 정보	논평
내부정보(일반)	상품 파생상품이 아닌 적격투자 또는 관련 투자에 관한 다음과 같은 정보 (a) 정확하며 (b) 일반적으로 입수할 수 없고 (c) 하나 이상의 적격투자 발행자 또는 하나 이상의 적격투자에 직접, 또는 간접적으로 관련이 있고

필요한 정보	논평
	(d) 일반적으로 입수할 수 있을 경우 적격투자의 가격 또는 관련 투자의 가격에 상당한 영향을 줄 가능성이 있는 정보
내부정보 (상품 파생상품)	상품 파생상품인 적격투자 또는 관련 투자에 관한 다음과 같은 정보 (a) 정확하며 (b) 일반적으로 입수할 수 없고 (c) 하나 이상의 그러한 파생상품에 직접, 또는 간접적으로 관련이 있고 (d) 해당 파생상품이 거래되고 있는 시장 이용자들이 이 시장에서 인정된 시장 관행에 따라 받을 것으로 기대하는 정보
내부정보 (주문 정보)	적격투자 또는 관련 투자의 주문 집행 기능과 관련하여, 고객이 주문을 내 체결 대기 중인 주문에 관한 정보로서 다음과 같은 정보 (a) 정확하며 (b) 일반적으로 입수할 수 없고 (c) 하나 이상의 적격투자 발행자 또는 하나 이상의 적격투자에 직접, 또는 간접적으로 관련이 있고 (d) 일반적으로 입수할 수 있을 경우, 적격투자의 가격 또는 관련 투자의 가격에 상당한 영향을 줄 가능성이 있는 정보
적격투자	• 2000년 금융 서비스 및 시장법(FSMA) (지정된 시장 및 적격 투자) 명령 2001(SI 2001/996)에서 재무부에 의해 적격이라고 '지정된' 투자 • 이는 주식과 회사채 및 정부 채권과 같이, FSMA 섹션 22/스케줄 2 목적상으로 지정된 모든 종류를 다룬다.
관련 투자	가격이나 가치가 적격투자의 가격이나 가치에 기초하고 있는 투자. 이는 선물, 옵션, 스왑과 같은 상품을 포함한다.

정확한	• 정보가 정확하려면, 아래의 사항과 관련이 있어야 한다.
	  – 현재의 상황
	  – 곧 발생할 것으로 합리적으로 믿어지는 상황
	  – 발생한 사건
	  – 발생할 것으로 합리적으로 믿을 수 있는 사건
	• 사건 또는 상황에 관한 정보는 누군가가 이 정보를 사용하여 관련 적격투자 또는 관련 투자에 어떻게 영향을 줄지 판단할 수 있을 정도로 구체적이어야 한다.
	                                          ❍

필요한 정보	논평
상당한 영향	정보가 가격에 상당한 영향을 주려면, 합리적인 투자자가 투자 의사 결정을 내릴 때 사용할 것으로 기대되는 유형의 정보여야 한다.
인정된 시장 관행	• 상품 파생상품에 직접 또는 간접적으로 관련되는 아래와 같은 정보 　– 그러한 시장 이용자들이 통상적으로 입수할 수 있거나 　– 아래와 같은 사유로 공개 요건을 적용받는 정보 　　◦ 법률 규정 　　◦ 시장 규칙 　　◦ 상품 시장 또는 상품 파생상품 시장의 계약 　　◦ 상품 시장 또는 상품 파생상품시장에서 인정된 관행

내부자는 아래와 같은 상황에서 내부정보를 보유한 사람이다.

- 적격투자 발행자의 관리, 경영, 또는 감독 기구에 속하는 자
- 적격투자 발행자의 주식 보유자
- 자신의 고용, 직업 또는 의무 수행을 통해 해당 정보에 접할 수 있는 사람
- 범죄 활동의 결과
- 기타 내부정보라고 알고 있거나, 알 것으로 합리적으로 기대되는 방법으로 해당 정보를 입수한 경우

유명하거나 일반적으로 알려진 시세조종 기법

시세조종은 자체의 이름이 있거나 아래의 표에서 설명하는 바와 같이 보편적으로 알려진 기법을 지닌 다소 난해한 용어를 탄생시켰다.

이름	설명
허위 거래 또는 오도하는 거래	
위장 매매	소유에 따른 실제 이익과 시장 리스크 익스포져는 매도인에게 남지만, 다른 당사자들에게는 이들이 매수인에게 넘어갔다는 인상을 주기 위해 연결되어 있거나 공모한 당사자들에 의한 투자 거래(유럽 증권 감독위원회(CESR)의 정의는 환매와 주식 대여 거래들은 이 범주에 해당하지 않는다고 규정한다) ➲

이름	설명
허위 거래 또는 오도하는 거래	
테이프 페인팅	특정투자에 대한 거래 활동이 증가했다는 인상을 주기 위해 하나 이상의 거래량이 발표되는 거래에 관여하는 것
부적절한 매치 주문	공모 당사자들 사이에 앞선 주문과 동시에 또는 거의 동시에 매수 또는 매도 주문을 입력하는 것(이는 크로스와 같은 합법적 교환 활동을 지칭하지 않는다)
허수 주문	특정 투자에 대한 공급 또는 수요가 있다는 인상을 주기 위해 시장 가격과 동떨어진 매수 또는 매도 주문을 입력하여 (예를 들어 주문 대장에) 발표되게 하고, 주문이 집행되기 전에 취소하는 것 (이의 변형으로 시장 움직임 주문(market-moving order)이 있는데, 이는 최종 매수/매도 호가보다 유리하게 (보다 작은 규모로) 주문한 뒤 주문이 적시에 취소되지 못할 경우 제한된 트레이딩 손실만 부담하는 수법이다)
가격 조작	
종가 관여	특정 증권 또는 그 파생상품의 종가/참조 가격에 영향을 주기 위한 시장 종료시 또는 종료 직전의 거래
IPO 후의 공모	IPO 배정을 받은 당사자들이 공모하여 유통시장에서 해당 주식에 대한 관심을 일으키고 가격을 끌어 올려서 자신들의 보유 물량을 처분하는 행위
오용적 매점	예를 들어 파생상품 만료일과 같이 수요가 집중되는 시기에 이익을 얻기 위해 특정증권 또는 실물인도 파생상품 계약의 기초자산이 되는 상품의 공급을 요구하는 포지션을 악용하는 행위
인위적 주가 부양	일반적으로 증권 발행 회사가 자사에 대한 신용평가기관의 정밀 조사나 자사 주식 투매에 대해 보호하기 위해 자사의 주가를 인위적으로 떠받치기 위해 트레이드하는 행위
과도한 매수/ 매도 호가 스프레드	시장 조성자나 스페셜리스트 브로커들이 특정 투자의 외관상 가치를 인위적 수준으로 유지하기 위해 실제 수요와 공급에 의해 내재된 공정 가격으로부터 벗어난 메도/매수 스프레드를 조작하는 행위

●

이름	설명
허위 거래 또는 오도하는 거래	
관련 시장에서의 금융상품 가격을 부적절하게 조작하기 위해 하나의 시장에서 트레이드하기	다른 곳에서 트레이드되는 상품(주로 파생상품 및 그 기초 자산과 관련됨)의 참조 가격에 영향을 주기 위해, 해당 상품에 트레이드 하는 행위
가공의 장치/기만	
차명 거래	대개 자산/지분 공시 요구를 회피하기 위해 한 당사자로부터 사실상 매도자를 위해 대신 포지션을 보유하는 다른 당사자에게 법적 소유권을 이전하는 거래
펌프 앤 덤프	특정 증권에 포지션을 취한 후, 이에 관한 긍정적인 정보를 유포하거나 이 증권을 추가 매입한 뒤 가격이 오르면 파는 행위
트래쉬 앤 캐쉬	위와 반대 행위. 특정 증권을 공매도한 후, 이에 관한 부정적인 정보를 유포하거나, 추가로 공매도한 뒤, 가격이 하락하면 전체 포지션을 청산하는 행위
포지션을 취한 뒤 공시 후 즉시 청산	포트폴리오 매니저와 같은 저명한 투자자가 특정 투자에 대한 거래사실을 공개한 뒤 바로 이를 처분하는 행위

주제	정보 차단벽
목표	회사 내에서의 부적절한 정보 흐름을 최소화하기 위함
설명	• 정보차단벽(chinese wall. 요즘에는 중국에 대한 부정적 인상을 주는 용어를 피하기 위해 information barrier라 부름. 역자주) 사용은 금융기관에서 회사의 한 부서에서 다른 부서로의 부적절한 정보 흐름(물리적 흐름과 전자적 흐름을 모두 포함)을 방지하는 장치로 잘 알려져 있다. • 정보차단벽 사용은 시장오용과 이해상충에 대한 통제라는 맥락에서 특히 적절하다. 정보차단벽 뒤에 위치한 부서들은 일반적으로 가격에 민감한 미공개 정보를 다루거나, 회사의 다른 영역의 활동들과 관련하여 중대한 이해상충을 야기할 수 있는 정보를 다루는 부서들이다. ❍

주제	정보 차단벽

	• 정보차단벽이 사용될 수 있는 고전적인 상황들은 다음과 같다.
	   – 곧 발표될 리서치에 관한 정보가 고유계정 트레이더들에게 알려지지 않도록 방지하기 위해
	   – 기업재무 부서의 우선 협상 계약이 펀드 매니저에게 알려지는 것을 방지하기 위해
	• 이해상충이나 시장오용을 야기할 수도 있는 정보를 정규적으로 다루는 부서들은 자신이 통제하는 정보에 대한 접근이 제한될 수 있도록 정보차단벽 뒤에 위치해야 한다.
	• 접근 제한 지역인 정보차단벽 뒤에 위치하는 부서들은 흔히 '미공개 부문(private side)' 부서라고 불린다.
	• 정보차단벽 뒤에 위치하지 않는 부서들은 흔히 '공개 부문(public side)' 부서라고 불린다.
	• 이사들과 같은 일부 상위직급 직원들은 정보차단벽의 공개 부문과 미공개 부문 양쪽의 정보에 접근할 필요가 있다. 그러한 직원들을 흔히 '정보차단벽 위(above the wall)'에 있다고 한다.
	• 때로는 공개 부문의 직원이 미공개 부문의 거래에 일시적으로 관여할 필요가 있다. 그러한 직원을 흔히 '차단벽을 넘는 사람(wall crosser)'라고 한다.
	• 정보차단벽 통제(아래를 보라)가 효과적이기 위해서는 요구되는 관리수준 면에서 비교적 많은 노력이 필요하지만, 이는 실제로 회사에 다음과 같은 유익을 가져다준다.
	   – 기업 매수 상황에서 두 개의 다른 매수측 회사들을 대리하는 것과 같이, 정보차단벽이 없을 경우 양립할 수 없다고 간주될 수 있는 비즈니스들이 같은 회사에서 수행될 수 있게 해 준다.
	   – 시장오용 혐의에 대한 방어 수단을 제공한다.
	   – FSMA s.150하에서 회사에 대해 취해지는 손해배상 소송에 대한 방어 수단을 제공한다.

필요 조치	1. 회사의 모든 부서들의 활동들을 검토하고 이 부서들이 정보차단벽 뒤에 위치해야 하는지 여부를 판단한다. 이 결정에 대한 감사 기록을 제공하기 위해 그렇게 결정한 근거를 기록한다. 보유하는 정보의 민감성으로 인해 흔히 정보차단벽 뒤에 놓이게 되는 팀들은 다음과 같다.
	   – 리서치
	   – IPO
	   – 인수합병
	   – 투자은행
	   – 기업대출
	   – 사모주식　　　　　　　　　　　　　　　　⟶

주제	정보 차단벽
	2. 미공개 부문 부서에 대한 손쉬운 접근을 막기 위한 물리적 장애물을 설치한다. 이는 상당한 비용이 소요되는 건물 공사를 필요로 할 수도 있으므로 상위 경영진의 지지를 받을 수 있도록 노력해야 한다.

2. 미공개 부문 부서에 대한 손쉬운 접근을 막기 위한 물리적 장애물을 설치한다. 이는 상당한 비용이 소요되는 건물 공사를 필요로 할 수도 있으므로 상위 경영진의 지지를 받을 수 있도록 노력해야 한다.

3. 진정으로 효과적이려면, 정보차단벽이 공개 부문과 미공개 부문을 물리적으로 완벽하게 격리시켜야 하며, 미공개 부문 부서들에 대한 접근은 제한되어야 한다. 오늘날의 대부분의 회사들은 전자 암호나 지문 인식으로 작동되는 전자 도어 통제 장치를 보유하고 있다.

4. 미공개 부문 정보에 대한 컴퓨터 시스템 접근 또한 충분히 제한되어야 하며 정보차단벽 뒤쪽에 있는 직원들의 컴퓨터 파일들은 적절히 승인을 받은 관련 부서 내의 직원만 접근할 수 있어야 한다.

5. 모든 직원들을 채용할 때 그들이 공개 부문에 속하게 될지, 미공개 부문에 속하게 될지, 또는 차단벽 위에 놓이게 될지 알려준다. 각각의 범주의 직원들에게 서면 지침을 제공해서 직원들이 자신의 지위와 관련된 권리와 책임을 알게 해야 한다.

6. 영구적으로든, 일시적으로든, 또는 벽 위에 놓이게 될 직원이든 간에, 정보차단벽 부서에 접근하는 직원들에 대해 엄격한 통제를 시행한다. 그러한 접근 권한은 관련 라인 매니저와 컴플라이언스 부서의 승인을 받은 뒤에 부여되어야 하며, 왜 접근이 필요한지에 대한 근거도 기록되어야 한다.

7. 다음 사항을 보여주는 정보차단벽에 대한 접근과 승인에 대해 레코드 형태 또는 데이터베이스로 기록할 수도 있다.
   – 접근이 필요한 사람의 이름
   – 필요한 접근의 성격
     ○ 부서에 대한 독자적 접근
     ○ 미공개 부문 직원이 동행할 경우에만 접근(즉, 비독자적 접근)
   – 접근이 더 이상 필요하지 않게 될 일자(접근이 일시적인 경우)
   – 접근 승인자
   – 접근 승인일

8. 모든 직원에게 지침을 제공할 수 있도록 회사의 정보차단벽 제도와 통제를 문서화한다.

주제	정보 차단벽

	9. 정보차단벽은 반드시 영구적인 장치일 필요는 없고, 예를 들어 회사가 하나의 인수 대상 기업에 대해 2개의 매수자를 대리할 경우와 같은 상황에서의 특수한 거래를 다루기 위해 일시적으로 마련될 수도 있다. 그러한 경우에는 2개의 딜 팀들에 대해 영구적인 차단벽을 새로 설치하는 것은 적절하지 않을 것이다. 회사는 다른 방식으로 두 팀을 격리시키고, 영구적인 차단벽에 관해 위에서 설명한 바와 유사한 통제들을 시행할 수 있을 것이다.
	10. 정보차단벽은 컴플라이언스 부서와 관련 부서장들에 의해 정규적으로 모니터되어야 한다. 아래와 같은 사항들을 모니터할 수 있을 것이다.
	    – 승인받지 않은 정보차단 지역 접근 : 물리적 접근 또는 컴퓨터를 통한 접근을 불문함
	    – 정보차단 지역에 대한 전자도어 통제 실패
	    – 차단벽 통과자가 기록되지 않음
	    – 신규 입사자에게 공개 부분, 미공개 부문, 또는 차단벽 위의 부서에 소속되는 의미에 관한 지침을 제공하지 아니함
	    – 정보차단 장치를 필요로 하는 새로운 부서 또는 활동들이 확대되었거나 변경되었는지

추가 정보	부록 24를 보라.

주제	내부자 리스트
목표	내부정보에 접근할 수 있는 모든 직원들에 대해 상세한 최신 리스트를 유지한다.
설명	• 시장오용을 통제 및 억제하기 위해, 상장 회사들은 (직원이건, 계약에 따라 행동하건) 자사를 위해 자사에 관한 내부정보에 접근할 수 있는 사람들의 상세한 리스트를 작성하도록 요구된다. • 증권 발행자의 내부자 리스트 요건 준수를 촉진하기 위해, 회사는 직원들이 상장 고객사에 관한 내부정보를 보유하고 있을 경우 이에 대한 내부자 리스트 제도를 시행해야 한다. 기업재무팀 또는 투자은행팀 직원이 내부 정보에 접할 가능성이 가장 클 것이다.
필요 조치	1. 회사에서 내부정보에 대해 접근할 가능성이 가장 높은 부서와 직원들을 결정한다. ❍

주제	내부자 리스트
	2. 내부자 리스트 유지에 관해 FSA에서 요구하는 정보가 포착될 수 있는 제도를 시행한다. 유지되어야 할 기록은 다음과 같다. 　– 내부자 이름 　– 각 사람이 해당기관과 관련하여 내부자로 여겨지게 되는 회사 　– 그들이 내부자로 여겨져야 할 이유 　– 각 사람이 내부자가 된 날짜 　– 각 사람이 내부자가 아니게 되는 날짜 3. 내부자 리스트에 직원이 추가될 때마다, 그 직원은 아래 사항에 대해 서면으로 인정해야 한다. 　– 자신의 이름이 특정 기관에 관해 내부자로 등재되어 있음 　– 자신이 처음으로 내부정보를 소유할 수 있게 되는 날짜에 대해 동의함 　– 관련 요건 위반에 대한 처벌을 인지하고 있음(이상적으로는 보다 상세한 내용을 찾아볼 수 있는 정보와 함께 위의 내용들을 요약한 인정 양식을 마련하는 것이 좋다) 직원들은 내부자 리스트에서 삭제될 경우, 해당 발행인에 대한 내부정보에 더 이상 접근할 수 없음을 확인한다는 내용도 서면으로 인정해야 한다. 4. 누가 내부자 리스트 관리인이 될지 결정한다. 이는 컴플라이언스 부서가 맡을 수도 있고, 관련 부서장들이 맡을 수도 있다. 5. 회사 내에서 내부자 리스트 사용에 관한 서면 절차를 제정한다. 6. 언제 왜 내부자 리스트가 필요한지와 관련 요건 위반 시 직면하게 될 벌칙에 대해 직원들에게 교육을 실시한다. 7. 내부자 리스트들이 작성되고 적절하게 유지되는지 정기적인 모니터링을 실시한다. 8. 가격에 민감한 비밀 정보는 업무상 알 필요가 있는 경우에만 공유되어야 함을 명심한다.
추가 정보	부록 24를 보라.

주제	주의 리스트와 제한 리스트 관리
목표	금지되었거나 제한된 기관의 증권 트레이딩이 발생하지 않게 한다. 　　　　　　　　　　　　　　　　　　　　　　　　　　　　○

주제	주의 리스트와 제한 리스트 관리
설명	• 주의 리스트와 제한 리스트는 FSA 핸드북에서 정의된 용어는 아니지만, 이 용어들은 널리 알려져 있고 모든 금융기관에서 사용되고 있다. • 주의 리스트와 제한 리스트는 아래와 같은 여러 이유로 사용된다. 　– 부적절한 정보 흐름 통제 　– 이해상충 방지 또는 관리 　– 시장오용 방지 또는 포착 　– 배타적 서비스 계약 위반 방지 　– 어느 이유로든(예를 들어 평판 이슈) 회사가 관여하고 싶지 않은 당사자와의 비즈니스 관계 개시 방지 • 주의 리스트와 제한 리스트는 성격은 유사하지만, 용도가 다르다. 회사마다 다소 다를 수는 있지만, 일반적으로 주의 리스트와 제한 리스트는 아래와 같이 요약될 수 있다.
주의 리스트	• 회사가 가격에 민감한 미공개 정보를 보유하고 있는 기관의 이름을 기록하기 위해 사용된다. 　– 예를 들어 인수 의향 등 이 정보에 접하게 된 상황이 아직 공개되지 않았다. • 주의 리스트는 회사에 배포되지 아니한다. • 주의 리스트에 등재하게 한 부서 소속 직원은 개인 계정, 고객 계정, 또는 회사 고유계정을 불문하고 이 기관의 증권에 대해 트레이딩할 수 없다. • 다른 부서 직원들은 (적절한 정보차단벽 제도가 갖춰져 있는 한) 주의 리스트에 등재된 기관의 증권을 트레이드할 수 있지만, 해당 트레이딩이 부적절하지 않은지(예를 들어 내부정보에 근거했는지 여부) 확인하기 위해 이를 검토해야 한다.
제한 리스트	• 회사가 가격에 민감한 미공개 정보를 보유하고 있는 기관의 이름을 기록하기 위해 사용된다. 　– 알려진 인수 입찰 등 이 정보에 접하게 된 상황이 이미 공개되었다. (그러한 기관은 일단 주의 리스트에 기록된 뒤 제한 리스트로 옮겨질 것임.) • 다음과 같은 다양한 다른 이유로 인해 트레이딩이 제한되어야 하는 기관들에 대해서도 사용된다. 　– 리서치 발표가 임박해 있음 　– 평판 이슈. 이는 회사가 특정 기관과 관련이 있는 것으로 보여지는 것이 바람직하지 않을 수 있음을 의미함

●

주제	주의 리스트와 제한 리스트 관리
	– 해당 기관의 과거 신용 기록이 나쁨
	– 해당 기관이 회사와 분쟁 또는 소송 중임
	• 제한 리스트는 회사에 배포될 수 있다.
	• 제한 리스트에 등재된 회사의 증권에 대해서는 아무도 트레이드할 수 없다.
	• 주의 리스트와 제한 리스트는 일반적으로 컴플라이언스팀에 의해 유지된다. 대형 금융기관들에서는 이 리스트들과 기타 민감한 정보의 관리는 아래에 설명하는 많은 통제 활동을 수행하는 '통제실(control room)'의 책임이다.
필요 조치	1. 주의 리스트와 제한 리스트 작성을 위한 제도를 시행한다.
	– 회사에서 주의 리스트, 또는 제한 리스트에 등재하게 될 상황을 정의한다.
	– 직원이 통지를 위해 사용할 수 있는 종이 또는 전자 양식을 제정한다(아래를 보라).
	– 이 제도들을 문서화한다.
	– 이에 대해 규칙적으로 교육을 실시한다.
	2. 주의 리스트와 제한 리스트 통지 양식은 아래와 같은 상세한 내용을 담고 있어야 한다.
	– 리스트에 추가될 회사의 이름
	– 이 회사가 주의 리스트 또는 제한 리스트 중 등재될 곳
	– 리스트 등재 요청인
	– 리스트 등재 요청 부서
	– 리스트 등재 이유
	– 회사가 상장되었을 경우, 상장된 거래소
	– 리스트에 등재되는 회사에 관한 민감한 정보에 관련된 직원
	3. 이 양식에 주의 리스트에서 제한 리스트로 옮겨져야 할 회사(그리고 그 이유와 옮기도록 요청한 사람)의 범위, 이들 리스트에서 제거될 회사(그리고 그 이유와 이를 요청한 사람)의 범위도 남겨둬야 한다.
	4. 주의 리스트와 제한리스트가 사용되어야 하는 상황을 정의한다. 예를 들어 아래와 같은 사항들은 사전에 리스트를 점검한 뒤에 실행해야 한다.
	– 개인계좌 트레이드 승인(그 직원이 내부정보에 접근했을 수도 있음)
	– 기업재무 부서의 배타적 서비스 계약 수용(회사가 동일한 프로젝트에 관해 이미 다른 회사와 배타적 계약을 체결했을 수도 있음)

주제	주의 리스트와 제한 리스트 관리
	– 새로운 고객 관계 형성(과거에 해당 고객이 회사에 신용 손실을 입혀서 회사에서 그 고객과는 더 이상의 비즈니스 관계를 맺고 싶지 않을 수도 있음) – 리서치 보고서 발행(리서치가 기업재무 관계에서 제공되고 있는 권고와 모순될 수 있음. 예를 들어 기업재무 부서에서는 해당 회사의 전망이 좋다며 이 회사에 대한 매수자를 찾으려 하고 있는데, 리서치 부서에서는 이 회사의 전망이 나쁘다며 매도 의견을 낼 수도 있음) 5. 이 리스트들에 등재된 회사와 관련된 비즈니스 금지에 대해 일부 예외를 허용할 수도 있다(예를 들어 권유하지 않은 고객의 주문을 촉진하기 위해 트레이드를 집행하는 경우). 6. 주의 리스트와 제한 리스트의 정확한 사용 방법이 관련 직원들에게 알려질 수 있도록 교육을 실시한다. 7. 주의 리스트와 제한 리스트에 기록된 정보가 최신으로 유지되게 하고 이 리스트들에 등재된 회사의 증권 트레이딩 내역을 파악하기 위해 정기적으로 모니터링을 수행한다.
추가 정보	부록 24를 보라.

주제	개인계좌 거래
목표	직원들이 부적절한 개인계좌 거래에 관여하지 않게 한다.
설명	• 부적절한 개인계좌 거래의 예는 아래와 같다. – 고객에게 불이익을 주는 트레이딩 – 시장오용, 특히 내부자 거래에 관여 – 직원들이 업무를 수행하기보다는 개인 투자 포트폴리오가 어떻게 돼 가는지 알아보느라 너무 많은 시간을 보냄 – 직원들이 회사 근무의 적합성에 영향을 줄 정도로 너무 큰 손실을 입음. 재정 건전성은 FSA의 적합성 평가 기준 중 하나임 • 위의 상황을 고용주에게 숨기기 위해 다른 사람의 이름으로 거래하는 것도 금지된다. • 개인계좌 거래 요건은 아래와 같은 상황에는 적용되지 않는다. – 직원의 자유재량에 의해 취해지지 않은 트레이드 – 생명보험증권 매입

263

주제	개인계좌 거래
	• 지정된 투자 비즈니스 업무에 관여하지 않는 하위 직원들은 개인계좌 거래제도 적용을 면제해 줄 수도 있지만, 많은 회사들은 모범실무 관행상의 이유(시장오용, 내부자 거래와 평판 이슈는 FSA 규칙들보다 훨씬 더 적용 범위가 넓음을 기억하라다)와 관리의 편의상 이러한 예외를 적용하지 않고 있다. • 리서치 애널리스트들에게 적용되는 개인계좌 규칙은 특히 엄격하다. • 지정 대리점과 외주 서비스 제공자들도 회사의 개인계좌 거래제도를 적용받는다.

필요 조치	1. 아래 사항들이 회사의 개인계좌 거래 제도의 중요 요소로 포함되어야 한다.
	  – 직원들에게 개인 트레이딩 시 사전 승인받도록 요구함
	  – 모든 개인계좌 트레이딩 집행 즉시 컴플라이언스 부서가 이에 대해 통보받게 함
	  – 회사 통제의 상세 내용을 다루는 개인계좌 거래 정책을 제정함
	  – 직원들이 이 분야에서 자신들에게 기대되는 바가 무엇인지 알 수 있도록 교육을 제공함
	
	사전 승인
	2. 사전 승인은 FSA 규칙 하에서는 엄격한 요건이 아니지만 회사에서 아래와 같이 하지 않는 한 발생할 수도 있는 부적절한 트레이드 파악 및 방지에 효과가 있다.
	  – 모든 개인계좌 거래가 자사를 통해 이뤄지도록 요구함
	  – 트레이딩 시스템에서 직원계좌와 다른 계좌들을 구분함
	  – 부적절한 개인계좌 주문이 접수되지 않게 하는 시스템을 갖춤
	  – 개인거래 실행 후에 이를 조사할 수 있도록 개인거래를 보여주는 보고서를 작성함
	3. 신속한 승인 시스템을 갖춘다. 컴플라이언스부서는 동료들로부터 컴플라이언스 부서가 늑장을 부리는 사이에 시장이 불리하게 움직여 돈을 잃었다는 비난을 받고 싶지 않을 것이다.
	4. 승인이 어떻게 이루어질지 결정한다. 서명을 필요로 하는 서면 양식을 사용하거나, 전자 요청/승인 시스템을 사용할 수도 있다.
	5. 누가 트레이드 승인 권한을 가질지 결정한다. 컴플라이언스 부서, 라인 경영진, 또는 이사가 단독으로 승인할 것인가, 아니면 이들 모두에게 승인받게 할 것인가?

6. 트레이드 승인/거절 기준과 '위험' 상황이 어떻게 포착될 것인
지 정한다. 아래와 같은 투자상품 트레이드를 거절하는 회사들
이 있다.
   – 회사 고객 발행 주식
   – 자사 발행 주식
   – 회사가 관리하는 집합투자 상품에 참여하는 경우
   – 회사에서 영위하는 업종에 투자하는 경우
   – 회사가 법적 분쟁을 벌이고 있는 회사에 투자하는 경우

   스프레드 투기는 포지션의 급속한 움직임으로 인해 상대적으로
   빠르게 상당한 손실을 입을 수 있기 때문에, 이에 대해서는 전면
   금지하는 회사들도 있다. 이러한 투기는 관련 직원의 재무 상태에
   영향을 줄 수 있을 뿐만 아니라, 직원들이 고객에게 시간을 할애
   하기보다는 자신의 트레이드 결과를 지켜보는 데 더 많은 시간을
   보내게 할 수도 있다.
7. 개인계좌 거래 요청을 주의 리스트와 제한 리스트에 대조해 보
   는 것은 부적절 여부를 판단하는 좋은 방법 중 하나이다.
8. 개인계좌 승인 담당자가 승인 기준, 트레이드 승인 절차, 언제
   컴플라이언스의 안내를 받아야 하는지, 어떤 기록을 유지할 필
   요가 있는지 이해하게 한다.
9. 승인은 일정 기간만 유효하며, 이 기간이 지나면 다시 승인받
   을 필요가 있다고 결정할 수도 있다.
10. 또한 과도한 트레이딩을 방지하기 위해 보유 기간(예를 들어
    매입한 투자 상품은 30일 이내에 매도할 수 없음)을 부과할
    수도 있다.

개인계좌 거래 통보
11. 위에서 상세히 설명한 바와 같이, 일부 회사들의 IT시스템은
    개인계좌 거래들이 자동으로 컴플라이언스 부서에 통보되게
    해 준다.
12. 대부분의 회사들은 직원들이 컴플라이언스 부서에 계약서 사
    본을 보내게 하거나, 브로커로부터 직접 계약서 사본을 받아
    야 할 것이다.

모니터링
13. 개인계좌 거래에 대해 통보 받으면, 이를 검토해서 승인 후
    정해진 날자 안에 거래가 수행되었는지, 보유 기간이 준수되
    었는지 등 승인 조건 충족 여부를 확인해야 한다.

주제	개인계좌 거래
	14. 사전 승인을 받지 않은 거래 유무 확인에는 모니터링이 특히 중요하며, 개인계좌 거래의 전부 또는 일부에 대해 적절성 여부를 정밀 조사할 필요가 있을 것이다(위의 지침을 보라).
	15. 성공적인 트레이딩에 대해 특히 주의를 기울이라! 누군가가 일관되게 성공적으로 거래할 경우, 즉, 일관되게 손실을 피하거나 이익을 낼 경우, 이 사람은 어떻게 언제나 운이 좋을 수 있는지 주의할 필요가 있다. 그 사람은 남다른 주식 선별 재주가 있는가, 아니면 내부정보를 가지고 거래하는 것인가?
	16. 또한 특별히 성공적이지 않은 트레이딩에 대해서도 모니터하기로 결정할 수도 있다. 재정 건전성은 FSA의 적합성 기준의 일부이며, 만일 직원이 상당한 재정 압박을 받을 경우 그렇지 않았더라면 고려하지 않았을 리스크를 취할 유혹을 받을 수도 있음을 기억해야 한다.
	정책과 교육
	17. 개인계좌 거래 정책이 누구에게 적용될지 결정한다. 이 정책이 지정된 투자 비즈니스에 관여하지 않는 직원에게도 적용될 것인가? 전 세계의 관계 회사들을 포괄하는 그룹 차원의 정책을 시행할 필요가 있는가?
	18. 회사 개인계좌 트레이딩 절차의 주요 내용들과 위반할 경우 받게 될 벌칙에 관한 지침이 제정되어야 한다.
	19. 직원들이 이 정책과 이 분야에서 기대되는 주의사항들을 이해하도록 교육을 실시해야 한다.
	20. 인식을 극대화하기 위해 일부 회사들은 개인계좌 거래 정책 준수를 채용 조건으로 삼고, 이를 고용 계약에 포함시키기도 한다.
	21. 다른 대안으로는 모든 직원들에게 회사의 개인계좌 거래 규칙을 이해하고 있으며 이를 준수하겠다는 서약을 받는 방안이 있다. 이와 관련하여 직원들에게 자신의 전년도의 모든 트레이드는 개인계좌 거래 정책에 따라 이루어졌음을 해마다 확인하게 하는 연례 확인 프로세스를 시행하는 회사들도 있다.
추가 정보	부록 24를 보라.

주제	향응
목표	선물 또는 접대와 같은 부적절한 향응 제공 또는 수령을 방지하기 위한 적절한 장치를 갖춘다.

주제	향응

설명	• 금융기관의 부적절한 선물 또는 접대 수수는 고객의 최선의 이익을 무시하는 방식으로 행동하도록 유혹하는 심각한 이해상충을 야기할 수 있다.
	  – 세일즈 직원이 특정 고객으로부터 상당한 선물을 받고서, 해당 고객에게 다른 고객들에 비해 불공정한 이익을 주는 방식으로 트레이드를 배정할 경우 어떻게 되겠는가?
	  – 펀드 매니저가 브로커에게 상당한 선물을 주고, 그 브로커에게 다른 고객에 비해 자신에게 불공정한 이익을 주는 방식으로 트레이드를 집행하게 하면 어떻게 되겠는가?
	• FSA는 향응을 아래와 같이 넓게 정의한다.
	  – 수수료
	  – 커미션
	  – 비금전상의 이익
	• 이 정의는 일반적으로 아래와 같은 항목을 포함하는 것으로 간주된다.
	  – 세미나 또는 컨퍼런스 참석
	  – 리서치
	  – 잡지 또는 전자 정보 구독 계약
	  – 포도주, 시계, 펜 등과 같은 선물 등.
	• FSA는 아래와 같은 3개의 특수한 상황에서만 수수료, 커미션과 비금전상의 이익을 허용한다.
	  – 고객 또는 그 대리점에게 또는 그들에 의해 제공되어야 함
	  – 제3자에 의해 또는 제3자를 위해 제공되지만, 회사가 고객의 최선의 이익을 위해 행동할 의무를 손상시키지 않으며, 고객에게 적절하게 공개되고, 해당 향응이 고객 서비스를 강화하기 위해 사용되어야 함
	  – 향응이 보관/결제, 규제상의 부과금 등과 관련된 비즈니스를 촉진하기 위해 지급되는 적절한 수수료여야 함
	• 향응은 크게 2가지로 나눌 수 있다.
	  – 잡지 구독과 같이 상시적으로 제공/수령되는 경우
	  – 복잡한 거래를 성공적으로 마친 데 대한 감사 표시로 고객이 제공한 것과 같이 일회성으로 제공/수령되는 경우
	• 직원들에게 선물을 받을 수는 있지만, 선물 가치에 상당하는 금액을 회사나 자선 단체에 기부하게 하는 회사도 있다. 이 경우 충분한 감사 증적이 유지되어야 한다.

필요 조치	1. 향응 관련 대장을 작성한다. 포착되어야 할 정보는 아래와 같다.
	  – 향응의 성격
	  – 이 제도의 작동 방식 ◐

주제	향응

	– 다른 당사자. 즉, 향응 제공자 또는 수령자
	    – 향응의 금전적 가치
	    – 제도 시작일
	    – 담당 직원 이름
	    – 이 제도에 관해 고객이 통보받은 방법에 대한 설명
	    – 이 향응이 왜 필요한지, 또는 어떻게 고객 서비스를 강화하는지에 대한 설명
	    – 이 향응이 어떻게 고객의 최선의 이익이 되는 방향으로 행동해야 할 회사의 의무와 상충되지 않는지에 대한 설명
	2. 위의 대장을 작성하기 위해서는, 상위 경영진, 일선 부서, 마케팅 부서, 회사의 접대 제도 담당 책임자, 지불 집행/승인 담당자 등과 같은 여러 사람들과 얘기해야 한다.
	3. 임직원이 어떤 형태의 향응을 받을 수 있고, 어떤 형태는 받을 수 없는지 결정한다. 특정 형태(예를 들어 현금)의 향응은 전혀 받을 수 없는 반면, 다른 형태의 향응은 가치가 미리 정한 미미한 금액 이내인 한 받아도 된다고 정할 수도 있다. 또한 위의 (1)에 열거된 제도 중 일부를 종료할 필요가 있다고 결정할 수도 있다.
	4. 위의 (3)에서 정한 금액을 초과하는 모든 신규 향응 제공 또는 수령을 컴플라이언스 부서에 통보하여 적절성 여부를 판단할 수 있게 하는 장치를 시행한다. 이에 대해 위의 (1)에서 제시한 바에 따른 기록을 유지한다. 고려해야 할 모든 사항에 대해 점검할 수 있도록 승인 체크리스트를 만들어 사용하면 유용할 것이다.
	5. 과도하거나 부적절해서 특정 선물 수령 승인을 거절하고 싶지만, 그럴 경우 선물 제공자에 대한 모욕으로 간주될 수도 있음을 우려할 수도 있다. 그럴 경우, 해당 선물을 받을 수는 있지만, 내부적으로 처분되거나 자선 단체에 기부하도록 결정할 수도 있다.
	6. 이 분야에 대해 정규적으로 교육을 실시하고 서면 정책으로 이 제도를 문서화함으로써 직원들이 회사의 향응 절차와 제도에 대해 알게 한다.
	7. 정규적으로 모니터링을 실시하여 회사의 향응 정책이 준수되는지 확인한다.

추가 정보	부록 24를 보라.

주제	금융상품 판촉활동 승인
목표	모든 판촉활동이 공정하고, 명확하며, 오도하지 않고, 관련 법률 또는 요건을 준수하게 한다.
설명	• 규제를 받지 않는 회사가 금융 서비스 광고를 내거나 승인할 경우 (단지 FSA 규칙 위반이 아니라) FSMA 법률 위반이 될 정도로 정부와 FSA는판촉 활동 법규 준수를 매우 중요하게 취급한다. • 따라서 회사가 금융상품 판촉물 작성, 승인과 발행에 관한 빈틈 없는 절차를 갖추게 해야 함은 말할 나위도 없다. FSA는 부적절한 광고 사례에 대해 적극적으로 사후 관리를 수행하고 있으며, 대중이 잘못된 관행이라고 생각할 경우 이를 신고할 수 있게 하는 핫라인까지 갖추고 있다. • FSA의 금융상품 판촉 규칙 외에도 영국 내의 광고 활동을 통제하는 다른 기구들도 있는데, FSA 요건들 외에 이러한 기구들이 부과할 수 있는 요건도 준수할 필요가 있다. 이러한 기구들은 다음과 같다. 　– 광고표준원 　– 커뮤니케이션청 　– 공정무역청 　– 지역 광고표준원 • 금융상품 판촉물 발행과 승인에 FSA 규칙이 적용되는 정도는 광고물의 목표 대상에 의존한다. 　– 적격 거래 당사자 – 비즈니스 원칙은 관련이 있지만, COBS 규칙들은 적용되지 않는다. 특히, 원칙 7: 고객과의 소통에서 '회사는 고객의 정보상 필요에 적절한 주의를 기울이고, 정보를 명확하고, 공정하며, 오도하지 않도록 소통해야 한다.'고 규정함을 주의해야 한다. 　– 전문 고객 – 보다 상위 차원의 COBS 규칙들이 적용되지만, 특히 리테일 금융상품 판촉에 관한 규칙들은 적용되지 않는다. 　– 리테일 고객 – COBS의 모든 규칙들이 적용된다.
필요 조치	1. 회사에 의해 발행되거나 승인되는 모든 유형의 금융상품 판촉물에 대한 리스트를 작성한다. 아래와 같은 모든 유형을 포착하도록 한다. 　– 웹사이트 　– 기사 형태의 광고 　– 직접 메일 　– 라디오 광고와 TV 광고　　　　　　　　　　　　　　　○

주제	금융상품 판촉활동 승인

2. 위의 리스트가 갖춰지고 나면, 각각의 금융상품 판촉 유형에 대해 아래 사항을 기록하는 것도 도움이 된다.
   - 광고자료 담당부서와 매니저
   - 발행 빈도
   - 목표 대상: 고객 범주
   - 목표 대상: 관할지역
   - 취급하는 상품
   - 해당 자료가 FSA의 '투자활동에 관여하라는 초청 또는 권유'의 엄격한 정의에 해당하는지 여부

3. 위에서 수집한 정보의 상세 내용에 기초해서, 발행되거나 컴플라이언스 부서의 승인을 받은 금융상품 판촉물에 적용될 법규상 요건을 결정한다. 이는 광고의 유형 및 대상의 성격에 따라 달라질 수 있다. 이 영역에서 다양한 요건들의 원천에 대한 상세한 내용이 아래에 나와 있다.

4. 다양한 요건을 다루는 승인 체크리스트를 만든다. 회사에서 발행하거나 승인하는 금융상품 판촉물의 다양성에 따라, 하나의 체크리스트만 필요할 수도 있고 각각의 판촉물 종류별로 별도 체크리스트가 필요할 수도 있다.

5. 금융 판촉물 승인을 위해 어떤 제도를 사용할지 결정해야 한다. 컴플라이언스 부서에서만 승인하게 하는 회사가 있는가 하면, 적절한 경험이 있는 다른 부서 직원이 승인하게 하는 회사도 있다.

6. 체크리스트는 아래와 같은 정보를 포함해야 한다.
   - 승인을 위한 광고 자료 제출일
   - 광고 자료를 승인한 사람의 이름
   - 컴플라이언스 부서의 내부 승인 참조 번호
   - 광고 자료가 배포될 기간
   - 목표 대상: 고객 범주
   - 목표 대상: 관할 지역
   - 해당 자료가 특정 고객 또는 회사에 관한 비밀 정보를 담고 있는지 여부
   - 소통되는 정보가 시장오용 요건 위반으로 간주될 수 있는지 여부
   - 아래와 같은 구체적인 FSA 규칙 준수 여부 확인
     ◦ 해당 자료가 명확하게 금융상품 판촉물로 인식될 수 있는지 여부
     ◦ 회사의 이름이 포함되었는지 여부
     ◦ 과거 실적 관련 상세 내용에 대한 명확한 참조 기간이 표시되어 있는지 여부 ➡

주제	금융상품 판촉활동 승인
	– 자료 발행 승인일 7. 금융 판촉물을 승인하도록 허용된 사람들은 모든 관련 요건들을 인식할 수 있도록 정기적으로 교육을 받아야 한다. 8. 정기적으로 검토를 실시하여 부적절한 금융 판촉물이 승인되지 않게 하고, 적절한 기록이 유지되게 하며, 권한이 있는 사람만 금융 판촉물을 승인하게 하고, 사용하고 있는 체크리스트가 발행/승인된 광고의 유형에 관한 감독 규정, 법률의 최신 내용을 반영하게 해야 한다.
추가 정보	부록 24를 보라.

주제	민원/소송 처리
목표	고객 민원이 효율적이고, 신속하고, 적절하며, FSA 요건이 적용될 경우 이에 따라 처리되게 한다.
설명	• 고객 민원 처리에 관한 FSA 요건은 '적격 민원'에만 적용되지만, 모든 민원이 진지하게 취급되어야 한다는 점은 말할 나위도 없다. • FSA의 적격 민원 정의는 개인, 소기업, 일부 자선 단체 및 회사와 (잠재적) 고객 관계에 있는 일부 신탁 관리자를 포함한다.
필요 조치	1. 민원 처리에 관한 서면 정책/절차를 제정한다. FSA 규칙이 적용될 경우 이를 준수하도록 해야 하며, 아래와 같은 사안들을 포함해야 한다. 　– 적격 민원의 정의(직원들은 어떤 민원에 FSA 규칙이 적용되어야 하는지 알 필요가 있다) 　– 민원 접수 시 따라야 할 프로세스 　– 민원 처리 시한 　– 유지되어야 할 기록 2. 민원이 특히 중대하거나 복잡할 경우, 고객이 회사에 대해 소송을 제기할 수도 있으므로 법무부서에 어떻게 진행할지에 관해 의견을 구해야 한다. 3. 민원이 FSA에 통보할 필요가 있는 심각한 위반에 의해 야기된 것인지 여부도 고려해야 한다. 그 경우 FSA는 회사에 대해 징계 조치를 취할 수도 있다.

주제	민원/소송 처리
	4. 회사와 고객 사이에 원만하게 해결될 수 없는 민원은 금융 옴부즈맨 사무국, 금융 및 리스 협회 조정 제도와 중재 제도, 연금 자문 서비스, 또는 연금 옴부즈맨과 같은 독립적인 민원 처리 기구에 (고객에 의해) 보내질 수도 있다. 5. 민원 처리에 대해 정기 모니터링을 실시해서 아래 사항을 확인해야 한다. 　– 민원이 민원 정책에 따라 처리되고 있음 　– 필요시 추가 조사를 위해 추세를 파악할 수 있음
추가 정보	부록 24를 보라.

주제	규칙 위반 처리
목표	규칙 위반이 파악되고 적절히 처리되게 한다.
설명	심각하든, 비교적 경미하든 모든 규칙 위반 사례가 컴플라이언스 부서에 알려져서 제기된 이슈들이 다루어질 수 있게 해야 한다.
필요 조치	1. 규칙 위반 기록 시스템을 만든다. 서면 기록 또는 데이터베이스를 이용할 수 있으며, 기록할 정보의 유형은 아래와 같다. 　– 규칙 위반일 　– 위반의 성격 　– 위반 관련자 　– 위반 보고자 　– 관련 부서 　– 관련 규칙 　– 취한 시정조치 　– 관련 고객 내역 　– 관련 상품 또는 서비스 내역 　– 위반 해소 목표일 　– 위반이 해소된 것으로 간주된 날 　– 상위 경영진 앞 위반 사실 보고 여부 　– 징계 조치 시행 여부 　– 고객 민원 제기 여부 (민원을 제기한 경우 상세 내역) 　– 어떻게 진행할지에 관해 법무부서의 지침을 받았는지 여부 (그럴 경우, 상세 내역) 　– SUP 15에 따라 FSA에 보고하였는지 여부 　– 고객에게 보상금을 지급했는지 여부 및 지급했을 경우 지급 금액

❏

주제	규칙 위반 처리
	3. 규칙 위반을 컴플라이언스 부서에 보고해야 한다는 점을 직원들이 알게 한다. 전자우편이나 대면으로 보고하게 할 수도 있고, 양식을 제정해 두고 직원들에게 이를 작성하여 컴플라이언스 부서에 송부하게 할 수도 있다. 4. 컴플라이언스 모니터링 작업 완료 또는 내부 감사부서나 오퍼레이션 리스크 관리 부서의 검토 작업 결과를 기록에 덧붙일 수도 있다. 5. 규칙 위반에 대해 알게 된 경우 (조사 정도는 위반의 심각성 정도에 좌우되겠지만) 이에 대해 조사해서 어떻게 위반이 일어났는지 파악해야 한다. 6. 위반이 아무리 경미해 보일지라도 규칙 위반은 뭔가 다른 상황에 대한 증상일 수도 있으므로 대충 살펴보기만 하지 말아야한다. 동일한 직원이 이번 달에 10번째 실수를 했거나, 같은 컴퓨터가 실패했거나, 같은 상품이 영향을 받았다면 어떻게 해야되겠는가? 7. 규칙 위반 통계 수치(숫자, 중요성, 해결 목표일 경과 비율 등)는 흔히 상위 경영진에 보고하기 위한 성과 척도로 쓰이기도 한다. 8. 어떤 교훈을 배울 수 있는지 알아보기 위해 위반 대장 또는 데이터베이스를 정기적으로 검토해야 한다. 9. SUP 15에 의하면 중대한 위반에 대한 세부 내역이 FSA에 보고되어야 함을 명심해야 한다.
추가 정보	–

주제	교육/역량 관리
목표	직원들이 자신이 수행하는 역할에 요구되는 역량을 달성하고, 이를 유지하게 한다.
설명	• FSA의 교육/역량(training and competence; T&C) 요건은 2개 차원에서 적용된다. 　– 직원 역량 규칙: 모든 직원들에게 적용된다. 　– FSA가 정한 핵심 역할 중 한 가지를 수행하는 직원에게 적용되지만, 오직 리테일 고객에 관해서만 적용되는 T&C 규칙. 그러한 역할에는 투자관리 및 일임투자 활동과 관련한 분쟁 해결 제도 감독이 포함된다. 완전한 리스트는 FSA 규칙 – TC 부록 1에 나와 있다. ⊙

주제	교육/역량 관리

	• 직원 역량 규칙은 회사가 직원들이 자신의 직무를 성공적으로 수행하기 위해 요구되는 기술, 지식과 전문성을 갖추게 하도록 요구한다. 정직성도 역량 요소 중 하나로 간주되어야 한다.
	• 교육/역량 규칙은 매우 규범적이며, 아래와 같은 사안들을 다룬다.
	  – 교육
	  – 시험 요건
	  – 역량 유지
	  – 역량 평가
	  – 감독

필요 조치	**직원 역량 규칙(전 직원)**
	1. 아래와 같은 표준적인 인사 모범실무관행 적용만으로도 직원 역량 규칙을 준수할 수 있다.
	  – 공식 채용 인터뷰 실시
	  – 고용 전 배경 조사 및 자격에 관한 증거 입수
	  – 고용 초기 몇 개월간 수습(修習) 기간 시행
	  – 직원에게 직무 기술서를 제공함
	  – 직원들이 연례 평가를 받게 함
	  – 각 직원을 감독할 라인 매니저를 둠
	  – 적절한 교육 제공
	2. 도매 시장에서만 활동하는 직원들에게는 더 이상 시험 의무가 없지만, 많은 회사들은 모범실무관행으로 시험 요건을 부과하고 있다.
	
	교육/역량 규칙(리테일 서비스를 제공하는 직원)
	3. FSA가 정한 리스트로부터, 회사의 직원들이 수행하는 역할 중 교육/역량 규칙 적용을 받는 모든 역할을 파악한다.
	4. FSA가 T&C 규칙 적용을 받는다고 정한 활동에 종사하는 직원이 있는 모든 부서들을 파악한다.
	5. T&C 규칙 적용을 받아야 하는 모든 직원들에 대해
	  – 대상 직원을 파악한다.
	  – 자신이 T&C 규칙의 적용을 받는다는 사실을 알려 준다.
	  – T&C 규칙이 자신의 역할에 영향을 주는 실제 적용 방식을 이해하게 한다.
	6. 부서장들이 T&C 감독자 역할을 하도록 요구될 가능성이 높으므로(아래를 보라), 그들에게 자신의 팀에서 어느 직원이 T&C 규칙 적용을 받는지 알게 한다. ●

7. 채용 – 채용 시 역량 요건을 평가했다는 증거의 일부로 모든 신규 채용자들에 대한 채용 인터뷰 기록이 유지되어야 한다. 입사 지원자들은 이전의 활동과 교육에 대한 만족스러운 조회서가 입수되고, 관련 시험 합격 증거가 입수되기 전에는 채용되지 않아야 한다.

8. 교육 – 직원들은 입사 시 회사와 업무를 소개하는 교육을 받아야 하며, 이후에도 맡은 업무와 이에 관련된 시장, 상품 법규의 변화를 반영하여 정규적으로 교육을 받아야 한다.

9. 역량 평가 – 자격을 갖추기 위해, 공식적인 역량 평가가 수행되고, 그 결과가 기록되어야 한다. 역량 평가는 아래와 같은 사항들을 포함해야 한다.
   – 기술적 지식과 이의 응용
   – 요구되는 기술과 이의 응용
   – 평가 대상자에 관련된 시장, 상품, 법규

평가 대상자는 또한 자신의 역할에 관해 요구되는 시험에 합격했음을 입증해야 한다.

10. 시험 합격 – 금융 서비스 기술 위원회는 영국의 교육/ 역량 규칙과 관련하여 적절한 시험 제도를 확립한 기관이다.
    – 일부 T&C 규칙은 직원이 활동을 개시하기 전에 시험에 합격하도록 요구한다.
    – 특수한 경우에는 직원이 요구되는 모든 시험 합격을 면제받을 수도 있다.

11. 역량 유지 – 직원들이 일하고 있는 환경 변화를 반영하여 역량을 유지하도록 할 수 있는 제도가 시행되어야 한다. 직원들의 역할에 영향을 주는 감독 규정상의 요건이 바뀔 수도 있고, 직원의 역량을 평가한 이후에 시장의 실무 관행이 바뀌었을 수도 있다.

12. 감독 – 직원들이 역량이 있다고 평가되기 전후에 적절한 감독과 모니터링을 받을 수 있는 제도가 시행되어야 한다.

일반 사항

13. 부서장들(컴플라이언스 부서장이 아닌!)은 자기 부서의 오퍼레이션에 대해 책임이 있으므로 (특히 자신이 T&C 감독자인 경우) 자기 부서의 직원들이 교육/역량 규칙을 준수하게 할 책임이 있다. 부하 직원이 비리를 저지를 경우 FSA에서는 그 부서장에게 직원이 어떻게 감독되며 직원이 역량이 있다고 판단하는 데 사용되는 기준이 무엇인지에 관해 물어볼 가능성이 있기 때문에, 이에 대한 부서장의 책임에 대해 부서장들에게 명확히 알려줘야 한다. ➲

주제	교육/역량 관리

14. T&C 규칙 준수를 촉진하기 위해 취할 수 있는 조치들은 다음과 같다.
- 부서장들에게 교육/역량 규칙과 이 규칙 하에서 채용, 감독, 역량 평가 등과 관련된 그들의 책임에 관한 서면 지침을 제공한다.
- 교육/역량 규칙의 적용을 받는 역할을 수행하는 직원들에게 아래 사항들에 관련된 서면 지침을 제공한다.
  ◦ 이 규칙과 관련한 그들의 지위(이미 역량이 있다고 평가되었는지, 연수생인지, 어떤 활동과 상품에 관해서인지에 대해)
  ◦ 역량이 있는 지위를 유지하거나, 역량 획득을 위해 노력할 책임
  ◦ 필수 시험 합격 등
- 부서장들과 소속 직원들에게 T&C 규칙에 관해 정기 교육을 제공한다.
- 컴플라이언스 및 기록 유지를 촉진하기 위해 다음과 같은 서류를 작성할 수도 있다.
  ◦ 역량 평가 양식
  ◦ 역량 자격증
  ◦ 시험 면제 양식
- T&C 규칙이 준수되고 있는지 확인하기 위해 정기 검토를 수행한다.
- 부서장이 누군가가 그물망에서 빠져 나가게 할 경우에 대비해서, T&C 규칙의 적용을 받을 필요가 있다고 생각되는 사람에게 주의를 기울이기 위해 신규 채용 시 인사 부서로부터 채용자 명단을 통보받을 수도 있다.
- T&C 감독자들에게 그들의 책임에 관한 지침을 제공한다. 이에는 아래 사항들이 포함되어야 한다.
  ◦ T&C 규칙의 원천과 근거에 대한 명확한 이해
  ◦ 자신이 감독하고 있는 직원의 행동에 대해 자신이 어느 정도의 책임이 있는지에 대한 이해
  ◦ 팀원 각자의 T&C 지위 및 직원별로 지위가 같지 않을 경우, 각자에게 요구되는 지위에 대해 알기
  ◦ 자신의 부서에서 어느 역할이 T&C 규칙 적용을 받는지 알기
  ◦ 각각의 역할별로 요구되는 시험과 시험 시기 요건에 대해 알기
  ◦ 직원들에 대한 교육 개발 프로그램 수립
  ◦ 역량 평가 수행

주제	교육/역량 관리
	– T&C 감독자들이 스스로는 T&C 규칙의 적용을 받는 역할을 수행하지 않을지라도 그들에게 적절한 시험을 보도록 요구되는 경우도 있다.
추가 정보	부록 D와 24를 보라.

주제	승인자 제도 관리
목표	회사가 승인자를 적절하게 파악, 등록, 등록 해제하게 하고, 그들이 통제되는 기능을 수행하기에 적합한 자격을 유지하고 승인자 행동 수칙을 준수하게 한다.
설명	• FSA는 통제되는 특정 기능을 수행하는 사람들은 (면제가 적용되지 않는 한) FSA에 승인자 자격을 부여받고 등록되도록 요구한다. • 통제되는 기능들은 회사의 건전한 운영을 계속하는 데 필수적인 활동들로서 현재 FSA가 SUP 10.4에 정한 16개 기능들로 구성되어 있다. 이 기능들은 아래에서 상술하는 바와 같은 범주들로 나누어진다. • 승인된 사람 규칙 준수 책임은, 일부 회사에서는 인사 부서에 전부 또는 일부가 위임되기도 하지만, 일반적으로는 컴플라이언스 부서에 놓여진다. • 승인자 제도는 교육/역량 제도와 매우 밀접하게 연결되어 있으므로 이 두 절차를 병행하여 운영하면 유용하다.
거버넌스 기능*	아래와 같은 기능을 포함한다. • 이사 • 사외 이사 • 최고 경영자 • 파트너 • 법인화되지 않은 협회의 이사 • 소규모 우호 단체의 업무 지도
요구되는 기능*	• 책임과 통제 부여 및 감독 • EEA 투자 비즈니스 감독 (규제를 받는 투자 비즈니스를 수행하는 비즈니스 부서장) • 컴플라이언스 감독 • 자금세탁 통제　　　　　　　　　　　　　　　　　　❍

주제	승인자 제도 관리
시스템과 통제 기능*	• 보험회사 내의 다양한 선임 보험계리 역할 다음 사항들에 대한 중요한 책임을 맡는 사람을 포함한다. • 회사의 재무 관련 사항(예를 들어 재무부서장) • 리스크 성향과 익스포져 설정, 관리(예를 들어 리스크 부서장) • 회사의 내부 시스템과 통제의 적정성, 준수에 대한 보고(예를 들어 감사 부서장)
중요한 관리 기능*	후선부서장 및 지정된 투자 비즈니스를 수행하지 않는 일선 부서장 등 달리 통제받는 기능으로 지정되지 않은 역할에 대한 중요한 책임을 맡는 사람
고객 기능	고객 관계 유지, 관리와 개발 책임. 즉, 다음과 같은 업무를 맡는 직원을 포함한다. • 기업재무 자문 제공 • 파생상품 자문 • 고객과의, 또는 고객을 위한 증권 거래 • 투자관리 서비스 제공

* 이 기능들은 중대한 영향을 주는 기능들로 알려져 있다.

필요 조치	1. 모든 승인자들에 대해 다음 사항을 포함하는 세부 내역을 기록하는 대장을 작성한다.
	  – 이름
	  – 수행하는 기능
	  – 통제되는 각각의 기능에 대해 승인받은 일자
	2. 인사부서와 협조하여, 다음 사항들에 대해 미리 통보받을 수 있는 절차를 시행한다.
	  – 신규 입사자
	  – 부서간 이동자와 역할
	  – 영국에서 일시적으로 고객 기능을 수행하는 외국 직원
	  – 퇴사자
	이러한 방식으로 어떤 사람이 승인자로 등록될지, 등록이 해제될지, 또는 기존 등록 내용에 변경을 가할지에 관해 적시에 결정을 내릴 수 있다.
	3. (예외가 적용되지 않는 한) 누구도 FSA로부터 승인 받기 전에는 통제되는 기능을 수행하지 않도록 한다. 컴플라이언스 부서에 통보하지 않은 채 일선 부서 소속 직원이 고객 기능 부서로 옮겨갈 때 이 요건이 위반될 가능성이 가장 높다. ○

4. 통제되는 기능을 수행하기 위해서는 승인자가 되어야 한다는 요건에 대한 예외는 다음과 같다.
   - 적절히 승인받은 직원의 일시적 또는 예기치 않은 결원을 보충하기 위해 12주 이내에서 중대한 영향을 주는 기능을 수행하는 경우
   - 영국에서의 체류 기간이 1년에 30일 이내인 해외 거주자가 영국 체류 기간 동안 고객 기능을 수행하는 경우. 이러한 예외가 유효하려면, 그러한 사람들의 영국 체류 기간 중 적절한 감독을 받아야 한다.

5. 위에 열거된 예외와 관하여, 예외가 유효하게 유지되도록 관련 일자와 기간에 관한 정확한 정보를 유지하여야 한다.

6. 승인자 제도와 관련하여 FSA는 여러 양식을 사용한다.
   - 양식 A: 통제되는 기능 수행 신청
   - 양식 B: 통제되는 기능 수행 신청 철회 통보
   - 양식 C: 통제되는 기능 수행 중단 통보
   - 양식 D: 승인자의 개인 신상 변경 통보
   - 양식 E: 승인자의 내부 부서 이동

7. 그러한 양식은 제대로 작성되었는지 확인하기 위해 컴플라이언스 부서(또는 내부적으로 이를 담당하는 부서)에서 검토/서명해야 한다. 양식 작성이 제대로 안 되어 있을 경우 FSA의 처리가 지연될 수 있다.

8. 누군가가 승인자가 되기 전에, 그 사람에게 그 의미에 관한 지침을 제공해야 한다. 다음 사항을 제공할 수 있다.
   - FSA의 '승인자가 된다는 것'에 관한 자료표(fact sheet) 사본
   - 적절한 통제되는 기능을 구성하는 활동들에 대한 충분한 내역
   - 승인자 지위를 유지하는 동안 그들이 항상 준수할 것으로 기대되는 원칙집과 승인자 행동 수칙 사본
   - FSA의 징계 제도 하에서 그들의 책임에 대한 상세 요약(승인자는 승인 받지 않은 사람에게는 적용되지 않는 징계를 받을 수도 있다)

9. 회사는 직원이 통제되는 기능을 수행하지 않게 될 경우, 이를 7 영업일 이내에 양식 C를 이용하여 FSA에 통보해야 한다.

주제	승인자 제도 관리
	10. 양식 C에 직원들이 통제되는 기능을 수행하지 않게 된 사유에 관해 어떻게 기록할 지에 대해 세심한 주의를 기울인다. 그들이 부적절한 행동으로 해고되었거나 사직을 권고 받았을 경우, FSA는 이에 대해 알고 싶어 할 것이다. 이 양식에 기록된 내용으로 인해 해당 직원이 승인자로서의 일자리를 얻지 못하게 되어 회사를 상대로 소송을 제기하는 일이 발생하지 않도록 양식 기록 내용을 법무부서와 협의해야 한다.
	11. 고객 기능을 수행하는 직원이 퇴사할 경우, 향후 조회를 요청하는 회사에 제공할 수 있도록 그 사람에 대한 규제 관련 조회 내용을 작성, 유지해야 한다. 조회서에 기록되어야 할 내역은 SUP 10.13.12(2)에 정해져 있는데, 다음 사항이 포함된다. – 해당 직원에 대해 제기되어 계류 중이거나 타당한 것으로 확인된 민원 – 해당 직원의 교육/역량 규칙 하에서의 지위
	12. 승인자에 관한 변화가 있을 경우, 이를 FSA에 통보해야 한다. 통보할 내용은 아래와 같다. – 직위, 이름, 국가 보험 번호의 변경(회사가 변경을 알게 된 지 7 영업일 이내에 통보) – 승인자의 적합성에 영향을 줄 수 있는 모든 사안(FIT에 정해져 있음)
	13. FSA 통보 대상인 모든 변화를 인지하기 위해 연례 컴플라이언스 서약(223쪽을 보라)에 통보할 내역을 포함시킬 수도 있다.
	14. 승인자들에게 아래 내용을 상기시키기 위해 정기 교육을 제공해야 한다. – 그들의 통제되는 기능의 범위 – 원칙집과 승인자 행동 수칙하에서의 그들의 의무 – 승인자 규칙과 관련된 FSA에의 통보 요건
	15. 고객 기능 수행 승인을 받지 않은 직원이 그러한 활동에 종사하지 않도록 정기 모니터링을 실시할 수도 있다. 이는 음성 녹음을 듣거나 주문/집행 기록 검토를 통해 수행될 수도 있다.
	16. 또한 적용된 예외(위의 설명을 보라)가 계속 유효한지 확인하기 위해 정기적인 모니터링을 실시해야 한다.
추가 정보	부록 2D와 24를 보라.

주제	신규 거래 또는 비표준 거래 승인
목표	회사가 어떤 활동에 종사하든, 모든 컴플라이언스 이슈들이 포착되고 적절히 통제되게 한다.
설명	• 회사의 활동들은 어느 시점에서는 규범에서 벗어나게 되어 있다. 컴플라이언스 부서는 규범을 벗어난 활동이 수용할 수 있는지 평가하고, 관련된 규제 이슈를 파악할 수 있어야 한다. • 표준적이지 않은 특정 상품/서비스/활동 등의 특성에는 아래와 같은 사항들이 포함된다. – 새로운 범주의 고객과 관련됨(예를 들어 기존 도매 상품이 이제 리테일 고객에게 판매되는 경우) – 규모가 매우 큰 거래 – 환경에 대한 잠재적 피해와 같이 비규제 영역에서 비롯되는 심각한 평판 손상 리스크 – 새롭고 낯선 관할 지역에의 서비스 제공
필요 조치	1. 직원들에게 신규 또는 비표준적 활동이나 거래를 수행하고자 할 경우 컴플라이언스 부서와 상의해야 함을 알게 한다. 2. 대기업에서는 그러한 사안들을 논의, 승인할 신규 비즈니스 위원회가 있을 것이다. 컴플라이언스 책임자나 다른 컴플라이언스 부서 직원이 그 위원회에 참석하게 한다. 3. 신규 또는 이례적인 상품/서비스/활동 등의 영향을 평가할 때 많은 사항을 고려해야 한다. 10장의 정상 항로를 벗어난 컴플라이언스 활동에 열거된 이슈들을 출발점으로 사용할 수 있다. 4. 모든 신규 상품/서비스들을 무조건적으로 승인하는 것이 부담스러울 수도 있고, 일부 상품/서비스에 대해서는 승인 자체가 부담스러울 수도 있을 것이다. 5. 조건부로 승인할 경우, 몇 가지 내부 규칙을 부과할 수 있을 것이다. 예를 들어 신상품 평가를 요청받은 경우 이 상품이 레테일 고객에게 판매되지 않고 신상품 출시 전에 세일즈 직원이 교육에 참석한다는 조건으로 이 상품을 지지할 수 있을 것이다. 조건을 부여한 경우 정기 모니터링을 실시하여 조건이 준수되고 있는지 확인해야 한다. 6. 제안받은 내용에 마음이 편하지 않을 경우 '안 된다(no)'고 말하고 신청서를 반려하되 어떻게 보다 더 적절한 계획을 고안할 수 있을지에 대해 도움을 제공해야 한다. 7. 신상품, 서비스 또는 제도가 출시되거나 개시된 뒤에는, 모든 것이 계획대로 진행되는지 확인하기 위해 약 6개월간 검토를 수행한다. ◗

주제	신규 거래 또는 비표준 거래 승인
추가 정보	10장을 보라.

주제	음성 녹음 장치
목표	모든 녹음 적용 대상 통화가 녹음되게 하고, 녹음 자료에 대한 접근이 적절한 보안 통제를 받게 하며, 녹음 기록이 일정 기간 동안 안전하게 보관되게 한다.
설명	• 아래 기능을 수행하는 직원의 통화 내역은 녹음되어야 한다. 　– 고객 트레이드 주문 지시, 수령 또는 집행 　– 회사 계정 트레이드 　– 고객 계정 또는 회사 계정 결제 지시 처리 • 음성 녹음의 용도는 다양하다(일부 시장에서는 규제 요건이기도 하다). 　– 제3자와의 분쟁 해결 또는 제3자로부터의 민원 해결을 촉진한다. (전화 녹음은 누군가가 매도 주문이 아니라 매수 주문을 냈는지, 또는 1백만 주가 아니라 1천주 주문을 냈는지 등을 쉽게 가려낼 수 있다.) 　– 기록 유지 요건 충족에 도움을 줄 수 있다. 　– 컴플라이언스 팀에서 전화 녹음을 사용하여 고객의 전화에 적절한 조언이 제공되는지 모니터링을 실시할 수 있다. 　– 고객 트레이드가 자문이었는지, (고객 지시에 따른) 집행뿐이었는지를 증명할 수 있다. (예를 들어 내부자 거래 혐의가 있을 때, 음성 녹음은 회사가 기업재무 부서로부터 입수한 임박한 인수에 관한 '비밀' 정보의 결과 트레이드한 것이 아니라, 권유하지 않은 고객의 주문을 처리한 것에 지나지 않음을 입증할 수 있다. 이는 또한 적합성과 적절성에도 중요하다.) 　– 누군가가 범죄를 저지르고자 할 경우 녹음되는 전화선을 통해 거래할 가능성이 별로 없기는 하지만, 음성 녹음은 사기, 시장오용, 자금세탁 등의 증거를 제공할 수도 있다. • 합법적인 많은 용도에도 불구하고 음성 녹음은 프라이버시를 침해할 수도 있으므로 이에 대한 강력한 통제 환경이 요구된다.
필요 조치	1. 어떤 직원이 녹음이 필요한 업무를 수행하는지 파악해서 그들의 전화가 녹음되게 한다. 2. 신규 입사자나 부서 이동자가 있을 경우에 대비하여 녹음되는 직원 명단을 정규적으로 검토한다. 입사 또는 부서 이동은 음성 녹음 요건에 변화를 초래할 가능성이 있다. ❍

주제	음성 녹음 장치
	3. 고객들에게 그들의 통화 내용이 녹음될 수 있음을 알게 한다. 고객과의 계약서에 이 내용을 포함시킬 수 있다. 4. 녹음되는 전화 회선 사용자들에게 통화가 녹음되고 있다는 사실을 알려 준다. 5. 녹음 시스템이 잘 작동되는지 확인하기 위해 녹음의 질과 접근성에 대해 정기적으로 검토한다. 6. 음성 녹음에 적절한 보안이 적용되게 하는 절차를 갖춘다. 누군가가 들어와서 다른 사람의 통화를 들을 수 있으면 안 된다. 7. 녹음 기록과 장비는 잠금 장치가 있는 곳에 보관되어야 하며, 승인받은 직원만 접근할 수 있어야 한다. 8. 녹음 청취 요청은, 이 요청이 공정하고 타당하며 다른 사람의 프라이버시를 침해하지 않는지 확인하기 위해 컴플라이언스 부서의 승인을 받아야 한다. 9. 출장을 다니지만 음성 녹음 적용을 받는 활동을 하는 직원들이 그들의 통화를 녹음할 수 있게 주선해 준다. 다소 복잡하기는 해도 휴대 전화를 녹음할 수도 있다. 그러나 그렇게 할 수 없을 경우 직원에게 회사의 녹음 회선에 전화를 걸어서 방금 마친 통화를 반복하여 최소한 일정 형태의 녹음이 이뤄지게 한다.
추가 정보	부록 24를 보라.

주제	데이터 보호 컴플라이언스
목표	회사가 개인 데이터를 적절하고, 관련 법률을 준수하는 방식으로 다루게 한다.
설명	• 대규모 회사에서는 정보보호가 정보 통제부서나 정보 보안부서 등의 책임일 수도 있지만, 소규모 회사에서는 흔히 컴플라이언스 부서가 이 분야의 통제와 프로세스에 대한 책임을 진다. • 데이터 보호 요건 위반은 FSA 원칙 위반이 될 가능성이 크므로 컴플라이언스 부서는 데이터 보호책임을 지지 않는 경우에도 이에 대한 책임을 지는 부서와 긴밀히 협력해야 한다. • 법률의 데이터 보호 요건은 회사 직원, 고객, 컨설턴트 등의 개인 정보에 적용된다. • 비밀성 개념은 이보다 훨씬 광범위하며 개인과 회사 모두에 적용된다. ❿

주제	데이터 보호 컴플라이언스
필요 조치	1. 회사에서 다양한 데이터 보호 법률의 적용을 받는 정보가 다루어지는 모든 영역을 파악한다. 다음과 같은 부서들이 포함될 것이다. – 인사 – 법무 – 여신 – 오퍼레이션 – 고객 서비스 공식 시스템뿐만 아니라 '비공식적 정보 수집 시스템'도 포착하도록 노력하고, 외주의 일환으로 제3자에게 이전된 개인 데이터 처리에 대해서도 책임질 수 있음에 주의해야 한다. 2. 회사에 적용되는 모든 데이터 보호 요건을 파악한다. 예를 들어 1998년 데이터 보호법과 관련하여 정보 위원이 정한 반드시 준수해야 할 개인 정보에 관한 근본 원칙들은 다음과 같다. – 공정하고 합법적으로 가공되어야 한다. – 제한된 목적으로만 가공되어야 한다. – 적정하고, 업무와 관련이 있어야 하며, 과도해서는 안 된다. – 정확한 최신 데이터가 유지되어야 한다. – 필요 이상으로 오래 보관되지 않아야 한다. – 데이터 주체의 권리와 궤를 같이하여 가공되어야 한다. – 보안을 유지하여야 한다. – 적절한 보호 조치를 취하지 않은 채 타국에 이전되어서는 안 된다. 데이터 주체의 접근 요청에 관한 사안과 정보 위원에 대한 회사의 등록 요건 등 보다 상세하고 관리상 부담이 되는 요건들도 있다. 3. 관련 요건들이 파악되고 나면, 교육, 공식 정책과 절차에 의해 이를 관련 부서에 알려줘야 한다. 4. 정기적으로 모니터링을 실시하여 이들 요건이 준수되고 있는지 확인한다.
추가 정보	부록 24를 보라.

주제	회사에 관한 지식
목표	회사에서 수행하는 모든 비즈니스 부서와 활동들에 대해 계속 철저히 이해한다.
설명	회사에 관한 대략적인 지식을 유지하지 않을 경우, 필요할 때 적절한 적시 조언과 의견을 제공할 위치에 있게 되지 않을 것이다. 회사는 당신의 서비스에 대해 급여를 지급하고 있으므로 당신은 할 수 있는 최상의 서비스를 제공할 책임이 있다.
필요 조치	모든 수단을 동원하여 일선 부서, 후선부서, 지원 영역 등 회사에 대해 공부한다. 아래와 같은 사항들을 고려할 수 있다. – 비즈니스 부문장과 정규적으로 컴플라이언스 업데이트 회의를 개최한다. – 정규 부서 회의들(예를 들어 비즈니스 개발, 계획 등)에 참석한다. – 중요한 사안들이 논의되는 이사회나 기타 위원회에 참석한다 (만일 참석할 수 없을 경우 의사록을 수령한다). 신상품 위원회와 전략 위원회가 특히 중요하다. – 익숙하지 않은 상품 또는 서비스 교육에 참여한다. – 다른 부서 직원들과 알고 지낸다. 그러면 소통이 보다 수월해질 것이다. – 운영 리스크 관리, 내부 감사, 법무부서 등과 같은 다른 지원 부문들이 다루고 있는 이슈들의 성격과 이 이슈들이 컴플라이언스 부서에 어떤 영향을 주게 될지 이해하기 위해 그들과 연락을 취한다. – 인사부서와 연락을 취해서 컴플라이언스에 영향을 줄 수도 있는 내부 징계가 있었는지 파악하고, 신규 입사자와 퇴사자를 파악하여 이들이 적절히 등록, 등록 해제되게 하고, 필요시 교육/역량 요건의 적용을 받을 수 있게 한다. – 5장의 표를 사용하여 컴플라이언스에서 책임을 맡은 부분에 관해 알고 있는 정보를 기록하고, 이 정보를 최신으로 유지한다.
추가 정보	–

주제	기록 유지
목표	회사가 규제 시스템 하에서 요구되는 모든 기록을 유지하게 한다.

주제	기록 유지
설명	• 규제 대상 회사들은 여러 기록을 유지하도록 요구된다. • 이 모든 요건들이 모아진 하나의 리스트는 없으며, 규칙들은 규칙집과 관련 법률, 지침에 흩어져 있다.
필요 조치	1. 모든 관련 규칙, 법률, 지침을 검토하고 회사에 적용되는 기록 유지 요건을 기록해 둔다. 이는 시간이 소요되는 일이지만, 컨설턴트에게 맡기지 않는 한 다른 방법은 없다. 2. 규칙 참조처와 이 기록들이 유지되어야 할 기간도 기록해 둔다. 3. 요구되는 기록 리스트가 회사 전체에 잘 알려지고, 최신 상태로 유지되게 한다. 많은 부서들이 있는 대규모 회사에서는 부서별로 별도의 기록 유지 스케줄을 작성하는 것이 현명할 수도 있다. 4. 기록 유지 요건을 컴플라이언스 매뉴얼과 같은 다른 컴플라이언스 문서들과 함께 인트라넷 사이트에 올리는 것도 좋은 방법이다. 5. 지나치게 법석을 떨며 기록유지 자체를 위한 기록유지를 하지 않는다. 데이터 보호 법률 적용을 받은 개인 정보를 담고 있는 기록에 특히 주의한다. 이러한 정보를 필요 이상으로 오래 보관하거나, 보유하고 있는 정보가 부정확할 경우 규칙 위반이 될 수도 있다. 6. 비밀 기록은 안전하게 보관되고, 이에 대한 접근이 제한되게 한다.
추가 정보	부록 24를 보라.

주제	사무소 신설
목표	사무소 신설 시 관련 컴플라이언스 요건이 준수될 수 있도록 규제 프레임워크가 갖춰지게 한다.
설명	사무소 신설 시, 특히 사무소가 해외에 소재하거나 신상품 또는 서비스를 제공할 경우, 컴플라이언스 부서에 적절한 규제상의 통제 인프라스트럭처 계획과 디자인을 검토할 충분한 기회가 주어지지 않으면 컴플라이언스 이슈가 발생할 여지가 많다.
필요 조치	1. 사무소 신설 전에 충분한 시간을 두고 미리 통보받을 수 있도록 주선한다. 2. 사무소 신설 계획에 관해 가급적 많은 내용을 알아낸다. 회사에 관한 지식 섹션에 나오는 설명(5장을 보라)을 사용할 수도 있다. ◐

주제	사무소 신설
	3. 신설 지점의 비즈니스 계획을 파악하고 나면, 해당 지점에 적용될 규제 요건을 문서화함으로써 규칙 지도(rules map)를 작성해야 한다. 사무소가 새롭고 낯선 국가에 위치할 경우 규칙 지도 작성은 시간이 소요되는 작업이 될 수도 있지만, 이 경우에는 현지 변호사나 규제 컨설턴트의 도움을 받는 것이 좋다. 4. 신설 사무소에 시행될 컴플라이언스 제도의 성격은 사무소의 활동 정도, 적용될 감독 규정과 직원 수에 좌우될 것이다. 본점에 이미 갖춰져 있는 통제에 의존하고, 이를 신설 사무소에 확장하기만 하면 될 수도 있다. 다음 사항들을 포함하여 완전히 새로운 제도를 시행할 필요가 있을 수도 있다. 　– 컴플라이언스 매뉴얼 　– 컴플라이언스 정책 　– 외부 관계자, 상위 경영진과 본사 양쪽에 대한 컴플라이언스 보고 시스템 　– 규제 관련 교육 프로그램 5. 신설 사무소가 새로운 활동이나 상품과 관련이 있거나 해외에 소재할 경우, 규제 당국으로부터 추가 승인을 받을 필요가 있을 가능성이 있다. 컴플라이언스 부서는 필요한 모든 신청서들이 완비되고 수수료가 납부되게 함으로써 이 프로세스를 조정해야 한다. 6. 규제 당국의 추가 승인이 필요하지 않은 경우에도, SUP 15.5에 근거하여 FSA에 통보할 필요가 있는지 고려한다. 7. 사무소 개설 직전에, 새로운 컴플라이언스 제도가 있을 경우 이의 적정성을 검토하고 직원들에게 규제 요건에 대해 교육을 실시한다. 8. 사무소 개설 후에는 관련 규제 요건 준수 여부를 상시 검토한다.
추가 정보	5장과 부록 24(해외 진출 섹션)를 보라.

주제	외주
목표	외주가 회사의 통제 상실을 초래하지 않게 하고, 외주를 준 활동이 회사 자체적으로 수행하는 경우와 마찬가지로 모든 관련 FSA 요건들을 준수할 수 있게 한다.
설명	• 전문 회사가 서비스를 더 효율적으로 수행할 수 있다고 여겨질 경우 전문 회사에 외주를 주거나, 해외에서 보다 저렴하게 수행할 수 있다고 여겨질 경우 해외에 외주를 주는 경향이 점점 더 커지고 있다. ➌

주제	외주
	• 흔히 외주를 주는 금융 서비스 활동들은 다음과 같다. 　– 후선부서 프로세싱(결제, 기업 소송 등) 　– 펀드관리 　– 계좌 가치평가 • 외주가 회사에 효율성과 비용 절감을 가져다주기는 하지만, 고객 서비스나 감독 규정 준수를 해치면서까지 이를 추구해서는 안 된다. • 특정 서비스를 외주 줄 수는 있지만 책임을 "외주" 줄 수는 없으며, 서비스 제공자가 법규를 위반할 경우 회사가 책임을 진다. 이는 외주 서비스 제공자가 취한 행동이 규칙을 위반한 경우, 회사가 서비스 제공자에게 손가락질을 하거나 그들을 비난할 수 없음을 의미한다. FSA는 회사가 외주 서비스 제공자를 감독할 적절한 시스템을 갖추지 않은 데 대해 회사에게 손가락질하고 회사를 비난할 것이다.
필요 조치	1. 회사가 계약을 맺고 있는 모든 외주 관계 대장을 작성한다. 아래와 같은 핵심 정보를 기록한다. 　– 서비스 제공자의 이름과 주소 　– 서비스 제공자의 담당자 이름 　– 외주 서비스 상세 내용 　– 외주 계약 서명자의 이름, 서명일 　– 외주된 서비스에 의해 영향을 받는 부서 　– 외주된 서비스가 FSA 규칙에서 정하는 '중대한' 서비스인지 여부 (아래의 '주'를 보라) 　– FSA에 외주 계약을 통보한 날짜(중대한 외주만 해당) 　– 제공되는 서비스의 적정성에 대해 마지막으로 검토한 날짜 2 회사에 컴플라이언스 부서의 승인을 받지 않고 신규 외주 계약이 체결되지 못하게 하는 제도를 시행한다. FSA가 다음 사항에 대해 부정적인 영향을 주는 외주 계약을 금지하기 때문에 이렇게 할 필요가 있다. 　– 회사의 내부 통제 　– 회사의 관련 감독 규정 준수 여부에 대한 FSA의 감독 및 모니터링 능력 3. 따라서 컴플라이언스 부서는 신규 외주 계약 제안을 검토하여 적절성을 평가해야 한다. 검토는 FSA가 정한 사안들을 포함해야 한다. 제안된 서비스 제공자에 관한 아래의 사항들이 포함된다. 　– 관련 기능을 수행할 법적 권한이 있는가? 　– 수행되는 서비스에 대해 적절하게 감독할 수 있는가? ●

주제	외주
	– 관련 서비스 제공에 요구되는 경험이 있는가? – (규제 대상 기관일 경우) 규제 기관으로부터 제재나 징계 조치를 받은 적이 있는가? – (해외에 소재할 경우) 서비스 제공자가 보유하고 있는 관련 기록이나 기타 자료들에 대해 FSA의 접근을 금지하거나 방해하는 법률이 있는가? 4. 각각의 외주 계약이 회사와 서비스 제공자 사이의 서면 계약에 의해 이루어지게 한다. 5. 중대한 신규 외주 계약을 FSA에 통보한다. 6. 모든 관련 리스크들의 관리 방법과 모니터링 방법을 표시하는 리스크 대장이 작성되어야 한다. 각각의 외주된 기능과 관련된 리스크 보고를 위한 적절한 장치도 시행되어야 한다. 보고 장치에는 서비스 제공자로부터 회사로의 보고, 외주에 관한 이슈에 관한 상위 경영진 앞 보고가 포함되어야 한다. 7. 외주 서비스 제공이 시작되고 난 뒤에는, 이 서비스 계약이 적절한지 정규적으로 검토하여야 한다. 이 검토를 촉진하기 위해 문서화된 계약이 시행되어야 한다. 8. 특정 상황에서는 서비스 제공자가 모든 감독 규정과 법률의 요건을 이해하도록 서비스 개시 전 교육과 상시 교육 제공이 적절할 수도 있다. 특히 서비스 제공자가 해외에 소재할 경우 특히 그러하다. 9. 관련 서비스가 향후에 어떻게 수행될지에 대해 적절한 검토가 수행되고 외주 계약 중지가 회사나 고객에 부정적인 영향을 주지 않도록 적절한 주의를 기울이기 전에는 외주 계약이 종료되어서는 안 된다. 따라서 그러한 계약은 컴플라이언스 부서의 사전 검토와 승인 없이 종료되어서는 안 된다. 10. 컴플라이언스 부서가 모든 신규 외주 계약(또는 종료)을 승인하거나 검토하도록 요구하는 것이 부적절하다고 판단되는 경우, 이러한 기능들은 적절한 지식과 자격을 갖춘 사내의 다른 사람에게 위임될 수도 있다.
주	• FSA는 '규제를 받는 활동, 열거된 활동 또는 부수 서비스 수행에 중대한' 서비스를 중대한 서비스로 간주한다. • 대체로 서비스와 관련된 통제의 취약점이나 실패가 회사의 규제상 의무 충족이나 고객 서비스 제공 또는 일상적인 활동 지속에 부정적인 영향을 줄 수 있으면 중대한 것으로 판단될 수 있다.
추가 정보	부록 24를 보라.

주제	내부고발
목표	회사가 내부 고발을 촉진, 증진, 지원하는 절차를 갖추게 한다.
설명	• 컴플라이언스 책임자가 모든 장소에 항상 존재할 수는 없는데, 컴플라이언스 책임자가 모르는 사이에 벌어진 일이 컴플라이언스 책임자에게 알려져야 할 때가 있다. 건전한 내부 고발 제도가 이를 촉진할 수 있다. • 내부 고발 제도는 직원들이 '보호받는 공개'를 할 수 있는 즉, 부적절한 활동을 발견한 경우 보복에 대한 두려움 없이 이를 보고할 수 있는 절차이다. 영국에서 이 분야의 법률 조항은 1998년 공익 공개법에 규정되어 있다.
필요 조치	1. 직원들이 비난받을까 두려워하지 않고 우려사항을 적절한 당사자에게 마음 편하게 보고할 수 있는 시스템을 만든다. 법무부서, 인사부서와 협력하는 것이 좋다. 2. 독립성을 확보하기 위해 내부 고발 장치를 외주 주고, 직원들에게는 제3자인 서비스 제공자의 전화번호만 제공하는 회사들도 있다. 이렇게 하면, 회사 내에서 중대한 이해관계가 있는 사람이 보고된 우려사항을 무시할 수 없게 된다. 3. 회사 내부에서 적절한 수준의 독립적인 상위 직급 인사가 보고 수령, 평가를 담당하게 하는 시스템을 갖추는 회사들도 있다. 4. 직원들의 우려 사항이 내부적으로 보고되든 제3자에 보고되든, 제기된 이슈 중 규제와 관련된 영향을 줄 수 있는 사항은 컴플라이언스 부서에 신속히 통보되게 해야 한다. 5. 직원들에게 내부 고발 장치에 대해 알려주고, 모든 직원이 보고할 수 있는 사안과 보고할 수 없는 사안을 알게 한다. 앙심을 품은 보고, 또는 내부 분쟁 해결을 위한 보고에 대해서는 PIDA가 보호해 주지 않음을 분명히 한다. 직원들에게 보호받는 공개를 한 뒤 무시되었다고 생각하여 법적 구제를 받고자 해도 승소에 대한 보장이 없으며, 그들이 소송 비용을 물게 되면 재정적 영향이 상당할 수도 있음도 상기시켜 준다(최근에 2007년 말에 노무라를 상대로 한 내부 고발 소송에서 패소한 사이먼 허시의 경우가 이에 해당한다). 6. 회사의 내부 고발 제도를 성문 정책 또는 절차로 규정해두면 유용하다. 7. 이 절차가 효과적으로 작동하고 있는지 확인하기 위해 정기적인 모니터링을 실시한다.
추가 정보	부록 24를 보라.

주제	고객 분류
목표	고객들을 정확하게 분류하여 그들에게 FSA 규칙에 따른 적절한 보호가 제공되게 하고, 해당 고객이 관련 비즈니스를 수행하지 않고 있을 때에는 FSA 규칙이 적용되지 않게 한다.
설명	• FSA는 리스크 기반 소비자 보호 규제 제도를 운영해서 가장 경험이 없는 고객들에게 가장 높은 수준의 보호를 제공한다. • 고객 분류는 회사들이 다양한 고객들에게 적용될 보호 수준을 결정해 주므로 이는 매우 중요한 컴플라이언스 프로세스이다. 예를 들어 실수로 리테일 고객이 전문가로 분류될 경우, 많은 고객 보호 규칙들이 적용되지 않을 것이기 때문에 해당 고객은 더 높은 수준의 리스크에 노출될 수도 있다. • COBS(비즈니스 수칙 자료집)하에서는 고객들이 3개 범주로 분류되며 많은 하위 범주들이 있다. 이들에 대해 아래에 요약한다.
리테일 고객	• 경험이 없고 세련되지 못하여 FSA 규칙에서 정하고 있는 모든 보호가 필요한 고객 • 개인 또는 소기업이 이에 해당할 수 있다.

전문가 고객	• 리테일 고객보다는 많은 경험이 있으나 여전히 일정 수준의 보호가 필요한 고객 – 상당히 많은 FSA 규칙들이 적용되지 않는다.
	• 이에는 2개 범주가 있다.
	  – 자동 전문가 고객
	  – 선택에 의한 전문가 고객

자동 전문가 고객	• 자동 전문가 고객은 자동으로 전문가로 분류되는데 아래와 같은 고객이 이에 해당한다.
	  – 규제를 받는 금융기관
	  – FSA가 정하는 기준을 충족하는 대형 기관
	  – 정부(지방 정부와 중앙 정부)
	  – 중앙은행
	  – IMF와 같은 초국적 기관
	• FSA가 정한 특수한 상황에서는 자동 전문가 고객을 적격 당사자(아래의 설명을 보라)로 취급할 수도 있다.

선택에 의한 전문가 고객	• 자동 전문가 고객 기준을 충족하지 않으며, 다음과 같은 상황이 아니라면 일반적으로는 리테일 고객으로 분류될 고객 ◐

주제	고객 분류
	– 경험과 능력 면에서 FSA가 정한 특정 기준을 충족하며 – 선택에 의한 전문가로 분류될 경우 보호를 받지 못하게 된다는 사실에도 불구하고 그렇게 취급받을 의향이 있음을 표시한 고객 – 얼핏 보기에는 보호를 받지 않기로 결정하는 것이 논리적이지 않다고 생각될 수도 있으나, 전문가로 취급될 경우 그렇지 않다면 접근할 수 없는 자산군과 거래에 접근할 수 있게 되는 등 많은 효용이 있다. 많은 회사들은 관리상의 부담과 FSA의 고객 보호 규칙을 모두 적용하지 않는 데 따르는 리스크로 인해 리테일 고객의 선택에 의한 전문가 취급 신청은 받아주지 않는다.
적격 당사자	• 노련한 당사자로서 '가벼운' 규제상의 보호 장치만 적용되면 된다. • 2개의 범주가 있다. 　– 자동 적격 당사자 　– 선택에 의한 적격 당사자
자동 적격 당사자	• 자동 적격 당사자는 자동 전문가 고객의 하위 집합으로 '적격 당사자 비즈니스'를 수행한다. • 적격 당사자 비즈니스는 다음과 같다. 　– 고객을 위한 주문 집행 　– 자기계정 딜링 　– 주문 수령과 전달 　– 위의 비즈니스들과 관련된 부대 서비스
선택에 의한 적격 당사자	선택에 의한 적격 당사자로 취급되도록 요청한 전문가 고객(자동 전문가와 선택에 의한 전문가)
범주간 이동	• 위에 언급한 기본적인 고객 분류 사이의 이동 이외에 다른 이동 가능성들도 있다. 　– 자동 적격 당사자가 전문가 고객으로 취급되는 경우 　– 자동 적격 당사자가 리테일 고객으로 취급되는 경우 　– 자동 전문가 고객이 리테일 고객으로 취급되는 경우
분류되지 않은 고객	• FSA 규칙이 다루지 않는 금융 서비스와 상품이 있는데, 이 서비스나 상품을 제공받는 고객들은 분류될 필요가 없다. • 그러한 상품과 서비스에는 포페이팅(forfaiting. 소구권이 없는 수출 장기 연불어음 매입할인)과 무역 금융이 있다. ❍

주제	고객 분류
기타 가능한 분류	• FSA 고객 분류 상 누가 고객인지 정하기가 항상 간단한 것은 아니다. • 아래의 사람들이 고객으로 여겨질 수 있다. 　– 가망 고객 　– 회사에 의해 소통되거나 승인된 금융 판촉물을 받았거나 받을 가능성이 있는 사람 　– 지정 대리점 또는 관련 대리인의 고객으로서 회사가 책임을 지는 경우 • 아래의 사람들은 회사에 의해 소통되거나 승인된 금융 판촉물을 받았거나 받을 가능성이 있는 경우가 아닌 한 고객으로 간주되지 않는다. 　– 기업재무 접촉자 　– 벤처캐피탈 접촉자 • 본인을 대리하여 행동하는 사람을 다룰 때에는 조심해야 한다. 대리인이 고객으로 다루어질 때도 있고 본인이 고객으로 다루어지는 때도 있다. 이 분야를 규율하는 규칙은 COBS 2.4.3에 나와 있다.
기업재무 접촉자	• 회사의 기업재무 비즈니스 상대방 또는 회사가 기업재무 비즈니스 서비스를 제공하는 사람 • 그러한 사람들은 회사가 그들이 고객으로 다루어질 것이라고 명시적으로 표시하지 않은 한 고객으로 다루어지지 않는다.
벤처캐피탈 접촉자	• 회사의 벤처캐피탈 비즈니스 상대방 또는 회사가 벤처캐피탈 서비스를 제공하는 사람 • 그러한 사람들은 회사가 그들이 고객으로 다루어질 것이라고 명시적으로 표시하지 않은 한 고객으로 다루어지지 않는다.
소비자	그 자체로는 범주가 아니지만, 어떤 방식으로든 (예를 들어 권한이 없는 사람으로부터, 또는 권한이 있는 사람의 직접적인 고객인 사람을 통하여) 금융 서비스를 받고 있는 사람을 FSMA하에서 보호를 받는 당사자로 정하기 위한 포괄적인 항목
필요 조치	1. 고객 분류 프로세스에 관여하는 직원들이 고객 유형, 정확한 범주 적용의 중요성, 잘못 분류할 경우의 결과에 대해 충분히 인식하게 한다. 2. 이 때 대면 교육과 서면 지침 매뉴얼을 제공하는 것이 좋다. 3. FSA는 또한 회사들이 고객 분류 프로세스를 위한 서면 정책과 절차를 시행하도록 요구한다.　❍

주제	고객 분류
	4. 모든 고객에게 그들이 어떻게 분류되는지 알려 주고, FSA가 요구하는 필요 서류와 통보서를 고객에게 보내 회신 받도록 한다. 그러한 통보에 필요한 내용은 부록 19를 보라. 5. 분류 기록이 FSA 요건에 따라 유지되게 한다. 그러한 기록은 아래의 내용을 포함한다. 　－ 각 고객이 속한 범주 　－ 고객에게 그들이 어떻게 분류되었는지 통보한 증거 　－ 고객 분류 동의서 사본 6. 다음 사항들을 확인하기 위해 정규적으로 검토를 수행한다. 　－ 고객 유형이 분류되고 난 뒤에 고객이 해당 분류에 따라 다루어지고 있으며, 분류가 유효한 상태를 유지하고 있는가? 　－ 기록이 FSA 요건에 따라 유지되고 있는가? 7. 고객 알기(KYC) 프로세스도 고객 또는 거래 상대방과의 비즈니스 관계 개시 전에 완료되어야 하므로, 고객 분류를 KYC 프로세스와 병행하여 실시하는 것이 좋다.
추가 정보	부록 24를 보라.

주제	경영 정보
목표	상위 경영진이 매니저로서의 책임을 원활히 수행하고, 추세를 파악하며 이에 따라 계획을 수립할 수 있도록 적절한 정보를 받게 한다.
설명	• 경영 정보 편집과 보고는 규제 리스크 통제를 위한 중요한 도구이다. • FSA의 시각으로는 컴플라이언스 책임이 상위 경영진에게 있음을 기억해야 한다. • 회사 상층부에서 컴플라이언스 부서로 전달하는 정보 흐름과, 컴플라이언스 부서에서 상위 경영진에게 보고하는 정보 흐름이라는 쌍방향 정보 흐름이 있어야 한다.
필요 조치	1. 경영진에게 보고될 정보를 결정한다. 이 정보는 계량화되어야 하며 가능하면 리스크 측정 요소가 있어야 한다. 2. 아래와 같은 정보를 보고하면 유용할 수 있다. 　－ 승인 신청된 신규계좌 수 　－ 승인된 신규계좌수

주제	경영 정보
	– 승인 전에 활동한 신규계좌 (위반)수

– 자기계좌 거래 신청 처리 건수
– 자기거래 계좌 신청 후 후속거래 확인이 수령되지 않은 건수
– 민원접수 건수
– 민원종결 건수
– 규칙위반 기록 건수
– 승인자 신청 처리 건수
– 컴플라이언스 모티터링 포인트 제기 건수
– 컴플라이언스 모티터링 포인트 완료 시한 경과 건수
– 금융상품 판촉 승인 건수
– 공식 승인 없이 발행된 금융상품 판촉 건수
– 컴플라이언스 부서의 정원과 실제 인원
– 정보차단벽 뒤에 있는 정보 접근 신청 처리 건수
– 교육을 받은 직원 수
– 필수 교육 과정에 참여하지 않은 직원 수
– 정보차단벽 뒤에 있는 정보에 승인 없이 접근한 사례 수

회사의 구체적인 활동에 적절한 다른 사례들도 생각할 수 있을 것이다.

3. 파악할 정보(컴플라이언스의 핵심 성과 지표. KPI)가 결정되면, 자동으로 파악되어 보고되는 KPI가 있는가 하면 수작업으로 생성되어야 하는 정보도 있으므로 이들을 어떻게 포착할지 결정해야 한다.

4. 어떤 정보가 상위 경영진에게 보고되어야 할지도 결정할 필요가 있다. 컴플라이언스 부서가 열심히 일하고 있다는 인상을 주기 위해 리스크 요소가 없는 경우에도 모든 정보를 보고할 수도 있고, 위반 건수, 민원 건수, 승인 전 신규계좌 개설 건수 등과 같은 리스크 지표들만 보고할 수도 있다.

5. 정보를 누구에게 얼마나 자주 보고할지 결정한다. 예를 들어 매일 업무 종료 후에 CEO에게 간략하게 보고할 것인가, 이사회에 분기마다 보다 상세하게 보고할 것인가(아니면 이를 결합할 것인가)?

6. 경영 정보 기능에서 한 걸음 더 나아가 '컴플라이언스 대시보드'를 사용하는 회사들도 있다. 대시보드는 다양한 프로세스와 절차들이 어떻게 운영되고 있는지 실시간으로 시각적으로 보여주는 장치이다. 대시보드 접근법은 규칙 위반과 기타 리스크 기준을 실시간으로 포착하여 통보해 주고, 자동으로 추세를 분석해 줄 수 있다.

주제	경영 정보
	7. 하이테크 접근법은 비용 면에서 대규모 회사의 가장 바쁜 부서들에만 효과적일 수 있지만 비교적 새로운 이 접근법은 생각해 볼만한 가치가 있다.
	8. 경영 정보 수집/보고에 자동화 솔루션이 사용될 경우, 이 시스템이 IT부서의 지원을 받고 회사의 비즈니스 연속성 계획에 의해 다루어지게 한다. 아무도 사용법을 모르고 IT부서 운영과 통합되지 않은 만능 소프트웨어에 거액을 쓰고 싶지는 않을 것이다.
추가 정보	–

주제	사기
목표	적절한 사기 탐지와 처리 절차가 갖춰지게 한다.
설명	• 사기는 많은 회사들에게 심각한 문제로서 금융시장에서도 다르지 않다. 사기의 유혹은 명백하다. 금융기관은 고객의 귀중한 금융 정보를 지니고 있는데 이 정보가 '여기저기서 조금씩 새나가도 개별 고객 입장에서는 별 차이가 없는' 데 비해 사기범들에게는 귀중한 돈줄(cash cow)로 여겨질 수 있다. • 대규모 회사에서는 일반적으로 사기 전담팀을 두고 있지만 소규모 회사에서는 이 분야의 통제 책임이 컴플라이언스 팀에 놓여진다. • 사기는 감독 규정 위반이 되거나 컴플라이언스에 영향을 주는 시스템 및 통제상의 취약점을 노출시키기 때문에 별도의 사기 전담팀이 있는 경우에도 컴플라이언스 부서가 관여할 가능성이 있다.

필요 조치	1. 회사의 활동 전반을 검토해서 회사가 어떤 유형의 사기에 가장 취약한지 결정한다.
	2. 금융기관에 대한 사기는 크게 보아 회사에 대한 사기와 회사의 고객에 대한 사기로 나눠질 수 있다. 이 두 부류의 사기들 안에 이미 수많은 변형들이 있으며 새로운 변형들이 출현하고 있다. 다음과 같은 예를 들 수 있다.
	  – 고객자산 관리를 맡은 직원의 고객자산 횡령
	  – 개인적 사용 또는 판매를 위한 고객 신상정보 절도
	  – 신용카드 복사
	  – 현금지급기를 조작하여 카드가 빠지지 않게 하거나 카드 정보 파악에 사용 ●

주제	사기
	– 허위 웹사이트를 개설하여 고객계좌 상세 내역 취득
	3. 회사가 가장 취약한 사기 유형을 파악하고 나면 취약한 부분을 다룰 수 있는 통제에 대해 평가해야 한다. 사기 기법이 끊임없이 발전하기 때문에 정기적으로 검토해야 한다.
	4. 또한 직원들이 사기 식별법과 사기 혐의 발견 시 행동 요령을 알 수 있게 하는 절차를 갖춰야 한다.
	5. 정규적으로 사기 예방 교육을 실시할 필요가 있다. 직원들이 자신의 경험과 관련된 사기 사례를 알 수 있도록 각자가 수행하는 업무에 관련된 맞춤 교육을 실시하면 더 좋다.
	6. 컴플라이언스 부서가 사기 혐의에 대해 통보 받고 이 사안들이 조사받고 다루어질 수 있도록 자금세탁, 테러분자 자금조달, 시장오용 혐의보고와 유사한 보고 제도가 시행되어야 한다.
	7. 실제 사기, 사기 혐의 또는 사기 시도가 파악되면 이에 대해 철저히 조사하여 어떤 조치가 취해질 필요가 있는지 결정해야 한다. 절차와 통제를 강화할 필요가 있을 수도 있고 경찰, 중대조직범죄국(SOCA) (사기는 범죄이므로 사기를 통한 수익은 범죄 수익이며, 따라서 자금세탁방지법의 적용을 받는다.) 또는 FSA에 통보할 필요가 있을 수도 있다.
	8. 직원 징계 이슈와 고객 민원 이슈가 있을 수도 있다.
	9. 보고된 사기 사안에 대해 완전한 정보를 유지한다. SOCA나 경찰에 이 사안이 보고되었는지 여부와 아울러 272쪽의 규칙 위반 부분에서 설명한 것과 유사한 기록이 유지되어야 한다.
추가 정보	부록 24를 보라.

주제	컴플라이언스 모니터링
목표	컴플라이언스 모니터링을 실시하여 규칙 위반과 컴플라이언스 통제상 취약점이 포착되고 이에 대해 적절한 시정조치가 취해지게 한다.
설명	• 경영진에게 회사가 법률, 감독 규정과 모범실무관행을 준수하고 있다는 안도감을 제공하기 위해 검토가 수행된다는 점에서 컴플라이언스 모니터링 기능은 내부 감사부서와 오퍼레이션 리스크 관리 부서에서 담당하는 역할과 유사하다(내부 감사와 오퍼레이션 리스크 관리 부서는 회사의 모든 통제를 다룸으로 책임 범위가 훨씬 넓다). ❍

주제	컴플라이언스 모니터링
	• 컴플라이언스 모니터링 작업에는 크게 2가지 접근법이 있는데 흔히 이 두 가지 방법을 결합하여 사용한다. – 보다 총체적 접근법: 부서, 법률, 기능 등에 영향을 주는 다양한 이슈들을 검토 – 보다 협소한 접근법: 최상의 집행 요건 위반과 같은 한 가지 특정 측면을 조사
필요 조치	1. 위에서 설명한 어떤 접근법을 취하느냐에 따라 달라지겠지만 건실한 컴플라이언스 모티터링 제도는 아래와 같은 특성을 포함할 것이다. – 컴플라이언스 모니터링을 받게 될 모든 영역을 열거한다. – 리스크 평가 결과에 기초하여 모니터링 계획을 세운다. – 개별 검토 또는 테스트 계획을 세운다. – 개별 모니터링 프로그램을 준비한다. – 검토될 대상에게 공식으로 통보한다. – 모니터링 작업을 완료하고 완료된 작업의 기록을 유지한다. – 모니터링 시 발견한 사항을 검토된 대상과 논의한다. – 취할 필요가 있는 시정조치에 대해 합의한다. – 상위 경영진, 검토 대상 부서 등과 같은 관련인에게 검토 결과 보고서를 송부한다. – 시정조치 완료 여부에 대해 사후관리하고, 시정조치가 지연될 경우 상위 경영진에게 보고한다. – 시정조치 요구 내용과 완료 내용 대장을 유지한다.
특수 조치	2. 모니터될 필요가 있는 모든 사안의 리스트를 작성한다. 아래와 같이 다양한 방식으로 나누어서 모든 것이 다루어지게 할 수 있다. – 부서: 일선 부서와 후선부서 모두 포함 – 감독 규정 – 법률 – 내부 정책 요건 – 사무소/실체(entity) – 외주 준 기능 – 비즈니스 활동 3. 어느 영역이 가장 빈번하게 모티터링될 필요가 있는지 결정할 수 있게 해 줄 리스크 등급 시스템을 마련한다. 리스크가 가장 높은 영역들에 대해 가장 빈번하게 모니터링해야 할 것이다. 4. 고려해야 할 사안에 대해 확정된 리스트는 없지만, 리스크 평가 작업 수행 시 사용할 수 있는 기준이 225쪽(컴플라이언스 리스크 대장)에 제안되어 있다.

주제	컴플라이언스 모니터링
	5. 엑셀 스프레드시트 등을 사용하여 특정 리스크 요인들에 숫자를 부여하는 자동화된 리스크 평가 프로세스 방법을 채택할 수 있다. 그러나 리스크 평가 근거를 기록하는 한 반드시 이러한 방식으로 할 필요는 없다.

5. 엑셀 스프레드시트 등을 사용하여 특정 리스크 요인들에 숫자를 부여하는 자동화된 리스크 평가 프로세스 방법을 채택할 수 있다. 그러나 리스크 평가 근거를 기록하는 한 반드시 이러한 방식으로 할 필요는 없다.

6. 예를 들어 아래와 같은 사항을 근거로 데이터 보호 컴플라이언스보다 자금세탁방지 컴플라이언스가 보다 큰 리스크를 제공한다고 판단할 수 있다.
   – 자금세탁방지법 위반에 대한 벌칙이 데이터보호법 위반에 대한 벌칙보다 훨씬 무겁다.
   – 일반적으로 자금세탁방지법 위반에 의해 야기된 평판 손상이 데이터보호법 위반에 의해 야기된 평판 손상보다 큰 것으로 여겨진다.
   – 정보 위원의 데이터 보호 준수 여부 모니터링보다 FSA의 자금세탁방지 위반 추적이 더 적극적이다.
   – 자금세탁방지와 관련된 상세 요건이 데이터 보호 컴플라이언스와 관련된 요건보다 많다.
   – 자기 회사가 아래와 같은 상황에 처해 있을 수도 있다.
   (a) FSA가 곧 회사의 자금세탁방지 통제에 대한 검토를 수행할 것이다.
   (b) 1년간 자금세탁방지 교육을 제공하지 않았다.
   (c) 운영 리스크 부서에서 최근에 회사의 자금세탁방지 절차에 관한 몇 가지 우려스러운 위반에 대해 보고했다.

7. 모니터링 기능의 범위에 속하는 모든 분야에 대한 리스크 평가를 마치고 나면, 이를 높음, 중간, 낮음 등과 같은 리스크 그룹으로 분류하는 방법을 정해야 하며, 높은 리스크 영역에 대해서는 낮은 리스크 영역보다 시급하고 빈번하게 검토할 필요가 있을 것이다.

8. 이러한 리스크 평가에 기초하여, 향후 1개월/1분기/6개월/1년 동안의 모니터링 계획을 세워야 한다. 중대한 이슈가 발생할 경우 원래 계획을 고수하기 보다는 이 이슈에 자원을 돌릴 수 있도록 유연하게 실행해야 한다.

9. 모니터링에 대한 2가지 주요 접근법의 실제 적용 지침을 아래에 제시한다.

감사 기반 모니터링

1. 검토자들이 자신이 담당하는 분야에 대해 친숙해지고 직면할 수 있는 이슈들을 이해하도록 감사 기반 검토 시행 전에 철저한 계획 수립 작업을 수행한다.
2. 아래와 같은 사안들을 정하는 서면 계획이 수립되어야 한다.

➡

주제	컴플라이언스 모니터링

- 검토에 할애될 기간(일)
- 담당 직원
- 시작일과 종료일
- 사용될 모니터링 프로그램

3. 모니터링 프로그램은 특정 요건 준수 여부를 평가하기 위해 수행될 테스트를 정한다. 예를 들어 세일즈 데스크 검토는 최상의 집행, 주문의 공정한 할당, 적합성, 선행 매매와 같은 다양한 비즈니스 수칙 요건 준수 여부 테스트를 구현하는 프로그램에 기반을 둘 수 있다.

4. 검토가 비밀 사항이 아닌 한, 예의상 검토 계획 사본을 모니터될 영역의 부서장에게 보내서 그들에게 검토 사실을 알리고 협조를 구해야 한다.

5. 검토는 테스트와 직원 인터뷰가 결합되어야 한다.

6. 세일즈 데스크 검토에서는 트레이드 표본을 선정하여 적합성 기록이 유지되고 있는지, 정해진 기간 안에 확인서가 송부되었는지 확인할 수 있다.

7. 위의 세일즈 데스크 검토에서 인터뷰할 때 직원들은 무엇이 자신의 부서에 영향을 주는 주된 리스크라고 생각하는지, 컴플라이언스 관련 우려 사항이 있는지와 같은 사항들을 포함시키고, 컴플라이언스 요건에 대한 직원들의 이해도를 확인/평가해야 한다.

인터뷰는 검토자들이 검토 대상 팀이 어떻게 운영되고 있는지 '감을 잡도록' 도와준다. 인터뷰를 통해 문서 테스트만으로는 파악할 수 없는 보다 덜 가시적인 다음과 같은 사항들을 포착할 수도 있다.
- 새 팀원이 컴플라이언스에 대해 열성적인 태도를 보이고 있다.
- 너무 많은 직원이 팀을 떠나려 하고 있으며 남은 사람들은 세일즈 목표를 맞추지 못할 것이라고 두려워하고 있다.

8. 검토자들은 오해가 있으면 이를 해소하고 시정조치에 동의할 수 있도록 검토 작업을 마칠 때까지는 발견 사항, 즉 우려, 취약점, 규칙 또는 법률 위반, 제안 등에 대한 리스트를 작성하여 이를 상위 담당 직원과 논의해야 한다.

9. 아래의 사항들을 결정함으로써 시정조치에 대해 가급적 구체적으로 합의할 필요가 있다.
- 어떤 조치를 취할 필요가 있는가
- 누가 할 것인가
- 언제까지 할 것인가

주제	컴플라이언스 모니터링
	10. 발견 사항과 시정조치가 합의되면 이에 관한 주요 내용을 기술한 보고서를 작성해야 한다. 예를 들어 전체 검토 결과에 고위험, 중간 위험, 또는 저위험이나 1에서 5까지의 숫자와 같은 등급을 부여함으로써 발견 사항을 요약할 수도 있다. 11. 컴플라이언스 부서에서 제기하는 사안의 영향을 증가시키기 위해, 시정조치가 필요한 분야의 취약성으로 인해 최근에 부과된 규제상의 벌칙에 관한 상세 내역을 보고할 수도 있다. 12. 최종 보고서 작성 전에 초안을 작성해서 검토 대상자에게 최종 의견을 개진하고 수정할 기회를 부여할 수도 있다. 13. 보고서 작성을 완료하고 나면 검토 대상 분야 직원들에게 검토 기간 중의 협조와 도움에 대해 고마움을 표시한다. 이는 예의상으로 수행될 수도 있고, 시정조치 기간 중의 협조를 얻는 데 도움이 될 수도 있다. 14. 통제 강화와 위반 시정 진전 사항을 모니터할 수 있도록 합의된 시정조치 대장을 유지할 필요가 있다. 15. 검토 결과와 시정조치 완료 사항은 상위 경영진에게 보고되어야 한다.

시스템 기반 모니터링	1. 감사 기반 접근법보다 목표 대상이 훨씬 분명한 이러한 유형의 모니터링은 테스트할 분량이 많거나 테스트될 프로세스가 자동화된 경우에 적합하다.
	2. 이 방법은 예외 보고 자동화에도 적합하다. 기준이 시스템 안에 프로그래밍되며, 실시간 또는 일, 주, 월과 같은 정해진 주기에 따른 보고서가 생성되고, 상세한 기준에 부합하는 행동이 탐지된다.
	3. 다음과 같은 기준이 포함될 수 있다.
	  • KYC 승인 전의 고객 트레이딩
	  • 주의 리스트에 등재된 회사와의 거래
	  • 특정 규모를 초과하는 거래
	  • 요구되는 기간 내에 송부되지 않은 거래 확인서
	4. 위에 열거된 사안들은 수작업으로 검토될 수도 있지만 이 경우 많은 시간이 소요되고, 인간의 실수 여지를 더 많이 남긴다.
	5. 발견 사항에 대한 대응은 파악된 사안의 중요성에 기초해야 한다. 예를 들어 특정일에 총 1,000건 중 1건의 확인서 지연 송부가 포착된 경우, 이는 그다지 심각하지 않을 것이므로 이에 대해 후속 조치를 취하지 않기로 결정할 수 있다. 그러나 인수 계획 발표 직전에 있으며 회사의 기업재무 부서에서 자문을 제공하기로 되어 있는 회사의 증권에 고유계정으로 포지션을 취한 경우, 이에 대해서는 시급한 조사가 적절할 것이다. ◗

주제	컴플라이언스 모니터링
	6. 완전한 감사 증적을 제공할 수 있도록 각각의 예외 보고서와 통지에서 발견된 사항들과 관련하여 취해진 조치를 기록해야 한다.
	7. 특정 영역에서 많은 예외 보고서를 만들어 내고 있는 것으로 보일 경우, 해당 영역에서 어떤 일이 일어나고 있는지 보다 완전하게 파악하고 예외 보고서에 의해 포착되지 않은 기타 취약성이 있는지 파악할 수 있도록 감사 기반 모니터링 시행이 적절하다고 결정할 수도 있다.
	8. 검토 적업의 발견 사항들은 상위 경영진에 대한 정규 보고서에 포함되어야 한다.
추가 정보	–

자금세탁방지 일상 업무

이 부록은 컴플라이언스 책임자, 자금세탁 보고 책임자가 가장 보편적으로 수행하는 자금세탁방지 일상 업무들을 자세히 담고 있다. 각각의 분야에서 제공되는 내용들은 요약에 지나지 않으며, 이를 당신 회사의 절차와 통제에 적용하려면 당신의 비즈니스 활동과 고객 기반에 맞게 조정해야 함을 기억해야 한다.

주제	신규 거래를 위한 KYC 승인
목표	KYC가 완료되기 전에 고객 관계가 시작되지 않게 한다.
설명	• KYC는 '고객 알기(know your customer)'를 의미하는 바, 비즈니스 관계를 맺게 될 사람에 대해 규제상의 정밀 조사를 완료하는 것을 일컫는다. • KYC 프로세스는 자금세탁과 금융시장을 통한 테러자금조달 방지의 핵심 요소이다. • KYC에는 아래와 같은 다양한 구성 요소들이 있다. – 고객의 신원 증명; 그들이 자기가 누구라고 주장하는 바로 그 사람인가 – 고객의 활동과 부의 원천에 관한 안도감 획득; 고객의 자금이 불법적으로 창출되지는 않았는가 – 고객이 회사가 관련을 맺기에 적절한 사람임을 입증; 예를 들어 거래하기에는 평판상 너무 위험하다고 판단될 수 있는 사람들도 있다. – 비정상적인 활동이 포착되도록 고객의 정상적인 비즈니스 활동에 대한 개요 파악. 이는 거래 관계가 맺어진 뒤 사기와 자금세탁 혐의 포착 등과 같은 다양한 용도에 활용할 수 있다. • 2007년 자금세탁방지 규정 paragraph 9에 제한된 면제 규정이 나와 있기는 하지만 대부분의 경우, 새로운 고객에 대한 KYC는 비즈니스 관계가 시작되기 전에 완료되어야 한다. • 그러나 감독 규정이나 법률 요건에 무관하게 비즈니스 관점과 평판 상의 관점에서도 회사의 고객에 대해 잘 알 필요가 있다. 당신의 회사는 여러 번 파산 선고를 받았던 이사, 사기 혐의로 기소되었던 이사, 다른 종류의 스캔들에 연루되었던 이사 3명이 이끄는 회사와는 비즈니스 관계를 맺고 싶지 않을 것이다.
필요 조치	1. 회사에서 새로운 고객과 비즈니스 관계가 형성되는 부서를 파악한다. 2. 회사가 다루게 될 가능성이 가장 큰 고객 유형을 식별한다. 3. 직원들에게 어떤 KYC 서류가 필요한지 안내할 때 사용할 수 있는 체크리스트를 제정한다. 요구되는 정보 중 일부는 모든 유형의 고객에게 공통적으로 적용되며(예를 들어 이름과 주소), 일부 정보는 고객 유형에 따라 다를 것이다(예를 들어 비상장 회사에 대한 KYC는 인가받은 단위금전신탁에 대한 문서 요건과 다를 것이다). 4. KYC 요건은 또한 관련 상품에 따라 다르다. 예를 들어 대출을 해 줄 경우 보증인에 대한 KYC도 필요할 수 있으며, 집합투자기구에 대한 KYC를 수행할 때에는 펀드 투자자에 대해 수행하는 KYC 기준을 충족하기 원할 수 있다. ◗

5. 또한 KYC 요건은 고객의 리스크 범주에 따라 달라지는 바 고위험 고객과 고위험 활동에는 추가적인 KYC 요건이 적용된다. KYC 요건이 위험 정도에 따라 맞춰질 수 있도록 고·중·저위험 고객군에 대한 지침을 제공하여야 한다. 리스크 평가 요인은 아래와 같은 여러 요인들에 좌우될 수 있다.
   - 트레이드될 상품 유형
   - 고객 근거지 국가
   - 고객 활동: 급여 생활자 또는 기업
   - 고객 유형: 예를 들어 규제를 받지 않는 자선 단체 또는 상장 대기업
   - 고객이 정치적으로 노출된 사람 또는 그러한 사람과 관련이 있는 사람인지 여부

6. 회사에 다양한 고객과 상품 유형이 있을 경우 회사에서 다루게 될 가능성이 가장 큰 고객 유형에 맞춘 체크리스트를 제정하는 것이 좋다.

7. 신규 고객에 대해 KYC를 만족스럽게 마치지 못하면 그들과 비즈니스 관계를 시작하지 말아야 하며 이 상황이 수상한지, 중대조직범죄국에 보고해야 할지 여부에 대해 고려해야 한다.

8. 일선 부서 직원들이 KYC 프로세스에서 자신의 역할을 알 수 있게 해 줄 제도를 시행한다. 이에는 아래와 같은 다양한 대안이 있다.
   - 컴플라이언스 부서가 모든 신규 고객을 승인한다.
   - 일선 부서에서 모든 신규 고객을 승인하되 컴플라이언스 부서에서 간헐적으로 점검한다.
   - 별도의 KYC 부서가 모든 신규 고객을 승인한다.
   - 저위험 고객은 별도의 KYC 부서나 일선 부서에서 승인하고, 고위험 고객들은 컴플라이언스 부서에서 승인한다.

9. 신규 고객 승인 체크리스트에 따라 요구되는 KYC 정보를 모두 입수할 수는 없지만, 적정한 KYC 정보를 입수할 수 있다고 생각하는 상황을 수용할 수 있는 장치를 갖춰야 한다. 때로는 제안된 신규 고객의 적절성을 지원하는 다른 증거를 구할 수도 있다.

10. 해당 상황이 저위험으로 여겨지고 특정 기간 안에 빠진 서류가 갖춰질 수 있다는 보장이 있을 경우, 모든 KYC 정보 입수 전에도 특정한 저위험 관계를 시작하게 할 수도 있다. 그 경우 누락된 서류가 반드시 입수되고, 고객을 받아들인 후 잊어버리지 않도록 모니터링을 실시해야 한다.

주제	신규 거래를 위한 KYC 승인
	11. 승인 프로세스 중에는 가망 고객이 내부통제리스트 또는 영국 은행에 의해 유지되는 것과 같은 외부통제리스트(이는 제재를 받고 있음을 나타낼 수도 있음)에 등재되어 있지 않음을 점검하는 절차가 포함되어 있어야 한다.
	12. 고객의 데이터베이스는 승인을 받은 사람에 의해서만 업데이트되거나 변경되도록 관리되어야 한다. 데이터베이스에 아래와 같은 정보를 포함할 수도 있다.
	– 고객의 이름
	– 담당 직원(RM)의 이름
	– 승인일
	– 예를 들어 승인일 현재 KYC 정보 미완료와 같은 고객 승인을 둘러싼 상황
	– 고객 유형: 개인, 비상장 회사, 펀드 등
	– 고객의 리스크 유형
	13. 고객이 회사와의 비즈니스 관계 개시를 위한 KYC 승인을 받고 나서도 변화 또는 우려를 포착하고 필요시 조사를 수행할 수 있도록 지속적인 검토를 받아야 한다.
	14. KYC 절차가 종료되면 이를 문서로 기록하고 모든 직원이 이용할 수 있게 해야 한다.
	15. KYC와 관련하여 정규적인 직원 교육도 제공되어야 한다. 이 분야에서의 컴플라이언스를 잘못하게 될 때의 리스크는 매우 크므로 모든 노력을 기울여 직원들이 자신들에게 기대되는 바가 무엇인지 알 수 있게 해야 한다.
	16. 또한 정규적으로 모니터링을 실시해서 KYC 프로세스가 요구된 대로 기능을 발휘하게 해야 한다. 아래와 같은 사항을 모니터링할 수 있다.
	– KYC 승인을 받지 않은 계좌 개설 파악
	– 승인 권한이 없는 사람의 신규 고객 승인
	– 내부 KYC 요건에 다른 KYC 서류 미징구
	– KYC 서류가 업데이트되지 않아 회사의 현재 비즈니스나 법률의 최신 요건을 반영하지 못함
	– 고객 위험 범주 분류가 부정확함
	– 승인된 고객 리스트가 적절하게 유지되지 아니함
추가 정보	부록 24를 보라.

주제	금융 제재
목표	현행 금융 제재 리스트를 위반하여 비즈니스가 수행되지 않게 한다.
설명	• 영국 재무부, EU 위원회, UN등 다양한 국가와 국제기구들은 비즈니스 수행 금지 대상 개인과 단체 명단을 발표한다. • 제재 리스트 등재는 테러자금 조달, 부적절한 군사 활동 등 해당 개인과 단체의 다양한 비리에 기인한다. • 영국에서는 재무부에서 직접적으로 적용될 수 있는 통합 제재 리스트를 발표하는데 재무부는 외무부, 기업 및 규제 개혁부와 함께 이 분야에서 상당한 지침을 제공한다. • 영국법이 다루지는 않지만, 미국의 관련법에 의한 해외자산통제국(Office of Foreign Assets Control; OFAC)이 시행하는 제재 제도에 대해서도 잘 알아두는 것이 좋다. 미국은 자국의 제재 제도를 국외에까지 적극적으로 적용하려고 하는데 이는 외국 회사들에 의해 수행되는 미 달러화 거래에 의해 촉진되기 때문에, 당신의 회사가 미 달러화로 비즈니스를 수행할 경우 미국의 제재 제도를 적용받게 된다. 달러화가 결제 또는 프로세싱 목적으로 일단 미국으로 들어가게 되면, 미국의 금융기관들은 이 달러 자금이 미국의 제재를 위반하는 활동과 연결되어 있다고 의심할 경우 이 자금을 억류할 법적 의무가 있다.
필요 조치	1. 영국에서 작동 중인 제재 제도를 최신으로 유지하기 위한 장치를 갖춘다. 이에 관한 상세한 내용은 재무부 웹사이트의 금융 제재 페이지에 나와 있는데 변경 내용을 자동으로 통보해 주는 시스템을 갖출 수도 있다. 2. 미 달러화로 비즈니스를 수행할 경우 미국의 제재 제도도 업데이트할 필요가 있다. OFAC와 충돌되는 것으로 간주될 수 있는 비즈니스가 미 달러화로 수행되지 않게 하라. 3. 적절한 제제 리스트에 등재된 고객 또는 가망 고객을 식별해 낼 수 있는 제도를 시행한다. • 신규 고객 – 모든 신규 고객에 대해 KYC 승인 전에 제재 리스트에 등재되어 있는지 점검한다. • 기존 고객 – 제제 리스트에 명단이 추가된 것을 알게 될 때마다 승인된 고객 리스트를 점검하여 새로운 제재 명단에 들어맞는 고객이 있는지 확인한다. 4. 합리적인 범위 내에서(예를 들어 배우자, 주주 또는 이사와 같이 고객과 연결된 사람 중) 제재 리스트에 등재된 사람이 있는지 점검해야 한다. ❯

주제	금융 제재

	5. 리스트에 등재된 고객을 발견한 경우 관련자의 자산을 동결하고, 이를 가급적 빨리 재무부에 보고하도록 요구된다. 또한 리스트에 등재된 사람에 대해 수상한 점이 없다 해도 SOCA에 자금세탁 또는 테러자금 조달 혐의 보고를 하는 것이 적절한지에 대해서도 생각해 봐야 한다. 이 분야에서 자신의 입장에 대해 절대적인 확신이 없는 한 법률 조언을 받아 볼 필요가 있다.
	6. 정기적인 교육을 시행하여 직원들이 회사의 제재 제도, 이 제도 준수의 중요성, 위반 시 결과에 대해 이해하게 한다.
	7. 정규적으로 모니터링을 실시하여 회사의 제재 제도가 적정하게 작동하고 있는지 확인한다. 아래 사항을 점검하기 위한 테스트가 포함되어야 한다.
	  – 최신 제재 리스트를 사용하고 있는가
	  – 신규 고객과 기존 고객이 리스크에 등재되어 있는지 점검하는가
	  – 리스트에 등재된 고객이 발견될 때마다 적절한 조치가 취해지는가

추가 정보	부록 24와 부록 4(무역 및 금융 제재 법률)를 보라.

주제	자금세탁 혐의
목표	자금세탁 혐의와 테러자금조달 혐의 식별, 처리 절차를 갖춘다.
설명	금융기관들은 자금세탁혐의와 테러자금 조달 혐의를 SOCA에 보고할 법적 의무가 있다.
필요 조치	1. 회사의 활동을 검토하여 각 부서에서 자금세탁과 테러자금 조달에 대한 핵심 리스크가 무엇인지 파악한다. 2. 회사가 어느 곳에서 어떤 식으로 가장 취약한지 파악하고 나면 취약점을 다루기 위한 통제를 평가해야 한다. 사기 기법이 계속 진화되고 있으므로 정규적으로 검토를 수행해야 한다. 3. 직원들에게 자금세탁 혐의와 테러자금 조달 혐의 식별 방법, 혐의 발견 시 어떻게 해야 하는지 알게 해 주는 절차도 갖추어야 한다. 정규적인 서면 지침 업데이트와 교육이 필수적이다. 4. 교육은 가급적 교육 대상 직원들이 자신의 경험에 연결시킬 수 있는 사례를 발견할 수 있도록 그들이 수행하는 활동의 종류에 최대로 맞춰져야 한다. ⊙

주제	자금세탁 혐의

5. 회사의 동료들이 식별해 낸 혐의 거래가 컴플라이언스 부서에 통보되게 하는 보고 시스템을 시행한다. 모든 관련 정보를 포착하는 양식을 제정하고 이를 문서나 전자 형태로 이용할 수 있게 함으로써 쉽게 보고할 수 있게 한다.

6. 보고 양식에는 아래의 내용들이 포함되어야 한다.
   - 혐의 보고자
   - 혐의 보고일
   - 혐의와 관련된 날짜
   - 혐의의 성격
   - 관련 부서
   - 관련 고객; 또한 이후에 컴플라이언스 부서에 의해 작성되어야 함
   - 어떻게 진행할지에 관해 법률 조언을 받았는지 여부(그럴 경우 이에 대한 상세 내용)
   - SOCA에 보고했는지 여부. 그럴 경우 그 결과
   - SOCA에 보고하지 않은 경우 그 근거
   - 혐의가 종료된 것으로 간주된 날짜

7. 직원의 주의에 의존해서 자금세탁 혐의 포착하는 외에도 많은 회사들이 전자 감시 시스템도 사용하고 있으며, 현재 감독 당국에서는 대규모 회사들이 그러한 시스템을 시행할 것으로 기대한다.

8. 컴플라이언스 부서가 자금세탁 혐의에 대해 보고받으면 이에 대해 조사해서 혐의에 근거가 있다고 판단되면 SOCA에 보고해야 한다. SOCA는 자금세탁 혐의 보고 절차에 관한 상세한 지침을 발표하는 바, 법적 조치를 피하려면 이 지침을 문자적으로 따라야 한다.

9. 자금세탁 혐의 보고와 관련하여 SOCA의 지침을 세심하게 따라야 하는 이유 중 하나는 회사가 자금세탁자나 테러자금 조달자들에 자신들이 혐의를 받고 있다는 사실을 알게 해줌으로써 그들에게 해외로 출국하거나, 성형 수술을 받아 변장할 시간을 주지 않도록 세심한 주의를 기울여야 한다는 점이다. 부주의하게라도 그들에게 '귀띔해 줄' 경우 형사 범죄가 될 수도 있다.

10. 혐의 거래 보고는 일이 잘못될 경우 엄중한 처벌을 받게 되므로 중요한 컴플라이언스 영역 중 하나이다. 자금세탁혐의 거래 포착 시 대응방법에 대해 직원들에게 알려줄 수 있는 명확한 서면 절차를 갖출 필요가 있다.

11. 아래와 같은 사안들을 다루기 위해 혐의 거래 관련 통제에 대해 정규 모니터링을 실시한다.

❍

주제	자금세탁 혐의
	– 직원 교육 참석 – 제공한 서면 지침이 최신 내용으로 유지되고 있는지 여부 – 혐의가 적절히 조사되었는지 여부 – 적절한 혐의 기록 유지 여부 – 혐의 거래 탐지를 위한 전자 감시 시스템이 효과적으로 작동되고 있는지 여부 12. 혐의 거래의 분량과 결과에 관한 데이터가 상위 경영진에게 제공되어야 한다.
추가 정보	부록 24를 보라.

주제	KYC 검토
목표	고객의 KYC 정보가 최신 상태로 유지되고 회사의 고객 기반이 적절한 상태를 유지하게 한다.

설명	• 자금세탁혐의와 테러자금조달혐의 식별을 촉진하기 위해서는 KYC 정보가 최신 상태로 유지되어야 한다. 고객 프로필은 수상한 활동 식별에 사용될 수 있는 주요 도구 중 하나이다. 예를 들어 아무 설명 없이 거래 패턴이 갑자기 극적으로 변할 경우, 이는 고객이 자금세탁이나 테러자금 조달에 관여하고 있음을 시사할 수도 있다(또는 단지 KYC 정보가 최신으로 유지되지 않았고, 해당 고객은 단지 최근에 거액의 상속을 받은 것뿐일 수도 있다).
	• 고객 프로필은 시간이 지남에 따라 변하게 되는데 그러한 변화가 회사의 기록에 포착될 필요가 있다. 고객 정보를 최신 상태로 유지하지 않으면 고객의 정상적인 활동 수준을 벗어나더라도 이를 적절히 식별할 수 없을 것이기 때문에, 규제 목적상으로는 회사가 자신의 고객을 안다고 말할 수 없다.
	• 바뀔 수도 있는 KYC 정보 유형은 다음과 같다.
	  – 회사 소유 지분
	  – 회사의 이사들
	  – 승인된 서명인(signatory)
	  – 이름
	  – 상품 유형, 거래 빈도, 규모 등 관점에서의 활동 프로필. 가급적 많은 변화를 포착하는 것이 중요하다.

주제	KYC 검토
	• 회사가 전자 시스템을 사용하여 혐의 거래를 탐지할 경우 거래 빈도, 유형, 규모 데이터 등이 최신으로 유지되지 않으면 시스템에서 너무 많은 오류 경고를 발하게 되고, 이에 따라 너무 많은 업무 부담으로 진정한 혐의에 집중하지 못하게 될 것이다. 따라서 고객이 자신의 비즈니스가 성장하고 있어서 이제 연 2회가 아니라 20회의 거래를 할 것이라고 말할 경우 그의 프로필에 이 새로운 거래 패턴이 추가되어야 한다. 그렇지 않으면 이 고객이 연 2회를 초과하는 거래를 집행할 때마다 시스템은 예외 보고서를 생성해 낼 것이다.
필요 조치	1. 자금세탁방지 프로그램의 정기검토 참조일로 사용하도록 각 고객의 KYC 승인일에 대한 기록을 유지한다. 2. 고객이 고·중·저 위험 중 어느 범주로 분류되었는지에 대한 기록을 유지한다. 고위험 고객은 저위험 고객보다 더 자주 검토할 것이다. 3. 위의 정보에 기초하여, 고객 검토 시한표를 만들어 고객 담당 직원(RM)에게 배포해서 RM에게 정해진 시한 내에 검토를 완료하게 한다. 4. 진척 상황을 상시 점검하고 고객 정보 업데이트 상황을 추적 관리하여 중대하거나 정당화되지 않는 진도 미달에 대해서는 상위 경영진에게 보고한다. 5. RM들은 위에 설명한 공식적 검토 이외에도 고객 프로필에 변화가 생긴 것을 알게 될 때마다 이를 업데이트하도록 지시받아야 한다. 6. 혐의 거래 식별에 사용되는 전자 감시 시스템에 고객 프로필상의 변화를 입력하게 한다. 7. 고객이 요청한 정보를 제공하지 않아서 KYC 검토를 마칠 수 없을 경우 이 상황이 수상스러운지, 이에 대해 SOCA에 보고해야 하는지 고려해야 한다.
추가 정보	부록 24를 보라.

주제	제3자에게 KYC 소개 받기
목표	제3자에게 KYC 소개를 받을 때 적정한 통제가 이뤄지게 한다.
설명	• 영국의 KYC 프레임워크는 일정한 상황에서는 금융기관이 신규 고객과 거래 시 제3자의 KYC 완료에 의존하도록 허용한다. ◗

주제	제3자에게 KYC 소개 받기
	• KYC 소개는 동종 업계에서 한 회사가 다른 회사의 고객과 동일한 하나의 거래를 하고 있거나(예를 들어 공동 주간), 한 회사가 다른 회사로부터 정규적으로 비즈니스 소개를 받을 때 요청된다. • 제3가 완료한 KYC 소개 수용은 KYC 정보 입수와 관련된 모든 관리 업무에서 벗어나는 쉬운 방법으로 보일 수도 있지만 이에 따르는 리스크가 있다. 소개를 제공한 회사가 적정한 KYC를 완료하지 않았을 경우 받아들인 파일에 흠결이 있으면 이에 대해 책임을 지게 될 수 있다.

필요 조치	1. 제3자로부터 KYC 소개를 받아들이고자 하는 상황을 결정한다. 아래와 같은 경우 소개를 받는 것이 부적절할 것이다.
	  – 고객이 고위험군일 경우
	  – 고객의 비즈니스가 고위험군일 경우
	  – 소개자가 최근에 KYC 통제 실패로 처벌을 받은 경우
	2. 장기간 소개 관계를 맺고 있는 회사의 소개에는 백지 승인을 줄 수 있지만 일회성 소개에 대해서는 각각의 사안에 대해 승인한 뒤에 받아들이게 할 수도 있다.
	3. 제3자로부터 정규적으로 KYC 소개를 받고자 할 경우 각자의 권리와 책임을 정하는 법률 계약 체결을 고려해야 한다. 그럴 경우 소개자는 자신이 너무 많은 법적 책임에 노출될 것을 두려워할 수도 있으므로 그들에게 법률 계약을 맺도록 설득하기가 어려울 수도 있다.
	4. 승인된 고객 리스트에 통상적인 방법을 통해서가 아니라 소개를 통해 고객에 대한 정밀 조사 승인이 이루어졌다는 사실을 기록해야 한다. 이 경우 해당 고객을 그렇지 않은 경우보다 고위험군으로 분류해서 KYC 검토를 보다 자주 수행할 수도 있다.
	5. KYC 소개 수용에 관한 정책을 서면으로 제정하여 전 직원이 알게 해야 한다.

추가 정보	부록 24를 보라.

주제	제3자의 KYC 대행
목표	제3자의 KYC 대행을 촉진하기 위한 절차를 시행한다.
설명	• 당신의 회사가 다른 회사에게 KYC를 의존하듯이, 다른 회사도 당신의 회사에게 KYC를 의존하려 할 것이다. ❷

주제	제3자의 KYC 대행
	• 제3자에게 제공할 KYC 팩(pack)을 준비할 의무는 없지만 이를 미리 준비해 두면 제3자에게 요청받을 때마다 재작성할 필요가 없으므로 시간이 절약될 것이다.
필요 조치	1. 제3자에게 제공할 KYC 팩을 준비해 둔다. 많은 정보를 요청하는 회사들이 있는데 너무 많은 정보를 주지 않도록 주의해야 한다. 비밀 정보에 해당하는 상세한 내용을 제공하기보다는 공개된 정보를 제공하는 것이 좋다. 2. KYC 팩은 아래와 같은 정보를 포함해야 한다. 　－ 전체 이름 　－ 트레이딩 이름 　－ 등록된 주소 　－ 사업장 주소 　－ 전화번호와 팩스 번호 　－ 웹 주소 　－ 규제상의 지위에 대한 증거가 될 FSA 참조 번호 　－ 상장회사의 경우 거래소 관련 상세 내용 　－ 외부 감사인의 이름과 전년도 감사 재무제표 　－ 이사 　－ 승인된 서명자 리스트 　－ 애국법 확인 3. 제3자가 스스로 이 정보를 내려 받을 수 있도록 회사의 웹사이트에 KYC 팩을 공개함으로써 관리 시간을 줄이는 것이 좋다. 이 경우 정보가 최신으로 유지되게 하고, 민감한 정보나 비밀 정보가 공개되지 않도록 각별히 주의해야 한다. 위에 열거한 내용이면 충분할 것이다.
추가 정보	부록 24를 보라.

주제	제3자에 대한 KYC 소개 제공
목표	제3자에 대한 KYC 소개 제공을 둘러싼 적정한 통제가 갖춰지게 한다.
설명	• 영국의 KYC 프레임워크는 일정한 경우 한 금융기관에서 KYC를 완료하고 그 고객을 다른 금융기관에 '소개'하면 소개받은 금융기관은 자체 KYC를 수행하지 않도록 허용한다. ❯

주제	제3자에 대한 KYC 소개 제공
	• KYC 소개는 흔히 동종 업계에서 한 회사가 다른 회사의 고객과 동일한 하나의 거래를 하고 있거나(예를 들어 신디케이트 론), 한 회사가 다른 회사의 소개 브로커 역할을 할 때 요청된다. • KYC 소개 의무는 없다. 소개할지 여부를 신중하게 고려해야 한다. '누군가의 부탁을 들어줘서' KYC를 제공해 줬는데 나중에 회사가 제공한 서류에 흠결이 있다는 이유로 책임을 지게 될 수도 있음을 기억하라.

필요 조치	1. KYC 소개에 관한 컴플라이언스 부서의 입장을 회사 전체적으로 알게 한다. 소개하지 않을 작정이면 이를 명확히 하고, 소개할 경우 모든 소개는 컴플라이언스 부서를 통해서 진행되어야 함을 명확히 한다. 부적절할 수도 있는 상황에서 RM이 독자적으로 소개하지 않아야 한다.
	2. 제안된 각각의 소개에 대해 소개하면 안 되는 이유가 있는지 확인해야 한다. 다음과 같은 상황이 이에 해당할 것이다.
	  – 고객이 회사와 거래를 시작한 지 얼마 되지 않아서 아직 그들을 완전히 파악할 기회가 없었던 경우
	  – 고객이 현재 자금세탁 혐의를 받고 있는 경우
	  – KYC 파일이 최신 상태로 유지되고 있지 않은 경우
	3. 소개를 제공한 경우 다음 사항을 포함한 적절한 기록이 유지되어야 한다.
	  – 소개된 고객의 이름
	  – 소개를 받은 사람
	  – RM
	  – 소개 요청 이유
	  – 소개한 날짜
	  – 제공된 정보와 서류
	4. KYC 소개 요청 수용에 관한 서면 정책을 제정하여 전 직원이 알게 해야 한다.

추가 정보	부록 24를 보라.

주제	애국법 확인
목표	회사의 애국법 확인을 최신 상태로 유지한다. ◗

주제	애국법 확인
설명	• 미국 애국법(섹션 313 및 319)에 따라 미국의 은행과 증권 회사는 해외 유령 은행 및 유령 은행과 거래하는 은행을 위한 환거래 계좌 운영이 금지된다(유령 은행은 어느 국가에도 물리적으로 존재하지 않는 은행이다). • 이 요건의 결과 미국 은행이 아닌 은행이 미국의 은행 또는 증권회사와 환거래 관계를 맺고자 하는 경우 자신 또는 자신의 어느 고객도 유령 은행이 아님을 입증해야 한다. • 이를 위해 해외 은행에게 애국법 확인서 표준 양식(참조: OMB 1505-0184)을 작성해서 자신이 유령 은행이 아니며, 그러한 은행을 위해 계좌를 운영하고 있지 않다고 서약하도록 요구한다. • 하나의 서약을 동일 그룹에 속하는 여러 단체들에 대한 증거로 사용할 수 있다. • 이 요건은 은행에게만 적용된다.
필요 조치	1. 미국에서 환거래 계좌를 운영하기 전에 OMB 1505-0184 양식을 작성해서 계좌를 개설할 은행에 사본을 제공한다. 2. 대부분의 은행은 자신의 애국법 확인을 자신의 인터넷 사이트에 게시하여 환거래은행들이 이를 쉽게 입수할 수 있게 한다. 3. 확인서 상의 정보가 최신 상태로 유지되게 하고 변경 사항이 있으면 미국의 환거래 은행들에게 이를 통보한다.
추가 정보	부록 24와 부록 6(애국법)을 보라.

주제	정치적으로 노출된 사람들
목표	정치적으로 노출된 사람들(politically exposed persons; PEPs)에게는 강화된 정밀 조사가 수행되게 한다.
설명	• PEPs는 부패 리스크가 더 크므로 자금세탁방지 규정 s.14에 따라 PEPs에게는 강화된 정밀 조사를 수행하도록 요구된다. • PEPs는 과거 12개월 동안에 영국의 기관들이나 해외의 국제기구에서 저명한 공인(公人) 지위에 있었던 사람이다. 예를 들면 다음과 같다. – 주지사 – 의회 의원 – 군 고위 장교 • 이 정의는 그러한 사람들의 직계가족 및 밀접한 관련이 있는 사람에게까지 확대된다. ❏

주제	정치적으로 노출된 사람들
	• 강화된 정밀 조사는 거래 개시 전에 수행되고 그 이후에도 계속 수행되어야 한다.
필요 조치	1. PEPs가 회사와 거래를 개시할 때 이들이 식별될 수 있는 장치를 시행한다. 이를 위해 누가 PEPs인지에 대해 직원에게 교육을 제공해야 하며 신원 확인 프로세스도 갖춰야 한다. 2. 누가 PEPs인지 결정하기 쉽지 않을 때도 있다. 아래와 같은 방법들을 시도할 수 있다. – 적절한 국가의 믿을 만한 연락처에 문의 – 해당 국가의 정밀 조사 수행에 특화된 회사의 컨설팅 – Worldcheck나 Factiva PFA와 같은 인터넷 데이터베이스 검색 3. 신규 고객이 PEP로 파악되면, 그들이 부패에 관여하고 있지 않으며, 과거에도 관여한 사실이 없음을 가능한 한 확실히 확인해야 한다. 위에서 설명한 PEP 파악 방법과 동일한 방법을 사용할 수도 있고, 인터넷을 검색하여 관련 정보를 찾아낼 수도 있다. 또한 PEP의 부의 원천과 회사와 맺게 될 비즈니스 자금의 원천이 합법적이라는 것을 가능한 한 확실히 파악해야 한다. 4. PEP와의 신규 관계 수용은 특정 상위 경영진의 승인을 받은 뒤에만 이루어져야 한다. 5. 상위 경영진의 승인 의사 결정에 도움을 주기 위해 해당 가망 고객에 대해 취득한 정보 요약 보고서를 준비하면 유용하다. 아래와 같은 정보가 포함되어야 한다. – 그 사람은 왜 (유사한 서비스를 제공하는 다른 회사에 계좌를 개설하지 않고) 우리 회사에 계좌를 개설하기 원하는가? – 누가 그 사람의 RM인가, 그 RM은 이 어떻게 PEP에 대해 알고 있는가? – PEP가 회사를 통해 수행하고자 제안하는 비즈니스 유형 – 신원 증명 서류 – 그의 배경에 관한 정밀 조사 결과, 특히 그가 부패에 연루되었음을 암시하는 정보가 있는가? 6. 회사의 고객으로 승인된 모든 PEPs에 대해 아래와 같은 정보를 기록하는 데이터베이스를 유지해야 한다. – 이름 – 연락처 상세 내용 – PEP로 분류되는 근거 ❍

주제	정치적으로 노출된 사람들
필요 조치	– 고객으로 승인된 날짜 – RM 이름 – 이 관계를 승인한 상위 경영진의 이름 – 정밀 조사 정보의 원천 – 검토할 필요가 있다고 생각하는 특이사항이 있을 경우 해당 내용 7. PEP 데이터베이스는 회사가 PEP에 대해 저위험군 고객에 비해 보다 엄격한 모니터링을 수행하도록 요구되는 상시 모니터링을 촉진해 준다. 8. 상시 모니터링은 아래와 같은 다양한 형식을 취할 수 있다. – 각각의 신규 거래 조사 – 거래 동향 분석 – PEP에 의해 수행되는 실제 비즈니스가 비즈니스 관계를 개시할 때 생각된 바와 일치하는지, 통상적인 내용에서 벗어나는 경우 합당하게 설명되는지 확인. – PEP에게 지급하거나 PEP로부터 지급받는 제3자의 신원 확인 – 전문 보안 회사에 정규 정밀 조사 위임 – 위에 언급한 바와 같은 PEP 검색 엔진 점검 – 언론에서 부정적인 언급이 있는지 검토 9. 상위 경영진이 PEP 관계 지속을 승인할 수 있도록 회사의 상시 모니터링 결과가 상위 경영진에게 정기적으로 보고되어야 한다. 10. 상시 모니터링 프로그램은 개별 PEP에 의해 제공되는 리스크에 따라 달라질 수 있다. 11. PEP가 아닌 고객이 PEP가 될 수도 있음에 주의한다. 12. PEPs의 성격, 그들과 비즈니스를 수행함으로써 떠안게 되는 리스크. 13. 다수의 상위 경영진이 PEP와의 신규 거래 관계 승인 전에 이를 평가하고 아이디어와 우려 사항을 공유하도록 위원회에서 이를 승인하게 하는 방안을 고려한다.
추가 정보	부록 24를 보라.

주제	MLRO(자금세탁 보고책임자) 보고
목표	자금세탁/테러자금 조달과 싸우기 위해 설계된 회사의 시스템과 통제의 적정성에 대해 상위 경영진이 최신 정보를 받아 보게 한다.
설명	자금세탁/테러자금 조달 방지 규정 위반 사실이 드러날 경우 개인과 회사가 무거운 처벌을 받을 수 있기 때문에 상위 경영진은 반드시 회사가 이 분야에서 안고 있는 리스크에 대해 이해해야 한다.
필요 조치	1. 회사의 자금세탁방지/테러자금조달 억제 통제와 회사가 이 분야에서 직면하고 있는 구체적인 위협에 관해 상위 경영진에게 정규적으로 보고한다. 2. 보고에 아래와 같은 정보를 포함시킬 수 있다. 　– 법률과 감독 규정 변경 내용 　– 감독 규정과 법률에 따라 최근에 금융기관에 대해 취해진 제재 조치 　– 검토 대상 기간 중 받은 혐의 보고 건수와 이 중 SOCA에 보고한 건수 　– 회사에서 보고한 혐의에 대해 SOCA에서 조사를 수행한 건수 　– 제공된 교육, 교육에 참석하지 않은 직원 명단 　– 자금세탁/테러자금조달 면에서 회사가 직면해 있는 주요 리스크들과 이 리스크들을 경감하기 위해 조치를 취할 필요가 있는 경우 그 내용 　– 시스템이나 통제에 변화가 있을 경우 그 내용(최근에 도입되었거나, 가까운 장래에 도입할 예정인 경우) 　– KYC 검토 계획 대비 진척 상황 　– 검토 대상 기간 중 이 분야에서 컴플라이언스 부서, 내부 감사부서, 또는 FSA에 의해 수행된 검토 결과 3. 보고서에 프로젝트 계획이 상술되어 있거나 보고서의 결과 프로젝트가 요청된 경우, 어떤 조치를, 누가, 언제까지 완료해야 하는지 상술하는 감사 대비 문서를 유지해야 한다. 정규적인 진행 상황이 상위 경영진에게 보고되어야 한다.
추가 정보	부록 24를 보라.

주제	테러자금 차단
목표	회사가 테러자금 조달 통로로 사용되지 않게 한다.
설명	• 테러자금 조달은 일반적인 자금세탁에서와 마찬가지로 범죄자들이 금융기관을 자신의 불법적인 목적에 사용할 때 발생한다. 테러자금 조달은 2001년 9월 11일의 테러공격 전에도 이미 문제로 인식되고 있었지만 그 이후 중요성이 점점 더 강조되고 있다. • 테러자금과 싸우기 위한 통제들은 자금세탁방지를 위해 요구되는 통제들과 유사하며, 두 제도의 근거 법률은 다르지만 일반적으로 동일한 제도를 사용하여 양자 모두를 다룰 수 있다.

필요 조치	1. 회사의 테러자금 조달 억제 제도는 최소한 아래 사항들을 포함해야 한다.
	   – 2000년 및 2006년 테러리즘법과 기타 관련법들의 요건에 관한 정규 직원 교육
	   – 테러 활동 또는 이들과의 연계가 혐의가 없음을 확인하기 위한 신규 고객과 계좌에 대한 적절한 조사
	   – 테러 활동을 포착하기 위한 계좌와 고객 활동 상시 검토
	   – 테러자금 조달 혐의가 내부의 적절한 사람에게 보고되고, 그 사람은 필요시 SOCA에 테러 활동 혐의를 보고할 수 있는 프로세스 시행
	   – UN, EU, 영국 미 달러화 비즈니스 수행 시 미국의 OFSA에 의해 시행되는 테러분자 방지 제재 준수 여부에 대한 철저한 점검

추가 정보	부록 24를 보라.

일선 부서의 컴플라이언스 활동

이 부록은 전형적인 4개의 일선 부서에 관련이 있는 주요 규제 요건을 살펴보기 전에 그들의 활동을 간략히 설명한다. 어떤 요건이 특정 부서에 관련이 있는 것으로 표시되었다 해도 관련 상품/서비스의 정확한 성격에 따라서는 그렇지 않을 수도 있음을 주의하라. 이 섹션에서 "고객", "적격 상대방"은 FSA 정의를 따른다.

❍

❯

고객 세일즈, 트레이딩

- 고객 세일즈는 다음과 관련된다.
  - 트레이딩 아이디어에 관해 고객에 자문 제공
  - 집행만 하는 조건으로 고객 주문 접수
  - 고객의 주문을 받아서 이를 집행하도록 트레이더에 전달
- 고객 관계를 유지할 책임이 있는 직원들은 RM, 계좌담당임원(Account Executive), 또는 세일즈 요원으로 알려져 있다.
- 고객 트레이딩은 고객의 주문을 증진하기 위한 트레이딩(트레이더들이 회사 자체 자금을 투자하고 고객과 접촉하지 않는 고유계정 트레이딩에 반대되는 개념)과 관련된다.
  - 고객이 건별로 명시적으로 동의하지 않는 한, 어떠한 주문도 집행될 수 없다.
- 고객 세일즈, 트레이딩 기능에 의해 가장 보편적으로 다루어지는 상품들은 다음과 같다.
  - 유통 시장에서 거래되는 채권과 주식(각각 부록 8과 부록 9를 보라)
  - 발행 시장을 통한 채권과 주식 매입
  - 전환사채, 우선주와 같이 채권 및 주식과 관련된 상품들 또는 이에 기초한 상품들
  - 외국환(부록 13을 보라)
  - 선물, 옵션(부록 11을 보라)
  - 단위신탁의 단위, 투자 신탁/회사의 지분(share)과 같은 집합투자 상품(부록 12를 보라)

투자관리(자산 관리, 포트폴리오 관리)

- 이 기능은 제3자에 속하는 자금의 일임 관리와 관련이 있다.
- 투자 매니저는 고객을 위해 투자의사 결정을 하고, 스스로 트레이드를 집행하거나 브로커에게 집행 지시를 전달한다.
- 리스크 성향, 투자 목표와 같은 조건들은 미리 합의된 바에 따라야 하지만, 트레이드들은 고객에게 건별로 동의를 받을 필요 없이 집행된다.
- 제3자의 자금은 다음과 같이 관리될 수 있다.
  - 집합투자기구의 풀(pool)을 구성한다.
  - 별도의 고객에 속하는 개별 포트폴리오로 관리된다.
- 투자관리 서비스를 제공하는 직원은 투자 매니저, 펀드 매니저 또는 포트폴리오 매니저로 알려져 있다.
- 채권, 주식과 같은 주류 투자 유형부터 부동산, 비상장 주식과 같은 보다 '대안적'인 투자 유형에 이르기까지 거의 모든 상품이 일임으로 관리될 수 있다.
- 집합투자에 관한 보다 자세한 정보는 부록 12에서 찾아볼 수 있다.

기업금융, 투자은행 업무

이 기능들은 다음과 같은 많은 활동들을 포괄한다.

- 합병에 관한 자문(부록 8을 보라)
- 인수에 관한 자문(부록 8을 보라)
- 지분 매각(divestment)(대개, 주식 이전(移轉)에 의한 회사의 매각)에 관한 자문
- 자산 매각(대개 주식 이전보다는 현금 지급 방식에 의한 주요 자산 매각)에 관한 자문
- 자금 원천, 유형에 관한 자문
- 제3자 금융주선(차입자, 대여자 중개)
- 자금 공급

- 전략적 자문 제공
- 기업가치평가 제공
- 제3자가 수행한 가치평가에 대한 공정성 의견 제공, 주식 신규발행과 채권 신규발행 주선(부록 8과 부록 9를 보라)
- 재무 구조조정 주선
- 대출매각 참여 등 제3자에 대한 리스크 매각/재활용

리서치

- 주요 활동들은 다음과 같다.
  - 금융회사 리서치 프로그램에 의해 다루어지는 회사들에 대한 철저한 지식 획득
  - 자체 사용, 고객 배포를 위한 리서치 준비와 발간
- 리서치 서비스를 제공하는 직원들을 일반적으로 리서치 애널리스트라고 부른다.
- 이해상충과 시장오용 소지 때문에 생산된 리서치와 리서치 애널리스트의 보수 사이에 직접적인 연결 관계가 없어야 한다. 리서치 기능은 이 점에서 다른 일선 부서 기능들과 다르다.

일선 부서 직원들이 알아야 할 주요 규칙과 통제 요약

아래의 지침은 요약에 불과하며, 회사의 상황 평가를 대체하거나 자기 회사의 활동에 적합한 시스템과 절차를 갖추는 일을 대체할 의도가 없음을 명심해야 한다.

규칙/통제	비즈니스, 규제 관련 승인
FSA 고객 분류 영향	고객 분류는 이 영역의 요건에 영향을 주지 않는다.
고객 세일즈와 트레이딩	예
투자관리	예
기업금융, 투자은행 업무	예
리서치	예
요건	직원들은 자신에게 허용된 비즈니스 활동을 규율하는 요인들을 인식해야 한다. – 회사의 규제 관련 인가 – 회사의 투자 거래소 회원권 – 교육/역량 규칙 하에서의 직원 자신의 지위 – 승인자 규칙 하에서의 직원 자신의 지위 – 직원의 직무기술 또는 딜러의 위임(mandate) 범위 – 내부 신용 한도와 감독 규정상 자본 제약 – 후선부서가 결제 서비스를 제공할 채비가 되어 있는 상품의 범위
해설	• 이 분야의 위반은 FSA가 이를 회사의 시스템과 통제가 적정하지 않다는 징후로 여겨 매우 심각하게 취급할 가능성이 있다. • 또한 트레이드가 후선부서가 처리할 채비가 갖춰져 있지 않은 상품에 기장될 경우 결제 이슈가 발생할 수도 있다.
통제	• 회사의 규제 관련 승인 내용을 컴플라이언스 매뉴얼과 탁상용 절차집 등에 기록하여 이를 잘 '알려지게' 한다. • 직원들에게 아래와 관련하여 각 개인에게 허용된 업무 범위를 설명하는 직무기술서, 딜러 위임장을 제공한다. – 자신의 교육/역량상의 지위 – 자신의 승인자 지위 – 자신이 거래하도록 허용되는 상품 – 다양한 트레이딩 한도 • 회사에서 트레이드하도록 승인받은 모든 상품 목록을 유지한다. 이를 직원들에게 알려주고, 새로운 상품이 목록에 추가되기 전에 컴플라이언스 부서의 승인이나 기타 필요한 승인이 부여되게 한다. ▶

규칙/통제	비즈니스, 규제 관련 승인
추가 지침	–

규칙/통제	컴플라이언스 부서와의 관계
FSA 고객 분류 영향	없음 – 고객 범주 분류는 해당되지 않음
고객 세일즈, 트레이딩	예
투자관리	예
기업금융, 투자은행	예
리서치	예
요건	• 일선 부서들은 컴플라이언스 부서와 개방적인 관계를 유지해야 하며, 자신들의 계획 수립 초기에 컴플라이언스 부서와 접촉해야 한다. • 일선 부서 직원들은 또한 사후관리 조치를 위해 컴플라이언스 부서에 통지해야 할 필요가 있는 사안들을 인지해야 한다.
해설	일선 부서와 컴플라이언스 부서의 관계가 강할수록, 회사의 컴플라이언스 문화가 보다 효과적일 가능성이 있다.

통제	• 일선 부서와 정기적으로 만나 계획, 문제, 현황 등을 논의한다.
	• 일선 부서 직원들에게 컴플라이언스 부서에 보고할 필요가 있는 사안들을 알게 한다. 이에는 다음 사항들이 포함된다.
	  – 민원
	  – 소송
	  – 자금세탁 혐의
	  – 시장오용 혐의
	  – 사기
	  – 실제 규칙 위반 또는 잠재적 규칙 위반
	  – 회사의 규제 관련 통제 인프라스트럭처에 관한 기타 사항

규칙/통제	컴플라이언스 부서와의 관계
	• 컴플라이언스 부서가 일선 부서에 보이게 한다. '안 보면 멀어진다'는 격언을 기억한다. 대규모 기업들은 일선 부서 옆에 비즈니스 라인 컴플라이언스 책임자를 둘 수도 있다. • 일선 부서 직원들이 옳지 않다고 여기는 사안들을 보고할 때 따라야 할 절차에 대해 신뢰할 수 있도록, 내부고발 절차에 대해 잘 알게 한다.
추가 지침	–

규칙/통제	고객의 최상의 이익 규칙
FSA 고객 분류 영향	이 규칙이 COBS 2.1.1(2)(b)에 의하면 적격거래 당사자에게 적용된다는 점이 다소 혼란스럽기는 하지만, (COBS 1 첨부 1에 따르면) 리테일 고객과 전문 고객에게만 적용됨
고객 세일즈, 트레이딩	예
투자관리	예
기업금융, 투자은행	예
리서치	예
요건	직원들은 언제나 자신의 고객의 최선의 이익이 되도록 행동해야 한다.
해설	이 규칙은 예를 들어 최선의 주문 집행 또는 적합성과 같이 여러 쪽에 달하는 복잡한 요건들이 아니라 단지 몇 줄에 지나지 않는 아주 간단한 규칙이다. 그러나 이 규칙은 실상은 원칙 기반 규제 제도(460쪽을 보라)의 중추로서 "모든 것을 포괄하는" 성격으로 인해 어떠한 행동이라도 이 규칙 위반에 해당할 수 있다. 특정 규칙이 위반되지 않은 경우에도 고객에 피해가 될 수 있다고 간주될 수 있는 행동은 이 규칙 위반이 될 수 있다. 따라서 이 규칙은 매우 무서운 규칙이다. ➲

규칙/통제	고객의 최상의 이익 규칙
	그러나 이 작은 규칙이 규제상의 나침반 역할을 할 수도 있으므로 나쁘기만 한 것은 아니다. 규제상의 딜레마를 다루는 올바른 방법이 무엇인지 확실하지 않은가? 그렇다면 '고객의 최상의 이익 규칙'을 생각하라. 당신이 고려하고 있는 행동이나 결과가 어떻게 고객이 최상의 이익이 될 지 FSA에 설명할 자신이 없을 경우 일을 진행하기 전에 매우 주의 깊게 생각하라.
통제	• 특별히 이 규칙을 준수하기 위해 고안된 통제를 생각하기는 어렵다. FSA와 기타 기구들에 의해 제공된 고객 보호 규칙, 지침들을 준수해야 하지만 이 규칙은 매우 광범한 범위에 영향을 미칠 잠재력이 있기 때문에 기타 규정들 준수만으로는 충분하지 않다. • 여기에서 가장 중요한 점은 적절한 행동에 관한 특정 규칙, 원칙 또는 지침이 없을 경우에도 직원들이 자신의 행동이 고객의 최상의 이익이 되는 방향으로 인도되어야 할 필요가 있음을 인식하는 '컴플라이언스 문화'를 갖추는 것이다.
추가 지침	부록 24를 보라.

규칙/통제	회사에 관한 정보 제공
FSA 고객 분류 영향	일부 규칙들은 리테일 고객과 전문 고객에게만 적용되지만 보다 상위의 일부 요건들은 모든 고객과의 거래에 적용됨
고객 세일즈, 트레이딩	예
투자관리	예
기업금융, 투자은행	예
리서치	예
요건	회사는 고객들에게 회사 자신, 회사가 제공하는 서비스, 이러한 서비스를 제공하는 조건에 관한 정보를 제공해야 한다. ❍

규칙/통제	회사에 관한 정보 제공

해설	• FSA는 고객에 대한 통지 규칙을 상세히 정했으며, 이 분야의 요건을 다루는 다른 원천들도 있다.
	• 제공될 정보에는 아래 사항들이 포함된다.
	  – 주문 집행 경로
	  – 비용과 수수료
	  – 투자 전략
	  – 고객정보를 볼 수 있는 사람에 관한 정보
	  – 투자자 보상 방법
	  – 전화 통화 음성 녹음 여부
	  – 원격 마케팅 공시
	  – 보관(custody), 고객자금 서비스 제공 제도에 관한 상세 내용
	  – 일임관리 제도에 관한 상세 내용
	  – 리서치 보고서에서 공시와 부인
	• 3가지 유형의 통지가 식별될 수 있다.
	  – 최상의 주문집행 정책 등과 같이 고객과 계약 체결 시 한 번만 통지하면 되는 경우
	  – 확인서와 같이 정규적으로 통지할 필요가 있는 경우
	  – 수수료 구조 변경과 같이 특별한 경우에 통지해야 하는 경우

통제	• 일선 부서 직원들은 고객에게 적용되는 통지 요건들에 대해 잘 알아야 한다.
	• 직원들은 다음 사항에 대해서도 잘 알아야 한다.
	  – 자신이 스스로 통지할 책임이 있는 통지 사항(방법과 시기)
	  – 고객에게 특정 정보를 제공하도록 다른 부서에 지시해야 되는 상황(예를 들어 보관 서비스를 제공하기 전에 일선 부서 직원은 보관부서 직원에게 보관 계약서를 고객에게 송부하도록 지시해야 한다)
	• 컴플라이언스 부서에서 특정 부서 또는 기능에 적용되는 통지 요건을 검토하여 문서화해서 일선 부서 직원들에게 참고용으로 제공하는 것이 바람직하다.
	• 컴플라이언스 부서는 일선 부서 직원들이 회사의 통지 요건을 준수하고 있는지 정기적으로 평가해야 한다.
	• 컴플라이언스 부서는 각 부서 또는 기능의 통지 스케줄을 정기적으로 검토하여 이 스케줄이 최신으로 유지되고 있는지도 확인해야 한다. ❍

규칙/통제	회사에 관한 정보 제공
추가 지침	부록 24를 보라.

규칙/통제	고객과의 약정
FSA 고객 분류 영향	• FSA에 의해 부과된 고객 동의 요건은 분류된 고객 범주에 따라 다르다. • FSA 고객 분류는 FSA 고객 약정서가 아닌 문서 사용과는 무관하다.
고객 세일즈, 트레이딩	예
투자관리	예
기업금융, 투자은행	예
리서치	예
요건	• 회사는 FSA가 요구하는 바에 따라 제공하는 서비스와 종사하는 활동의 성격에 관련된 일선 부서 약정서를 사용해야 한다. • 그러한 문서들은 아래의 요건을 충족해야 한다. 　– FSA가 정한 모든 조항들을 포함한다. 　– 정해진 시일 내에 발송된다. 　– 필요할 경우 고객으로부터 수령 사실 인정 서면과 계약 내용에 대한 동의를 받는다. • 회사는 파생상품 비즈니스에 대해서는 포기 약정, 유가증권 대여에 대해서는 글로벌 마스터 증권대출 약정과 같이 자신의 비즈니스 활동을 다루는 적절한 산업 표준계약서를 사용해야 한다.
해설	• 일선 부서 비즈니스를 지원하기 위해 아래와 같은 많은 유형의 계약서들이 사용된다. 　– 고객에게 제공될 서비스의 성격과 서비스 제공 조건을 정하기 위해 FSA에 의해 요구되는 계약서 　– 특정 유형의 상품 거래를 위한 표준 조건을 제공하기 위해 업계 협회에서 준비한 계약서

○

규칙/통제	고객과의 약정
	• 일부 문서들은 주로 일선 부서 자체에 의해 작성되지만 (예를 들어 기업금융 우선 협상 계약), 일반적으로 계약서 내용과 고객과의 계약협상 책임은 컴플라이언스 부서, 법무부서, 세무부서, 신용부서 등 기타 부서에 놓여진다.
통제	• 컴플라이언스 부서는 일선 부서 직원들이 자신이 수행하는 활동에 관련된 다양한 고객 약정 요건을 잘 알 수 있도록 교육시키고 지침을 제공해야 한다. 소규모 회사에서는 컴플라이언스 부서에서 다른 유형의 거래 계약서에 대해서도 책임을 지기도 하지만, 이 분야에서 컴플라이언스 부서의 책임은 일반적으로 감독 규정에 의해 요구되는 계약서만 포함한다. • 일선 부서 직원들이 계약서 송부 또는 협상을 직접 수행할 책임이 없는 경우에도 새로운 서비스를 제공하거나 새로운 유형의 활동을 수행하기 전에 관련 계약이 체결되었는지 확인해야 된다는 사실을 알 필요가 있다. • 일선 부서 담당 경영진은 고객약정 요건이 충족되게 할 책임이 있다. 컴플라이언스 부서는 정기적으로 모니터링을 수행해서 요구되는 계약이 체결되기 전에 서비스가 제공되지는 않았는지, 체결된 계약이 요구되는 모든 조항들을 포함하고 있는지, 합의된 조건들이 위반되지 않았는지 확인해야 한다. • 일선 부서에서 모든 거래 계약 목록을 유지하고, 검토 대상을 기록해 두면 유용하다. • 컴플라이언스 부서에서 각각의 부서에서 채택한 계약서 유형과 사용 현황 대장을 작성하고 이를 이해하면 유용하다.
추가 지침	부록 8, 19–22를 보라.

규칙/통제	최상의 주문 집행
FSA 고객 분류 영향	리테일 고객과 전문 고객에게만 적용된다.
고객 세일즈, 트레이딩	예
투자관리	예 ➜

규칙/통제	최상의 주문 집행
기업금융, 투자은행	아니오 - 기업금융, 투자은행 부문 직원들은 일반적으로 트레이드를 집행하지 않는다.
리서치	아니오 - 리서치 애널리스트들은 세일즈 활동이나 트레이딩 활동을 수행하면 안 된다.
요건	회사는 고객을 위해 주문을 집행할 때 고객에게 최상의 집행 의무를 진다. 이는 고객에게 가능한 최상의 결과를 확보해 주기 위해 고객의 주문을 가장 유리한 조건으로 집행하기 위해 합리적인 모든 조치를 취해야 함을 의미한다.
해설	• 입수할 수 있는 가장 유리한 조건과 가능한 최상의 결과는 대상 자산에 적용되는 여러 집행 요인들에 좌우된다. 그러한 집행 요인들은 다음과 같다. 　- 고객 분류 　- 주문 유형(특별히 대규모이거나 소규모 주문인 경우 통상적인 시장 가격에 집행될 가능성이 낮다) 　- 회사의 집행 정책에 따라 해당 주문이 집행될 수 있는 집행 통로의 유형(아래 설명을 보라) • 집행에 관한 결정을 할 때 위의 집행 요인들이 전체적으로 고려되어야 한다. • 최상의 집행 요건은 회사가 직접 주문을 집행하건, 또는 제3자에게 주문 집행을 의뢰하건 동일하게 적용된다. 따라서 트레이드 집행에 사용될 제3자가 최상의 집행을 제공할 능력이 있는지 평가해야 한다. 또한 이 관계는 지속적으로 모니터되어야 한다. • 리테일 고객들에 대해서는 집행 가격은 해당 거래에 대해 지급하는 총액(거래 비용과 집행관련 비용 합산)을 고려해야 한다. • 회사는 회사의 집행 정책에 포함되지 않은 집행 통로를 고려하거나, 자기 회사의 조건과 다른 회사가 해당 고객을 위해 달성할 수 있는 조건을 비교할 필요는 없다. • 집행에 관해 고객이 특별히 지시한 사항은 모두 그 지시에 따라야 한다. • 최상의 집행 요건은 회사가 고객이 주문을 집행할 때에만 적용되기 때문에 어떤 지시들이 이 분야의 요건에 의해 다루어지는지 정확히 이해할 필요가 있다. 이렇게 하는 것이 쉽지만은 않지만 약간의 일반 지침이 아래에 제공되어 있다. 이 규칙은 고객이 자신의 주문 집행 이행을 회사에게 의존한다는 가정이 합리적일 경우에 적용된다.

규칙/통제	최상의 주문 집행

	• 아래와 같은 고객 지시는 일반적으로 최상의 집행 요건 적용을 받는다.
	  – 현재 입수할 수 있는 최상의 시장 가격에 거래를 집행
	  – 수일 동안 대량의 주식 매입 또는 매도
	  – 현재 시장이 없어 유동성이 없는 주식의 트레이드 집행
	  – 특정 가격 또는 보다 유리한 가격에 트레이드 집행(지정가 지정 주문)
	• 아래와 같은 고객의 지시는 일반적으로 최상의 집행 요건 적용을 받지 않는다.
	  – 특정 가격에 트레이드 집행
	  – 런던 주식 거래소 종가와 같이 특정 시장에서 특정 시간에 트레이드 집행
	  – 현물 FX와 같이 FSMA에 의해 규제되지 않는 투자에 대한 트레이드

통제	• 최상의 집행 요건은 특히 복잡하며 다양한 많은 절차, 통제들과 관련된다.
	
	집행 정책
	• 주문 집행 면에서 고객이 가능한 최상의 결과를 달성하도록 촉진하기 위해 회사는 고객에게 가장 유리한 조건 달성 방법을 평가할 때 다양한 집행 요소들의 중요성 순위를 정하는 집행 정책을 시행해야 한다.
	• 집행 정책에 관해서는 아래와 같은 요건 등 몇 가지 특별한 규칙이 있다.
	  – 회사가 고객을 위해 최상의 집행을 달성할 수 있을 것으로 여겨지는 자산 유형별 집행 통로를 포함해야 한다.
	  – 주문 집행을 제3자에게 의뢰할 경우 고객에게 가능한 최상의 결과가 달성될 수 있도록 주선해야 한다.
	  – 집행 전에 각각의 고객 주문에 집행 정책이 적용되어야 한다.
	  – 집행 서비스가 제공되기 전에 충분한 시간 여유를 두고 리테일 고객에게 이 정책을 제공하거나 고객이 이를 입수할 수 있어야 한다.
	
	통지와 경고
	• 리테일 고객이 특정 주문과 관련하여 특수한 지시를 할 경우 해당 고객에게 이 지시로 인해 회사가 집행 정책을 따를 수 없게 될 수도 있음을 경고해야 한다. ❍

규칙/통제	최상의 주문 집행

- 또한 모든 고객들에게 회사의 집행 정책은 주문이 규제를 받는 시장 또는 MTF(다자간 트레이딩 설비) 밖에서 집행되는 것을 허용한다는 경고가 제공되어야 한다.

통보와 동의
- 리테일 고객에게 서비스를 제공하기 전에 회사의 집행 정책 사본을 제공해야 한다.
- 주문이 규제를 받는 시장 또는 MTF(다자간 트레이딩 설비) 밖에서 집행될 수도 있음에 대해 고객의 동의를 받아야 한다.

집행 제도와 정책 검토
- 회사의 주문 집행 제도와 정책은 지속적으로 모니터되어야 하며 최소 연1회는 공식적으로 검토되어야 한다.
- 특히 회사가 고객을 위해 가능한 최상의 결과를 얻을 수 있는 능력에 중대한 변화가 있을 때마다 정책을 검토해야 한다.
- 결함이 파악될 경우 가급적 속히 시정조치가 취해져야 한다.
- 컴플라이언스 부서는 이 분야에 대해 자주 모니터링을 실시해야 한다.

일반적 고려 사항
- 위에서 상술한 사안들 외에 집행 정책에서 아래와 같은 상황을 고려할 수도 있다.
  - 회사에서 사용하는 집행 통로가 최상의 집행 요건이 적용되지 않는 국가에 있을 경우 고객에게 가능한 최상의 결과를 어떻게 평가할 것인가.
  - 오직 하나의 브로커만 가격을 제시하는 유동성이 없는 자산에 대해 어떻게 최상의 집행을 입증할 것인가.
  - 통상적인 시장이 없는 특별히 대규모 또는 소규모 주문에 대해 어떻게 최상의 집행을 입증할 것인가.
  - 고객이 경고에도 불구하고 일관되게 회사가 최상의 집행을 할 수 있는 능력에 지장을 주는 집행 지시를 할 경우 어떻게 처리할 것인가. (이 경우 해당 고객은 당신의 회사를 규제 당국의 처벌을 받을 수 있는 심각한 위험에 빠뜨리고 있는 셈이다. 이 비즈니스가 참으로 가치가 있는가?)
  - 집행 통로/ 제3자의 적절성이 어떻게 평가되고 기록될 것인가. ◐

규칙/통제	최상의 주문 집행
	기록 유지, 인식 • 회사가 주문을 집행 정책(위의 설명을 보라)에 따라 집행하기 위해 취한 조치들을 입증할 수 있도록 기록이 유지되어야 한다. • 컴플라이언스 부서는 직원들이 이 분야의 복잡한 요건들을 이해할 수 있도록 교육과 지침을 제공해야 한다.
추가 지침	부록 24를 보라.

규칙/통제	신속한 집행
FSA 고객 분류 영향	리테일 고객과 전문 고객에게만 적용된다.
고객 세일즈, 트레이딩	예
투자관리	예
기업금융, 투자은행	아니오 – 기업금융, 투자은행 부문 직원들은 일반적으로 트레이드를 집행하지 않는다.
리서치	아니오 – 리서치 애널리스트들은 세일즈 활동이나 트레이딩 활동을 수행하면 안 된다.
요건	고객의 주문은 신속하고, 공정하고, 빠르게 집행되어야 한다. 특히 동일 자산에 대한 주문들은 회사가 주문을 수령한 순서대로 집행되어야 한다.
해설	무엇이 신속하고, 공정하며, 빠른 집행인지 결정할 때 고려할 사안들은 다음과 같다. • 고객의 주문 집행을 연기하는 것이 적절한가? – 가격이 곧 바로 상승하거나 하락할 것으로 여겨질 경우 어떻게 할 것인가. • 회사가 이미 특정 고객의 대규모 주문을 처리하느라 바빠서 동일 고객의 후속 주문에 주의를 기울이면 첫 번째 주문의 결과에 방해가 될 수도 있을 경우 어떻게 할 것인가? ❍

규칙/통제	신속한 집행
	• 가격에 영향을 줄 정도의 대규모 주문 집행을 연기해서 이후에 주문을 하는 고객들이 가격 상승에 의해 불이익을 받지 않게 하는 것이 허용되는가?
통제	• 컴플라이언스 부서는 직원들이 신속한 집행에 관한 요건들을 이해하도록 정규적으로 교육과 지침을 제공해야 한다. • 회사가 리테일 고객의 주문을 신속하고, 공정하며, 빠르게 집행하는 데 어려움이 있을 경우 가급적 빨리 이를 고객에게 통보해야 한다. • 적시 집행은 일선 부서 경영진의 책임이지만 컴플라이언스 부서에서는 이를 정기적으로 검토해야 한다.
추가 지침	부록 24를 보라.

규칙/통제	고객의 지정가 주문
FSA 고객 분류 영향	리테일 고객과 전문 고객 그리고 회사에 집행을 위해 명시적으로 지정가 주문을 내는 적격 거래상대방에게 적용된다.
고객 세일즈, 트레이딩	예
투자관리	예
기업금융, 투자은행	아니오 - 기업금융, 투자은행 부문 직원들은 일반적으로 트레이드를 집행하지 않는다.
리서치	아니오 - 리서치 애널리스트들은 세일즈 활동이나 트레이딩 활동을 수행하면 안 된다.
요건	고객의 지정가 주문은 다음과 같이 처리해야 한다. • (고객에 의해 달리 지시되지 않는 한) 고객이 지정한 가격 또는 그보다 유리한 가격에 가급적 신속하게 집행되어야 한다. ●

규칙/통제	고객의 지정가 주문
요건	• 주문은 가급적 신속하게 공개되어야 하지만(예를 들어 주문을 규제받는 시장 또는 MTF에 전달), 이 요건은 통상적인 시장 규모보다 대규모 주문에 대해서는 적용되지 않는다.
해설	고객 지정가 주문에 관한 요건은 신속한 집행을 촉진하기 위해 존재한다. 그러나 통상적인 시장 규모보다 대규모의 고객 지정가 주문에 대해 공개 요건을 적용하지 않는 것은 시장오용과 내부자 거래 여지를 줄이기 위함이다(대규모 주문은 가격에 영향을 줄 수 있다).

통제	• 컴플라이언스 부서는 직원들이 고객의 지정가 주문에 관한 요건을 알도록 정규적으로 교육과 지침을 제공해야 한다. 직원들이 숙지해야 하는 사안들은 다음과 같다.
	    – 신속한 집행 규칙의 논리적 근거
	    – 회사가 주문을 공개하기 위해 사용할 수 있는 규제받는 시장과 MTF
	    – MAR하에서 '대규모 주문'의 감독 규정상 정의
	    – 주문 공개를 위해 취해야 하는 조치
	 • 신속한 집행 규칙 준수 여부에 대해 정규적으로 테스트해야 한다.

추가 지침	부록 24를 보라.

규칙/통제	적합성
FSA 고객 분류 영향	리테일 고객과 전문 고객에게만 적용된다(여기에서 '전문 고객'은 적격 상대방 비즈니스의 적격 고객을 포함한다는 사실을 명심할 것).
고객 세일즈, 트레이딩	예
투자관리	예
기업금융, 투자은행	예

규칙/통제	적합성
리서치	아니오
요건	• 고객 개인에 대한 추천과 자문은 각 고객에게 적합해야 한다. • 일임매매 관계의 맥락에서 고객을 위해 내려진 투자 결정은 각 고객에게 적합해야 한다.
해설	적절성(아래의 설명을 보라)에 관한 규칙과 밀접한 관련이 있지만 이와는 구분되는 개념이다.
통제	• 고객들은 적합성 관련 사실 확인서에 자신의 투자 목표, 리스크 성향, 어떻게 투자하기 원하는지에 관한 기타 구체적인 사항(예를 들어 윤리적 투자, 또는 이슬람법 준수 자산 투자)을 작성해야 한다. • 조언과 투자 의사 결정은 적합성 관련 사실 확인서의 내용에 부합하게 이루어져야 하며, 고객이 적합성 평가를 할 수 있는 적정한 정보를 제공하지 않을 경우 특정 거래를 추천해서는 안 된다. • 특정 거래가 왜 고객에게 적합하다고 여겨지는지 설명하는 적합성 보고서를 작성하도록 요구되는 경우가 있다. 그러한 보고서가 엄격히 요구되지 않는 경우에도 감독 목적상 각각의 조언 또는 투자 의사결정이 왜 해당 고객에게 적합하다고 여겨졌는지 보여주는 기록을 유지하는 것이 현명하다. • 적합성 관련 사실 확인서는 최신으로 유지되어야 하며 정규적으로 검토되어야 한다. • 적합성은 RM/투자 매니저의 책임이지만, 컴플라이언스 부서에서 이를 정규적으로 모니터해야 한다. • 컴플라이언스 부서는 직원들에게 적합성 요건과 관련한 적절한 교육과 지침을 제공해야 한다.
추가 지침	부록 24를 보라.

규칙/통제	적절성(자문을 제공하지 않는 서비스에 적용됨)
FSA 고객 분류 영향	리테일 고객과 전문 고객에게만 적용된다(여기에서 '전문 고객'은 적격 상대방 비즈니스의 적격 고객을 포함한다는 사실을 명심할 것).
고객 세일즈, 트레이딩	예
투자관리	아니오
기업금융, 투자은행	아니오
리서치	아니오
요건	회사는 특정 상품과 관련하여 고객 주문 집행 서비스만 제공하는 경우의 적절성을 평가해야 한다.
해설	적절성 요건은 적합성에 관련된 요건과 유사하지만 권유(직접 제안 판촉)하지 않은 서비스나 '복잡한' 상품(파생상품, 유동성이 없는 상품, 우발채무 투자, 또는 정보에 입각한 투자 의사 결정을 내리기에 충분한 공개 정보가 없는 상품)을 권유하지 않은 경우의 고객 서비스(즉 주문 집행에 국한하는 경우)와 관련하여 적용된다.
통제	• 고객이 스스로 찾아 왔지만 회사에서 그에게 특정 행동을 하라고 권고하는 맞춤형 의사소통을 하고 난 뒤에는 적절성 규칙이 아니라 적합성 규칙이 적용됨을 주의해야 한다(적절성에 관해서는 일반적인 마케팅 캠페인은 맞춤형 의사소통으로 간주되지 않는다). • 회사가 고객이 생각하는 투자활동의 유형에 관해 고객의 지식과 경험을 평가할 수 있도록 거래 관계를 개시하기 전에 고객에게 적절성 사실 확인서를 작성하게 해야 한다. • 고객이 적절성 사실 확인서를 작성하지 않거나 이와 관련한 적정한 정보를 제공하지 않을 경우 초래될 수 있는 결과에 대해 경고해야 한다. • 회사는 고객이 주문 집행만 낸 경우의 적절성을 평가하고, 이 거래가 고객에게 적절하지 않다고 여겨질 경우 이에 대해 경고해야 한다.

규칙/통제	적절성(자문을 제공하지 않는 서비스에 적용됨)
	• 회사가 어느 거래가 특정 고객에게 적절하지 않다고 간주하는 경우 회사는 이 거래를 진행하기 전에 예를 들어 상품 정보, 리스크에 대한 경고, 지침 등을 제공함으로써 고객의 이해 수준을 높이도록 도와줄 수 있다. • 적절성 기준을 충족시키지 못하는 주문 집행에 국한된 거래는 '고객의 최상의 이익' 규칙, 원칙 6 고객의 이익, 원칙 1 올곧음과 같은 FSA의 비즈니스 원칙에 비추어 그러한 행동이 정당화되기 어렵기 때문에 해당 주문을 집행하기 전에 매우 신중하게 고려해야 한다. • 적절성 관련 사실 확인서상의 정보는 최신 상태로 유지되어야 하며, 특정 거래가 왜 해당 고객에게 적절하다고 간주되었는지 입증할 수 있는 기록이 유지되어야 한다. • 적절성은 일선 부서 경영진의 책임이지만 컴플라이언스 부서에서 이를 정규적으로 모니터해야 한다. • 컴플라이언스 부서는 직원들이 적절성 요건에 관해 적절한 교육과 지침을 제공받도록 해야 한다.
추가 지침	부록 24를 보라.

규칙/통제	과당 매매, 바꿔치기
FSA 고객 분류 영향	리테일 고객과 전문 고객에게만 적용된다(여기에서 '전문 고객'은 적격 상대방 비즈니스의 적격 고객을 포함한다는 사실을 명심할 것).
고객 세일즈, 트레이딩	예
투자관리	예
기업금융, 투자은행	아니오
리서치	아니오
요건	• 투자 매니저들은 일임 계좌에서 고객을 위해 과도하게 빈번한 트레이드를 하지 않아야 한다. • 계좌 담당 직원들은 고객들에게 과도하게 빈번한 트레이드를 권고하지 않아야 한다. ❍

규칙/통제	과당 매매, 바꿔치기
해설	• 과당매매는 일반적으로 직원의 보상이 '거래당' 일정액으로 정해지거나 거래액을 기반으로 할 경우, 수수료 수입을 발생시키기 위해 계좌 담당 직원이 고객에게 지나치게 빈번하게 거래하도록 권고하거나, 투자 매니저가 고객의 계좌에서 지나치게 많은 거래를 할 때 발생한다. • 바꿔치기는 과당매매와 유사하지만 펀드 매니저가 엄브렐러 펀드 내의 하위 펀드들 간에 고객을 지나치게 자주 바꿀 때 발생한다. • 개별적으로는 적합하다고 간주될 수 있는 트레이드일 경우에도 이 트레이드들을 전체적으로 평가하면 과도한 트레이딩을 구성할 경우 적합하지 않을 수도 있다. • 과당매매는 시장 가격을 조종하기 위해 특정 자산에 대한 공급 또는 수요에 대한 그릇된 인상을 만들어 내기 위해 발생할 수도 있다. 이 경우 과당 매매는 시장오용의 한 형태가 된다. • 과당 매매와 바꿔치기는 회사 또는 직원의 이익과 고객의 이익이 충돌하는 이해상충에 해당한다.
통제	• 컴플라이언스 부서는 직원들이 과당 매매와 바꿔치기가 금지된다는 사실과 이러한 규정이 일상 업무 활동에 어떤 영향을 주는지 이해할 수 있도록 교육과 지침을 제공해야 한다. • 이 분야에서의 통제는 일선 부서 경영진의 책임이지만, 컴플라이언스 부서에서는 과도한 거래 사례가 발생하는 경우 이를 포착할 수 있도록 고객 계좌 활동 내역을 정규적으로 검토하여야 한다. • 과당 매매와 바꿔치기는 모두 고객에게 적합하지 않은 거래이다. 이 영역의 문제를 탐지하고 예방하기 위해 적합성에 관한 통제를 엄격히 준수해야 한다.
추가 지침	부록 24를 보라.

규칙/통제	취합, 배정
FSA 고객 분류 영향	리테일 고객과 전문 고객에게만 적용된다(여기에서 '전문 고객'은 적격 상대방 비즈니스의 적격 고객을 포함한다는 사실을 명심할 것).

○

규칙/통제	취합, 배정
고객 세일즈, 트레이딩	예
투자관리	예
기업금융, 투자은행	아니오
리서치	아니오
요건	트레이드의 취합과 배정은 고객들에게 불공정하게 불이익을 주어서는 안 된다.
해설	• 취합은 아래와 같은 경우에 발생한다. 　– 동일한 자산에 대해 하나 이상의 고객 주문이 결합하여 단일 주문을 형성할 경우 　– 고객의 주문들이 동일한 자산에 대한 회사 고유계정의 주문과 결합하여 단일 주문을 형성할 경우 • 배정은 취합된 주문의 일부를 구성하는 자산들이 관련 고객들 사이 또는 고객들과 회사 사이에 배분될 때 발생한다. • 취합은 보다 큰 트레이드 규모로 인해 브로커리지 수수료를 낮출 수 있어 고객들에게 유익한 경우가 흔하지만, 이로 인해 고객에게 불리한 결과가 초래될 수도 있다. 결합된 트레이드 규모가 매입/매도할 수 있는 자산의 양보다 크거나 작을 경우, 주문 전량을 충족하지 못하게 될 수도 있다.
통제	• 취합은 전반적으로 관련 고객들에게 불리하게 작용할 가능성이 낮을 경우에만 실행되어야 한다. • 주문이 취합될 수 있는 고객들은 이로 인해 불이익을 입게 될 수도 있다는 사실에 대해 경고를 받아야 한다. • 고객의 주문이 취합될 경우, 개별 고객 계좌에 대한 이후의 할당은 어느 고객도 우대함이 없이 공정하게 이루어져야 한다. • 고객의 주문이 회사 자신의 주문과 취합되는 경우, 고객들의 주문만 취합되는 경우보다 더 엄격한 통제를 받아야 한다. 회사가 관여하지 않았더라면 해당 고객에게 보다 불리한 결과가 달성되었으리라는 점을 입증하지 못하는 한 언제나 고객에게 우선권이 주어져야 한다.

❍

규칙/통제	취합, 배정
	• 취합 요건과 배정 요건은 회사가 고객의 거래를 집행했는지 제3자에게 집행을 의뢰했는지를 불문하고 동일하게 적용된다. • 회사는 할당의 공정성 달성 방법을 정하는 주문 배정 정책을 제정해야 한다. • 컴플라이언스 부서는 직원들이 취합과 배정에 관한 규칙을 알 수 있도록 정규적으로 교육과 지침을 제공해야 한다. • 고객 주문의 공정한 취합과 배정은 일선 부서 경영진의 책임이지만 컴플라이언스 부서에서 정규적으로 검토해야 한다.
추가 지침	부록 24를 보라.

규칙/통제	주문 기록과 집행 기록
FSA 고객 분류 영향	모든 고객에게 적용됨
고객 세일즈, 트레이딩	예
투자관리	예
기업금융, 투자은행	아니오 – 기업금융, 투자은행 부문 직원들은 일반적으로 트레이드를 집행하지 않는다.
리서치	아니오 – 리서치 애널리스트들은 트레이딩 활동을 수행하면 안 된다.
요건	고객을 공정하게 다루었음(적시 집행, 최상의 집행 등)을 입증하기 위해 상세한 주문 기록과 집행 기록이 유지되어야 한다.
해설	• FSA가 기록하도록 정한 주문 정보와 집행 정보에는 아래의 사항들이 포함된다. 　– 고객의 이름 또는 표시 　– 주문 또는 집행이 매수인지 매도인지 　– 주문 집행에 관해 고객의 특별한 지시가 있는 경우 그 내용　❍

규칙/통제	주문 기록과 집행 기록
	– 주문 수령과 집행 일자, 시각 – 자산 • 제3자에게 주문 집행을 의뢰하는 경우 아래와 같은 별도 요건을 준수해야 한다. – 주문 집행이 이전된 고객의 이름 – 주문 집행을 의뢰받은 사람의 이름 – 이전된 주문의 조건 – 주문이 이전된 일자, 시각
통제	• 직원들이 주문 기록과 집행 기록 유지의무에 대해 인지하도록 교육과 지침을 제공한다. • 적정한 주문 기록과 집행 기록 유지는 일선 부서 경영진의 책임이지만 컴플라이언스 부서에서 정규적으로 검토해야 한다.
추가 지침	부록 24를 보라.

규칙/통제	교육과 역량
FSA 고객 분류 영향	보다 상위의 '유능한 직원 규칙'은 직원들이 상대하는 고객 유형에 무관하게 모든 직원들에게 적용되지만 상세한 교육/역량 규칙은 리테일 고객을 상대하는 직원들에게만 적용된다.
고객 세일즈, 트레이딩	예
투자관리	예
기업금융, 투자은행	예
리서치	예
요건	모든 직원들은 자신의 역할에 적합한 수준의 역량을 달성하고 이를 계속 유지해야 한다.
해설	• 교육 요건과 역량 요건은 두 가지 차원에서 적용된다. – 모든 일선 부서 직원들은 유능한 직원 규칙을 준수해야 한다. ➋

규칙/통제	교육과 역량

	– 리테일 고객을 대상으로 또는 리테일 고객을 위해 (FSA가 지정하는) 특정 일선 부서 역할을 수행하는 직원들은 FSA의 상세한 T&C 규칙도 준수해야 한다.
	• T&C 규칙이 적용되는 일선 부서 역할은 아래와 같다.
	    – 리테일 고객에 대한 파생상품 조언
	    – 유가증권 조언과 거래
	    – 투자 관련 펀드 관리 서비스 제공
	• FSA의 상세한 T&C 규칙은 아래와 같은 사안을 다룬다.
	    – 시험 통과
	    – 역량 평가
	    – 직원 감독
	• 일선 부서 매니저들은 자기 부서 부하 직원들에 대해 T&C 감독자 역할을 하도록 요구될 가능성이 있다. 이들의 감독 활동은 아래 사항을 포함해야 한다.
	    – 고객과의 상호작용 관찰
	    – 고객에 대한 권고와 보고서 발표 전 검토
	    – 교육 프로그램 결정
	    – 역량이 달성되었는지 또는 유지되고 있는지 판단하기 위한 T&C 평가 수행
	• T&C 감독자의 역할에는 상당한 책임이 따른다. 자신이 책임지고 있는 직원이 규칙을 위반할 경우, 누가 그들을 감독하고 있었는지, 그들이 어떻게 모니터되었는지, 왜 그들이 역량이 있다고 평가되었는지(이에 해당될 경우)에 관한 질문이 제기될 것이다. 이는 가볍게 다루어질 책임이 아니다.
	• 유능한 직원 규칙 준수를 증진하기 위해 많은 회사들은 모범실무관행으로서 리테일 부문에 종사하지 않는 직원들에게도 T&C 규칙을 적용하고 있다.

통제	• 컴플라이언스 부서는 일선 부서 직원들이 아래 사항들을 이해할 수 있도록 교육과 지침을 제공해야 한다.
	    – T&C 규칙에 따른 자신과 부하 직원들의 지위
	    – T&C 지위가 의미하는 내용
	    – T&C 규칙에 관한 회사의 내부 절차 준수 방법
	• T&C 감독자 역할을 하는 일선 부서 매니저들은 이 분야에서 자신들에게 요구되는 바를 충분히 알아야 하며, 감독 업무를 잘못할 경우 어떤 결과가 초래될지에 대해서도 알아야 한다. 모든 T&C 감독자들에게 그들의 책임을 요약한 유인물이나 소책자를 제공하는 것이 유용하다. ❍

규칙/통제	교육과 역량
	• 일선 부서에서 T&C 통제를 준수하는지 여부에 대해 정규적으로 검토해야 한다.
추가 지침	• 부록 24를 보라. • 부록 A의 273쪽을 보라.

규칙/통제	승인자 규칙
FSA 고객 분류 영향	중대한 영향을 주는 기능에게는 고객 분류가 관련이 없으며, 고객 기능은 고객을 다루는 직원들에게만 적용된다.
고객 세일즈, 트레이딩	예
투자관리	예
기업금융, 투자은행	예
리서치	아니오
요건	FSA에 의해 지정된 특정 기능을 수행하는 직원들은 승인자로 등록되어야 한다.
해설	일선 부서에서 승인자 규칙에 가장 관련이 있는 역할들은 다음과 같다. • 고객 기능(유가증권 또는 파생상품에 대한 자문, 기업금융 자문 제공 또는 일임 투자관리 등) • 중대한 영향을 주는 기능 – 중요한 일선 부서나 부문의 장이 포함될 수 있음

통제	• 컴플라이언스 부서는 일선 부서에서 아래의 사항들을 이해하도록 교육과 지침을 제공해야 한다.
	  – 승인자 규칙에 따른 자신(과 부하 직원)의 지위와 이 지위가 의미하는 내용
	  – 승인자의 행동 강령 등 승인자라는 지위로 인해 준수해야 하는 FSA의 특별한 요건들
	  – 승인자 규칙에 관한 회사의 내부 절차 준수 방법
	• 일선 부서에서 T&C 통제를 준수하는지 여부에 대해 정규적으로 검토해야 한다. ❍

규칙/통제	승인자 규칙
추가 지침	• 부록 24를 보라. • 부록 A의 277쪽을 보라.

규칙/통제	향응
FSA 고객 분류 영향	없음 – 고객 분류와는 무관하다.
고객 세일즈, 트레이딩	예
투자관리	예
기업금융, 투자은행	예
리서치	예
요건	직원들은 고객에 대한 의무와 충돌을 일으킬 수 있는 향응을 제공하거나 수령하지 않아야 하며 이 분야에서 회사에서 시행되는 절차와 통제를 준수해야 한다.
해설	• 향응에 관한 규칙은 회사와 고객 접촉자의 이해 경합이 윤리적인 금융 서비스 제공을 저해하지 않도록 방지하기 위해 존재한다. • 일선 부서 직원들은 한편으로는 고객들과 대화하면서 다른 한편으로는 브로커, 펀드 매니저와 같은 서비스 제공자들과 일상적으로 접촉하므로 경합하는 이해관계를 관리할 일선에 서게 된다. 이들 모두 자신의 이해관계를 지니고 있는 바, 한쪽의 구미에 맞추면 다른 쪽 당사자에게 부정적인 영향을 주게 될 수 있다. • 부적절한 향응의 예로는 특정 고객에게 향응을 받는 대가로 향후 해당 고객에게 우대조치를 해 주기로 약속하는 경우를 들 수 있다. • 일선 부서 경영진은 부하 직원들이 제공하거나 수령하는 선물 또는 혜택을 승인할 책임을 질 수 있다.
통제	• 일선 부서 직원은 왜 향응에 대한 통제가 필요한지, 어떤 향응이 부적절하다고 여겨지는지 이해해야 한다. 이는 선물과 혜택을 승인하는 일선 부서 매니저들에게 특히 중요하다. ➲

규칙/통제	향응
	• 컴플라이언스 부서는 직원들이 향응 제공 또는 수령에 관한 회사의 통제를 이해하고 준수하도록 정규적으로 교육과 지침을 제공해야 한다. • 일선 부서에서 회사의 향응 제도를 준수하는지 여부에 대해 정규적으로 검토해야 한다.
추가 지침	• 부록 24를 보라. • 부록 A의 266쪽을 보라.

규칙/통제	음성 녹음
FSA 고객 분류 영향	없음 - 고객 분류와는 무관하다.
고객 세일즈, 트레이딩	예
투자관리	예
기업금융, 투자은행	회사에 따라 다르지만 음성 녹음은 흔히 주문을 접수하거나 전달 또는 집행하는 직원에게만 적용된다. 리서치, 기업금융 또는 투자은행 부문 직원들은 일반적으로 이러한 직원들에 포함되지 않는다.
리서치	아니오.
요건	고객 주문 접수, 전달, 집행에 관여하거나 전화로 조언을 제공하는 직원들은 지시나 조언에 관해 분쟁이 발생하거나 조회할 필요가 있을 경우 이를 쉽게 해결하기 위해 음성 녹음을 해야 한다.
통제	• 컴플라이언스 부서는 직원들이 회사의 음성 녹음 제도를 이해하고 준수하도록 정규적인 교육과 지침을 제공해야 한다. • 일선 부서 경영진은 자신이 관할하는 팀의 모든 음성 녹음 대상 직원들이 통화를 녹음하게 해야 한다. • 일선 부서에서 음성 녹음 요건을 준수하는지 여부에 대해 정규적으로 검토해야 한다. • 고객들은 자신의 전화 내용이 녹음될 수 있다는 사실을 통보받아야 한다. 이는 대개 고객과의 합의서 또는 비즈니스 조건서에 공개함으로써 이뤄질 수 있다. ◗

규칙/통제	음성 녹음
추가 지침	• 부록 24를 보라. • 부록 A의 282쪽을 보라.

규칙/통제	고객과의 소통(공정하고, 명확하며, 오도하지 않는 소통)
FSA 고객 분류 영향	FSA 원칙 7(고객과의 소통)은 적격 거래상대방에게도 적용되지만, 이 분야의 FSA 규칙은 리테일 고객과 전문 고객에게만 적용된다.
고객 세일즈, 트레이딩	예
투자관리	예
기업금융, 투자은행	예
리서치	예
요건	고객과의 모든 소통은 공정하고, 명확하며, 오도하지 않아야 한다.
해설	이 규정은 고객을 보호하고 시장오용을 방지하기 위해 존재한다(오도하는 정보 생성과 유포는 시장 조종 목적으로 사용될 수도 있다).
통제	• 다양한 일선 부서들이 고객과 소통하는 방식을 문서화한다. 다음과 같은 소통 방식을 사용할 수 있다. 　– 전화 　– 광고 　– 대면 접촉 　– 편지 　– 팩스 　– 전자우편 　– 텍스트 메시지 　– 블룸버그와 같은 전자적 메시지 • 직원들에게 자신의 업무와 관련하여 무엇이 공정하고, 명확하며, 오도하지 않는 소통인지에 관해 지침을 제공한다. 또한 용인될 수 없는 예를 제공한다.

규칙/통제	고객과의 소통(공정하고, 명확하며, 오도하지 않는 소통)
	• 직원들이 오도하는 소통은 시장오용 요건 위반이 될 수도 있음을 이해하게 한다. • 일선 부서 경영진은 자기 팀의 소통이 공정하고, 명확하며, 오도하지 않도록 할 책임이 있으며, 컴플라이언스 부서는 이 분야를 정규적으로 검토해야 한다.
추가 지침	• 부록 24를 보라.

규칙/통제	판촉 활동
FSA 고객 분류 영향	리테일 고객에 관한 요건은 전문 고객들에게 적용되는 요건보다 상당히 성가시다. 보상 정보에 관한 규칙만 적격 거래 상대방에게 적용된다.
고객 세일즈, 트레이딩	예
투자관리	예
기업금융, 투자은행	예
리서치	예(독립적 리서치는 판촉 활동으로 분류되지 않지만, 독립적이지 않은 리서치는 마케팅 도구로 다루어져야 한다)

요건	• 판촉 활동은 다음과 같은 다양한 요건들을 충족해야 한다.
	  – 공정하고, 명확하며, 오도하지 않아야 한다.
	  – 판촉물이라고 식별될 수 있어야 한다.
	  – 리스크에 대한 적절한 경고를 포함해야 한다.
	  – FSA를 감독 당국으로 표기해야 한다.
	  – FSA에 의해 감독되지 않는 사안에 대해서는 이를 명확히 밝혀야 한다.
	  – 보상 제도에 관한 적절한 정보를 포함해야 한다.
	• 리테일 고객을 겨냥한 판촉, 소비자 신용 제도의 내용에 관해서는 추가적인 세부 요건들이 있다.

해설	이 영역의 위반은 심각한 결과를 가져올 수 있으므로 이 이슈들과 특히 리테일 투자자들을 겨냥한 판촉 승인에 관한 일선 부서의 통제들은 특히 건실할 필요가 있다. 만일 세일즈팀이 가급적 많은 사람들이 볼수 있도록 대중 매체에 마케팅 캠페인을 했는데 일이 잘못될 경우에는 문제가 개별사안에 그치지 않을 것이다. ➡

규칙/통제	판촉 활동
통제	• 컴플라이언스 부서는 일선 부서 직원들이 판촉이 무엇인지 이해하고, 판촉물 작성, 승인, 배포에 관한 회사의 내부 통제를 이해하고 이를 준수할 수 있도록 정규적인 교육과 지침을 제공해야 한다. • 컴플라이언스 부서는 일선 부서, 법무부서와 협력하여 새로운 판촉물이 발표될 때마다 새로운 문구를 만들어 내지 말고 가능하면 표준 부인 문구, 공시와 리스크 경고를 사용할 수 있게 해야 한다. • 일선 부서 경영진은 자신의 부하 직원들이 발간하는 판촉물에 대해 책임이 있으며, 발표 전에 컴플라이언스 부서에서 승인하지 않은 판촉물에 대해서는 정규적으로 검토해야 한다.
추가 지침	• 부록 24를 보라. • 부록 A의 269쪽을 보라.

규칙/통제	고객 분류
FSA 고객 분류 영향	회사가 비즈니스를 수행하는 모든 사람들에 대해 고객 분류 프로세스를 밟아야 한다.
고객 세일즈, 트레이딩	예.
투자관리	예.
기업금융, 투자은행	예.
리서치	고객 분류를 일반적으로 실시되는 단계인 신규 고객 승인 프로세스에서 리서치팀은 일반적으로 주도적인 역할을 하지 않으므로, 리서치팀은 다른 팀에 비해 고객 분류 책임을 질 가능성이 낮다.
요건	회사의 서비스를 제공받는 모든 당사자들이 정확하게 분류되게 한다.
해설	아래와 같은 목적을 위해 COBS 규칙에 따라 고객을 분류해야 한다. • 고객에게 적용될 규칙을 결정한다. ❏

규칙/통제	고객 분류
	• 회사와의 관계가 지속되는 동안 고객들이 어떤 보호를 받게 될지 결정한다. • (자금세탁혐의 식별 목적상) 예상 트레이딩/활동 프로필을 정하는 데 도움을 준다.

통제	• 컴플라이언스 부서는 직원들이 아래 사항들을 이해할 수 있도록 정규적으로 교육과 지침을 제공해야 한다.
	  – 다양한 고객 범주를 안다.
	  – 정확한 분류의 중요성을 이해한다.
	  – 고객을 정확하게 분류하는 방법을 안다.
	• 일선 부서 직원은 모든 고객이 어떻게 분류되는지 정확히 알고, 고객들에게 정확한 규정, 규칙, 보호가 적용될 수 있게 해야 한다.
	• 고객 분류는 대개 최초로 KYC를 점검할 때 일어난다. 컴플라이언스 부서 직원이 각각의 신규 고객 분류를 승인하게 하는 회사가 있는가 하면, 일선 부서 경영진이 승인하고 컴플라이언스 부서에서는 정규적으로 검토하여 이의 적정성을 평가하기만 하는 회사도 있다.

추가 지침	• 부록 24를 보라. • 부록 A의 291쪽을 보라.

규칙/통제	KYC
FSA 고객 분류 영향	없음 – 고객 분류와는 무관함
고객 세일즈, 트레이딩	예
투자관리	예
기업금융, 투자은행	예
리서치	리서치팀원이 KYC 프로세스에 관여하는 것이 불가능하지는 않지만 그럴 가능성은 별로 없다.
요건	모든 고객에 대해 KYC가 완료되어야 한다. KYC 정보는 거래 관계가 개시될 때 수집되고 이후 최신 상태로 유지되어야 한다. ◐

규칙/통제	KYC
해설	• 일선 부서 직원들이 회사 고객 관계의 '오너들'이므로 직원들이 KYC 적시 완료의 중요성을 이해하고, 이 분야의 위반은 심각한 벌칙이 가해지는 법률 위반이 될 수도 있음을 반드시 이해해야 한다. • 일선 부서 직원이 정확히 누구에 대해 KYC를 완료해야 하는지도 알아야 한다. 회사가 최종 고객과 직접 관계를 맺을 경우에는 비교적 간단하지만, 회사가 배후의 고객을 대표하는 중개자를 통해 거래할 때에는 보다 복잡해진다. • 중개인을 통할 경우 중개자를 대한 KYC를 완료하고, 배후의 고객에 대해서는 중개자가 완료한 KYC에 의존할 수도 있다. 그러나 중개자가 수행한 KYC의 적정성에 관해 의문이 있는 경우 회사가 스스로 KYC를 수행해야 한다. • 회사가 집합투자기구에 투자관리 서비스를 제공하면서 배후의 투자자들에 대해 회사가 직접 KYC를 수행하지 않은 경우 이들이 적절한 KYC 조사를 받았는지 확인하기 위한 점검을 수행해야 한다.

통제	• 각 부서 직원들이 아래와 같이 하도록 교육과 지침을 제공한다.
	  – 신규 고객에 대한 회사의 KYC 절차를 이해한다.
	  – 기존 고객의 KYC 검토 절차를 이해한다.
	  – 중개자를 통한 KYC에서 자신의 책임을 이해한다.
	  – 그러한 절차를 준수하지 않을 경우의 법적 처벌에 대해 안다.
	• 회사의 딜 프로세싱 시스템이 허용하는 경우, KYC가 승인되지 않으면 트레이드가 기장(記帳)되거나 처리되지 않게 하는 시스템을 시행한다. 이 시스템을 통해 KYC 프로세스가 완료되지 않은 고객을 위해 트레이드를 기장하려고 시도한 직원 명단에 대해 자동으로 예외 보고서를 생성해서 그러한 직원들을 적절히 징계할 수도 있다.
	• 최초의 KYC 승인은 대개 고객 분류 프로세스와 동시에 행해진다. 고객 분류에서와 마찬가지로 컴플라이언스 부서 직원이 각각의 KYC 파일을 승인하게 하는 회사가 있는가 하면, 일선 부서 경영진이 KYC 정보를 승인하고 컴플라이언스 부서는 단지 이의 적정성을 평가하기 위해 정기적으로 검토하기만 하는 회사도 있다.

추가 지침	• 부록 24를 보라. • 부록 B를 보라.

규칙/통제	자금세탁방지 통제, 테러자금조달방지 통제
FSA 고객 분류 영향	없음 – 고객 분류와는 무관함
고객 세일즈, 트레이딩	예
투자관리	예
기업금융, 투자은행	예
리서치	예. 그러나 리서치팀 직원들은 고객들과 직접 접촉을 덜하기 때문에 이들에게는 이 요건이 덜 관련된다.
요건	일선 부서 직원들은 회사가 자금세탁이나 테러자금조달 활동에 사용될 리스크를 줄이도록 도움을 줄 적절한 모든 조치를 취해야 한다.
해설	일선 부서 직원들은 고객들과 직접 접촉하고 있고 고객의 활동을 잘 알기 때문에 회사 내의 다른 사람들보다 자금세탁이나 테러자금 조달 시도를 식별하고 이의 예방에 도움이 될 수 있는 위치에 있다.

통제	• 일선 부서 직원들에게 관련이 있는 주요 사안들은 아래와 같다.
	  – 정규적으로 AML 교육과 CTF 교육을 받아야 한다.
	  – 모든 신규 고객들이 KYC 승인을 받게 한다.
	  – 현존하는 다양한 제재 제도를 이해하고, 이들 제재를 위반하여 비즈니스가 수행되지 않게 한다.
	  – 고객의 활동이 자금세탁 리스크 또는 테러자금 조달 리스크와 관련이 있을 수도 있는 이례적인 활동을 식별하여 검토할 수 있도록 고객을 잘 알아야 한다.
	  – 고객의 KYC 파일을 최신 상태로 유지한다.
	  – 자금세탁 혐의를 MLRO에게 보고한다.
	  – 고객의 활동을 수상하다고 여기게 될 경우 고객에게 이를 알려주지 말아야 한다는 요건을 이해한다.
	• 컴플라이언스 부서는 일선 부서 직원들이 이 분야의 회사 절차와 통제를 이해하도록 정기 교육과 지침을 제공해야 한다. 교육이 진정으로 의미 있으려면 관련 직원들의 활동에 맞춰질 필요가 있다.
	• 자금세탁, 테러자금 조달을 방지하기 위한 통제의 효과성 여부에 대해 컴플라이언스 부서에서 정규적으로 검토해야 한다.

추가 지침	• 부록 24를 보라. • 부록 B를 보라.

규칙/통제	자금세탁 혐의, 테러자금조달 혐의 보고
FSA 고객 분류 영향	없음 - 고객 분류와는 무관함
고객 세일즈, 트레이딩	예
투자관리	예
기업금융, 투자은행	예
리서치	예
요건	자금세탁 혐의, 테러자금조달 혐의가 식별되고 적절히 다루어지게 한다.
해설	• 일선 부서 직원들은 일상적으로 고객들과 접촉하기 때문에, 회사에서 혐의가 있는 활동들을 가장 잘 파악할 수 있는 위치에 있다. 일선 부서 직원들은 어떤 활동이 고객의 통상 활동 유형이며 어떤 활동이 통상 활동 범위 밖이어서 추가 조사를 필요로 하는지 판단할 수 있는 입장에 있어야 한다. • 일선 부서 직원들은 신규 비즈니스 수용에서도 핵심 역할을 하므로 가망 고객으로부터의 수상한 접근을 잘 파악할 수 있는 위치에 있다.

통제	• 각 부서의 직원들이 아래와 같이 하도록 교육과 지침을 제공한다.
	  - 자금세탁, 테러자금 조달이 의심되는 활동을 어떻게 인지하는지 안다.
	  - 그러한 혐의에 대해 회사의 내부 절차에 따라 어떻게 처리하는지 안다.
	  - 혐의를 받고 있는 사람에게 그 내용을 알려 주지 않아야 한다는 사실을 안다.
	• 자금세탁 혐의 식별에 대한 직원 교육은 가급적 직원별 맞춤 교육이어야 한다. 사람들은 가짜 수염을 달고 있고 낡은 지폐로 가득 찬 쓰레기봉투를 들고 있는 자금세탁자의 이미지에 친숙하지만, 이는 주식 파생상품 트레이더나 기업금융 담당자가 자신의 업무와 관련해서 의심스러운 활동을 식별하는 데 도움이 되지 않을 것이다.
	• 직원들이 자금세탁이나 테러자금 조달 혐의에 대해 보고할 경우, 회사 내부 고발 절차에 따라 보호받는다는 사실을 알게 한다. ❶

규칙/통제	자금세탁 혐의, 테러자금조달 혐의 보고
추가 지침	• 부록 24를 보라. • 부록 B의 308쪽을 보라.

규칙/통제	사기 예방
FSA 고객 분류 영향	없음 – 고객 분류와는 무관함
고객 세일즈, 트레이딩	예
투자관리	예
기업금융, 투자은행	예
리서치	예
요건	사기 혐의가 식별되고 적절히 다루어지게 한다.
해설	현금과 자금이 오고가는 다른 모든 경우에서와 마찬가지로, 일선 부서는 특히 사기에 취약하다. 일선 부서에 영향을 줄 수 있는 몇 가지 고전적인 상황들은 다음과 같다. • 고객 자산 또는 자금 유용 • 트레이딩 기장(記帳) 부정 – 예를 들어 트레이드 실적이 좋으면 자신의 개인계좌에 기장하고 실적이 나쁘면 고객 계좌에 기장함 • 개인의 유흥비를 비즈니스 비용으로 청구함 • 트레이더가 업무 종료시 장부의 가격을 그릇되게 평가함 • 사기성 트레이딩 활동에 관여한 고객이 자신의 활동에 회사를 연루시키려 함 • 제3자가 회사의 이름으로 웹사이트를 개설하거나, 다른 방법으로 회사의 이름으로 사람들에게 접근하여 그들에게 현금을 보내거나 계좌 상세 내역을 제공하게 함 • 제3자가 고객 또는 규제 당국을 가장하여 회사에 전화해서 고객정보 제공을 요청함

통제	• 각 부서의 직원들이 아래와 같이 하도록 교육과 지침을 제공한다.
	  – 사기 혐의를 어떻게 인지하는지 안다.
	  – 그러한 혐의에 대해 회사 내부 절차에 따라 어떻게 처리하는지 안다.

규칙/통제	사기 예방
	• 사기 식별에 대한 지침은 될 수 있는대로 각 부서별로 특화되어야 한다. • 직원들이 사기 혐의에 대해 보고할 경우 회사 내부 고발 절차에 따라 보호받는다는 사실을 알게 한다.
추가 지침	• 부록 24를 보라. • 부록 A의 296쪽을 보라.

규칙/통제	배타적
FSA 고객 분류 영향	없음 – 고객 분류와는 무관함
고객 세일즈, 트레이딩	아니오
투자관리	아니오
기업금융, 투자은행	예
리서치	아니오
요건	회사가 배타적으로 서비스를 제공하기로 합의하는 경우 이 계약이 준수해야 할 적절한 장치가 갖춰지게 한다.
해설	기업금융, 투자은행 부문의 고객들은 흔히 이해상충을 피하기 위해 회사에 자신들에게만 배타적으로 서비스를 제공해 주도록 요청한다. 예를 들어 특정 회사를 인수하기 원하는 고객은 자신에게 인수 관련 서비스를 제공하는 금융회사가 경쟁사에 자문 서비스를 제공하는 것을 원하지 않을 수 있다.
통제	• 배타적 서비스 제공 계약의 기록이 유지될 수 있는 절차를 시행한다. 기존의 배타적 서비스 제공 계약과 상충하는 거래를 수용하지 않도록 새로운 계약을 수용하기 전에 이 대장을 점검하도록 한다.

규칙/통제	배타적 서비스 제공
	• 모든 배타적 서비스 제공 계약을 주의리스트 또는 제한 리스트에 등재하여 배타적 서비스 제공 이슈를 이해상 충 확인 프로세스의 일부로 고려하는 것이 이러한 상황을 관리하기 위해 사용할 수 있는 한 가지 방법이 될 수 있다. • 컴플라이언스 부서는 일선 부서 직원들이 배타적 서비스 공급 계약과 관련된 회사의 절차를 알 수 있도록 교육과 지침을 제공해야 한다. • 일선 부서 경영진은 배타적 서비스 공급 계약이 존중되게 할 책임이 있으며, 컴플라이언스 부서는 이 분야에서 시행된 통제가 효과적인지 여부에 대해 주기적으로 검토해야 한다.
추가 지침	–

규칙/통제	투자 위원회
FSA 고객 분류 영향	고객 분류가 투자 전략에 관한 투자위원회의 의사 결정에 영향을 줄 가능성은 있지만, 고객 분류는 투자위원회의 설치 필요 또는 운영과는 무관하다.
고객 세일즈, 트레이딩	예 – 고객에게 조언을 제공할 경우
투자관리	예
기업금융, 투자은행	아니오
리서치	아니오
요건	투자 의사 결정과 조언은 관련 고객의 최상의 이익에 부합해야 하며 개인 또는 회사의 이해관계는 무시되어야 한다.
해설	회사의 투자관리 프로세스와 자문 프로세스의 핵심 부분으로 흔히 투자위원회가 사용된다. 위원회를 운영하면 한 사람의 판단과 기술에 의존하지 않고 전문가들의 의견을 취합할 뿐 아니라 집단 의사 결정을 하므로 독립성에 크게 기여한다.

규칙/통제	투자 위원회

통제	• 투자위원회는 적절한 거버넌스의 적용을 받아야 한다.
	   – 각 위원회에 대한 권한을 정하고 이를 준수해야 한다.
	   – 투자 의사 결정과 그 근거에 관한 의사록이 작성되어야 한다.
	   – 투자 전략에 관한 결정과 그 근거에 관한 의사록이 작성되어야 한다.
	   – 위원들이 취해진 의사 결정에 중대한 이해관계를 가지지 않도록 주의를 기울여야 한다.
	   – 일회성으로 이해가 상충되는 위원은 일시적으로 위원회에 참여하지 않도록 하는 절차가 갖춰져야 한다.
	 • 투자위원회 위원들에게 그들이 가장 빈번하게 마주칠 수 있는 이해상충 유형과 그러한 상황을 어떻게 관리할 수 있는지에 대해 교육을 제공해야 한다.
	 • 컴플라이언스 부서는 투자위원회 운영, 독립성에 관한 통제가 효과적인지 여부에 대해 주기적으로 검토해야 한다.

추가 지침	–

규칙/통제	투자 권한과 차입 권한
FSA 고객 분류 영향	투자 권한과 차입 권한에 관한 요건은 펀드의 관리에 관해서만 적용된다. 리테일 고객이 투자할 수 있는 펀드들의 투자 권한과 차입 권한은 전문 투자자나 적격 거래 상대방이 투자할 수 있는 펀드들의 권한보다 훨씬 엄격하다.
고객 세일즈, 트레이딩	아니오
투자관리	예
기업금융, 투자은행	아니오
리서치	아니오
요건	펀드 또는 다른 형태의 집합투자기구는 항상 자신의 투자 권한과 차입 권한에 따라 투자되어야 한다.

규칙/통제	투자 권한과 차입 권한
해설	• 집합투자기구가 투자할 수 있는 자산과 투자할 수 없는 자산, 그리고 집합투자기구의 차입 권한은 투자기구의 설립 문서에 표시되며 투자 설명서(또는 유사한 문서)에서 찾아볼 수 있다. • UCITS 펀드의 투자 권한과 차입 권한은 UCITS 상품 지침에 의해 정해진다.
통제	• 포트폴리오 매니저와 투자위원회 위원은 자신이 책임을 지고 있는 각각의 집합투자기구의 투자 권한과 차입 권한을 알고 이를 준수해야 한다. • 투자관리 부서는 흔히 투자 권한, 차입 권한 준수 여부를 모니터할 인력을 고용하지만 그렇다 해서 컴플라이언스 부서에서 이 분야에 대해 정기적으로 모니터링을 할 수 없는 것은 아니다.
추가 지침	부록 5를 보라.

규칙/통제	리서치 발행
FSA 고객 분류 영향	독립적이지 않은 리서치 표시에 관한 요건은 적격 거래상대방에게는 적용되지 않는다는 점을 제외하면 이 분야의 요건은 모든 고객들에게 적용된다. 그러나 모범실무관행으로서 시장오용 법규를 준수하기 위해, 어떤 부류의 고객이 리서치를 받게 될 지와 무관하게 아래에 설명하는 통제들이 적용되어야 한다.
고객 세일즈, 트레이딩	예, 리서치를 발행하는 경우
투자관리	예, 리서치를 발행하는 경우
기업금융, 투자은행	아니오
리서치	예
요건	리서치에 관한 FSA의 요건은 복잡하며, 다양한 여러 영역에서의 요건들을 포함한다.

규칙/통제	리서치 발행
	• 아무도 모든 수령인들이 이에 반응할 기회를 가지기 전에 해당 정보에 기해 행동할 수 있는 불공정한 기회를 가지지 않도록 리서치가 대내외 모든 리서치 수령인들에게 동시에 발행되어야 한다. • 리서치는 또한 공정하고, 명확하며, 오도하지 않아야 한다. • 이해상충을 피하기 위해 투자 애널리스트들은 (리서치 문서가 독립적이지 않다고 명확히 밝히지 않는 한) 리서치 발행 대상 회사, 소속 회사(특히 기업금융 부서와 세일즈 및 트레이딩 부서), 회사의 고객으로부터 독립적이어야 한다. • 발행될 리서치 대상 회사의 유가증권에 대한 개인계좌 거래와 회사 고유계정 거래는 매우 제한된 상황에서만 허용되어야 한다. • 회사나 직원 모두 리서치의 내용에 이해관계가 있는 자(예를 들어 유리한 내용을 원하는 회사나 특정 상품에 대규모 포지션을 보유한 펀드 매니저)로부터 향응을 받아서는 안 된다. • 영향을 받는 회사에게 유리한 리서치 보고서를 써주겠다고 하는 약정은 허용되지 않는다. • 리서치 초안이 (매도 혹은 매수) 추천이나 목표 가격을 포함하고 있다면 (검토가 회사의 법적 의무 준수를 위한 경우가 아닌 한) 사실 확인을 위한 경우에도 대상 회사에 공개해서 이를 검토하게 해서는 안 된다. • 독립성을 확보하기 위해 리서치팀 직원은 회사의 다른 활동 분야에의 참여가 제한되어야 하며, 기업금융 서비스 제공, 신규 비즈니스 추진과 같은 활동에의 참여는 완전히 금지되어야 한다.
해설	• 상위 차원에서, 리서치 이슈에 관한 FSA의 요건들은 아래의 사항들을 겨냥한다. 　– 이해상충 여지 축소 　– 시장오용 여지 축소 　– 회사의 소통이 공정하고, 명확하며, 오도하지 않도록 함 • 금세기 초의 주식 리서치와 관련된 스캔들로 인해 리서치는 아직도 규제 당국이 큰 관심을 두고 있는 주제 중 하나로서 이 분야에서의 비리는 가볍게 다루어지지 않을 것이다. 　　　　　　　　　　　　　　　　　　　　　　❍

361

규칙/통제	리서치 발행
통제	• 리서치 발행과 관련하여 강력한 통제가 확립될 필요가 있다. 통제에는 다음 사항들이 포함되어야 한다. 　– 리서치팀이 그들이 발간하는 자료가 공정하고, 명확하며 오도하지 않아야 한다는 요건을 이해하게 한다. 회사가 수용할 수 없는 내용이나 표현의 예를 제공하면 도움이 된다. 　– 리서치에서 이루어진 추천 이면의 근거를 입증하기 위한 적정한 기록이 유지되게 한다. 　– 회사 리서치팀에 영향을 줄 수 있는 잠재적 이해상충을 파악하고, 경감 조치를 취하고, 이 분야에 관해 직원들을 교육시킨다. 　– 직원들에게 리서치가 시장오용에 사용될 수 있는 방식을 교육시켜서 직원들이 용납될 수 없는 행동에 대해 명확히 알게 한다. 　– 리서치 보고서를 고객과 회사에 동시에 배포하는 장치를 시행한다. 많은 사람들에게 동시에 리서치 보고서가 배포될 수 있게 해 주는 전자 배포 포털(특수한 전자우편 시스템과 유사함)을 사용하는 회사들도 있다. 　– 향후에 리서치 보고서 발간 대상이 될 가능성이 있는 회사들을 주의리스트에 등재해서 이해상충, 개인계좌 트레이딩, 회사 고유계정 트레이딩에 대해 모니터링이 수행될 수 있게 한다. 　– 리서치팀을 정보 차단벽 뒤에 둔다. 　– 리서치팀의 보고 라인이 적절하게 한다. 리서치팀은 독립적이어야 하며 다른 일선 부서 부문에 보고하지 않아야 한다. 　– 리서치 발행을 다루는 서면 절차를 제정하거나, 리서치 통제를 회사의 이해상충 관리 정책에 포함시킨다. • 리서치팀 경영진은 발행된 리서치의 품질에 대해 책임이 있으며, 컴플라이언스 부서에서 각각의 신규 보고서를 건별로 검토하여 승인하지 않는 경우 컴플라이언스 부서에서 정규적으로 검토해야 한다. • 리서치 애널리스트의 보상이 리서치 보고서 작성 건수 또는 이에 의해 발생된 트레이드의 양에 직접적으로 연결되지 않게 한다.
추가 지침	부록 24를 보라.

규칙/통제	리서치 부인 공시
FSA 고객 분류 영향	독립적이지 않은 리서치 표시에 관한 요건은 적격 거래상 대방에게는 적용되지 않는다는 점을 제외하면, 이 분야의 요건은 모든 고객들에게 적용된다.
고객 세일즈, 트레이딩	아니오
투자관리	아니오
기업금융, 투자은행	아니오
리서치	예
요건	투자 리서치는 FSA에서 정한 중요한 모든 필수 부인 공시를 포함해야 한다.
해설	• 투자 리서치에 적용되는 FSA 부인 공시 요건은 매우 광범위하다. 컴플라이언스 부서는 법무부서, 리서치팀과 협력하여 가능하면 표준 부인 문구를 개발해야 한다. 그럴 경우 새로운 리서치 문서가 발행될 때마다 새로운 문구를 작성하지 않고 애널리스트 이름, 발행일과 같은 기본적인 변수들만 바꿀 수 있어서 훨씬 효율적이다. • 부인 문구 내용에 관한 요건은 아래와 같은 많은 영역을 다룬다. 　– 해당 리서치를 작성한 사람의 이름과 직책 　– 회사의 규제상 지위 　– 이해상충
통제	• 컴플라이언스 부서는 리서치팀이 각각의 리서치가 발행될 때마다 사용될 적절한 부인 공시를 이해하도록 정기 교육과 지침을 제공해야 한다. • 계속 사용될 수 있도록 표준 양식에 따른 부인 공시 문구들을 준비하고, 이들이 어느 경우에 사용되도록 허용되는지 명확히 한다. • 리서치팀 담당 임원은 적절한 부인 공시가 사용되도록 할 책임이 있으며, 컴플라이언스 부서에서 각각의 리서치 보고서가 발행될 때마다 사전 승인을 하지 않는 경우 정확한 부인 공시 사용 여부에 대해 정기적으로 검토해야 한다.　❍

규칙/통제	리서치 부인 공시
추가 지침	부록 24를 보라.

규칙/통제	제3자의 리서치 발행
FSA 고객 분류 영향	독립적이지 않은 리서치 표시에 관한 요건은 적격 거래 상대방에게는 적용되지 않는다는 점을 제외하면, 이 분야의 요건은 모든 고객들에게 적용된다. 그러나 모범실무관행으로서 시장오용 법규를 준수하기 위해, 어떤 부류의 고객이 리서치를 받게 될 지와 무관하게 아래에 설명하는 통제들이 적용되어야 한다.
고객 세일즈, 트레이딩	예, 리서치를 발행하는 경우
투자관리	예, 리서치를 발행하는 경우
기업금융, 투자은행	아니오
리서치	예
요건	• 제3자의 리서치를 배포하는 경우 최초에 리서치를 작성한 조직이 부과한 제한이 있으면 그에 따라야 한다. 리서치 작성자와 접촉하여 허가를 받고 어떤 조건에서 그들이 작성한 자료를 사용할 수 있는지 결정할 필요가 있을 수도 있다. • 배포되는 자료상에 리서치를 배포하는 회사가 명확히 표시되어야 한다. • FSA가 정하는 관련 조건이 충족되는 한 제3자의 리서치 배포에는 특정 규칙들이 적용되지 않을 수도 있다.
해설	FSA 규칙 준수 여부를 불문하고, 제3자들은 다른 회사가 자신의 리서치를 배포하는 것에 대해 불쾌하게 생각할 수도 있으며, 그러한 자료 배포를 제한하는 저작권 제한이 있을 경우 이를 위반하지 않아야 한다.
통제	• 제3자로부터 그들의 리서치 발행 허락을 받는다. 이 관계가 장기적이고 지속적일 경우 당신의 회사가 어떤 토대에서 리서치 발행자의 리서치를 배포할 수 있는지에 관해 계약을 체결하는 것이 현명할 것이다. ➡

규칙/통제	제3자의 리서치 발행
	• 제3자의 리서치에 대해서는 제3자가 작성한 것임을 명확히 한다. • FSA와 기타 규제 기관의 모든 요건들이 충족될 수 있도록 제3자의 리서치 배포에 관한 상세한 절차를 수립한다. • 리서치팀 담당 임원은 제3자의 리서치를 부적절하게 사용하지 않도록 할 책임이 있으며, 이 분야의 요건 준수 여부에 대해 컴플라이언스 부서에서 정규적으로 검토해야 한다.
추가 지침	부록 24를 보라.

규칙/통제	비밀 유지
FSA 고객 분류 영향	1998년 데이터 보호법은 개인들에게만 적용되지만, 대부분의 경우 고객 분류는 무관하다.
고객 세일즈, 트레이딩	예
투자관리	예
기업금융, 투자은행	예
리서치	예
요건	고객정보의 비밀이 유지되게 한다.

해설	• 상위 차원의 비밀 유지 요건은 3개 차원에서 적용된다.
	  – 개인 데이터는 1998년 데이터 보호법을 준수하도록 안전하게 보관되어야 한다.
	  – 기업 정보는 시장오용, 내부자 거래에 사용될 리스크를 최소화할 수 있도록 안전하게 보관되어야 한다.
	  – 개인 정보와 기업 정보 모두 이해상충 리스크를 최소화할 수 있도록 안전하게 보관되어야 한다.
	• (개인이건 기업이건) 모든 고객들은 자신에 관한 정보의 비밀이 유지되리라고 기대하며 이는 회사가 고객들과 체결하는 서면 계약에 명시적으로 포함될 가능성이 있다.

규칙/통제	비밀 유지
	• 일선 부서 직원들이 보유할 가능성이 있는 개인 비밀 정보의 유형은 다음과 같다. 　– 적합성, 적절성 관련 사실 확인서에 포함된 데이터 　– 고객 예금 잔고 　– 고객 자산 보유 내역 　– 회사 직원의 급여, 생일, 주소 등에 관한 정보 • 일선 부서 직원들이 보유할 가능성이 있는 기업 비밀 정보의 유형은 다음과 같다. 　– 비즈니스 계획 　– 금융 정보 　– 현행 프로젝트
통제	• 직원들이 고객과 직원의 비밀을 존중할 필요가 있음을 이해하도록 교육과 지침을 제공한다. • 직원들이 잠금 장치가 되어 있는 적절한 물리적 저장 공간을 보유하게 한다. • 회사 IT시스템에서 한 부서에 의해 사용되는 비밀 정보는 다른 부서가 보거나 접근하지 못하게 한다. • 필요한 경우 정보 차단벽을 시행한다. • 고용 계약에 비밀 유지 조항을 포함한다. • 일선 부서 경영진은 자신의 부서 내에서 적정한 비밀 유지 통제가 시행되게 해야 하며 컴플라이언스 부서에서는 이 분야에 대해 정기적으로 검토해야 한다.
추가 지침	부록 24를 보라.

규칙/통제	개인계좌 거래('PA 거래')
FSA 고객 분류 영향	고객 분류는 이 분야의 요건에 영향을 주지 않는다.
고객 세일즈, 트레이딩	예
투자관리	예
기업금융, 투자은행	예
리서치	예

◐

규칙/통제	개인계좌 거래('PA 거래')
요건	직원들은 회사의 개인계좌 거래 통제를 알고, 이를 준수해야 한다.
해설	• PA 거래 규칙은 직원들이 자신의 계산으로, 또는 가까운 가족 등 자신과 연결된 사람을 위해 투자할 때 적용되며 이해상충, 내부자 거래 등 다양한 범죄에 맞서 싸우기 위해 고안된다. • 부적절한 PA 거래의 몇 가지 사례가 부록 E에 나와 있으며, 고려해야 할 다른 사안들은 아래와 같다. **세일즈 및 트레이딩** • RM들은 자신의 개인적인 트레이딩 전략이 자신이 고객들에게 제공하고 있는 조언과 어떻게 관련되는지 고려해야 한다. 예를 들어 RM이 고객들에게는 특정 자산을 매입하도록 권유하면서 자신은 이를 매도하거나, 또는 그 반대로 행동하는 것이 적절한가? **기업금융, 투자은행** • 상장 회사, 또는 상장 신청 중인 회사가 발행한 유가증권 거래 시에는 내부자 거래 가능성이 높으므로 기업금융, 투자은행 부문 직원들의 개인계좌 거래는 매우 엄밀한 조사를 받아야 한다. • 직원들이 회사가 현재 위임거래 계약을 체결하고 있거나 최근에 체결하고 있었던 회사의 유가증권에 투자하는 경우 해당 직원이 내부정보를 소유하고 있을 리스크가 있으므로 매우 주의 깊게 다루어져야 한다. **투자관리** • 펀드 매니저가 관리하는 펀드에 상당 규모의 투자를 하는 경우 이를 헌신과 자신에 대한 믿음, 이해관계의 정렬을 보여 주는 것으로 간주하여 그러한 펀드에만 투자하는 고객이 있는가 하면, 이를 이해상충 소지가 있는 것으로 보아 눈살을 찌푸리는 사람도 있다. **리서치** • 투자 애널리스트들이 개인계좌에서 자신의 리서치가 다루는 회사의 유가증권에 투자하는 경우에는 상당한 제한이 가해진다.

규칙/통제	개인계좌 거래('PA 거래')
	• 그러한 트레이딩은 매우 예외적으로만 행해져야 하며 반드시 컴플라이언스 (또는 법무) 부서로부터 사전에 서면 승인을 받아야 한다. • 리서치팀 직원 등이 리서치 대상 회사의 유가증권에 대해 개인계좌 거래를 할 경우 컴플라이언스 부서에서는 이에 대해 면밀하게 조사해야 한다.
통제	• 컴플라이언스 부서는 직원들이 회사의 PA 거래 규칙을 이해하고 이를 준수하도록 정규적인 교육과 지침을 제공해야 한다. • 부서장들은 부하 직원의 개인 거래를 승인하도록 요구될 수도 있다. 그들은 개인 거래 프로세스와 부적절한 PA 거래를 승인할 경우 심각한 결과가 초래될 수도 있음을 이해해야 한다. • 컴플라이언스 부서는 일선 부서 직원의 PA 거래를 정규적으로 검토해야 한다.
추가 지침	• 부록 24를 보라. • 부록 A의 363쪽을 보라.

규칙/통제	이해상충
FSA 고객 분류 영향	없음 – 고객 분류와는 무관함
고객 세일즈, 트레이딩	예
투자관리	예
기업금융, 투자은행	예
리서치	예
요건	이해상충이 식별되고, 적절하게 관리되고 경감되어야 한다.
해설	• 고객의 이해가 회사, 직원 또는 다른 고객의 이해와 경합할 때 이해상충이 발생한다. • 여러 기능을 수행하는 회사들에서는 다양한 일선 부서들과 그 고객들의 이해가 경합하는 경우가 흔하므로 이해상충이 발생할 여지가 늘어난다. ❍

규칙/통제	이해상충
통제	• 컴플라이언스 부서는 일선 부서 직원들이 자신의 업무에 영향을 줄 수 있는 이해상충 유형을 인식하고, 이해상충을 신속하게 식별하여 적절하게 관리할 수 있도록 정기 교육과 지침을 제공해야 한다. • 일선 부서 직원은 회사가 이해상충을 관리하기 위해 시행한 프로세스들에 대해서도 교육을 받아야 한다. • 다양한 일선 부서들 내에서 부서들 사이에서 발생할 수 있는 이해상충 사례들이 부록 E에 나와 있다. • 일선 부서 경영진은 이해상충이 적절하게 다루어지게 할 책임이 있으며 컴플라이언스 부서는 이 프로세스에서 적극적인 역할을 해야 한다.
추가 지침	• 부록 24를 보라. • 부록 A의 243쪽을 보라.

규칙/통제	내부자 리스트
FSA 고객 분류 영향	고객 분류에 따라 요구되는 통제의 성격이 달라지는 것은 아니지만, (이 규칙이 관련되는) 상장 회사들은 대개 전문 고객 또는 적격 시장 거래상대방이다.
고객 세일즈, 트레이딩	관련될 가능성이 낮다.
투자관리	관련될 가능성이 낮다.
기업금융, 투자은행	예
리서치	관련될 가능성이 낮다.
요건	유가증권 발행자들은 기업금융 또는 투자은행 서비스 제공 회사 등 자신을 위해 일하는 사람들에게 내부자 리스트를 작성하게 해야 한다.
해설	• 내부자 리스트에 관한 요건은 시장오용에 맞서 싸우기 위해 고안된다. • 다른 분야의 직원들도 관여할 수는 있지만 기업금융, 투자은행 부문 직원들이 내부정보의 당사자가 될 가능성이 더 높다. ❿

규칙/통제	내부자 리스트
통제	• 유가증권 발행자의 내부자 리스트 요건 준수를 증진하기 위해, 회사는 내부정보 당사자인 직원을 기록하기 위한 통제를 갖춰야 한다. • 컴플라이언스 부서는 직원들이 회사가 내부자 리스트에 관해 시행하는 통제들을 이해하고 이를 준수할 수 있도록 정기 교육과 지침을 제공해야 한다. • 내부자 리스트 통제는 일선 부서 경영진의 책임이며 컴플라이언스 부서에서는 이 분야에 대해 정규적으로 검토해야 한다.
추가 지침	• 부록 24를 보라. • 부록 A의 259쪽을 보라.

규칙/통제	정보 차단벽
FSA 고객 분류 영향	없음 – 고객 분류와는 무관함.
고객 세일즈, 트레이딩	예 – 이 부서는 일반적으로 정보 차단벽 뒤에 놓이지는 않지만 정보 차단벽에 대한 인식이 요구된다.
투자관리	예
기업금융, 투자은행	예
리서치	예
요건	정보 차단벽이 효과적이기 위해서는 차단벽이 견고하고 관련 직원들에게 알려져야 한다. 차단벽 사용에 관한 통제가 없이 정보 차단벽을 설치하기만 하는 것으로는 충분하지 않다.
해설	• 정보 차단벽(회사의 한 부문에서 다른 부문으로 부적절한 정보가 흐르는 것을 방지하는 물리적 장애물과 절차적 장애물)은 이를 통해 회사가 경합하거나 달리 양립할 수 없는 활동들에 종사할 수 있게 해 주는 핵심 일선 부서 통제이다. • 정보 차단벽 사용이 미공개 정보오용 방지 또는 관리에 도움이 될 수 있는 상황의 예들이 부록 E에 나와 있다.　◐

규칙/통제	정보 차단벽
통제	• 컴플라이언스 부서는 직원들이 회사가 정보 차단벽 사용을 지원하기 위해 시행하는 통제를 이해하고 이를 준수할 수 있도록 정기 교육과 지침을 제공해야 한다. • 정보 차단벽에 대한 책임은 일선 부서 경영진에게 있으며 컴플라이언스 부서는 일선 부서에서 정보 차단벽을 준수하는지 정규적으로 검토해야 한다.
추가 지침	• 부록 24를 보라. • 부록 A의 256쪽을 보라.

규칙/통제	주의 리스트와 제한 리스트
FSA 고객 분류 영향	없음 – 고객 분류와는 무관함
고객 세일즈, 트레이딩	예
투자관리	예
기업금융, 투자은행	예
리서치	예
요건	직원들은 회사의 내부 절차에 따라 주의 리스트와 제한 리스트를 사용해야 한다.
해설	• 주의 리스트와 제한 리스트는 부적절하거나 리스크가 높은 활동들을 모니터하고, 제한하기 위해 사용되는 핵심 일선 부서 통제이다. • 주의 리스트와 제한 리스트 사용에 의해 식별 또는 관리될 수 있는 상황의 예들이 부록 E에 나와 있다.
통제	• 컴플라이언스 부서는 직원들이 주의 리스트와 제한 리스트 사용을 지원하기 위해 회사가 시행하는 통제를 이해하고 이를 준수할 수 있도록 정기 교육과 지침을 제공해야 한다. • 일선 부서 경영진은 주의 리스트와 제한 리스트 통제를 준수할 책임이 있으며, 컴플라이언스 부서는 이의 준수 여부를 정규적으로 검토해야 한다. ❍

규칙/통제	주의 리스트와 제한 리스트
추가 지침	• 부록 24를 보라. • 부록 A의 260쪽을 보라.

규칙/통제	시장오용
FSA 고객 분류 영향	없음 – 고객 분류와는 무관함
고객 세일즈, 트레이딩	예
투자관리	예
기업금융, 투자은행	예
리서치	예
요건	일선 부서 직원들은 스스로 시장오용에 관여하거나 다른 사람이 시장오용에 관여하도록 조장하거나 도와 줘서는 안 된다.
해설	• 일선 부서 직원들은 고객, 시장, 거래와 비즈니스 딜 등에 대한 지식과 이에 대한 관여로 인해 다른 사람들보다 시장오용에 관여하게 될 리스크가 더 크다. • 특히 직원이 보너스를 최대로 받기 위해서는 공격적인 목표를 달성해야 할 경우 자신의 지식 또는 위치를 불공정하게 이용할 유혹이 커진다. • 시장오용 상황이 의심되는 예들이 부록 E에 나와 있다.

통제	• 직원들이 자신의 활동과 관련하여 어떤 행동이 시장오용인지 알 수 있도록 정기적으로 교육과 지침을 제공한다. 이를 적절히 수행하기 위해서는 조언이 가급적 각 부서에서 수행되는 비즈니스 활동에 맞춰져야 한다.
	• 직원들이 회사가 시장오용에 맞서 싸우기 위해 시행하는 통제를 잘 알게 한다.
	• 아래와 같은 제도를 시행한다.
	  – 직원들이 시장오용을 컴플라이언스 부서에 보고할 수 있는 제도
	  – 시장오용 혐의를 식별할 수 있는 감독 활동

❍

규칙/통제	시장오용
	• 직원들이 시장오용 혐의를 보고할 경우 회사 내부 고발 절차에 의해 제공되는 보호를 잘 알게 한다. • 일선 부서 경영진은 직원들이 이 분야의 요건을 준수하게 할 책임이 있으며 컴플라이언스 부서는 이의 준수 여부를 정규적으로 검토해야 한다.
추가 지침	• 부록 24를 보라. • 부록 A의 247쪽을 보라.

규칙/통제	서면 정책과 절차
FSA 고객 분류 영향	없음 – 고객 분류와는 무관함
고객 세일즈, 트레이딩	예
투자관리	예
기업금융, 투자은행	예
리서치	예
요건	회사는 자신의 비즈니스에 적절한 시스템과 통제를 수립하고 이를 유지하기 위해 합리적인 주의를 기울여야 한다.
해설	• 의무적인 것은 아니지만 시스템과 통제를 서면으로 작성하면 유용하다. 서면으로 작성하면 직원들이 자신에게 무엇이 요구되는지 이해하고 직무를 적절히 수행하게 하는 데 도움이 될 뿐 아니라, 감독 당국에게 회사의 경영진이 관련 요건과 모범실무관행을 준수하기 위한 내부 제도 확립에 진지하게 임한다는 사실을 보여 주는 데에도 도움이 된다. • 컴플라이언스 부서 직원이 특정 부서의 절차 매뉴얼을 읽어 보는 것은 해당 부서 활동에 대해 보다 잘 이해하게 되는 유용한 방법이다.
통제	• 아래와 같은 많은 영역에서는 일선 부서에 영향을 주는 공식 서면 절차/정책이 요구된다. 　– 최상의 집행　　　　　　　　　　　　　❍

규칙/통제	서면 정책과 절차

	- (주문) 취합, 배정
	- 이해상충
	• 특히 아래와 같은 영역들에서 절차를 문서화하는 것이 유용한 모범실무관행이다.
	  - 프로세스 또는 활동이 특히 복잡한 경우
	  - 직원 이동/이직률이 높은 경우
	  - 수작업 비중이 높은 경우
	  - 회사가 특히 상당히 높은 수준의 리스크에 직면하는 경우
	• 정책과 절차는 비즈니스, 시장, 상품, 테크놀로지 등의 변화를 반영하여 최신으로 유지되어야 한다.
	• 절차 문서들이 유용하려면 충분히 상세해야 하지만, 이를 준수하기 불가능하거나 통제 활동에 조금만 변화가 생겨도 이를 개정해야 할 필요가 있을 정도로 지나치게 자세해서는 안 된다. 적절한 균형이 유지되어야 한다.
	• 컴플라이언스 부서는 일선 부서 절차 매뉴얼들이 관련 법규상의 요건들을 준수할 수 있도록 이에 대해 정기적으로 검토해야 한다.
	• 일선 부서 경영진은 적정한 서면 정책과 절차를 갖추고, 직원들이 이 정책과 절차에 포함된 통제를 따르게 할 책임이 있다.

추가 지침	-

규칙/통제	내부 고발
FSA 고객 분류 영향	없음 - 고객 분류와는 무관함
고객 세일즈, 트레이딩	예
투자관리	예
기업금융, 투자은행	예
리서치	예
요건	1998년 공익 공개법 준수를 위한 제도가 갖춰지게 한다. ◐

규칙/통제	내부 고발
해설	• PIDA는 직원들이 동료 또는 고객에 관해 '고발'한 결과 비난 또는 보복을 받게 될 리스크 없이 비리에 관한 우려를 제기할 수 있게 해 준다. • 일선 부서 활동에 많은 감독 규정과 법률들이 적용되지만 컴플라이언스 부서 직원들이 모든 곳에 존재할 수는 없기 때문에 컴플라이언스 책임자들이 일선 부서 직원의 각성에 의존할 수 있어야 한다. • 컴플라이언스 책임자가 실제로 일선 부서에 의존할 수 있으려면 일선 부서 직원들이 회사 내부 고발 프로세스를 전적으로 신뢰해야 한다.
통제	• 각 부서의 직원들이 회사 내부 고발 절차를 어떻게, 언제 사용하는지 알 수 있도록 정기 교육과 지침을 제공한다.
추가 지침	• 부록 24를 보라. • 부록 A의 290쪽을 보라.

상위 경영진, 후선부서, 기타 지원 부서의 컴플라이언스

이 부록은 전형적인 금융기관에서 발견될 가능성이 있는 일부 후선부서와 지원 부서들에 대한 간략한 설명을 제공한다. 또한 이들에게 관련이 있는 감독 규정상의 일부 주요 요건들을 설명하고 이들의 책임인 통제들 중 컴플라이언스 부서에 영향이 있는 내용들을 요약해 준다. 상위 경영진, 이사회와 관련해서도 유사한 지침이 주어진다.

부서	
상위 경영진, 이사회	377
인사	381
마케팅	384
재무	386
총무	387
내부 감사	390
IT	391
법무	395
운영 리스크	396
후선부서(오퍼레이션)	398
세무	402

부서	상위 경영진, 이사회
전형적 업무	상위 경영진은 자신이 재직하고 있는 회사의 기업 거버넌스에 책임이 있다. '기업 거버넌스'는 광범위한 개념이지만 주주 (또는 기타 관련 이해관계자)의 가치를 극대화하기 위한 회사 업무의 방향 제시와 경영 관리로 요약될 수 있다. 대부분의 회사에서 경영진과 이사회는 다음과 같은 유형의 활동에 관여한다. • 회사 전략 수립과 이의 시행 검토 • 회사와 직원들의 성과 검토 • 경영 정보 보고서를 수령하고 검토함. 그리고 이에 기초해 행동하고 보고서의 내용과 보고 빈도가 적정한지 평가함 • 보상 정책 수립과 연례 또는 정기적 보상 검토 승인 • 리스크를 모니터링하고 필요시 시정조치를 취함 • 주주 또는 기타 이해관계자들에 대해 보고함 • 경영 관리 구조와 보고 라인을 정하고 이들의 적정성과 적절성을 상시적으로 평가함 • 개별 직원 또는 하위 위원회에 권한을 위임하고 책임 및 위임된 권한 범위가 이해되게 함 • 상위직원 승계 계획 수립(이들은 차례로 자신의 팀에 대해 이를 수행해야 함) • 핵심 인물 리스크를 고려하고 이를 처리함 • 보고된 문제를 고려하고 처리함 • 감독 당국의 입장에서는 상위 경영진에게 컴플라이언스 책임이 있음
규제 관련 업무	
상위 경영진의 컴플라이언스 책임	• 이 책의 다른 곳에서 언급한 바와 같이, FSA와 많은 기타 감독 기관의 입장에서는 회사 컴플라이언스 제도는 상위 경영진의 책임이다. • 일상적인 활동들은 컴플라이언스 책임자에게 위임될 수 있지만 FSA가 특히 관심을 기울이는 사항을 강조할 때 점점 더 '친애하는 CEO 귀하' 서한을 발송하고 있는 데에서 볼 수 있듯이 궁극적인 책임은 상위 경영진에게 있다. 감독 당국은 '친애하는 컴플라이언스 책임자 귀하' 서한을 발송하지 않는다. • 컴플라이언스 책임에 더하여, FSA는 자신의 상위 경영진 제도, 시스템, 통제 자료집에 광범위한 다른 책임도 규정하고 있다. • 상위 경영진은 자신의 규제 관련 책임의 정도와 성격, 그리고 이 책임을 적절히 이행하지 못할 경우 직면하게 될 결과들에 대해 충분한 교육을 받아야 한다.

부서	상위 경영진, 이사회
임명 및 감독	• FSA의 상위 경영진 제도, 시스템, 통제 자료집을 읽어 보면, 상위 경영진의 책임은 광범위하며, 책임을 위임할 필요가 있다는 점이 명백해진다. • 위임은 무방하지만, 임명 규칙(SYSC 2)에 의하면 위임된 각각의 기능들이 궁극적으로 어떻게 상위 경영진에게 피드백되는지 보여 주기 위해 책임 분장이 명확히 문서화되어야 한다. • 직원 업무 분장표를 항상 최신으로 유지하여 사용하면 도움이 된다.
승인자	• 모든 이사들과 일부 상위 매니저들은 FSA에 승인자로 등록될 필요가 있을 것이다.
정보 차단벽	• 회사를 적절하게 통제하고 지도하기 위해, 상위 경영진은 일반적으로 효과적인 업무 수행에 필요한 모든 정보에 접할 수 있도록 회사의 정보 차단벽 위에 위치하는 것으로 간주된다. • 공개 부문 부서의 상위 매니저가 미공개 부문의 거래에 관한 정보에 접근할 수 있을 경우(예를 들어 위탁매매팀의 매니저가 신규발행팀의 딜 파이프라인에 접근하는 경우) 문제가 될 수 있다. • 많은 상위 경영진을 두고 있는 대규모 회사의 경우 CEO와 최측근 동료 임원들만 모든 정보에 자유롭게 접근할 수 있게 하는 것이 가능하겠지만, 많은 회사들에서는 이런 식으로 운영하기에 충분한 인력을 갖추지 못할 것이다. • 회사의 정보 차단벽 위에 위치하는 모든 상위 경영진 구성원들은 '정보 차단벽 위에 앉음'으로써 직면하게 될 수 있는 이해상충의 성격과 이러한 이해상충이 어떻게 관리되어야 하는지에 대해 매우 상세한 교육을 받아야 한다.
내부자 거래	• 상위 경영진의 책임 범위가 넓다 보니 상장 회사의 상위 경영진은 자기 회사에 관련된 내부정보에 접근할 가능성이 있다. • 이사들의 특권적인 정보가 남용되지 않도록 회사 주식에 대한 이사들의 개인계좌 거래는 매우 면밀한 조사 대상이 되어야 한다. • 컴플라이언스 부서는 이사, 기타 경영진이 모델 행동 강령에 의해 부과된 개인 거래 제한 규칙을 잘 알고 이를 준수하게 해야 한다.
데이터 보호	• 상위 경영진은 자신의 일상 업무와 책임으로 인해 회사의 직원, 고객에 관한 상당한 양의 개인 정보에 접근하게 될 것이다. • 그러므로 상위 경영진은 1998년 데이터 보호법의 요건과 회사가 이를 준수하기 위해 시행한 절차를 잘 알아야 한다. ❯

부서	상위 경영진, 이사회
비밀 유지	• 상위 경영진은 자신의 일상 업무와 책임으로 인해 회사와 소속 그룹, 고객, 직원들에 관한 상당한 양의 비밀 정보에 접근하게 될 것이다. • 상위 경영진은 이 정보를 적절하게 다루어야 하며, 따라서 비밀을 유지하기 위한 적절한 제도가 갖춰져야 한다는 사실을 알아야 한다. 이에는 잠금장치가 달린 저장 공간 확보와 전자적으로 보관되는 정보에 대한 접근 시 암호 사용이 포함될 수 있다.
회사 발표	상장 회사의 상위 경영진은 회사에 관한 정보를 공개할 때, FSA의 공시 규칙에 따라서만 공개하도록 주의를 기울여야 한다.
시장오용	• 회사가 긍정적으로 보이게 하는 것은 상위 경영진의 이해에 부합한다. 회사가 성공적일수록 경영진도 성공적으로 보일 것이고 상위 경영진이 상당한 규모의 자기 회사 주식 또는 주식 옵션 포트폴리오를 보유하고 있어서 이의 가격이 상승하기를 원할 수도 있다. • 상위 경영진은 자신이 시장에 회사 전망에 관한 그릇된 인상을 주기 위한 행동을 취할 경우 이는 범죄 행위인 시장오용이 될 수도 있음을 알아야 한다.
회사법 책임	• 이사들은 2006년 회사법 Part X하에서의 책임과 의무를 충분히 알아야 한다. • 직원이 해외 회사의 이사로 재직할 경우 해당 직원이 관련 국가에서 이사의 법적 책임에 대해 잘 알도록 주의를 기울여야 한다.
외부 활동	• 2006년 회사법 하에서 이사들은 회사의 성공을 증진하는 방식으로 행동하도록 요구된다. 이사들은 또한 이해상충을 피해야 한다. • 이사들이 회사의 업무 외에 외부에 이해관계를 가지고 있거나, 회사가 속한 그룹의 일원이 아닌 회사의 이사로 재직할 경우 이사가 어디에 충성할 것인가라는 면에서 이해상충이 발생할 소지가 있다. 이사들이 당신의 회사와 회사의 고객들에 보다 더 충성심을 느낄 것인가? 또는 당신의 회사나 고객에 해를 입힐 잠재력을 지닌 채 자신이 이사 있는 외부 회사의 이익 증진에 더 관심을 보일 것인가? • 이는 민감한 영역으로서 이사들의 외부 이해 지분과 이사직을 보여 주는 대장이 유지되어야 한다. 컴플라이언스 부서에서는 이해상충 여지가 있는지 정기적으로 검토해야 한다. • 컴플라이언스 부서의 사전 승인 없이는 외부 이사직을 받아들이지 못하게 하는 요건 부과 방안을 고려해야 한다. ❍

부서	상위 경영진, 이사회
이사회/경영진 회의	• 이사회 또는 경영진 회의에서는 이해상충을 야기할 수도 있는 민감한 정보들이 빈번하게 논의될 것이다. • 각각의 위원회와 공식 경영진 회의의 참고 사항에 이러한 절차들이 반영되어 그러한 상황이 적절히 다루어지고 상위 경영진이 이 점에 대해 교육을 받게 해야 한다. • 회의 참석자들이 자신이 이해상충 상황에 놓여 있음을 발견할 경우 일반적으로 이해상충 상황을 공개하고 회의에 참석하지 않거나 독립성이 훼손될 수 있는 사안에 대한 투표나 의사 결정에 참여하지 않아야 한다.
리스크 관리	• 상위 경영진은 회사가 직면하고 있는 리스크들을 지속적으로 검토하고, 적절한 수준의 리스크 용인 수준이 정해지며, 적절한 리스크 경감 프로그램이 갖춰지게 해야 한다. • FSA는 상위 경영진이 최소한 다음과 같은 영역의 리스크를 통제하도록 요구한다. 　－ 보험 　－ 재무자원(시장 리스크, 신용 리스크, 유동성 리스크 등) 　－ 운영 리스크 　－ 회사가 보다 큰 그룹의 일원이라는 사실로부터 초래되는 리스크 　－ 이해상충 　－ 외주 　－ 컴플라이언스 　－ 내부 감사 　－ 금융 범죄 　－ 직원과 대리인
데이터 보호 비밀 유지	회사 내에서의 위치로 인해 상위 경영진은 종종 고객, 직원, 회사, 소속 그룹에 관한 비밀 정보에 접근하게 될 것이다. 그러한 정보들은 안전하게 보관되어야 하며, 정당한 목적으로만 사용되어야 한다.
추가 지침	부록 24를 보라.

부서	인사 부서(HR)
전형적 업무	• 모집/채용 • 징계 절차(고용 관련 소송 포함) • 해고 • 승진 • 내부 이동과 파견 • 신원 조회 – 대내외 • 보수 • 직원 교육, 개발, 역량 프로그램 • 직원 인사 파일 유지 • 승인자 신청, 지속적인 직원 적합성/적절성 검토
규제 관련 업무	
신원 조회	• 새로 채용하는 모든 직원들에 대해 신원을 조회해야 한다. • 고용을 제의할 때 적정한 조회서 수령을 거쳐야 한다. • 고용 개시 전에 조회서를 받아야 한다. • 승인자 조회를 위해 요청할 경우에 대비해 각각의 퇴사자에 대한 조회서가 작성되어야 한다.
수습(修習)	• 모든 정규직 직원들은 3~6개월간의 수습 기간을 두고 그 기간 동안에 자신의 역량과 회사의 고용에 적합함을 입증하게 해야 한다(국가별로 다양한 법적 제한을 따라야 한다).
고용 제의	고용 제의는 아래 사항을 조건으로 이루어져야 한다. • 적정한 조회서 수령 • 요구되는 학력 또는 전문 자격을 갖추었다는 증거 문서
고용 계약	• 모든 직원은 고용 계약을 체결해야 한다. • 고용 지속은 관련 감독 규정과 법적 요건 준수를 조건으로 해야 한다. • 고용 계약에는 감독 규정 미준수는 총체적 불법행위라는 조항이 포함되어야 한다.
징계	• HR 절차는 감독 규정, 법적 요건 위반에 대한 징계 조치가 취해질 수 있게 해야 한다. • 징계 절차는 1998년 인권법, 2002년 고용법과 같은 관련 법률 조항을 준수해야 한다.

❍

부서	인사 부서(HR)
평가	• 모든 직원은 적어도 연 1회 평가를 받아야 한다. • 평가는 공식적이어야 하며, 서면으로 기록되어야 한다. • 성과 평가는 교육/역량(T&C) 평가와 결합될 수도 있다(아래의 설명을 보라).
교육 – 일반	• 모든 직원은 정기적으로 자신의 필요에 적합한 교육을 받아야 한다. • 일부 직원들에게는 FSA T&C 규칙의 상세한 교육 요건이 적용된다. • 일부 회사의 HR부서는 회사 내에서 교육 프로그램 조정과 교육 실시, 수강 기록 전담 교육 책임자를 두기도 한다.
교육 – 컴플라이언스 부서	• 컴플라이언스 부서 직원이 지녀야 하는 기술과 개인적 자질에 관해 제안하는 여러 문서들이 있다. • HR부서는 컴플라이언스 부서 직원들이 역할을 만족스럽게 수행할 수 있는 적절한 역량을 지니도록 해 주기 위한 교육, 개발 프로그램 수립에 도움을 줄 수 있어야 한다.
승인자 교육 /역량(T&C)	• 이 영역에 대해 HR부서에서 전적으로 책임을 지는 경우가 없는 것은 아니지만, 일반적으로 HR부서에서 이 영역에 대해 전적으로 책임을 지지는 않는다. • HR부서에서 T&C 또는 승인자에 관해 어떠한 책임도 지지 않는 경우에도 이 영역의 FSA 핵심 요건들이 필수 자격, 교육, 평가 등 자신의 책임에 속하는 많은 다른 영역들에 영향을 줄 수도 있기 때문에 HR부서는 이 요건들에 대해 잘 알아야 한다.

데이터 보호	• 회사 인사 파일 보관자인 HR부서는 회사 직원들에 관한 상당한 양의 민감한 정보에 접근할 수 있다.
	• 그러므로 HR부서 직원은 1998년 데이터 보호법의 요건과 이 요건을 준수하기 위해 회사에서 시행한 절차를 잘 알아야 한다.
	• HR부서 직원들은 아래와 같이 행동해야 한다.
	  – 인사 파일이 안전하게 보관되고 비밀이 유지되게 한다.
	  – 회사가 보유하고 있는 직원 정보에 접근하기 원하는 직원들에 관한 요건을 숙지한다.
	  – 규제 당국 또는 기타 공적 기관이라고 주장하는 외부인이 직원에 관한 정보를 요청할 경우 그들의 신분이 확실하지 않으면 이를 컴플라이언스 (또는 데이터 보안) 부서에 인계해야 함을 이해한다.
	                                                  ➲

부서	인사 부서(HR)
직무 기술	• 책임 배정 관계를 확실히 하기 위해 모든 직원들에게 직무 기술서가 있어야 한다. • 직무 기술서는 최소 연 1회 업데이트되거나 검토되어야 한다.
보상 전략	• 보상 전략은 개인의 컴플라이언스 행동과 컴플라이언스 리스크에 대한 태도를 고려해야 한다. • 회사의 보상 정책은 문서화되어야 한다.
조직도	• 모든 직원들에게 명확한 보고 라인이 있어야 한다. • 회사 각각의 활동 영역에 대해 책임을 지는 사람이 지정되어야 한다. • 보고 라인과 책임은 조직도에 문서화되어야 하며 조직도는 정규적으로 업데이트되어야 한다. • HR부서 직원은 점선 보고 라인에는 큰 리스크가 있음을 이해해야 한다. 여러 상사에 점선으로 보고하는 직원에 의해 수행되는 업무는 '틈바구니에 끼어' 적정한 감독을 받지 않게 될 수 있다.
오리엔테이션	모든 신입 직원들은 HR부서의 오리엔테이션 교육을 받아야 한다.
외부 이사/컨설팅/고용	• HR부서는 외부 이사직, 컨설팅, 또는 고용 계약을 맺고 있는 직원을 알아야 한다. • 직원이 외부 이사직, 컨설팅 또는 계약에 의해 다른 회사에 충성 의무를 지고 있는 경우 이해상충 여지를 만들어 낸다. 해당 직원이 이사로 재직 중인 회사의 이익과 고객의 이익이 충돌할 경우 그 직원은 누구에게 충성하겠는가? • 외부 고용 또는 이사 재직은 상위 경영진의 서면 승인을 받아야 한다. • 그러한 관계를 수용할 수 있는지 정기적인 검토를 받아야 한다. • 직원이 소속 그룹내 해외 법인과 고용 계약을 맺고 있거나 해외 법인의 이사직을 수행하고 있을 경우 현지법 체계 하에서 그들의 의무와 책임에 대해 명확히 알려 주어야 한다.
HR 매뉴얼	• 회사는 핵심 인사 사안들에 대한 주요 조건과 절차를 정하는 HR 매뉴얼을 보유해야 한다. • HR 매뉴얼은 최소한 이 섹션에 언급한 사안들을 다루어야 한다.
추가 지침	부록 24를 보라.

부서	마케팅
전형적 업무	• 판촉 • 보도 자료 배포 • 내부 소통 • 로고와 기호 • 광고 캠페인 기안, 관리 • 신상품 도입 촉진 • 접대 기획 • 외부 광고, 마케팅, PR 업체들과의 연락
규제 관련 업무	
판촉의 성격	마케팅 부서는 언제 판촉에 관한 FSA의 상세한 규칙이 적용되어야 하는지 알 수 있도록 고객 소통과 판촉 사이의 구분에 대해 알아야 한다.
공정하고, 명확하며, 오도하지 않는 소통	마케팅 부서는 그들이 발표하거나 승인하는 모든 소통은 명확하고, 공정하며, 오도하지 않아야 함을 알아야 한다.
판촉물의 내용에 관한 요건	• 마케팅 부서는 리테일 고객에 대한 판촉물의 내용에 관해서는 많은 상세한 규칙들이 있음을 알아야 한다. • 마케팅 부서 직원들은 자신이 적절한 교육을 받았고 판촉물을 승인할 권한을 부여받지 않은 한 리테일 고객에 대한 판촉물은 적절한 승인권자(흔히 컴플라이언스 책임자)의 승인을 받게 해야 한다.
권유 전화	마케팅팀은 광고 캠페인 또는 마케팅 프로젝트 계획 수립, 시행 시 권유 전화에 대한 제한에 유념해야 하며 이 분야의 모든 감독 규정상 요건들이 고려되었음을 확인할 수 없을 경우 캠페인 활동에 권유 전화가 포함되지 않게 해야 한다.
전자적 소통, 원격 소통	• 마케팅 부서는 원격지에서 이루어지거나 전자적 수단으로 이루어지는 적절한 고객 소통에 관해 상세한 규칙과 요건이 있음을 알아야 한다. • 이 분야의 행동에 착수하기 전에 컴플라이언스 부서로부터 지침을 받아야 한다.
규제 대상이 아닌 집합투자 장치	마케팅 부서는 규제 대상이 아닌 집합투자 장치의 광고와 판촉에 대한 제한을 알아야 한다. ➲

부서	마케팅
소비자 신용 광고	마케팅 부서는 소비자 신용 상품, 서비스의 광고와 판촉에 관한 상세한 요건이 있음을 알아야 한다.
규제상의 지위 공시	• 마케팅 부서는 리테일 고객에게 보내는 모든 소통은 회사의 FSA 감독상 지위에 관한 적절한 진술이 포함되게 해야 한다. • 필요한 공시는 FSA 핸드북 첨부 1의 GEN 4에 나와 있다.

시장오용	• 마케팅 팀은 판촉 자료가 시장오용에 사용될 수 있음을 인식해야 한다.
	• 마케팅 팀이 특별히 알아야 할 제한에는 아래와 같은 사항이 포함된다.
	  – 내부정보를 공개하지 않아야 한다.
	  – 오도하는 정보를 유포하지 않아야 한다.

언론 접촉 정책	• 마케팅 부서가 회사의 언론 접촉 정책 조정, 감독 책임을 지는 경우가 흔하다. • 언론에 회사에 관한 부정적 기사가 나오고 있거나, 회사 활동의 특정 국면이 시사성이 있을 경우(중대한 규칙 또는 법률 위반, 주요 고객 민원, 고객의 자금세탁 스캔들 연루 등) 이는 특히 중요하다. • 일관된 메시지가 전달되고 부적절한 내용이 공개되지 않도록 모든 언론 접촉은 마케팅 부서를 통해 이뤄져야 한다. • 이 분야에서 공식 정책을 제정하는 것이 유용하다.
비밀 정보	마케팅 부서는 자신이 배포하는 정보에 회사, 소속 그룹 또는 고객에 관한 비밀 정보가 포함되지 않게 해야 한다.
리서치	마케팅 부서가 투자 리서치 배포에 관여할 경우 이 분야에 관한 FSA 규칙에 익숙해야 한다.
사업 설명서	마케팅 부서가 사업 설명서 작성과 발행에 관여할 경우 FSA의 사업 설명서 규칙을 잘 알아야 한다.
향응	• 마케팅 부서가 회사의 접대를 관리할 경우 FSA의 향응 규칙을 잘 알아야 한다. 회사의 접대는 고객에 대한 어떠한 의무와도 충돌하지 않아야 한다. • 의문이 있을 경우 마케팅 부서는 적절한 행동이 무엇인지에 관해 컴플라이언스 부서와 상의하여야 한다.

부서	마케팅
고객 공정 대우	• FSA는 특히 마케팅과 판촉을 FSA의 고객 공정 대우 이니셔티브(493쪽의 Box 15, 고객 공정 대우를 보라)의 범위에 속한다고 정했다. • 마케팅 부서는 이 이니셔티브에 대해 철저히 이해해야 하며 자신의 모든 행동이 이 규칙에 부합하도록 해야 한다.
추가 지침	부록 24를 보라.

부서	파이낸스
전형적 업무	• 파이낸스 부서는 회사 안에서 다양한 여러 기능들에 대한 책임을 맡을 수 있으며 아래에 열거된 여러 부문들로 나누어질 수 있다. • 컴플라이언스 부서와 파이낸스팀의 여러 활동들 사이에는 어느 정도 겹치는 부분이 있다. 아래에 파이낸스 부서의 활동들에 대해 간략히 설명한다.
규제 관련 업무	
신용	• 신용 부서는 회사의 비즈니스 활동과 신용 리스크 성향에 부합하는 신용 정책을 수립하여 운영할 책임이 있다. 신용 부서는 이 정책에 기초해서 가능 고객과 현재 고객의 신용도를 평가하고, 그들과 어느 정도의 비즈니스가 수행될 수 있는지, 어느 정도의 신용 한도가 부여될 수 있는지(사실상 회사가 거래 상대방에게 '빌려 줄' 수 있는 한도를 제한함) 어떤 담보를 요구할지 등을 정한다. • 적절한 신용 한도를 정하기 위해서는 컴플라이언스 부서가 회사의 거래 상대방에 대해 잘 알 필요가 있으며 신용 부서는 컴플라이언스 부서가 KYC 목적상 특정 고객에 대해 더 잘 알도록 도와 줄 수도 있다. • 개별적인 신용 신청에는 일반적으로 특정 거래에 관한 상세한 설명이 포함되어 있다. 따라서 컴플라이언스 부서가 거래 상대방에 대해 보다 더 잘 알고자 할 때 또는 모니터링 검토 시 도움이 될 수 있다. • 신용 부서는 가격에 민감한 정보(예를 들어 상장 회사의 인수 금융에 관련된 신용 신청)에 접근할 가능성이 있다. 따라서 적절한 비밀 유지, 정보 차단벽과 이해상충 통제가 시행되어야 한다. • 개인들의 신용 신청은 1998년 정보 보호법의 적용을 받게 될 가능성이 있다. 이 분야에서 적절한 절차를 제정하고 교육을 실시해야 한다. ➡

부서	파이낸스
결제	• 결제 부문은 회사의 지급과 수령을 승인하고 처리할 책임이 있다. • 컴플라이언스 부서는 사기, 또는 부적절한 지급 또는 향응의 증거가 있는 비용 청구 등과 같은 다양한 이상 활동을 탐지하기 위해 결제 부서와 협력할 필요가 있다는 사실을 발견할 수도 있다. • 결제 부문 직원은 수상하거나 수용할 수 없는 지급에 관해 교육을 받아야 하며 그러한 경우 컴플라이언스 부서에 통보해야 한다.
재무통제	• 재무통제 부서는 어느 금융기관에서나 핵심 기능을 수행한다. 이 부서는 아래와 같은 여러 활동에 관여한다. – 관련 회계 규정에 따라 법규상, 관리상의 회계 장부 작성 – 경영진, FSA, 회사 등록청(Companies House. 회사 등록을 담당하는 영국 정부 기구. 역자 주)과 같은 당국에 보고 – 회사의 규제 자본 요건과 자본 요건 작성, 모니터링과 보고. 매우 상세한 이 작업은 회사의 실질 영구 자본 평가와 감독 규정에 따른 회사 보유 모든 리스크 포지션(투자, 대출, OTC 계약, 주식 대출 등)의 가중 가치 측정과 관련이 있다. 리스크 가중 포지션 합계액이 총 자본을 초과하지 않아야 한다. • 회사가 자본 요건을 위반하고 있거나 머지않아 위반할 것으로 예상되는 경우 즉시 컴플라이언스 부서에 통보해야 한다. • 재무통제 부서는 다음과 같은 다양한 외부 당사자와 연락할 수 있다. – FSA(건전성 규칙 해석 목적상) – 법령상 감사인 – 세무 당국 • 485쪽의 Box 11, 자본 적정성 건전성 규제를 보라.
추가 지침	부록 24를 보라.

부서	비서실
전형적 업무	• 회사법 요건 준수 • 이사회 기획, 출석, 의사록 작성 • 그룹 지배 구조도(構造圖) 유지 • 회사 등록청, 회사가 회원으로 참여하고 있는 거래소와 연락 • 공식 회사 발표 내용 조정과 발표

부서	비서실
규제 관련 업무	
지배 구조도	• 비서실은 회사 지배 구조도 관리자로서 개인 주주, 모회사, 자회사, 자매 회사 등과 같이 특수 관계에 있는 회사들의 종적을 유지 관리해야 한다. • 이는 지배자 및 특수 관계에 관한 FSA 규칙(아래의 설명을 보라)에 관해 컴플라이언스 부서에서 알아야 할 중요한 정보이다. 이 정보는 또한 일반 정보로서도 유용하다.
특수 관계	• 규제를 받는 회사들은 FSA의 인가 유지 조건을 계속 유지해야 한다. • 인가 유지 조건 2.3은 다른 회사와의 특수 관계에 관련이 있다. 회사는 FSA가 자사의 감독 기관이 되지 못하게 할 수도 있는 자와 특수 관계를 맺지 않아야 한다. • 유지 조건 5(적합성)는 회사가 연결되어 있는 자가 적정성과 적합성을 유지하도록 요구한다. • 비서실은 이 요건을 알고 회사의 특수 관계인들을 상시 검토해야 한다. • 비서실은 또한 회사가 인가유지 조건을 위반한 것으로 보일 경우 즉시 컴플라이언스 부서에 통보해야 한다.
지배자	• 규제를 받는 회사의 지배자에 관해 FSA에 통보하라는 다양한 요건이 있다. • 비서실은 경영권 변경에 관한 관리 책임이 있으며, 이를 FSA에 직접 통보하거나 컴플라이언스 부서에서 통보할 수 있도록 컴플라이언스 부서에 통지하도록 요구될 수 있다.
이사, 비상임 이사	• 비서실은 일반적으로 이사 명부를 유지할 책임이 있다. • 컴플라이언스 부서와 비서실은 아래의 사항을 달성하기 위해 밀접하게 협력할 필요가 있다. 　– 이사들이 승인자 규칙 하에서 적절히 등록, 등록 해제될 수 있게 한다. 　– 이사들 사이에 상위 경영진의 책임이 적절히 배분되게 한다.
이사회와 위원회 회의, 의사록	• 컴플라이언스 부서는 회사에서 일어나고 있는 모든 중요한 사항들을 알고 있어야 한다. 흔히 비서실에 의해 유지되는 이사회와 기타 위원회 의사록을 검토하는 것이 이를 위한 좋은 방법 중 하나이다. ●

부서	비서실
	• 비서실은 위원회 위원과 입회인 명부를 지니고 있어야 한다. 컴플라이언스 부서에서는 이의 적절성을 주기적으로 검토해야 한다. 위원회에서 비밀 정보가 논의될 수 있는데, 때로는 이해상충 소지로 인해 특정 참가자가 배석한 가운데 특정 정보가 논의되는 것이 부적절할 수도 있다.
외부 활동	비서실은 이사들의 외부 이해관계를 알고 있어야 하며, 이 문제에 관해 컴플라이언스 부서와 협력하여 회사나 회사의 고객에 대한 의무의 충돌이 없게 해야 한다.
데이터 보호	• 비서실은 회사의 이사, 개인 주주, 기타 상위 경영진에 관한 개인 정보를 보유하고 있을 가능성이 있다. • 그러므로 비서실은 1998년 데이터 보호법과 회사가 이 법을 준수하기 위해 시행한 절차를 알아야 한다.
비밀 유지	• 비서실은 회사와 소속 그룹에 관한 비밀 정보를 보유하고 있을 가능성이 있다. • 직원들에게 이 정보를 적절히 다루는 일의 중요성을 알려 줘야 하며, 정보의 비밀을 유지하기 위해 적정한 보안 장치가 갖춰져야 한다. 잠금 장치가 갖춰진 저장 공간 확보, 전자적으로 보관 중인 정보에 대한 접근시 암호 사용 등이 이에 포함될 수 있다.
거래소와의 연락	상장 회사의 경우 비서실이 거래소와 연락할 책임을 지거나, 컴플라이언스 부서와 함께 이 책임을 수행하기도 한다.
기업 거버넌스	• 비서실이 기업 거버넌스에 관한 회사의 접근법 조정 또는 관리 책임을 지는 경우가 흔하다. • 모든 회사는 상위 경영진 제도, 시스템, 통제에 관한 규칙을 준수해야 하며, 상장 기업들은 통합 기업 거버넌스법도 준수해야 한다.
대중에 대한 공시	• 비서실은 흔히 회사의 내부 사정, 이익, 미래 전망 등에 관한 공시에 관여한다. • 상장 회사의 경우 비서실이 내부자 거래, 시장오용, 투명성에 관한 법규를 잘 알 필요가 있다. 모든 공시는 이 분야의 요건들을 준수해야 한다. • 특정 공시가 관련 요건들을 준수하는지 여부에 대해 의문이 있을 경우 사전에 컴플라이언스 부서(및 법무부서)와 상의해야 한다. 〇

부서	비서실
추가 지침	부록 24를 보라.

부서	내부 감사
전형적 업무	내부 감사의 기능은 회사가 직면하는 리스크와 회사가 이를 어떻게 관리하는지에 대해 이사회와 상위 경영진에게 독립적인 확신을 제공하는 것이다. 이를 달성하기 위한 내부 감사의 주요 기능을 아래와 같이 요약할 수 있다. • 회사의 리스크를 검토하고 이에 기초한 연간 감사 계획 수립 • 위의 계획에 따라 회사의 활동에 대한 검토 수행 • 내부 리스크 환경 변화에 대응하여 회사 활동에 대한 특별 검토 수행 • 통제 위반, 약점을 교정할 수 있도록 시정조치 권고 • 외부 감사와 연락

규제 관련 업무

컴플라이언스 부서와의 연락	• 컴플라이언스 부서에서 컴플라이언스 검토 계획을 수립할 때 내부 감사 부서는 매우 유용한 정보 원천이 될 수 있으므로 내부 감사 부서에서 공유할 정보가 있는지 알아보면 좋다. • 컴플라이언스 부서는 회사 내 규제 리스크 영역을 파악하기 위한 보조 도구로 모든 내부 감사 보고서를 수령해야 한다. • 통상적으로 내부 감사 부서는 중대한 발견 사항이 있을 경우 규제 관련 사항이 가급적 빨리 고려될 수 있도록 (보고서 작성을 기다리지 말고) 즉시 컴플라이언스 부서에 통보하여야 한다. • 컴플라이언스 모니터링 계획을 수립할 때 내부 감사 부서와 협력하여 중복 또는 누락이 없게 해야 한다. • 컴플라이언스 부서는 검토 업무를 수행할 때 자신의 소관 범위 밖에 있지만 추가 조사가 필요한 통제 상의 취약점을 발견할 수도 있다. 그러한 경우 내부 감사 부서에 통보하여 필요시 내부 감사 부서에서 추가적으로 검토할 수 있게 해야 한다.
컴플라이언스에 대한 내부 감사 검토	• 내부 감사 부서는 컴플라이언스 부서가 역할을 제대로 수행하도록 컴플라이언스 부서 활동에 대해 정규적으로 검토할 것으로 기대된다. • 내부 감사 부서는 컴플라이언스 부서의 활동을 검토할 뿐 아니라 보다 넓게 컴플라이언스 기능, 컴플라이언스 절차, 통제와 문화가 조직 전체에 어떻게 내면화되어 있는지에 대한 검토도 수행할 수 있다. ◐

부서	내부 감사
승인자	• 오퍼레이션 부문장은 FSA에 시스템과 통제 기능을 수행하는 '승인자'로 등록될 수도 있다.
비밀 유지	• 검토 업무를 수행할 때 내부 감사 부서는 회사, 회사 소속 그룹, 고객, 직원에 관한 비밀 정보에 접근하거나 보유할 가능성이 있다. • 직원들은 이러한 정보를 적절하게 취급할 필요가 있음을 알아야 하며 비밀 유지를 위한 적정한 보안 장치가 갖춰져야 한다. 잠금 장치가 갖춰진 저장 공간 확보, 전자적으로 보관중인 정보에 대한 접근 시 암호 사용 등이 이에 포함될 수 있다.
정보 차단벽	• 내부 감사 직원은 업무 수행 과정에서 회사의 정보 차단벽 뒤에 있는 정보에 정기적으로 접근하게 될 것이다. • 그러한 부서의 직원들은 자신이 접근하는 정보의 성격과 따라야 할 절차, 통제에 대해 잘 알고 있어야 한다.
데이터 보호	• 내부 감사 직원은 업무 수행 과정에서 모든 직원과 고객들에 관한 개인 데이터에 접근하고 이를 이용하거나 수집하게 될 가능성이 있다. • 그러므로 내부 감사 부서는 1998년 데이터 보호법과 회사가 이를 준수하기 위해 시행한 절차를 알아야 한다.
추가 지침	부록 24를 보라.

부서	IT
전형적 업무	• 기존 IT시스템 유지 보수 • 신규 IT시스템 개발 • 전화 시스템 유지 보수 • 데스크 톱 컴퓨터 지원
규제 관련 업무	
기록 유지	• FSA는 자신이 규제하는 회사들에게 많은 기록 유지 요건을 부과하고 있는데, 오늘날에는 많은 기록들이 전자적으로 보관되고 있어서 IT부서가 회사의 기록 유지 제도에서 중추 역할을 한다. • IT부서는 회사의 주요 기록 유지 요건을 알아야 하며 필요한 모든 데이터를 포착할 수 있는 절차를 시행해야 한다.

❭

부서	IT
	• 이 분야의 위반이 발생할 가능성이 있는 경우 컴플라이언스 부서에 통보해야 한다.
거래/트레이드 보고	• 트레이드/거래 보고서들은 FSA와 관련 거래소들에 전자적으로 보고된다. • IT부서는 회사의 트레이드/거래 보고 요건을 알아야 하며, 이 영역을 지원하는 IT시스템에 문제가 있을 경우 컴플라이언스 부서에 통보해야 한다.
트레이딩 플랫폼 유지	대다수의 트레이딩은 (거래소 또는 다자간 트레이딩 설비를 통해) 전자적으로 이루어진다. IT부서는 트레이딩이 중단되지 않고 계속될 수 있도록 담보하기 위해 적정한 자원을 갖춰야 한다.
인터넷 사이트	• IT부서는 일반적으로 회사의 인터넷 사이트 관리 책임을 진다. • 인터넷 사이트들은 판촉으로 분류되므로 다른 형태의 판촉 활동과 동일한 절차 및 통제가 적용되어야 한다. • IT부서와 컴플라이언스 부서는 부적절하고 승인받지 않은 자료가 회사의 인터넷 사이트에 게시되지 않도록 예방하기 위해 공동의 절차를 시행해야 한다. • 웹사이트를 통해 고객에게 정보가 제공되는 경우 IT부서는 (컴플라이언스 부서와 함께) 해당 정보가 정확하고, 최신으로 유지되며, 쉽게 접근할 수 있게 해야 한다. (이는 '웹사이트 조건'으로 알려진 FSA 요건의 일부이다.)
전자 상품	IT부서는 온라인 트레이딩 설비, 전자 화폐, 인터넷 뱅킹 등과 같은 전자적 상품 제공에 도움이 될 것이다.
데이터 보호	• IT부서의 일부 직원들(네트워크 관리자, 특권적 접근권이 있는 사용자 또는 수퍼 사용자)은 회사 컴퓨터 시스템을 유지 보수하거나 데스크톱 지원을 제공할 때 직원과 고객에 관한 개인 정보에 영구적으로 또는 정기적으로 접근할 수 있을 것이다. • 그러므로 그러한 직원들은 1998년 데이터 보호법과 회사가 이 법을 준수하기 위해 시행한 절차를 잘 알아야 한다.
비밀 유지	• 일상 업무 수행 과정에서 IT부서의 일부 직원들은 회사, 소속 그룹 고객 또는 회사 직원에 관한 비밀 정보에 영구적으로 또는 정기적으로 접근하게 될 것이다. • 그러므로 그러한 직원들에게는 이 정보를 적절하게 사용하고 비밀 정보를 결코 공개하거나 사용하지 않아야 함을 알려줘야 한다.

부서	IT
직원 감독	IT부서는 전자자기 카드를 사용하여 접근 제한 지역 출입 직원을 기록하거나, 민감한 단어나 문구가 있는지 전자우편을 자동으로 스캔하는 등의 통제를 시행함으로써 직원들의 행동 감독에서 유용한 역할을 할 수 있다.
정보 차단벽	• IT부서의 일부 직원들은 IT시스템을 유지 보수하고, IT 문제를 해결하기 위해 회사 정보차단벽 뒤에 있는 정보에 영구적 또는 정기적으로, 물리적으로나 전자적으로 접근하게 될 것이다. • 그러한 직원들에게는 자신이 접근하는 정보가 민감한 정보라는 점과 준수해야 할 절차, 통제에 대해 알려줘야 한다.
데이터 보안 장치	• IT부서는 회사가 데이터 보호를 위한 적절한 통제를 갖추게 해야 한다. • 그러한 통제에는 아래 사항들이 포함된다. – 암호 보호 (정기적 암호 변경, 기록 또는 기록 금지 등 포함) – 회사의 특정 영역에 대한 전자적 접근 제한 – 방화벽 – 데이터 분류 정책을 사용하여 자료를 미공개 또는 공개로 등록(예를 들어 거래 처리 시스템은 '미공개' 자료인 데이터 파일과 '공개' 자료인 프로그램 파일로 구성될 수 있다) • 모든 전자 장치와 소통 시스템들이 회사 데이터 보안 제도의 적용을 받도록 주의해야 한다. 오늘날에는 표준 데스크톱 컴퓨터와 전화선 외에도, 휴대전화, USB 키, 노트북 컴퓨터, 메신저 등이 사용된다. 이 모든 수단들이 많은 양의 회사 정보 저장 또는 전송에 사용되는데, 이중 일부는 너무도 작아서 쉽게 분실될 수 있다.
비즈니스 연속성	IT부서는 적절한 비즈니스 연속성 계획 수립과 정기 테스트에 유용할 수 있다.
컴플라이언스 모니터링	• IT부서는 컴플라이언스 부서의 모니터링 활동에 도움을 줄 수 있어야 한다. • IT시스템이 유용할 수 있는 영역들은 아래와 같다. – 자금세탁험의 파악 시스템 – 시장오용험의 파악 시스템 – 비시장가격 거래 – 최상의 집행 – 최상의 집행과 같은 비즈니스 통제 수행을 위한 예외 보고 – 전자적으로 보관되고 있는 파일에 대한 접근 ⟳

부서	IT
중대조직범죄국에 대한 보고	IT부서는 컴플라이언스 부서가 자금세탁 혐의를 중대조직범죄국 (SOCA)에 보고할 수 있도록 SOCA와의 전자적 연결 유지를 지원해야 한다.
컴플라이언스 시스템	• 많은 컴플라이언스 활동들이 전자적으로 수행될 수 있다. IT부서는 그러한 시스템 개발과 유지 보수를 지원해야 한다. • 전자적 컴플라이언스 활동으로는 아래와 같은 예를 들 수 있다. 　– 개인계좌 거래 보고와 승인 　– 선물 보고와 승인 　– 민원 보고와 처리 　– MLRO에 대한 자금세탁 혐의거래 보고 　– 핵심 성과 지표 생성
리서치 배포	투자 리서치는 종종 전자적 플랫폼을 통해 배포된다. IT부서는 모든 고객들이 동시에 리서치에 접근할 수 있도록 이 시스템의 유지 보수를 지원해야 한다.
전화 녹음	• 흔히 전화로 주문 지시, 집행 지시, 결제 지시가 이루어지는데 분쟁을 피하기 위해서 기록 유지의 한 형태로 보편적으로 전화 음성 녹음을 사용한다(일부 영역에서는 의무 사항이다). • IT부서가 음성 녹음 장비에 대해 책임을 지는 경우가 흔한데 아래와 같은 영역에 대한 절차가 갖춰져야 한다. 　– 음성 녹음 장비 유지 보수 　– 음성 녹음 장비에 대한 접근 제한 　– 음성 녹음 기록에 대한 접근 제한
경영 정보, 보고	• 경영진은 회사 운영과 회사가 부담하고 있는 리스크에 관한 적절한 정보에 접해야 한다. • 그러한 정보들은 전자적으로 빈번하게 수집되어 경영진에게 보고된다. 이는 이 분야에서 IT부서의 지원이 필수적임을 의미한다.
고객과의 소통	• 회사가 고객과 전자적으로 소통할 경우 회사는 고객정보가 안전하게 저장, 전송되게 해야 한다. • IT부서는 이 분야에서 회사의 보안 제도가 적정한지 정규적으로 조사해야 한다.
결제	IT부서는 청산소와 회사가 사용하는 결제 시스템의 전자적 연결이 계속 작동할 수 있게 해야 한다.

부서	IT
인트라넷 사이트	• IT부서는 일반적으로 회사의 인트라넷 사이트를 관리, 통제한다. • 컴플라이언스 부서는 정규적으로 IT부서와 협력하여 인트라넷 사이트에 게시된 컴플라이언스 정책, 절차 양식, 매뉴얼 등이 접근할 수 있고 최신으로 유지되게 해야 한다.
추가 지침	부록 24를 보라.

부서	법무
전형적 업무	• 회사와 관련 있는 법률 해석과 조언 • 거래 구조화 • 법률 계약, 트레이드 약정 협상과 작성 • 민원 처리 • 소송 처리
규제 관련 업무	
컴플라이언스 부서와의 협력	• 컴플라이언스 부서와 법무부서의 의무 및 일부 영역에서 일상 활동에 겹치는 부분이 있기 때문에 두 부서는 긴밀히 협력해야 한다. • 관련이 있는 분야는 아래와 같다. – 회사 규제 환경에 영향을 주는 법률 이해 지원 – 법무부서에서 알게 된 사안 중 규제와 관련이 있을 수 있는 중대 사안을 컴플라이언스 부서에 통지
데이터 보호	• 법무부서의 일부 직원들은 일상 업무 수행 과정에서 직원과 고객에 관한 개인 정보에 접근하게 될 것이다(예를 들어 민원을 조사하거나 직원 징계 사안을 다룰 때). • 그러한 직원들은 1998년 데이터 보호법과 회사가 이를 준수하기 위해 시행하는 절차를 알아야 한다.
비밀 유지	• 법무부서의 일부 직원들은 회사와 소속 그룹, 그 고객과 직원들에 관한 비밀 정보에 접근하게 될 것이다. • 그러한 직원들은 이 정보를 적절히 취급하는 것이 중요함을 알아야 하며 비밀 유지를 위한 적정한 보안 장치가 갖춰져야 한다. 잠금 장치가 갖춰진 저장 공간 확보, 전자적으로 보관 중인 정보에 대한 접근시 암호 사용 등이 이에 포함될 수 있다. ◗

부서	법무
정보차단벽	• 법무부서의 일부 직원들에게는 회사의 정보차단벽 뒤에 있는 정보에 정기적으로 접근할 권한이 주어질 것이다. 복잡한 거래 구조화나 비밀 유지 약정 시행을 지원하는 경우가 이러한 상황이 발생할 수 있는 전형적인 사례이다. • 그러한 직원들에게는 자신이 접근하는 정보가 민감한 정보라는 점과 준수해야 할 절차와 통제에 대해 충분히 알려줘야 한다.
고객과의 약정	법무부서는 컴플라이언스 부서가 비즈니스 수칙 자료집과 같은 FSA 규칙에 따른 고객과의 약정서 작성을 지원할 수 있어야 한다.
책임 배제	법무부서는 COBS 2.1.2에 따라 책임이 배제되지 않도록 고객과의 소통과 판촉 검토를 도와줄 수 있다.
민원	특별히 복잡하고 심각한 사안을 다루어야 할 경우 법무부서에 민원 처리를 도와달라고 요청할 수 있다.
소송	소송은 규제 관련 영향을 미칠 수 있으므로 필요시 컴플라이언스 부서에 이를 통지해야 한다.
사기	컴플라이언스 부서와 법무부서는 종종 공동으로 사기 사건 조사를 수행한다.
회사에 대한 징계 조치	FSA에서 회사에 대해 징계 조치를 취할 것이라는 통보를 받을 경우 법무부서의 조언을 구해야 한다.
직원에 대한 징계 조치	직원이 FSA 요건이나 법률 요건을 위반한 경우 고용법 요건을 준수하는 가운데 적절한 내부 조치가 취해질 수 있도록 법무부서는 내부 징계 절차와 관련하여 조언을 제공할 수 있다.
추가 지침	부록 24를 보라.

부서	운영 리스크
전형적 업무	• 은행감독에 관한 바젤위원회는 운영 리스크를 '부적정하거나 실패한 내부 프로세스, 인력, 시스템 또는 외부 사건으로부터 초래되는 손실 리스크'로 정의했다. 이 정의에 포함될 수 있는 요소의 예는 다음과 같다. – 사기

부서	운영 리스크
	– 인간의 실수 – 테러분자 공격 – IT 실패 – 전염병 – 자연재해 • 회사가 직면하고 있는 모든 형태의 운영 리스크 탐지, 계량화, 통제와 보고 책임이 있음 • 리스크 식별, 측정 도구 준비와 운영 • 상위 경영진 앞 리스크 보고 • 바젤 II에 따른 자본 적정성을 평가하기 위해서는 운영 리스크 부서의 발견 사항들이 계량화되어 자본적정성 공식에 투입될 수 있는 리스크 수치로 전환될 필요가 있을 것이다. 회사의 운영 리스크 수준이 낮으면 자본 요구량이 낮아진다.
규제 관련 업무	
컴플라이언스 부서와의 상호 작용	• 운영 리스크 부서는 내부 감사 부서와 마찬가지로 컴플라이언스 부서의 모니터링 검토와 기타 활동 계획 수립에 매우 유용한 정보의 원천이 될 수 있다. 운영 리스크 부서가 관련 정보를 지니고 있는지 알아볼 필요가 있다. • 컴플라이언스 부서가 운영 리스크 부서에 통보되었거나 이 부서에 의해 파악된 리스크 중 규제 관련 중대한 영향을 주는 리스크들을 즉시 알 수 있도록 두 부서가 정보를 공유할 수 있는 절차가 갖춰져야 한다. • 컴플라이언스 부서와 운영 리스크 부서가 동일한 유형의 통제상 취약점에 중점을 둘 가능성이 있는 영역에는 사기, 자금세탁, 시장오용과 민원 등이 있다.
성과 측정, 보고	운영 리스크 부서는 리스크 수치를 분석하기 위해 다른 부서들에게 소관 영역의 핵심 성과지표를 작성하도록 요청하는 것과 마찬가지로 컴플라이언스 부서에 규제 관련 통제 측정을 위한 핵심 성과지표를 작성하도록 요청할 것이다.
비밀 유지	• 운영 리스크 부서의 일부 직원들은 회사, 소속 그룹, 그 고객 또는 직원들에 관한 비밀 정보에 접하게 될 것이다. • 그러한 직원들은 비밀 정보를 적절히 취급하는 것의 중요성을 알아야 하며 비밀 유지를 위한 적정한 보안 장치가 갖춰져야 한다. 잠금 장치가 갖춰진 저장 공간 확보, 전자적으로 보관 중인 정보에 대한 접근시 암호 사용 등이 이에 포함될 수 있다.

부서	운영 리스크
데이터 보호	• 운영 리스크 부서는 업무 수행 과정에서 직원과 고객의 개인 데이터에 접근하고 이를 사용 또는 수집할 가능성이 있다. • 그러므로 운영 리스크 부서는 1998년 데이터 보호법의 요건과 회사가 이를 준수하기 위해 시행한 절차를 알아야 한다.
자본 적정성	• 운영 리스크 자본은 바젤 II 및 CRD(자본 요건 지침) 시행 이후의 자본 요건의 중요한 신규 구성 요소이다. • 몇 가지 운영 리스크 측정 방법 중 가장 정교하고 세부적인 측정법(고급 측정법)은 리스크에 가장 민감하며 이에 대한 보상으로 낮은 자본 요구량을 적용받는다. 보다 기본적인 접근법(기초지표법과 표준 방법)은 회사 전체 또는 비즈니스 라인별 총수익의 일정 비율에 기초한다.
추가 지침	부록 24를 보라.

부서	후선부서(오퍼레이션)
전형적 업무	• 트레이드 결제 • 대외 지급과 외부로부터의 수금 처리 • 회사의 행동 처리 • 고객의 자산과 돈 보호 • 담보 유지 • 고객에 대한 보고 • 청산소와의 연락 • 보관인과의 연락 • 고객계좌 관리 • 트레이드 보고
규제 관련 업무	
자금세탁, 시장오용	• 트레이드 처리와 결제에 관여하는 오퍼레이션 부서 직원들은 특정 고객이 수행하는 거래들에 대해 명확히 파악할 수 있다. • 따라서 오퍼레이션 부서 직원들은 자금세탁과 시장오용 혐의를 식별할 수 있는 좋은 위치에 있다. • 오퍼레이션 부서 직원들에게는 부적절한 활동 혐의 식별, 그러한 사항에 대한 보고에 관한 정규적인 교육과 지침이 제공되어야 한다. ○

부서	후선부서(오퍼레이션)
제3자 지급과 수령	• 오퍼레이션 부서는 고객, 트레이드와 관련된 고객으로부터의 지급과 고객에 대한 지급 처리를 관리한다. • 이 때 자금을 제공하거나 수령하는 제3자의 신원이 알려지지 않는 경우가 있기 때문에 자금세탁 리스크가 통상적인 경우보다 높을 수 있다. 이러한 제3자는 회사의 고객이 아니라 회사 고객의 접촉자일 수 있다. • 오퍼레이션 부서 직원들이 보다 리스크가 높은 이러한 유형의 거래를 식별하여 필요시 추가적인 조사를 수행하는 절차가 갖춰져야 한다. • 이 분야에 대해 정기적인 컴플라이언스 모니터링을 실시하여 통제의 적정성을 평가해야 한다.
전자 거래 정보	• 최근에 전자이체 지시에 지급자의 신원이 포함되고, 프로세싱 체인에 얼마나 많은 지시가 관여되든 이 정보가 이체 지시에 잔류하도록 요구하는 법률이 제정되었다. • 이 요건은 자금세탁과 테러자금 조달에 맞서 싸우기 위한 일환으로 도입되었다. 글로벌 시장을 대상으로 영업하는 금융기관의 경우 이 요건을 심각하게 받아들여야 한다. • 오퍼레이션 부서는 이 요건들에 관해 교육받아야 하며, 이 요건을 준수하기 위한 절차들이 시행되어야 한다. • 이 분야에 대해 정기적인 컴플라이언스 모니터링을 실시하여 통제의 적정성을 평가해야 한다.
승인받은 고객	• 회사의 시스템이 어떻게 설정되어 있는지에 따라서는 오퍼레이션 부서 직원이 아직 회사의 공식 채널을 통해 고객으로 승인되지 않은 사람이 수행한 트레이드 식별이 가능할 수도 있다. • 그러한 승인에는 KYC 결여, 신용한도 미부여, 고객 약정서 미비 등이 포함될 수 있다. • 승인되지 않은 활동이 발견된 경우 이를 컴플라이언스 부서에 통보하여 적절한 조치를 취할 수 있도록 해야 한다.
승인자	오퍼레이션 부서장은 FSA에 중대한 관리 기능 수행 승인자로 등록될 수 있다.

교육과 역량	• 리테일 고객을 위해 수행되는 특정 후선부서 활동에는 FSA의 교육과 역량 규칙이 적용된다. 그러한 규칙은 일상적으로 아래와 같은 주요 기능들을 감독하는 직원에게 적용된다.
	   – 고객 투자 보호, 관리
	   – 고객 자금 보관 ◐

부서	후선부서(오퍼레이션)
	– 집합투자기구에 관한 관리 • 컴플라이언스 부서는 회사 내의 어떤 역할들이 이 규칙의 적용을 받는지 알아야 한다. 또한 컴플라이언스 부서는 오퍼레이션 부서의 관련 직원들이 이러한 규칙에 대해 알게 해야 한다.
비밀 유지	• 오퍼레이션 부서 직원은 고객의 트레이드 처리, 고객 계좌 관리 시 고객의 비밀 정보에 접근하게 된다. • 후선부서는 또한 회사의 과거와 현재의 트레이딩 포지션과 같은 회사 비밀 정보에 접근할 수 있다. • 그러한 직원들은 이 정보를 적절히 취급하는 것의 중요성을 알아야 하며 비밀 유지를 위한 적정한 보안 장치가 갖춰져야 한다. 잠금 장치가 갖춰진 저장 공간 확보, 전자적으로 보관 중인 정보에 대한 접근시 암호 사용 등이 이에 포함될 수 있다.
데이터 보호	• 오퍼레이션 부서는 주소, 계좌 번호, 계좌 잔고, 트레이딩 내역 등과 같은 상당한 양의 고객정보를 처리하며 이에 접근할 수 있다. • 그러므로 오퍼레이션 부서 직원들은 1998년 데이터 보호법의 요건과 회사가 이를 준수하기 위해 시행한 절차를 알아야 한다.
정보 차단벽	• 오퍼레이션 부서 직원들은 일반적으로 회사 정보차단벽의 미공개 부문에서 일할 필요가 없을 것이다. • 그럼에도 일선 부서는 '미공개' 부문의 딜이 회사에 표준적이지 않을 경우 이 거래가 적정하게 처리되도록 오퍼레이션 부서를 관여시킬 필요가 있을 수 있다. • 미공개 부문의 정보에 접하는 오퍼레이션 부서 직원은 자신이 접근하는 정보의 성격, 따라야 하는 절차와 통제에 대해 잘 알아야 한다.
거래 보고	• 일부 예외가 있기는 하지만, 거래들은 FSA와 해당 거래가 집행된 거래소에 보고되어야 한다. • 거래 보고는 일반적으로 후선부서의 책임이며 컴플라이언스 부서는 직원들이 보고대상 거래와 보고시한을 알게 해야 한다. • 컴플라이언스 부서는 거래 보고를 정기적으로 검토하여 관련 요건들이 준수되고 있는지 확인해야 한다.
고객 자금 안전 보관 담보	• FSA의 보관, 담보, 고객 자금 규칙들은 복잡한데 이는 일반적으로 오퍼레이션 부서의 일상적인 책임이다. • 핵심 요건에는 아래 사항들이 포함된다. ➡

부서	후선부서(오퍼레이션)
	– 보관인의 리스크 평가 수행 – 보관 약정서 제공 – 고객 자산 현황 송부 • 컴플라이언스 부서는 후선부서 직원들이 이 분야에서 자신의 책임에 대해 숙지하고 변화가 있을 경우 이를 최신으로 유지하게 해야 한다. • 정규적으로 컴플라이언스 모니터링 활동이 수행되어야 하며 이 분야에 대해 연 1회 외부 감사를 받고 그 결과를 FSA에 보고해야 한다. • 오퍼레이션 부서는 신디케이트론과 같이 규제 대상이 아닌 업무와 관련하여 회사에서 보관 중인 담보는 이 규칙의 적용을 받지 않음을 알아야 한다.
고객과의 소통	• 후선부서 직원들은 아래와 같은 많은 이유로 고객들과 정규적으로 소통한다. – 결제 지시를 확인 또는 변경하기 위해 – 결제 문의를 해소하기 위해 – FSA에 의해 요구되는 특정 보고를 위해(아래의 설명을 보라) • 컴플라이언스 부서는 관련 후선부서 직원들이 고객과의 소통을 공정하고, 명확하며, 오도하지 않게 하라는 요건을 알게 해야 한다. • 후선부서는 또한 고객으로 가장하는 사람에게 전화를 통해 비밀 정보가 제공되지 않도록 방지하기 위한 보안 절차를 갖춰야 한다.
음성 녹음	• 전화를 통해 결제 지시에 동의하거나 이를 논의하는 후선부서 직원은 음성 녹음을 해야 한다.
결제	후선부서는 고객을 위해 트레이드 결제를 수행하는 경우 회사가 관련 자산을 가급적 신속하게 정확한 계좌에 전달할 수 있도록 만전을 기하기 위한 절차를 갖춰야 한다.
거래 확인, 정기 보고	• 거래 확인 노트와 정기적 현황 제공은 일반적으로 후선부서의 책임이다. • 컴플라이언스 부서는 관련 직원들이 이러한 소통에 관해 FSA에서 부과한 요건을 알게 해야 하며 요건에 변경 사항이 있을 경우 오퍼레이션 부서가 이를 최신으로 유지하게 해야 한다. • 정규적으로 컴플라이언스 모니터링 활동을 수행하여 관련 요건들이 준수되고 있는지 확인해야 한다. ◗

부서	후선부서(오퍼레이션)
우편 보관	• 고객들 중에는 회사로부터 자신들에게 보내는 우편을 발송하지 말고 회사에서 보관하도록 요청하는 사람이 있을 수 있다. • 그러한 '우편 보관' 서비스는 일반적으로 후선부서에 의해 관리되는데 관련 문서들이 안전하게 보관될 수 있도록 담보하기 위한 장치가 갖춰져야 한다. • 오퍼레이션 부서는 고객이 우편물을 수령하지 않을 경우 고객의 주소에 대해 확신하기 어렵기 때문에 통상적인 경우보다 자금세탁 리스크가 더 높다는 사실을 알아야 한다. • 혐의 사항이 있을 경우 MLRO에게 보고하여야 하며 컴플라이언스 부서는 이를 정기적으로 검토해야 한다.
민원	• 후선부서 직원들은 고객과 정규적으로 접촉하기 때문에 회사의 다른 직원들보다 민원을 접수할 가능성이 크다. 따라서 회사의 민원 처리 절차를 잘 알아야 한다.
내부 고발	• 후선부서의 통제 기능 중 하나는 비리를 탐지하는 것이다. • 컴플라이언스 부서는 오퍼레이션 부서 직원들이 이상 상황을 보고하더라도 비난을 받지 않으리라는 확신을 가지게 하고 회사의 내부 고발 절차에 대해 잘 알게 해야 한다.
추가 지침	부록 24를 보라.

부서	세무
전형적 업무	• 회사가 세금을 정확하게 납부하게 함 • 세금 신고 • 아래 사항과 관련한 내부 조언 제공 　– 특정 상품과 서비스의 세금 처리 　– 이중 과세 제도 　– 세금 구조 　– 일반적인 세금 이슈
규제 관련 업무	
세금 공개	• FSA의 비즈니스 수칙 중 많은 부분은 세금 공개와 관련이 있다. • 이 요건들에는 아래 사항이 포함된다. 　– COBA 4.5.7과 4.7.4 – 판촉물에서 세금 취급에 관한 정보 　　　　　　　　　　　　　　　　　　　　　　　　　　　🡒

부서	세무
	– COBS 5.2와 관련 첨부물 – 전자 상거래에 관한 세금 공개 – COBS 6.1.9 – 회사에 의한 원천 징수 공개
고객 세금 보고	• 유럽 저축기관 세금 지침에서는 일부 금융기관들(납부 대리인)에게 개인에게 지급되는 저축 이자 수입에 관한 정보를 국세청(HMRC)에 보고하도록 요구한다. • 국세청은 또한 1970년 세금관리법 섹션 20에 따라 금융기관들에게 계좌 보유자에 관한 상세 내역을 제공하도록 요구할 권한이 있다. • 역외 계좌에 대해 정확한 금액의 세금을 납부하지 않은 것으로 밝혀진 고객은 자금세탁으로 고소될 수 있다. 회사가 이에 연루되기를 원하지 않을 터이므로 역외계좌에 관련된 고객의 탈세 징후를 탐지하기 위한 장치를 갖춰야 한다. • 또한 국세청에 제공되는 고객정보가 1998년 데이터 보호법에 따라 처리되게 해야 한다.
건전성 관리	FSA의 건전성 규칙 중 많은 부분이 세금과 관련이 있다.
영구적 사무소 설립	• 회사가 상당한 양의 비즈니스를 해외에서 수행할 경우 해외에 사무소가 없는 경우에도 해외에 영구적인 사무소를 설립한 것으로 간주될 수도 있다. • 이러한 상황이 발생한 경우 회사는 해당 국가에 세금을 납부할 책임이 있을 수 있다(또한 기록 목적상으로는 회사가 해당 국가에서 승인받지 않은 투자/은행업을 수행하는 것으로 간주될 수도 있다)
탈세/사기/자금세탁	• 탈세는 사기의 일종이다. 따라서 탈세액은 범죄 수익으로 간주된다. • 범죄 수익 취급은 자금세탁으로 간주될 가능성이 있다. 그러한 사실이 의심되거나 이를 알게 될 경우 MLRO에게 보고해야 하며 SOCA에 보고해야 할 수도 있다. • 직원들은, 특히 자신의 업무가 역외 금융이나 무역 금융과 관련한 일선 부서와의 협력과 같은 보다 세금에 민감한 영역에 관련되어 있을 경우 잠재적인 세금 사기를 파악하는 방법에 대해 교육을 받아야 한다.
거래 구조화	• 일부 거래들은 재무상으로는 유사한 결과를 가져오지만 세금 처리(예를 들어 원천징수)는 달라지는 방식으로 구조화될 수 있다.

〇

부서	세무
	• 일부 구조는 다른 구조보다 유리한데 그러한 구조가 탈세와 절세를 가르는 선 사이에서 올바른 쪽에 위치하게 하는 것이 중요하다.
거래세	• 거래세에는 인지세/주식에 관한 인지충당세, 일부 상품 거래에 대한 부가가치세가 포함된다. • 회사와 고객들은 주식을 매입할 때마다 거래세를 납부해야 한다. • 거래세는 고객들에게 공개되어야 한다.
고객을 위한 세금 양식	• 고객이 가장 유리한 세금상의 처우를 받으려면 공식 세금 양식을 작성할 필요가 있는 경우가 있다. • 가장 보편적으로 사용되는 몇 가지 세금 양식에 대한 간략한 요약이 부록 22에 제공되어 있다. • 세무부서는 이 양식들의 사용에 관해 조언을 제공할 수 있어야 한다.
적합성과 조언	• 일선 부서 직원은 고객들에게 개인의 금융 계획 수립에 관해 조언할 수 있다. • 그러한 조언은 예를 들어 상속세 면제와 자본 이득세 면제가 이용되게 하는 등 고객의 과세상의 지위를 최대로 활용하는 방법에 관한 상담 제공과 관련될 수도 있다. • 조언은 또한 개인 저축 계좌, 아동 신탁 펀드, 연금 등과 같은 면세 상품을 다룰 수도 있다.
추가 지침	부록 24를 보라.

컴플라이언스 난제들: 어떻게 대처해야 하는가?

부록 E는 '실제 업무'에서 빈번히 발생하는 곤란한 상황들에 어떻게 해야 할지 자신이 없는 사례들로 구성되어 있다. 제공된 설명은 단순히 가장 관련이 있는 법률과 감독 규정(주로 영국의 상황에 근거함), 취할 수 있는 몇 가지 조치 등 고려해야 할 핵심 이슈들에 대한 몇 가지 가이드에 지나지 않는다는 점을 명심하라. 이는 법률 조언이 아니므로 이 부록에 제공된 상황에 처하게 될 경우 따라야 할 결정적인 지침으로 여겨서는 안 된다. 자기 회사의 활동과 고객 기반의 특수 상황에 비춰 대응해야 하며 필요한 경우 법률 전문가의 조언을 구해야 한다.

난제 색인	
핵심 이슈	딜레마
시장오용/시장 행동	1, 4, 5, 6, 7, 8, 9, 10, 11, 13, 16, 17, 18, 26, 27, 32, 45, 46, 50, 51, 55, 58, 59, 60, 65, 68, 74
고객의 최상의 이익 규칙	1, 2, 3, 4, 6, 11, 20, 31, 39, 40, 41, 42, 49, 52, 53, 57, 69, 70, 72
정보차단벽	1, 7, 10, 13, 45, 47, 48, 50, 51, 55, 58, 60, 65

○

난제 색인	
핵심 이슈	**딜레마**
(상품의) 적합성과 적절성	2, 3, 4, 39, 40, 42, 57, 69
KYC	3, 15
과당 매매	4
향응	4, 20, 44, 53, 56, 70
개인계좌 거래	5, 7, 8, 9, 16, 17, 18, 26, 46, 59, 67, 68, 73, 74
내부자 리스트	5, 7, 9, 10, 13, 16, 26, 32, 59, 60, 74
주의리스트와 제한리스트	7, 9, 10, 14, 26, 32, 50, 59, 60
이해상충	10, 13, 14, 18, 19, 20, 21, 30, 44, 45, 47, 48, 53, 55, 56, 57, 58, 70, 73
최상의 집행	11, 52, 53, 72
자금세탁방지 통제	11, 15, 22, 23, 24, 28, 29, 43
음성 녹음	12
데이터 보호	12, 61
비밀 유지	12, 13, 14, 47, 48, 61
배타적 서비스 제공	14, 47
외부 이사직 수행	19
보상 정책	21, 57
부패	24
승인자	25, 35, 37, 62
(직원의) 적격성과 적합성	25, 31, 35, 37, 66, 67
리서치 독립성	30, 55, 56
교육과 역량	31, 35, 38, 62, 65
상위 경영진 시스템, 제도, 통제	31, 64
허용된 활동	33, 40, 62
규제 당국과의 관계	34, 36, 37, 71
직원 역량 규칙	35, 38, 43

딜레마 1	어느 펀드 매니저는 자신이 관리하는 펀드를 위해 ABC사의 주식에 대량 매수 주문을 냈는데 이 주문은 당일 중에 체결될 것으로 예상된다. 이 매니저는 이 주문이 모두 체결되기 전에 회사 리서치 애널리스트로부터 주말 안에 ABC사에 대한 부정적 리서치가 나갈 예정이며 그럴 경우 ABC사의 주가가 하락할 것이라는 얘기를 들었다. 이 펀드 매니저는 당신에게 주문을 취소해도 되는지 문의해왔다.
주요 이슈들	• 시장오용/시장 행동 • 고객의 최상의 이익 규칙 • 정보 차단벽
설명/대처 방안	• 해당 회사의 주가가 곧 하락할 것이라는 얘기를 들은 이상 고객의 최상의 이익에 따라 행동하기 위해 해당 주문을 즉시 취소해야 한다고 생각할 수도 있을 것이다. 그러나 해당 회사의 주가가 하락할 가능성이 있다는 정보는 내부정보이며 이 정보에 입각해서 행동하는 사람은 시장오용으로 기소될 수 있다. • 의사결정을 내리기 전에 해당 리서치 애널리스트에 의해 공개된 정보가 참으로 가격에 민감한 정보인지 고려하라.

407

	• 해당 회사가 상장 회사인지, 어느 거래소에 상장되었는지가 적용 대상 국가의 법률과 감독 규정을 결정하므로 이에 대해서도 고려하라.
	• 이 상황은 애초에 일어나지 말았어야 함을 명심하라. 해당 리서치 애널리스트는 자신의 업무에 관한 그러한 정보를 공개하지 않아야 한다는 점을 알아야 한다. 아래와 같은 조치를 취할 수 있을 것이다.
	  – 해당 애널리스트 징계
	  – FSA에 시장오용 혐의 공개
	  – 리서치팀과 펀드관리팀에 시장오용 통제에 관한 교육 실시
	  – 리서치팀에서 회사의 다른 부분으로 부적절하게 정보가 흘러들어간 전례가 있는지에 대한 조사 실시
	  – 회사 정보차단벽의 효과성에 대한 전면 검토
	• 이처럼 바람직하지 않은 상황이 이미 발생한 점에 비추어볼 때 가장 실제적인 방법은 관련 리서치가 발표될 때까지 해당 펀드 매니저가 더 이상 투자의사 결정을 내리지 못하도록 '동결' 시키는 것이다. 그가 관리하는 계좌를 일시적으로 팀내 다른 매니저에게 인계한다.

딜레마 2	당신은 정기 모니터링 검토를 실시하다 브라운 씨(당신의 회사는 그의 투자 자문역이다)의 적합성 사실 확인서가 작성되었으며 이에 의하면 브라운 씨의 리스크 성향은 매우 낮지만, 그의 계좌 매니저는 브라운 씨를 위해 대안투자시장(AIM)에 상장된 주식을 매입했음을 발견했다. 계좌 매니저에게 이에 대해 질문하자, 매니저는 브라운 씨에게 이 주식을 매입하지 말라고 얘기했으나 브라운 씨가 고집을 부려 이 주식을 매입했다고 답변했다.
주요 이슈들	• 고객의 최상의 이익 규칙 • 적합성과 적절성
설명/ 대처 방안	• AIM 주식들은 일반적으로 '주요 시장'에 상장된 주식들보다 리스크가 높은 것으로 여겨진다. 이는 이 주식들은 유동성이 부족한 경향이 있고, 과거 실적 기록이 부족하며, 상장 규칙이 덜 엄격하기 때문이다. 그러므로 AIM 주식 매입은 고객의 매우 낮은 리스크 성향에 부합하지 않는 것으로 보인다. • AIM 주식을 매입하지 말라고 조언했음에도 브라운 씨가 이 주식 매입을 고집했음을 보여 주는 증거가 있는지 확인하라. 그럴 경우 이 주식 매입이 진정으로 고객의 최상의 이익 규칙의 정신에 부합하는지 의문을 제기할 수는 있지만 기술상으로는 이 상황을 수용할 수 있다. **○**

	• 브라운 씨의 적합성 사실 확인서가 최신으로 유지되고 있는지 확인하라. 브라운 씨의 리스크 성향이 바뀌었으며 이를 반영하기 위해 사실 확인서가 업데이트되었어야 했을 수도 있다. • 브라운 씨가 여전히 낮은 리스크 성향을 고수할 경우 당신의 회사가 진정으로 그와 고객 관계를 맺기 원하는지 재고해 보라. 당신 회사의 기록이 완벽하지 않은 한 브라운 씨의 모순적인 메시지로 인해 당신은 민원, FSMA s150에 따른 민사 소송, FSA에 의한 징계 조치에 직면할 수도 있다.

딜레마 3	웰스매니지먼트팀 직원이 거래를 개시하려는 가망 고객에게 적합성 사실 확인서를 작성하면 회사가 가능한 최상의 조언을 해 줄 수 있으므로 이를 작성하는 것이 고객 본인에게 이익이 된다고 설명했음에도 고객이 사실 확인서 작성을 거부하고 있다며 조언을 요청해 왔다. 이 고객은 사실 확인서상의 질문들이 지나치게 꼬치꼬치 캐묻고 있으며 자신의 교육, 직업 등은 회사에서 알 바 아니라고 주장하고 있다.
주요 이슈들	• 고객의 최상의 이익 • 적합성 • KYC
설명/ 대처 방안	• 당신이 직접 해당 고객에게 왜 사실 확인서가 필요한지 설명해 줄 수도 있을 것이다. 계좌 담당 책임자가 잘 설명하지 못했을 수도 있다. • 또한 다른 EEA 회사들도 이 분야에서는 동일한 요건을 적용받기 때문에 해당 고객이 사실 확인서를 작성하지 않고서는 그와 거래하려는 회사를 발견할 수 없을 것이라는 점도 설명해 준다. • 그래도 고객이 사실 확인서를 작성하지 않으려 할 경우 투자 유형에 따라서는 주문을 집행해 주기만 하는 서비스를 제공해 줄 수 있겠지만 그에게 자문 서비스는 제공할 수 없다. • 이 사람을 진정으로 고객으로 받아들이기 원하는지 자문해 보라. 프라이버시에 대한 그의 고집은 회사의 KYC 의무와도 양립할 수 없지 않은가? 이 고객에게 뭔가 숨길 것이 있지는 않은가? • 마지막으로 회사의 사실 확인서를 다시 살펴보라. 이 양식이 지나치게 캐묻는다는 말이 사실일 수도 있다.

딜레마 4	컴플라이언스팀 주니어 직원이 포트폴리오 관리 기능을 검토하다 단일 고객을 위한 아래의 트레이드를 발견했다. • 10/6/07 - 9 : 23 - ABC사 주식 100주 매입 • 10/6/07 - 10 : 50 - ABC사 주식 250주 매입 • 10/6/07 - 1 : 30 - XYZ사 주식 175주 매입 • 11/6/07 - 10 : 01 - ABC사 주식 100주 매도 • 11/6/07 - 11 : 05 - XYZ사 주식 130주 매입 • 11/6/07 - 3 : 45 - ABC사 주식 75주 매입 당신의 동료는 이 트레이딩 패턴이 다소 이례적이라며 당신의 조언을 요청하고 있다.
주요 이슈들	• 고객의 최상의 이익 규칙 • 적합성 • 과당 매매 • 시장오용/시장 행동

설명/
대처 방안
	• 고객의 투자 목표를 확인하라 - 고객이 일중 가격변동을 활용하기 위해 자신의 계좌를 매우 적극적으로 관리하라는 지시를 내렸을 수도 있다.
	• 해당 기간 동안의 주가를 점검하여 이 트레이드들이 가격 변동에 대응한 것인지 확인하라.
	• 해당 고객이 이 트레이드들에 대해 인지하고 있으며 민원을 제기하지 않았는지 확인하라.
	• 이 트레이딩 활동의 근거를 보여주는 해당 펀드 매니저의 기록을 검토하라.
	• 이 트레이딩 패턴이 완벽하게 수용할 수 있다 할지라도 아래와 같은 몇 가지 적절하지 않은 사항을 지적할 수 있다.
	  - 과당 매매 - 트레이드 건별로 발생하는 수수료를 발생시키기 위해 지나치게 자주 트레이드를 함.
	  - 부적절한 향응 - 해당 펀드 매니저가 향응을 받기 위해 특정 브로커에게 과도한 비즈니스를 몰아주고 있지는 않은가? (향응 기록을 점검하라.)
	  - 시세조종 - 해당 펀드 매니저가 시장에 대해 그릇된 인상을 만들어 내기 위해 이 트레이드를 수행했는가(시장오용)?

딜레마 5	재무부서 직원 중 한 명이 런던 거래소와 뉴욕 거래소에 상장된 당신 회사의 주식을 매입해도 되는지 문의해 왔다. <div align="right">❍</div>

주요 이슈들	• 시장오용/시장 행동 • 개인계좌 거래 • 내부자 리스트

설명/
대처 방안
	• 이 직원이 트레이드를 할 수 있는지는 아래와 같은 여러 요인들에 좌우된다.
	   – 그 직원이 회사 또는 소속 그룹에 대한 내부정보를 보유하고 있는지 여부
	   – 이 요청이 회사 실적 발표 직전의 '폐쇄 기간' 중의 트레이드를 위한 것인지 여부
	   – 회사가 직원들에게 회사의 주식 거래를 허용하는지 여부
	• 당신 회사의 내부자 리스트가 잘 작동하고 있음을 전제로, 당신은 이 리스트를 이용하여 해당 직원이 내부자로 등록되어 있는지 점검할 수 있다.
	• 비서실 또는 법무부서는 실적 발표가 임박했는지에 관해 조언해 줄 수 있어야 한다.

딜레마 6	회사의 투자 매니저 중 한 명이 중국 주식을 담당하고 있는데, 그는 중국 시장 전문가로 여겨지고 있다. 이 매니저는 신문에 자주 중국 시장에 관한 글을 쓰고 있으며 TV에도 자주 나와 중국 시장에 대해 언급하곤 한다. 당신은 이 매니저의 언론 접촉 기록을 유지하고 있는데, 이를 그의 고객을 위한 트레이드와 비교해 보기로 결심했다. 당신은 이 매니저가 언론에 특정 주식을 홍보하고 난 뒤 머지않아 고객이 보유하고 있는 포트폴리오에서 해당 주식을 매도하거나, 특정 주식에 부정적 의견을 표명하고 나서는 고객을 위해 그 주식을 매입하는 트레이딩 패턴을 보이고 있음을 발견했다.
주요 이슈들	• 시장오용/시장 행동 • 고객의 최상의 이익 규칙
설명/ 대처 방안	• 시장오용 – 이 펀드 매니저의 행동은 자기 고객의 포트폴리오 성과에 영향을 주기 위해 특정 주식 가격을 올리거나 내리려고 시도했을 수도 있다는 점에서 시세조종이 될 수 있다. 당신은 그가 비난한 뒤 사들이고 부추긴 뒤 팔아치우기 작전을 구사하고 있다고 생각하는가? • 고객의 최상의 이익 – 이 펀드 매니저는 왜 특정 주식의 주가 전망에 대해 낙관적이지 않으면서 해당 주식을 매입하고 있으며, 특정 주식의 전망이 좋다고 생각하면서 해당 주식을 매도하고 있는가? ◐

	• 펀드 매니저에게 외관상 이례적인 트레이딩 의사 결정에 충분한 근거가 있는지 문의하라. 그가 이에 대해 설명할 수 있을지도 모른다. • 이 펀드 매니저가 표명한 견해가 정확하다고 간주될 수 있는지에 대해 독립적인 지침을 구하라. • 이 펀드 매니저의 행동이 부적절하다고 판단할 경우 아래와 같은 조치를 고려할 수 있다. 　– 해당 고객이 손실을 입었을 경우 이를 보상한다. 　– FSA에 시장오용 혐의를 보고한다. 　– 해당 펀드 매니저에게 징계 조치를 취한다. • 이 활동이 (EEA의 '규제되는 시장'이 아닌) 중국 시장에서 트레이딩되는 활동 및 주식에 관련된다는 점에서 FSA의 시장 행동 원칙은 관련이 있겠지만 시장오용 지침의 규정들은 적용되지 않는다는 점을 주목하라.
딜레마 7	당신의 회사는 현재 비상장 기업인 ABC Ltd에 벤처 캐피탈 자금을 받는 방법에 관해 자문을 제공하고 있다. 이 회사는 상장되지는 않았지만 주식 소유가 잘 분산되어 있다. 당신은 이 자금 조달 계약이 체결되기 직전에 당신의 회사 직원 중 한 명이 ABC Ltd의 설립자 중 한 명으로부터 이 회사 주식을 매입했음을 발견했다.
주요 이슈들	• 시장오용/시장 행동 • 정보차단벽 • 주의리스트와 제한리스트 • 개인계좌 거래
설명/ 대처 방안	• 당신이 해당 거래가 체결되고 나서야 이를 인지한 것으로 볼 때 당신 회사의 개인계좌 거래 제도는 모든 경우에 사전 승인을 받도록 요구하지 않는 듯하다. 이런 일이 발생한 점에 비추어 이 규정을 재고할 수 있을 것이다. • 회사의 개인계좌 거래 정책은 고객사의 주식 거래를 허용하는가? 이에 대한 언급이 없을 경우 정책에서 이를 고려하도록 정책을 개정하거나 별도 지침을 제공할 수 있을 것이다. • 이 직원이 ABC Ltd 거래에 대해 알 수 있었는지 고려해 보라. 즉 회사의 정보차단벽은 합리적으로 건실고한가? 그 직원이 내부자 리스트에 올라 있는가? ◑

	• ABC Ltd는 비상장 회사이므로 이 직원이 거래 당시에 민감한 정보를 보유하고 있었다 해도(ABC Ltd 소속 그룹사중 상장 회사가 있는 경우가 아니라면) 이 직원의 행동이 내부자 거래에 해당하지는 않을 것이다. 그러나 FSA의 시장 행동 규칙은 관련이 있을 수도 있다. 이 직원의 행동은 또한 그의 올곧음에 의문을 제기한다.
	• 정보차단벽 뒤쪽으로부터 정보가 누설되었을 경우 누가 책임이 있는지, 어떻게 이 일이 발생했는지 조사해 볼 필요가 있을 것이다. 시정조치와 징계 조치도 취해져야 한다.
	• 많은 회사들이 비상장 회사들과 거래할 경우에는 규제를 받는 시장이 관련되지 않아서 (엄격한 법률적 의미) 시장오용은 발생할 수 없기 때문에, 주의 리스트/제한 리스트나 내부자 리스트를 사용하지 않는다. 당신의 회사는 이에 대해 어떤 정책을 원하는가? 비상장 회사들을 이들 리스트에 올려놓지 않을 경우에도 이해상충을 식별할 수 있는 다른 수단이 갖춰져 있어야 함을 명심하라.

딜레마 8	당신 회사의 고위급 직원 중 한 명은 자신의 친구가 대주주인 XYZ사의 이사이기도 하다. 그가 당신에게 XYZ사에 개인적으로 투자해도 되는지 물어 왔다.
주요 이슈들	• 시장오용/시장 행동 • 개인계좌 거래
설명/ 대처 방안	• XYZ사나 그 소속 그룹 중 상장 회사가 있는지 고려하라. 그럴 경우 다양한 시장오용 법규와 공시 관련 법규가 적용될 것이다. • 이 거래를 원하는 직원이 그 회사의 이사직 수행을 통해 내부정보를 보유하고 있는지 파악하라. 그럴 경우 이 거래를 할 수 없다. • 특별히 부적절한 점을 잡아내지는 못할지라도 이 거래 승인에 관해 불편하다면 이 직원에게 내부자 거래 리스크에 관해 경고하고 그에게 트레이딩 전에 자신은 이 거래에 관한 내부정보를 보유하고 있지 않으며, 향후에 내부정보에 접하게 되면 자신이 매입하기 원하는 주식을 매도할 수 없음을 이해한다는 확인서를 작성하도록 요구할 수도 있을 것이다. • XYZ사나 그 소속 그룹 회사 중 어느 회사도 규제를 받는 시장에 상장되어 있지 않을 경우 시장오용 지침의 규정들은 적용되지 않겠지만 FSA의 시장 행동 원칙이 적용되는지, 회사 자체 윤리 지침이 적용되는지 고려해야 한다.

딜레마 9	당신 회사의 기업금융팀은 ABC사(파리 주식 거래소에 상장됨)에 투자 자문을 제공하기로 하는 계약을 체결하고 있었는데 이 계약은 6개월 전에 종료되었다. ABC사와의 계약이 종료된 이후에 기업금융팀에 합류한 기업금융팀원 중 한 명이 ABC사 주식을 매입하고자 한다.
주요 이슈들	• 시장오용/시장 행동 • 개인계좌 거래 • 내부자 리스트 • 주의리스트/제한리스트
설명/ 대처 방안	• 주의리스트/제한리스트를 점검하여 당신의 회사가 아직 ABC사에 관한 내부정보를 보유하고 있는지 확인하라. • 이 거래를 원하는 사람이 내부정보를 보유하고 있는지 평가하라. 당신은 회사의 내부자 리스트 검토, 그 직원의 상사와의 논의를 통해 이를 점검할 수 있어야 한다. 또한 그 직원이 이전 직장에서 ABC와 관련을 맺고 있었는지도 점검할 수 있다. • 기업금융팀이 계약 종료 후 6개월이 지난 현 시점까지도, 특히 그 이후 해당 회사의 재무제표가 공표된 경우라면 더욱, 내부정보를 보유하고 있을 가능성은 별로 없다. • 당신이 해당 직원이 내부정보를 보유하고 있다고 판단할 경우 그는 확실히 이 거래를 할 수 없다. 그가 현재 소속되어 있는 기업금융팀이 이전의 거래로부터 아직도 내부정보를 보유하고 있을 경우 회사의 내부 절차가 그의 거래를 금지할 것이다. • 그 직원이 내부정보를 보유하고 있지 않다는 점을 확신할 경우 이 거래를 승인할 수 있겠지만 이 거래가 시장에 어떻게 비칠지에 대해 고려하라. 부적절한 점이 없을 경우에도 나쁜 인상을 줄 수도 있다. • 보수적으로 이 거래를 거절할 수도 있겠지만 이를 승인할 경우 이 직원에게 내부자 거래 리스크에 관해 경고하고 그에게 트레이딩 전에 자신은 이 거래에 관한 내부정보를 보유하고 있지 않으며 향후에 내부정보에 접하게 되면 자신이 매입하기 원하는 주식을 매도할 수 없음을 이해한다는 확인서를 작성하도록 요구할 수도 있을 것이다.

딜레마 10	3개월 전에 당신의 회사는 XYZ사에 4년 만기 대출을 해 주었다. 회사의 펀드 매니저가 자신이 관리하는 펀드를 위해 XYZ사의 주식을 매입하기 원한다.
주요 이슈들	• 시장오용/시장 행동 • 내부자 리스트 • 주의리스트/ 제한리스트 • 정보차단벽 • 이해상충
설명/ 대처 방안	• XYZ사가 상장 회사일 경우 당신의 회사가 이 펀드 매니저가 의도하는 트레이드에 영향을 줄 수 있는 내부정보를 보유하고 있지 않음을 확인할 필요가 있다. 회사의 내부자 리스트/주의리스트/ 제한리스트를 점검하라. 이 직원이 내부정보에 접했거나 회사가 아직 내부정보를 보유하고 있을 경우 당신은 이를 자동으로 알고 있어야 한다. • 대출팀이 처음에는 내부정보를 보유하고 있었을지라도 대출이 실행되고 3개월이 경과한 현 시점에서도 내부정보를 보유하고 있을 가능성은 비교적 낮다. • 이 펀드 매니저가 내부정보를 보유하고 있다고 의심할 경우 이 거래를 승인할 수 없으며 펀드 매니저가 일반적인 업무 수행 과정에서 내부정보에 접했다고 생각하지 않을 경우 그가 어떻게 이 정보에 접하게 되었는지에 관해 검토해야 한다. 왜 이 펀드 매니저가 자신이 보유한 정보가 민감한 정보라는 점을 파악하지 못했는지 물어보라. • 회사의 정보차단벽이 잘 작동하고 있다면 이 펀드 매니저가 내부정보를 보유하고 있을 가능성이 낮지만 당신은 이 상황이 옳지 않다고 여겨서 그가 이 거래를 하지 않기 원할 수도 있다. 그에게 내부자 거래의 리스크를 경고하고 내부정보를 보유하고 있지 않다는 확인서를 작성하게 하는 것이 한 가지 방법이 될 수 있다. • 향후 이해상충이 발생할 수 있는 가능성에 대해 신중하게 생각하라. 이 회사가 지급불능이 될 경우 주주와 채권자의 지급 순위가 다르기 때문에 XYZ사의 채권자인 당신 회사의 이해와 (당신의 회사에 의해 관리되는 펀드를 포함한) 주주들의 이해가 일치하지 않을 것이다. XYZ사가 재무적 곤경에 처하게 될 경우 주주들은 회사가 계속 기업으로 존속하는 것이 유리하므로 장기 워크아웃을 선호하는 경향이 있는 반면, 채권자들은 파산 절차 개시를 통해서라도 상환 받기를 선호하는 경향이 있다.

딜레마 11	어느 고객이 당신의 회사에 ABC사 주가가 20이 되면(현재 이 회사 주식은 25에 거래되고 있다) 매입하라는 주문을 냈다. 주가는 24, 23, 22까지 하락하다 갑자기 15로 폭락했다. 그런데 20에 해당 고객의 주문이 체결되었다.
주요 이슈들	• 최상의 집행 • 고객의 최상의 이익 • 시장오용/시장 행동 • 자금세탁방지 통제

설명/
대처 방안
	• 고객의 지시를 엄격하게 따른다면 20에 거래하면 회사의 집행 의무를 다하는 셈이지만 15에 거래하는 것이 고객의 최상의 이익이 되었으리라는 점도 고려해야 한다.
	• 트레이더에게 아래와 같은 사항을 유념하면서 사건의 순서에 대해 자세히 말하게 하라.
	  – 해당 트레이드가 집행되었을 당시의 주가와 트레이더가 그 시점 이전에 보다 유리한 가격에 거래를 체결할 수 있었는지 여부
	  – 예를 들어 해당 트레이드가 특정 체결 가격을 요구하는 보다 큰 구조의 일부였다는 것과 같이, 15가 아니라 20에 트레이드할 이유가 있었는지 여부
	  – 고객이 낸 주문량 전체에 대해 최상의 가격 15가 달성될 수 있었는가?
	• 이 상황에서는 아래 사항들에 주의를 기울여야 할 것이다.
	  – 이 트레이더가 15에 거래를 체결하지 않고 20에 체결한 뒤 차액을 챙기지 않았는지 확인한다(일종의 '쥐새끼같이 비열한 거래').
	  – 시장오용, 자금세탁 – 만일 해당 고객이 15에 매입할 수 있었음에도 20에 매입한 것을 눈감아 주었을 경우 당신은 해당 고객이 트레이드에서 손해를 본 데 대해 기분이 좋지 않은지 의심해 볼 수 있을 것이다. 이 트레이드가 합법적인 상거래나 투자 목적 외의 다른 목적으로 수행되었다고 의심하는가?

딜레마 12	어느 고객이 당신의 회사에서 보낸 비즈니스 조건을 읽어보고 나서 자신의 전화 통화가 음성 녹음된다는 사실을 알게 되자, 이에 반대하다며 당신과 대화를 원하고 있다. 그들은 당신에게 음성 녹음 적용이 배제되어야 당신의 회사와 거래하겠다고 말한다.

주요 이슈들	• 음성 녹음 • 데이터 보호 • 비밀 유지
설명/ 대처 방안	• 일반적으로 트레이드 지시와 결제 지시를 내리고 수령하는 부서들(예를 들어 세일즈 부서, 트레이딩 부서와 오퍼레이션 부서)이 음성 녹음을 갖추는 것이 보다 중요하므로 해당 고객이 어느 부서와 거래하려고 하는지 알아보라. • 음성 녹음을 요구하는 거래소의 규칙이 있는지 파악하라. • 고객의 모든 전화를 녹음하는 것이 회사 정책인가? • 고객에게 얘기하라. 고객이 우려가 무엇인지 물어보고 녹음된 대화를 보호하기 위해 당신의 회사에서 갖추고 있는 데이터 보호 통제에 대해 말해 주라. 그러면 고객의 우려가 완화될 수도 있다. 또한 음성 녹음은 고객의 이익을 보호하기 위함이며 대부분의 회사는 이러한 통제를 갖추고 있음을 설명하라. • 한 고객에게만 음성 녹음을 적용하지 않기는 어려울 것이다. 이 고객의 요청을 수용하기로 결정할 경우 이를 준수할 수 있는 시스템을 갖추고 있는가? • 이 고객이 왜 전화 녹음을 반대하는지 자문해 보라. 당신은 이를 수상하다고 여기는가? 그들은 왜 자신의 행동에 대해 녹음하기를 원하지 않는가? 그들이 당신의 회사에게 규칙을 우회하거나 어기도록 요청할 여지는 없는가?

딜레마 13	당신의 회사는 최근에 대형 소매 체인인 ABC사와 기업금융 자문 제공과 관련한 비밀 유지 약정을 체결했다. 기관대출팀은 ABC사와 비밀 유지 약정이 체결되었다는 사실을 알고 있다. 고객 기반을 넓히기 원하는 기관대출팀은 기업금융팀이 지니고 있는 정보 공유를 거부하고 있다며 자기 팀이 이 정보를 볼 수 있는지 당신에게 문의해 왔다.
주요 이슈들	• 비밀 유지 • 이해상충 • 시장오용/시장 행동 • 내부자 리스트 • 정보 차단벽
설명/ 대처 방안	• 기관대출팀은 회사와 비밀 유지 약정이 체결되었으므로 회사 내에서는 관련 정보가 자유롭게 공유될 수 있어야 한다고 주장하겠지만 그런 주장은 설득력이 없다. ◗

	• 서명된 비밀 유지 약정의 내용을 점검하라. 이 약정은 아마도 이 약정에서 다루는 특정 거래와 관련해서만 비밀 정보에 대한 접근을 허용하고 회사 내 일반적인 접근은 허용하지 않음으로 써 기관대출팀의 접근을 배제할 것이다. • 또한 시장오용 이슈와 시장 비리 이슈도 고려하라. 기업금융팀 이 보유하고 있는 내부정보가 적절한 업무 수행 과정이 아닌 다 른 경로로 회사 내 다른 부서에 전달되면 이는 법규 위반이다. • 이 상황을 다루는 가장 실제적인 방법 중 하나는 기관대출팀이 자신도 유용한 금융 서비스를 제공할 수 있을지도 모른다는 토 대 위에서 기업금융팀에게 ABC사를 소개해 달라고 요청하는 것이다. 이렇게 하면 ABC사가 자신에 관한 민감한 정보를 제 공할 건전한 이유가 있는지 스스로 결정할 수 있을 것이다. • 기관대출팀과 정보가 공유되려면 ABC사와의 서면 합의 내용 에 기초해야 하며 이 팀의 관련 직원들이 내부자 리스트에 추 가되어야 한다.
딜레마 14	당신의 회사는 사모 주식 펀드를 운영하고 있으며 M&A팀도 두 고 있다. XYZ사의 매각 절차가 진행 중인데 당신의 회사는 이에 입찰하는 고객에 대한 자문 계약을 맺고 있다. 당신은 나중에 당 신 회사의 사모 주식 펀드도 XYZ사의 입찰에 참여하여 M&A팀 고객과 경쟁하고 있음을 발견했다.
주요 이슈들	• 비밀 유지 • 이해상충 • 주의리스트와 제한리스트 • 배타적 서비스 제공
설명/ 대처 방안	• M&A팀 고객과의 약정 조건을 점검하라. 회사가 이 딜에 경쟁 하지 못하게 하는 조항이 있을 수 있다. • 배타적 서비스 제공 조항이 없을 경우, 당신이 두 팀 사이에 상 호 정보 교류 가능성을 관리하기 위한 적절한 인프라가 갖춰져 있다고 생각한다면 당신 회사의 사모 주식 펀드는 이 입찰에 계속 참여할 수 있다. • 딜을 더 진행하기 전에 M&A팀 고객과 시장 일반이 이 상황을 어떻게 인식할지 생각하라. 회사의 관행이 잘못되었다는 비난 을 받을 수 있으며 평판 손상 리스크도 크다. • 최소한 M&A팀의 고객에게 입찰 경쟁 상황과 당신의 회사에서 그들의 이익을 보호하기 위해 시행한 조치들을 통지하라. ◐

	• 부적절한 정보 흐름을 세심하게 통제하고 한 팀의 제안 내용이 다른 팀에 새나가지 않게 하라. 예를 들어 사모주식펀드팀이 M&A팀 고객의 입찰 내용을 알게 되면 자신의 제안을 제출하기 전에 이를 수정할 수 있을 것이다. • 건실한 물리적 정보차단벽과 전자적 정보차단벽을 두고 이 영역에 대한 모니터링을 강화하라. • 두 딜팀의 팀원들에게 그들이 처해 있는 상황의 민감성과 그들이 비밀을 엄격히 유지해야 함을 서면 경고를 통해 상기시키라.
딜레마 15	당신의 회사는 해외 고객에게 서비스를 제공하기 시작했는데 그 나라의 고객 조사 제도는 영국의 제도와 다르다. 당신이 가망 고객에게 KYC 문서 작성, 특히 주소 확인을 위한 공과금 납부 고지서 제출을 요청하면 그들은 종종 화를 내며 그러한 개인 신상에 관한 서류 제출을 요구하지 않는 회사로 거래를 옮기겠다고 위협한다.
주요 이슈들	자금세탁방지 통제
설명/ 대처 방안	• 고객의 주소는 신원의 주요 측면 중 하나이지만 공과금 납부 고지서가 그들의 주소를 증명하는 유일한 수단은 아니다. • 주소를 확인하기 위해 공과금 고지서를 입수하라는 절대적인 법적 요건이 있는 것도 아니며 이는 단지 JMLSG 지침노트에서 제안한 하나의 방법에 지나지 않는다(부록 1을 보라). • 자금세탁 규정에서 실제로 요구하는 내용은 회사들이 '신뢰할 수 있고 독립적인 원천으로부터 입수한 서류, 데이터, 또는 정보에 기초하여 고객의 신원'을 확인하라는 것이다. • 일부 국가에서는 우편 서비스가 빈약하여 우편물이 가정으로 배달되지 않고 사서함으로 배달된다. • 특정 국가에서는 안전상의 이유로 사람들이 그러한 개인 정보 제공을 꺼린다. • 사람들이 자신에 관해 증명해야 하는 데 대해 모욕을 느끼며 이를 부적절하다고 생각하는 경우도 있다. • 고객들에게 당신의 회사가 왜 고객의 주소를 확인할 필요가 있는지에 대해 최선을 다해 설명하되 공과금 고지서를 입수할 수 없을 경우 몇 가지 대안이 있다. 　– 계좌담당 책임자가 고객의 자택 주소를 방문하게 한다. 　– 그들의 회사 고용주로부터 그들의 주소를 확인하는 서한을 받는다. ○

	– 신뢰할 수 있는 전문가, 예를 들어 고객의 변호사나 회계사로부터 고객의 주소를 확인하는 서한을 받는다. – 전화번호부를 사용한다. – 일부 국가에는 세금 기록 데이터베이스와 같은 공식 주소 확인 장치가 있다. • 고객에게 FSA의 신원 제공에 관한 가이드 전단을 발송한다. 이 전단은 왜 당신의 회사에서 KYC 서류를 수집하는지 설명해 줄 것이다. 이 전단은 고객에게 신원 제공 요청이 계좌담당 임원의 변덕이 아니라 공식적이고 적절한 요건이라는 점을 보여 주는 데 도움이 될 것이다. • 당신의 회사의 내부 절차가 경직되어 있으면 공과금 고지서 이외의 주소 확인 방법들이 수용될 수 있도록 절차를 보다 유연하게 바꾸는 방안을 고려하라.
딜레마 16	어느 리서치 애널리스트가 자신이 6개월 전에 리서치 보고서를 발행했으나 그 이후 상세하게 다룬 적이 없는 회사의 주식을 매입해도 되는지 문의해 왔다.
주요 이슈들	• 내부자 리스트 • 시장오용/시장 행동 • 개인계좌 거래
설명/ 대처 방안	• 이 리서치 애닐리스트가 내부정보를 보유하고 있을 경우 이 회사의 주식을 살 수 없다. 회사의 내부자 리스트를 확인하라. • 회사의 내부 정책이 리서치 애널리스트들은 자신이 담당하고 있거나 담당한 적이 있는 회사의 주식을 매매하지 못하게 할 수도 있다. 이 경우 논란의 여지가 없으며 이 트레이드는 진행할 수 없다. • 이 거래를 허용하고자 할 경우 해당 리서치 애널리스트(와 그 상사)에게 그가 이 회사를 조만간 담당할 가능성이 있는지 문의하라. 그럴 경우 그의 행동에 대해 사람들이 의문의 눈초리를 보낼 수 있다. • 이 애널리스트에게 내부자 거래 리스크와 그가 내부정보를 보유하고 있는 동안에 이 주식을 팔고자 할 때 직면할 수 있는 문제들에 대해 서면으로 경고하라. 그에게 이 경고를 읽고 이해하였으며 해당 주식에 관해 어떠한 내부정보도 보유하고 있지 않음을 서면으로 확인하게 하라. • 이 거래를 승인하지 않는 것이 가장 안전한 방법이다.

딜레마 17	당신은 개인계좌 거래에 대해 일상 검토를 수행하다가 어느 리서치 애널리스트가 XYZ사에 대해 최근에 매도 추천 의견을 냈으나 2일 후에 XYZ사의 주식을 대량 매입했음을 발견했다.
주요 이슈들	• 시장오용/시장 행동 • 개인계좌 거래
설명/ 대처 방안	• 이 리서치 애널리스트는 자신의 추천과 모순되게 행동한 듯하다. 그는 해당 회사 주식을 '매도'해야 한다고 생각하면서 왜 자신은 이 주식을 매입했는가? 이 애널리스트가 특정 회사의 주가를 떨어뜨리기 위해 이 회사에 관한 부정적인 정보를 퍼뜨린 뒤 이 회사의 주가가 회복되면 이익을 보기 위해 이 회사 주식을 매입하는 시장오용에 관여했다고 의심할 수도 있다. • 합리적인 설명이 있을 수도 있으므로 해당 애널리스트에게 이 행동들을 설명하라고 요청하라. 이 애널리스트는 자신의 보고서가 해당 주식의 가격을 떨어뜨려서 이제 자신은 이 회사 주식 가격이 바로 잡아져 매입할 가치가 있게 되었다고 생각할 수도 있다. 그렇다면 그는 이후 매입 추천 보고서를 냈는가? • 시장오용을 의심할 경우 FSA에 보고해야 한다. • 발생한 사실에 비추어 볼 때, 당신의 회사에는 개인계좌 거래에 대한 사전 승인 제도가 없거나 있다 해도 개인계좌 사전 승인 프로세스에서 최근에 발표된 리서치를 고려하지 않는 듯하다. 이 문제를 다루기 위한 회사의 개인계좌 거래 절차 개정을 고려하라. • 개인계좌 거래와 리서치 추천을 비교 검토하여 추가 조사가 필요한 이례적인 사례가 더 있는지 확인하라.

딜레마 18	어느 펀드 매니저가 당신에게 자신이 관리하고 있는 펀드의 주식을 매입해도 되는지 문의해 왔다.
주요 이슈들	• 시장오용/시장 행동 • 개인계좌 거래 • 이해상충
설명/ 대처 방안	• 일부 고객들은 펀드 매니저가 자신이 관리하고 있는 펀드에 상당한 금액을 투자할 경우 이를 펀드에 대한 헌신, 자신에 대한 신뢰, 이해관계의 정렬을 보여주는 것으로 간주하여 그럴 경우에만 펀드에 투자한다. 펀드 매니저의 돈이 펀드에 투자되기 때문에 가급적 이 펀드의 실적이 좋아야 매니저 자신에게도 이익이 된다. **○**

	• 반면에 펀드 매니저가 관리하는 펀드에 관한 특권적 정보를 이용하여 호재 발표 직전에 펀드를 사고 악재 발표 직전에 파는 이점을 누릴 수 있기 때문에 이를 이해상충 가능성이 있는 것으로 보고 이러한 관행에 눈살을 찌푸리는 사람도 있다. 따라서 개인 투자가 허용될 경우 부적절한 징후가 있는지 주의 깊게 모니터되어야 한다. • 이는 각 회사가 스스로 결정해야 하는 내부 정책상의 문제이다.

딜레마 19	어느 후선부서 직원이 다른 회사의 이사가 될 수 있는지 문의해 왔다.
주요 이슈들	• 이해상충 • 외부 이사직
설명/ 대처 방안	• 결정을 내리기 전에 아래와 같은 추가 정보를 수집해야 한다. 　– 이사직 수행에 얼마나 많은 시간이 할애될 것인가? 과도한 시간이 소요될 경우 당신 회사의 업무 수행에 지장이 초래될 수 있다. 　– 다른 회사가 당신 회사와 경쟁하는 업종에 있는가? 그럴 경우 이해상충이 초래될 수 있다. 예를 들어 당신 회사에서 외주 후선부서 서비스를 제공하고 있는데 외부 이사직을 수락하고자 하는 회사 역시 이 서비스를 제공하고 있다면, 이 직원이 어느 회사에 충성할지 알 수 없기에 너무 많은 이해상충 상황에 처해진다고 생각할 수 있다. 　– 이 직원이 보수를 받게 되는가? 그럴 경우 이 보수가 그 직원이 당신의 회사에서 업무를 수행하는 데 영향을 줄 수 있는가? 　– 이 직원은 제안된 이사직으로부터 간접 이익을 얻게 되는가? • 외부 이사직 수행을 승인하고자 할 경우 감독 규정상의 관점에서 다음과 같은 점에 주의해야 한다. 　– HR부서와 비서실은 외부 이사직 수행에 관해 별도의 절차를 두고 있을지 모르니 이 부서들과 상의하라. 　– FSA에 통지하라(이 직원이 승인자일 경우) 　– 그 직원에게 외부 이사직 수행 결과 직면할 수 있는 이해상충과 그러한 상충을 어떻게 관리해야 하는지에 대한 교육을 실시하라. 　– 이 이사직의 적절성에 대해 정기적으로 검토하라.

딜레마 20	당신의 회사는 초고액 자산가인 개인 고객들과 거래하고 있는데, 이들 중 한 고객이 제공된 서비스에 대한 감사 표시로 당신 회사의 투자 상담사 중 한 사람의 주택저당대출을 상환해 주겠다고 제안했다. 이 대출금액은 해당 고객의 자산에 비해 상대적으로 소액이지만 객관적으로는 상당히 큰 금액이다. 이 투자상담사는 이 선물이 자기 가족의 복리에 중대한 영향을 주기 때문에 이를 받도록 허용되지 않으면 회사를 떠나겠다고 위협하고 있다.
주요 이슈들	• 향응 • 이해상충 • 고객의 최상의 이익 규칙
설명/ 대처 방안	• 당신 회사의 향응 정책에 어떻게 규정되어 있는가? 이러한 성격과 규모의 선물을 허용할 가능성이 낮다. • 이 선물을 받아들일 경우 다른 고객에 불이익이 없을지 고려하라. 그렇지 않을 것으로 보이는 경우에도 향후에는 어떠할지 고려하라. 이 투자상담사가 이 선물을 받아들일 경우 그는 향후에 이 고객에게 신세를 졌다고 여겨서 다른 고객에 비해 이 고객을 우대해야 하는 의무가 있다고 생각할 것이다. • 이 고객에게 당신은 왜 이 정도 규모의 선물이 부적절하다고 생각하는지 설명하라. 그러나 일부 국가에서는 선물 거절에 대해 모욕을 받았다고 간주할 수도 있음에 주의하라. • 한 명의 직원이 이러한 감사 표시를 받는 것이 공정한지 생각해 보라. 그는 혼자 일한 것이 아니며 회사와 회사 동료들에 의해 제공된 전체 인프라에 의존했을 것이다. • 이 직원이 계속 회사를 떠나겠다고 위협할 경우 특히 그 직원이 신임을 받고 있는 경우 당신이 직원을 몰아낸다는 비난을 뒤집어쓰기를 원하지 않을 테니 이를 상위 경영진에게 보고해야 한다. • 저자는 어떤 컴플라이언스 책임자도 이 주택저당대출 상환을 지지하지 않으리라고 생각한다.

딜레마 21	회사 트레이더 중 한 명이 당신을 찾아 와서 회사의 보상 전략이 리스크를 고려하지 않는다며 우려를 표명했다. 그는 리스크가 매우 크고 포지션이 존속하는 전체 기간 동안 회사가 커다란 리스크에 노출되지만 초기에 이익을 내는 포지션에 대해 과도한 보너스를 지급한다며 불만을 제기했다. 그의 상사는 단지 이 직원이 지난번 보너스 지급 시 다른 직원만큼 받지 못해 불만을 품고 있는 것에 지나지 않는다고 생각한다. ➲

주요 이슈들	• 이해상충 • 보상 정책
설명/ 대처 방안	• 리스크와 보상 사이의 관계는 모든 금융기관들에 매우 실제적인 관심사이다. 트레이더들은 해소할 때가지 몇 년이 소요되는 포지션을 취해서 단기 이익을 내고 보너스를 챙긴 뒤 회사를 떠나곤 한다. 그 뒤에 경기가 악화되면 한때는 이익을 냈던 포지션이 갑자기 거액의 손실을 내기 시작한다. • 일부 회사들은 이연 보너스(deferred bonus), 회사의 장기적 성공이 직원의 성공과 연결되게 하기 위한 옵션 형태의 보너스 사용을 통해 리스크를 고려하는 보상 정책으로 이 이슈를 다룬다. • 회사의 보상 정책이 최적이 아니라고 알고 있지 않는 한 이를 자세히 알아볼 필요가 있다. HR부서와 협력하여 정책 변경이 필요한지 조사하라. 이 불평이 실제로 트레이더 측의 불멘소리에 지나지 않을 수도 있다. • 상위 경영진 등은 자신이 어떻게 보상받을지에 대해 매우 민감하기 때문에 정책 변경이 필요할 경우 이는 매우 어려운 작업이 될 것이다.

딜레마 22	당신은 최근에 법률과 업계 지침 변경으로 인해 회사 고객 신원 확인 절차를 업데이트했다. 회사의 프라이빗 고객 위탁매매팀은 당신이 부과한 기준을 충족하는 데 특히 어려움을 겪고 있으며, 기준이 엄격하지 않은 다른 회사로 대규모로 이직하겠다고 위협하고 있다. 그들은 당신이 그들의 비즈니스 수행 능력에 방해가 되고 있으며 이로 인해 고객들을 잃고 있다고 말한다.
주요 이슈들	• 자금세탁방지 통제 • KYC
설명/ 대처 방안	• 당신의 새로운 절차를 검토하라. 이 절차가 실제로 너무 엄격할 수도 있다. • 이 팀에게 그들의 구체적인 우려가 무엇인지 물어보라. 그들은 자신에게 실제로 요구되는 내용이 무엇인지 이해하지 못했을 수도 있다. 당신은 적정한 교육을 실시했는가? • 이 팀에게 이 요건의 근원을 설명하라. 그들에게 당신이 요구하는 사항은 법률에 근거하고 있음을 알게 하라. • 당신 회사의 절차를 업계 다른 회사들의 절차와 비교하라.

○

	• 이 팀에게 그들이 어디로 가든지 KYC를 완료하라는 동일한 요건에 직면할 것이라는 점을 설명하라. • 이 팀에게 건실한 KYC 전략이 법률과 감독 규정상의 제재와 평판 손상으로부터 어떻게 그들을 보호하는지 설명하라. 자금세탁방지제도의 취약성으로 인해 최근에 벌금을 납부한 회사의 예를 알려 주라. • 최근에 이 팀에 의해 수행된 고객의 KYC 정보를 검토하여 대충 생략한 부분이 없는지 확인하라. • 이 상황을 해결할 수 없을 경우 상위 경영진에게 보고할 필요가 있다.
딜레마 23	한 브로커가 당신에게 자신의 고객이 자금세탁에 관여하고 있을지도 모른다는 의심이 든다고 알려 왔다. 이 고객은 버진아일랜드(BVI) 소재 계좌에 5백만 파운드를 송금해 달라고 요청했는데 이 계좌 명의인에 대해 회사에서는 아는 바 없으나, 송금 의뢰인은 자기 사동생이라고 얘기하고 있다.
주요 이슈들	자금세탁방지 통제
설명/ 대처 방안	• 해당 브로커에게 고객에게 이 거래에 대해 설명하도록 요청하게 하라(물론 해당 고객이 자금세탁 혐의를 받고 있다는 사실을 '귀띔하는' 방식이어서는 안 된다). • 이 고객의 KYC 파일을 검토하라. 이 파일에 기초한 고객의 통상적인 금융 거래 내용으로 볼 때 이 고객이 BVI에 소재하는 사람에게 송금할 것으로 예상되는가? 이 거래가 고객의 프로필에 비추어 볼 때 논리적인가? • 이 돈이 어느 은행에 송금될 것인가? TATF(금융활동 테스크포스) 회원국에 본점을 둔 잘 알려진 은행인가, 아니면 한 번도 들어 본 적이 없는 낯선 이름을 쓰는 은행인가? 이는 이 송금에 관해 당신이 어떻게 생각하는지에 대해 영향을 줄 것이다. • 고객의 사동생 신원을 확인하기 위해 그의 신분증을 구할 수 있는가? 그럴 경우 그의 이름이 제재 리스트에 올라 있는지 확인하라. • 이 송금에 대해 불편하게 생각할 경우 SOCA(중대조직범죄국)에 보고하고, SOCA의 답변을 받을 때까지 이 고객이 눈치채지 못하도록 고객을 붙들어 둬야 한다. 많은 회사들은 자기 회사의 제3자에 대한 송금 통제가 매우 엄격하며 회사 내부 절차상 수령인에 대해 완전히 공개되지 않는 한 그러한 송금을 허용하지 않는다고 설명할 것이다.

딜레마 24	당신의 회사는 최근에 새로운 국가에 지점을 열었는데 고객 확보에 어려움을 겪고 있다. 당신은 이곳에서는 가망 고객에게 초기 거래 관계를 용이하게 하도록 작은 '인센티브'를 준다는 것을 알고 있다. 당신은 이를 금지시켰지만 당신의 동료들은 인센티브는 통상적인 시장 관행이며 이 지역에서 운영하고 있는 모든 서방국가 은행들도 동일하게 시행한다고 주장한다. 그들은 당신이 이 관행을 허용하지 않을 경우 신설 지점이 실패해서 회사에 수백만 파운드의 손실이 발생할 것으로 우려하고 있다. 당신은 이에 대한 비난을 뒤집어쓰기를 원하지 않는다.
주요 이슈들	• 자금세탁방지 통제 • 부패
설명/ 대처 방안	• 현지 법률에서 허용되는 관행에 관해 현지의 법률 검토를 받고 이 상황을 회사 법무부서와 논의하라. • 가능하다면, 관련 국가의 동료들과 대화하여 그들이 실제로 자신들이 주장하는 방식대로 행동하고 있는지, 그렇다면 어떻게 이 상황에 대해 마음을 놓을 수 있었는지 토의하라. • 뻔뻔한 뇌물과 어쨌든 제공될 서비스를 촉진시키기 위해 공무원에게 제공하는 금액인 '윤활유 지급'과는 차이가 있다. 예를 들어 다른 회사를 제쳐두고 당신의 회사를 선택하도록 영향을 주기 위한 뇌물은 명백히 부적절한 반면 윤활유 지급은 일을 처리하기 위한 유일한 방법인 경우도 있다. 종종 이 둘 사이의 구분은 매우 모호하다. • 해외 부패방지법 규정(부록 6을 보라)을 기억하라. 당신은 이 미국 법에 저촉되기를 원하지 않을 것이다. • 당신 회사가 부적절한 지급, 선물 또는 인센티브를 지급하거나 수령 혐의로 고소되면 자금세탁 혐의도 받게 될 수 있다. • 이는 컴플라이언스 책임자 혼자서 내릴 결정이 아니라 상위 경영진과 내부/외부 변호사도 이에 관한 의사 결정에 참여해야 한다.

딜레마 25	전에 당신의 동료였고 지금은 친한 친구로 지내고 있는 사람이 최근에 새로운 일자리를 제안받았다. 그는 당신을 참고인으로 지정했으며 그의 가망 고용주는 당신에게 그의 이력서 사본을 보내 그가 당신 회사에서 근무한 이력서 내용이 올바른지 확인해 달라고 요청했다. 당신은 그 친구가 당신의 회사에서 한 일이 크게 과장되었지만 대체로 그가 입사하려는 회사에서 잘 해내지 못하리라고 믿을 이유도 없다고 생각하는데, 어떤 의견을 제시해야 할지 모르겠다. 　　　　　　　　　　❍

주요 이슈들	• 승인자 제도 • 적격성과 적합성
설명/ 대처 방안	• 당신의 의견 제시는 개인 자격으로 하는 것인가, 아니면 회사를 대표해서 하는 것인가? • 회사를 대표하는 것이라면 회사의 평판 조회 정책을 따르라. 대부분의 회사들은 법적 조치를 두려워해서 회사에서의 근무 기간과 담당 업무 이외의 다른 세부사항 언급은 허용하지 않을 것이다. • 당신의 친구에게 이력서 내용에 대해 물어보라. 그의 경력에 대해 당신이 잘못 생각하고 있을지도 모른다. • 개인 의견을 요청받았는데 당신의 친구가 정직하지 않다고 생각할 경우 뭐라고 말할지에 대해 매우 신중하게 생각하라. 당신은 그의 가망 고용주에게 허위 의견을 제시한 데 대해 책임을 지고 싶지 않을 것이다. • 승인자 규칙 하에서 의견을 요청받은 경우 당신 친구의 행동이 그의 적격성과 적합성에 어떤 영향을 줄지에 관한 질문이 고려되어야 하기 때문에 이에 대해 생각해 봐야 한다.

딜레마 26	회사 무역금융 부서 직원이 자기 고객 회사의 주식을 매입하기 원하는데 회사의 개인계좌 거래 정책상 허용되는지에 대해 자신이 없다.
주요 이슈들	• 개인계좌 거래 • 시장오용/시장 행동 • 주의리스트와 제한리스트 • 내부자 리스트
설명/ 대처 방안	• 회사에 직원들이 고객사 주식 거래를 금지하는 정책이 있는가? 그럴 경우 거래가 허용되지 않는다. • 금지하는 규정이 없을 경우 상황에 따라 결정하라. • 당신의 회사 또는 그 직원이 고객사에 대한 내부정보를 보유하고 있는가? 회사의 주의/제한/내부자 리스트를 확인하면 이를 쉽게 알아볼 수 있을 것이다. 무역금융 부서 직원이 내부정보를 보유하고 있을 가능성은 크지 않다. • 이 거래가 해당 고객에게 어떤 식으로든 불이익을 주지 않겠는가? • 이 직원이 현재 해당 고객과 거래를 담당하고 있는가? 그럴 경우 설사 이 직원이 내부정보를 보유하고 있지 않다 해도 이 주식 거래가 좋게 보이지 않을 것이다. ◗

	• 이 거래를 허용하고자 할 경우 다음과 같이 하라.
	− 이 직원에게 내부정보에 기초해 트레이드하지 말 것과 향후 내부정보를 보유하게 될 경우 트레이드할 수 없음에 대해 상기시키라.
	− 이 직원에게 내부정보를 보유하고 있지 않음을 서면으로 확인하게 하라.

딜레마 27	당신은 당신 회사에서 ABC사에 관해 발표 직전에 있는 리서치 보고서를 검토해 달라는 요청을 받았다. 리서치 내용은 매우 긍정적이며 매입/보유 추천을 담고 있다. 그날 리서치 발표 전에 한 친구가 전화를 걸어와 잡담하다 우연히 ABC사의 실적에 실망해서 자기가 보유한 이 회사 주식을 전부 매도 주문을 낼 것이라는 얘기를 들었다. 당신은 회사에서 곧 발표할 리서치 보고서의 내용에 기초해서 친구에게 팔지 말라고 말해줘도 되는지 자신이 없다.
주요 이슈들	시장오용/시장 행동
설명/ 대처 방안	• 이 주식이 규제를 받는 시장에 상장되어 있을 경우 당신이 알고 있는 내용을 친구에게 말해 준다면 시장오용이 되므로 이에 대해 잠자코 있어야 한다.
	• 이 주식이 규제받는 시장에 상장되어 있지 않을지라도 알고 있는 바를 친구에게 공개하면 FSA의 시장 행동 원칙 위반이 될 가능성이 있다.

딜레마 28	당신의 동료 중 한 명이 당신에게 지난밤에 술집에서 우연히 들었던 대화 내용을 들려줬다. 이 대화는 어느 집단이 수입 관세 납부를 피하기 위한 불법 담배 수송에 관여하고 있는 듯했다. 당신은 이 대화를 자금세탁혐의로 SOCA에 보고할 필요가 있는지 확신하지 못하고 있다.
주요 이슈들	자금세탁방지 통제
설명/ 대처 방안	• 그 집단이 논의하던 것이 진짜로 불법이라고 확신하는가?
	• 법률상으로는 업무 수행 과정상 알게 된 혐의만 보고할 의무가 있으므로 전해들은 내용을 보고할 의무는 없다.

	• 만일 이 사람들의 행위가 불법이라고 확신할 경우 특히 SOCA가 이 집단의 불법 행동을 조사하는 데 도움이 될 만한 상세한 내용을 알고 있을 경우 이를 SOCA에 보고하기로 결정할 수도 있을 것이다. • SOCA는 실제 범죄 행위를 다루기에 바빠서 쓸모없는 없는 보고로 업무가 과중될 필요가 없음을 기억하라.

딜레마 29	당신 회사는 최근에 새로운 주식 브로커를 고용했다. 이 브로커의 고액 자산가 고객 중에는 해외 거주자로서 정치적으로 노출된 사람들(politically exposed persons; PEPs)이 많이 있다. 당신은 그들에 대한 조사를 어떻게 만족스럽게 수행해야 하는지 자신이 없다.
주요 이슈들	자금세탁방지 통제
설명/ 대처 방안	• 특정 국가 정부에서는 부패 수준이 상당하다고 알려져 있기 때문에 PEPs는 자금세탁 리스크가 일반인의 경우보다 높다. • PEPs의 행동이 공명정대하다고 여긴다면 그들과 거래하지 못할 이유가 없다. 회사의 리스크 성향은 이들과의 거래를 허용해야 한다. • 당신의 회사는 PEPs와 거래하기 위한 특별한 절차를 갖춰야 한다. 315쪽에서 추가 지침을 찾아볼 수 있다.

딜레마 30	당신은 리서치 보고서 발표 전에 이를 승인하고자 검토하던 중에 회사 기업금융부서 고객인 기업에 대한 매도 추천을 발견했다. 추가 조사 결과 당신 회사가 현재 이 리서치 보고서 대상 기업의 자금 조달을 돕고 있음을 발견했다. 당신은 이 리서치 보고서가 발표되도록 허용해야 할지 자신이 없다.
주요 이슈들	• 이해상충 • 리서치 독립성
설명/ 대처 방안	• 고객은 회사의 한 부서에서 자신들에게 비판적이어서 '매도' 추천을 내면서 다른 부서에서는 자금을 조달하도록 돕기 위해 그들을 선전하는 행동에 기분이 좋을 리 없다. ❍

- 그러나 리서치팀은 기업금융팀과는 독립적이어야 한다. 리서치 대상 회사의 내용이 실제로 좋지 않은데 리서치 고객에게 이를 말해 주지 않는 것은 리서치 고객의 최상의 이익에 부합하지 않는다. 이러한 고려가 결과에 차이를 가져와서는 안 되지만 리서치 고객들이 리서치에 대한 대가를 지급할 경우에는 더욱 그러하다.
- 반대로 기업금융팀 고객 입장에서 볼 때 자신들의 자금 조달을 도와주기로 한 회사가 자신에 대한 부정적인 리서치 보고서를 발표하는 것은 그들의 최상의 이익에 합치하지 않는다.
- 기업금융팀 고객과의 계약서를 검토하라. 계약서에 리서치 발표를 금하는 조항이 있는가? 그러한 조항은 리서치 독립성에 영향을 주기 때문에 이러한 조항이 있어서는 안 된다. 다시는 그러한 조항이 사용되지 않게 하라.
- 기업금융팀장과 개인적으로 만나서 이 상황에 대해 경고하라. 그로 인해 리서치를 발표하지 못하게 하는 것은 옳지 않지만 최소한 기업금융팀장에게 고객이 부정적인 보고서가 발표된 사실을 알게 될 경우에 고객 관계를 잘 관리하도록 미리 경고해 줄 수는 있다.
- 또한 기업금융팀 고객의 CEO가 곧 부정적인 리서치 보고서가 발표되리라는 사실을 이미 알고 있는지 알아보라. 리서치 애널리스트들은 흔히 자신이 담당하는 회사들과 얘기하고 그들에게 자신의 보고서를 검토하게 하므로(리서치 보고서에 추천 의견 또는 목표가가 포함되어 있을 경우 이처럼 리서치 보고서를 미리 보여 주는 데에는 어느 정도 제약이 있다), 그들이 이에 대해 알 수도 있다.
- 이로 인해 기업금융팀이 거래관계를 상실할 가능성이 높다. 이 고객과의 거래 관계를 유지할 수 있다 할지라도 당신 회사가 동시에 그들에 관해 부정적인 리서치 보고서를 발표할 경우 그들의 자금 조달을 도와 줄 수 있는 가능성이 낮기 때문에, 이는 탁상공론에 그칠 공산이 크다.
- 리서치팀이 이 리서치 보고서를 철회하라는 압력을 받지 않도록 보호하라. 기업금융팀의 거래가 성공적으로 완료되면 수백만 달러를 벌 수 있는데, 아무런 직접적인 수익을 가져오지 않는 리서치 보고서 때문에 이를 상실하게 되는 것은 전혀 기분 좋은 일이 아니기에 이러한 일이 발생할 수도 있다.

딜레마 31	• 당신 회사의 고유계정 주식 트레이딩팀 상위 직원중 한 명은 계속해서 규제 요건 준수를 우습게 여긴다. 당신은 그가 규칙을 위반한 횟수로 볼 때 징계를 받아야 한다고 생각하지만, 그의 상사는 심각한 피해가 야기되지 않았으며 이 직원을 징계할 경우 그가 회사를 떠나게 될 것이고, 그러면 다른 팀원들은 실적이 신통하지 않아서 이익에 중대한 악영향을 줄 거라고 말하면서 이에 동의하지 않는다.
주요 이슈들	• 적격성과 적합성 • 교육/역량 • 고객의 최상의 이익 규칙 • 상위 경영진 시스템, 제도, 통제
설명/ 대처 방안	• 이 사람은 당신의 회사에 위험한 인물인 듯하다. 많은 금융 스캔들 역사를 조사해 보면 자기 자신과 다른 사람들이 흠잡을 것이 없다고 생각하는 유형의 사람들에 의해 저질러진 스캔들이 많음을 알게 될 것이다. • 회사의 다른 사람들 중 이 사람의 행동과 동일하거나 이에 필적할 만한 행동으로 징계를 받은 적이 있는가? 그럴 경우 왜 이 사람이 단지 상위 직급이라는 이유만으로 우대를 받아야 하는가? 이는 좋은 선례가 되지 못한다. • 이 직원이 징계를 받아야 되는지는 그의 상사 혼자서 결정할 일이 아니다. 회사 정책을 위반할 경우 이를 독립적으로 결정할 장치가 있어야 하며 그의 상사가 이를 일방적으로 번복할 수 없어야 한다. • 당신의 우려를 관련 직원과 논의하고, 그 상사의 행동이 어떻게 자신의 평판뿐 아니라 회사의 평판을 위험에 빠뜨리고 있는지 상기시켜 주라. 또한 그 상사에게 FSA는 상위 직급 직원인 그에게 컴플라이언스 책임이 있다고 볼 것이라는 사실을 상기시켜 주고, 당신이 도와 줄 사항이 있는지 물어보라. • 당신의 우려에 대해 HR부서와 법무부서에 얘기하라. • 이 직원과 그가 소속한 팀의 업무 관행을 점검하라. 위반 또는 즉시 시정조치를 취해야 할 다른 상황이 있을 수도 있다.

딜레마 32	회사 기업금융팀의 한 고객이 XYZ사 매각에 입찰을 고려중이다. 기업금융팀은 최근에 XYZ사와 거래를 마치고 이와 관련된 비밀 정보를 보유하고 있는데, 이 비밀 정보에 의하면 인수 희망 고객의 입찰 가격이 크게 부풀려져 있다. 당신은 이런 상황에서 회사가 이 인수 거래에 관여해도 좋을지 자신이 없다. ◐

주요 이슈들	• 시장오용/시장 행동 • 내부자 리스트 • 주의리스트와 제한리스트
설명/ 대처 방안	• 기업금융팀이 XYZ사에 대해 보유하고 있는 정보가 내부정보인가? 이 거래가 상당 기간 전에 종료되었을 경우 모든 관련 정보는 이미 시장에 알려졌을 가능성이 있다. 회사의 주의리스트/제한리스트를 점검해 보라. • 이 정보가 아직 공개되지 않았을 경우에도 인수 희망 고객(과 자문사, 즉 당신의 기업금융팀)은 실사 프로세스에서 이 정보에 합법적으로 접근하게 될 터이므로 당신의 회사는 보다 현실적인 입찰 가격을 제시하도록 도와 줄 수 있게 될 것이다. • 당신의 회사가 아직도 인수 대상 기업에게 새로운 거래와 양립할 수 없는 계약상 의무를 지고 있는지 조사해 보라.

딜레마 33	주로 호주와 뉴질랜드 기반 고객을 둔 어느 신규 브로커가 당신 회사와 거래를 시작했다. 그는 이 고객이 즉시 트레이딩을 원한다고 말하고 있지만 당신은 당신 회사가 호주나 뉴질랜드 소재 고객과 거래를 해 본 적이 없어서 그래도 되는지 자신이 없다. 그러는 동안 이 신규 브로커는 이 고객과 어떠한 거래도 하지 못하고 있어서 경쟁자에 고객을 잃을까봐 두려워하고 있다.
주요 이슈들	허용되는 활동
설명/ 대처 방안	• 현지 변호사에게 호주와 뉴질랜드에서 서비스를 제공할 때 어떤 감독 규정을 지켜야 하는지 확인하고, 당신의 회사가 이 규정들을 준수할 수 있게 해 줄 절차들이 시행되게 하라. • 모든 관련 직원들이 새로운 절차를 알게 하고, 적절한 교육을 받게 하라. • 모든 사항들이 갖춰졌다고 생각하기 전에 성급하게 이 거래를 승인하지 마라. • 왜 이 비즈니스 개척 당시에 컴플라이언스 부서와 상의하지 않았는지 알아보고, 다음번에는 컴플라이언스 부서가 보다 조기에 인식할 수 있게 할 방법을 모색하라. 　◐

딜레마 34	FSA는 당신 회사에 정기적으로 검사를 나온다. 당신은 중요 사항을 설명하는 문서가 송부되지 않았고 적합성 기록들이 적정하지 않다는 사실을 알고 있는데, 이 사실이 검사 기간 중 FSA에 적발되지 않았고, FSA는 당신 회사에 대해 상당히 긍정적인 인상을 받았다는 데에 대해 흡족해하고 있다. 그러나 자신이 알고 있는 위반 사항에 비추어 볼 때 FSA가 당신의 회사를 좋게 보는 것이 옳은지 자신이 없으며 이를 FSA에 알려줘야 하는 건 아닌가 생각 중이다.
주요 이슈들	감독 당국과의 관계
설명/ 대처 방안	• FSA에 공개할지 여부에 관한 결정은 컴플라이언스 책임자가 내려야 할 가장 어려운 결정 중 하나일 것이다. • FSA에 통지할 필요가 있는 사항이 무엇인지에 관한 FSA 지침을 검토하라. 당신 회사의 상황이 FSA의 통지 기준에 해당할 경우 이를 공개하지 않는 것이 정당화되기 어려울 것이다. • 현장 감사가 직전에 끝났다는 사실은 공개 필요 여부와는 다소 무관하다. FSA에 무언가를 통지할 필요가 있을 경우 FSA의 검사 수행 여부와 무관하게 통지해야 할 것이다. • 통지할 경우 위반에 이르게 한 상황을 교정하기 위해 어떤 시정조치를 취했는지도 정확히 설명하는 것이 좋다.

딜레마 35	당신은 회사에서 고객을 대면하는 모든 직원들에게 비즈니스 수행 절차에 관한 교육을 실시했다. 이 교육은 필수교육이며, 당신 회사의 교육/역량 제도하에서 각 직원의 역량 평가에 반영될 것이다. 교육 세션 중에, 당신은 일부 상위 경영진이 휴대 전화로 메시지를 점검하고 있는 것을 발견했으며 그들이 실제로 교육을 받았는지에 대해 확신이 없다. 그럼에도 그들은 자신이 이 교육에 참가했음을 입증하고 당신이 요구되는 '체크 박스'에 표시할 수 있도록 출석부에 서명했다.
주요 이슈들	• 교육/역량 • 승인자 • 적격성과 적합성 • 직원 역량 규칙
설명/ 대처 방안	• 이 행동은 다른 직원들에게 교육에 관한 아주 나쁜 예를 남기게 된다. 이 매니저들의 행동은 또한 교육 목적을 왜곡시킨다. 당신은 교육을 실시했다는 증거를 남기기 위해 출석을 체크할 뿐이며, 이 사람들은 주의를 기울이지 않고 있으며 따라서 아무것도 배우지 못할 것이다. ❍

	• 상위 경영진이 컴플라이언스에 책임이 있으며 이 지위에 있는 사람들은 자신에게 어떤 행동이 요구되는지 알 뿐 아니라 자신이 맡고 있는 팀에게 지침을 제공하는 것이 중요하다는 점에 비추어 볼 때, 이는 특히 심각하다. • 후에 이들을 개별 방문하여 교육을 실시하되, 그들에게 특히 관련이 있는 주요 사항들을 강조해 주고 다음번 교육에서는 교육 중 휴대 전화를 사용하지 않게 하라.
딜레마 36	당신은 감독 당국이 곧 통상적인 방문 검사를 나올 것이라는 사실을 알게 됐다. 일부 직원들은 당신이 생각하기에 잘못한 것이 없음에도 불안해하며, 감독 당국이 어떤 질문을 할지 그리고 이 질문들에 어떻게 대답해야 할지에 대한 지침을 요청한다. 당신은 검사 전에 직원들에게 이런 식으로 '코치'하는 것이 옳은지 자신이 없다.
주요 이슈들	감독 당국과의 관계
설명/ 대처 방안	• 직원들에게 코치하는 것(적절하지 않음)과 그들에게 기대되는 바가 무엇인지에 관한 지침을 주는 것(완전히 수용될 수 있음)에는 차이가 있다. • 인터뷰 대상이 될 가능성이 가장 높은 직원들을 소집하여 검사에 관해 당신이 알고 있는 내용에 대해 가급적 자세히 설명하라. • 그들에게 질문할 기회를 주라. • 필요하다고 생각하는 분야에 대해 기억을 환기시키는 교육을 실시하라. • 그러나 직원들에게 외울 대사나 이와 유사한 것은 제공하지 마라. FSA가 이를 알아챌 가능성이 있으며, 이는 그들의 의혹만 키우게 될 것이다.
딜레마 37	당신 회사 주식위탁매매팀에서는 고객의 최상의 이익에 부합하게 행동하지 못한 사례가 많았으며, 이에 대한 책임자는 회사가 그의 해고를 고려하던 중에 퇴사했다. 당신은 그를 승인자 명부에서 삭제할 필요가 있는데, 그의 퇴사 이유에 대해 뭐라고 적어야 할지 자신이 없다.
주요 이슈들	• 승인자 • 적격성과 적합성 • 감독 당국과의 관계 ◯

설명/ 대처 방안	• 당신은 그 사람의 적격성과 적합성에 영향을 줄 수 있는 모든 사안에 대해 FSA에 통지하도록 요구된다. 따라서 그가 회사에서 해고하기 전에 자진 퇴사했다는 사실은 통지 의무와는 무관하다. 그가 그러한 행위를 했다는 사실 자체는 사라지지 않는다. • 그 직원의 행동이 그의 적격성과 적합성에 영향을 준다고 생각할 경우(FSA 핸드북의 APER과 FIT에 관한 지침을 보라) FSA에 통지해야 한다. • 이는 매우 민감한 영역이므로 절차를 진행하기 전에 HR부서와 법무부서로부터 지침을 구하라.

딜레마 38	당신은 후선부서들 중 한 곳에서 많은 컴플라이언스 위반 사례를 발견했다. 관련 매니저(그는 리테일 고객에 관련되어 있기 때문에 교육/ 역량 규칙 적용 대상이다)와 이 문제에 대해 대화해 보니 이 직원은 관련 감독 규정의 요건들에 대해 아는 바가 없음이 분명했다. 그럼에도 그 직원의 매니저는 그 직원이 역량이 있다고 서명했는데, 당신은 이 직원이 추가 교육을 받을 때까지 그의 '역량이 있는' 지위가 배제되어야 한다고 생각한다.
주요 이슈들	• 교육/역량 • 직원 역량 규칙
설명/ 대처 방안	• 이 직원이 다른 영역에서 역량이 있는가? 그렇지 않을 경우 그는 확실히 이 역할을 수행하지 말아야 한다. • 이 직원이 규제 관련 사안에 대해서만 역량이 부족할 경우 강도 높은 교육과 지도를 받아야 하며 관련 요건들이 충족되기까지 세심한 감독과 검토 하에서 업무를 수행해야 한다. • 이 직원에게 감독 규정상의 시험을 다시 치르게 하는 방안을 생각해 보라. • 또한 이 직원이 역량이 있다고 평가한 사람이 이 분야의 요건을 이해할 수 있도록 교육을 실시하라. 그에게 자신이 역량이 있다고 평가한 부하 직원이 중대한 위반 또는 실수를 저지르면 자신도 연루될 수 있음을 알려 주라. • 이 평가자가 역량이 있다고 평가한 다른 직원들에게서도 이러한 문제가 발생하고 있는지 확인하라. • 당신이 역량을 의심하고 있는 사람이 수행한 업무를 검토하고 어떤 시정조치들이 요구되는지 점검하라. • 파악된 위반 사항 중 FSA에의 통지나 고객 보상이 필요한 사항이 있는지 고려하라.

딜레마 39	일상 모니터링 검토 수행 중에, 때로는 고객이 상품을 트레이드하기 불과 몇 분 전에 그 고객에게 그 상품과 관련된 리스크 경고를 보냈음이 발견되었다.
주요 이슈들	• 고객의 최상의 이익 규칙 • 적합성과 적절성 • 리스크 경고
설명/ 대처 방안	• 트레이드 불과 몇 분 전에 리스크 경고가 보내질 경우 고객에게 내용을 소화하고 관련된 리스크를 이해할 충분한 시간이 주어졌다고 주장하기 어려울 것이다. • 관련 직원들에게 고객들이 이를 읽고 내용을 소화할 기회를 주기 위해서는 리스크 경고를 제때 보내야 함을 설명하라. • 관련 고객들의 거래 내역을 검토하라. 그들이 관련 리스크를 적절히 이해하지 못해서 어떤 식으로든 불이익을 받지는 않았는가? 그들에게 보상을 실시해야 하는가? 현재는 고객들이 관련 리스크를 이해하고 있다고 생각하는가?

딜레마 40	당신 회사 리테일고객자문팀은 고객들에게 트레이드 추천을 하면서 고객이 이의를 제기하지 않을 경우 24시간 내에 이 추천 내용대로 트레이드하겠다는 전자우편을 보내는 관행에 빠져들었다. 이 트레이딩은 성공적이었고 아무 고객도 민원을 제기하지 않았지만, 당신은 이 팀이 하고 있는 일이 옳은지에 대해 확신하지 못하고 있다.
주요 이슈들	• 고객의 최상의 이익 규칙 • 적합성과 적절성 • 허용된 활동
설명/ 대처 방안	• 이 관행은 고객이 서명한 자문 서비스의 범위를 벗어난 듯하며 따라서 이 상황은 적절하지 않다. • 이는 일임관리에 가깝다. 회사가 이 서비스 제공 인가를 받았으며 직원들이 이 영역에서 역량을 평가받는지 확인할 필요가 있다. • 이 질문들 중 어느 하나에 대한 답이 '아니오'일 경우 FSA가 이에 대해 관심을 기울일 것이 명백하므로 당신은 어려운 상황에 처하게 될 것이다. • 고객에게 보상금을 지급해야 할 필요가 있을지도 모르니 자문팀의 이 행동으로 고객의 이익이 얼마나 손상되었는지 조사하라.　❍

	• 관련 직원 징계를 심각하게 고려하라. 또한 직원들에게 자문 관계에서 할 수 있는 활동과 할 수 없는 활동에 대해 교육을 실시해야 한다. • 회사가 일임관리 서비스 제공 인가를 받았고 FSA가 회사에게 이 분야에서의 영업을 중지하라고 요구하지 않았음을 전제로, 고객들이 이러한 방식에 대해 만족한다면 이들을 일임관리 고객으로 분류하고 고객들에게 이 서비스에 대해 필요한 계약서를 송부하라.

딜레마 41	주식위탁매매팀에 대한 컴플라이언스 모니터링 도중 트레이드 배정이 자주 지연되고 있음이 발견되었다. 일부 트레이드들은 오전에 완료되었지만 시장이 종료되고 나서야 각 계좌들에 트레이드가 배정되었다. 주식 브로커에게 이에 대해 질문하자, 그는 회사에 가장 많은 이익을 남겨 주는 최고 고객들에 대한 보상으로 배정을 우대하기 위해 장이 종료될 때까지 기다렸다가 배정하는 것이라고 설명하였다.
주요 이슈들	• 고객의 최상의 이익 규칙 • 주문 취합과 배정
설명/ 대처 방안	• 트레이드는 회사의 주문 배정 정책에 따라 배정되어야 하며, 이 정책은 배정이 공정하게 이루어질 수 있는 방법을 확립하여야 한다. • 장 종료 시까지 기다려 어느 트레이드가 좋은 가격에 주문이 체결되었는지 지켜 본 뒤 우량 고객에게 유리하게 배정하는 관행은 공정하지도 않고, 고객의 최상의 이익에 합치하지도 않는다. 주문은 주문 순서대로 집행되어야 한다. • 관련 팀에 교육을 실시하고, 징계 조치가 필요한지 고려하라. • 어느 고객이 불이익을 받았는지 확인하라. 보상금을 지급해야 할 수도 있다.

딜레마 42	내부 감사팀이 펀드관리팀에서 관리하는 어느 펀드의 투자 권한과 차입 권한이 빈번하게 위반되고 있다고 통보해 왔다. 이에 대해 조사해 보니 내부 감사팀의 지적대로 규정 위반이 있었던 것은 사실이지만, 규정 위반 이후 이 펀드의 실적은 전년도 실적에 비해 훨씬 나아졌다. ❍

주요 이슈들	• 고객의 최상의 이익 규칙 • 적합성과 적절성 • 투자 권한과 차입 권한
설명/ 대처 방안	• 펀드가 안전을 위해 낮은 수익을 감수할 의향이 있는 투자자들에게 수용될 수 없는 수준의 리스크를 부담할 경우 훨씬 더 높은 수익을 올릴 수 있을 것이다. • 펀드의 신탁자나 그 고객이 펀드를 모니터링하면 언젠가는 이 위반 사실이 발각될 것이다. 이를 감추려 하기보다는 발생한 사실을 공개하고 시정조치를 취하는 것이 최선이다. • 펀드 관리 계약에서, 위반 사실이 있을 경우 고객에게 통지하도록 요구할 가능성도 있다. • 직원에게 지침을 제공하고, 애초에 왜 이 상황이 발생했는지 진지하게 질문하라. 이 상황이 억제되지 않고 오랫동안 계속되도록 허용될 경우 펀드관리 부서에 심각한 악영향을 줄 것이다.

딜레마 43	HR부서에서 최근에 접수 담당 임시직 직원을 채용했는데, HR부서는 당신이 현재 모든 직원에게 자금세탁방지 교육을 실시중이라는 사실을 알고 있다. HR 매니저가 새로운 접수 담당 임시직 직원이 이 교육에 참여해야 하는지 문의해 왔다.
주요 이슈들	• 자금세탁방지 통제 • 직원 역량 규칙
설명/ 대처 방안	• 직원들은 자신의 역할과 관련된 교육을 받아야 한다. • 접수 담당 임시직 직원이 자금세탁 혐의를 식별할 위치에 있게 될 가능성은 낮지만, 전혀 불가능한 것은 아니다. • 모든 신규 임시직 직원들에게 배부할 수 있는 간략한 지침집을 만들어, 자금세탁에 대한 핵심 요건들과 의문이 있을 경우 즉시 MLRO의 지침을 받아야 함을 알려 주는 방안을 생각해 보라. • 이 지침집은 데이터 보안/비밀 유지와 같은 다른 영역들에 대한 지침도 담고 있어야 한다.

딜레마 44	운영리스크 관리 부서는 오랫동안 컨설팅 관계를 유지해 오고 있는 회사에게 값비싼 신규 소프트웨어를 설치하게 했다. 이 회사는 답례로 오퍼레이션부서 부장과 부부장에게 스페인 프로축구 관람권을 제공하겠다고 제안했다. 이 제의는 회사 향응 정책에서 통상적으로 허용되는 범위를 넘는다. ❍

주요 이슈들	• 향응
	• 이해상충
설명/ 대처 방안	• 이 선물을 받아들임으로써 고객에게 해로운 영향을 줄 가능성이 있는가(향응 규칙의 주된 관심 영역임)? 이 경우에는 그렇지 않을 것이다. • 이 제의가 받아들여져서는 안 되는 다른 이유가 있는가? 이 선물이 비윤리적이거나 공정하지 않은 것으로 여겨질 가능성이 있는가? • 회사에는 아마도 구매 정책이 있을 것이다. 이 선물 수령이 구매 정책의 요건과 상충하지 않는지 확인해야 한다. • 향응 정책의 문자를 그대로 고수하고 어떠한 예외도 두지 않는 것이 더 바람직할 수도 있지만, 모든 것에 거리낌이 없을 경우 이를 승인해도 무방하다고 생각할 수도 있을 것이다. 그러나 이 건에 예외를 허용할 경우 이 사안이 좋지 않은 선례가 될 수도 있다!

딜레마 45	당신은 최근에 새로운 회사에서 일하기 시작했는데, 주식트레이딩팀과 주식리서치팀 직원들이 주식 부문장에게 보고하고 있음을 발견했다. 당신은 이 보고 라인의 적절성에 의문을 품고 있다.
주요 이슈들	• 이해상충
	• 시장오용/시장 행동
	• 정보차단벽
설명/ 대처 방안	• 이 상황은 주식 부문장이 발표된 리서치 보고서로부터 이익을 보기 위해 주식 매입 또는 매도 시기를 조정할 수 있는 가능성, 즉 긍정적인 리서치 보고서 발표 전에 매입하고 부정적인 보고서 발표 전에 매도할 수 있는 가능성이 있기 때문에 바람직하지 않다. • 대규모 회사에서는 리서치 독립성을 강화하기 위해 보고라인을 변경할 수 있겠지만, 직원 수가 적은 소규모 회사에서는 이를 달성하기 어려울 것이다. 그럼에도 보고 라인을 분리해야 한다. • 당신의 우려 사항을 상위 경영진에게 전달하고, 두 팀이 다른 사람에게 보고하고 효과적인 정보차단벽이 시행되도록 요청하라. • 위의 사항이 관철될 때까지는 부적절한 일이 발생하지 않도록 두 팀의 활동들을 감독하고 계속 검토하라. • 주식 부문장에게 서면 지침을 제공하여 그가 자신이 민감한 위치에 있다는 사실, 그리고 할 수 있는 일과 할 수 없는 일에 대해 이해하게 하라. 그에게 지침을 수령했음을 서면으로 인정하도록 요청하라.

딜레마 46	당신은 최근에 유동성이 적은 주식을 매입하기 원하는 당신 회사 투자 상담사의 개인계좌 거래를 승인했다. 몇 주 후에 당신은 이 회사 주식이 활발히 거래됨을 보고 깜짝 놀랐다. 회사의 많은 고객들이 이 주식을 사고 있었다. 이 사안에 대해 원래의 투자상담사와 논의하려던 시점에 그가 이 주식이 가격이 올랐으니 이익을 실현하겠다며 이 주식의 매도를 요청해 왔다. 당신은 그의 트레이드를 승인해야 할지에 대해 자신이 없다.
주요 이슈들	• 개인계좌 거래 • 시장오용/시장 행동 • 고객 공정 대우
설명/ 대처 방안	• 여기에서 당신이 우려하는 바는 이 투자상담사가 자기 주식을 처분하기 위해 고객들에게 이 주식을 추천함으로써 이 주식의 주가를 끌어 올린 주가 조작을 하지 않았나 하는 점일 것이다. • 이 투자상담사에게 자신의 거래의 근거를 물어보라. • 이 투자상담사가 최근에 자기 고객의 이 주식 트레이드에 관여하였는지 알아보라. • 문제의 주식에 대한 최근 시장 동향에 대해 독립적인 조언을 구하라. 이 투자상담사와 그의 고객들 모두 이 주식에 관해 합법적인 동일한 뉴스나 발표에 반응한 것일 수 있는데, 그럴 경우 이 트레이딩은 전혀 문제가 없다. • 이 투자상담사의 행동에 대해 불편하다면 이는 FSA에 대한 통지, 징계 조치 고려, 법률 조언 추구 등이 수반되는 시장오용을 의심하는 것이기에 매우 심각한 사안이다. • 이러한 경우라면 주가를 끌어 올리는 과정에서 고객이 불이익을 당하지 않았는지에 대해서도 고려하라.

딜레마 47	기업금융팀의 두 고객이 동일한 피인수 대상 기업에 대한 입찰에 당신 회사의 서비스를 받고자 한다. 이 팀은 서로 경쟁하는 고객 모두에게 서비스를 제공해도 되는지에 대해 자신이 없다.
주요 이슈들	• 정보차단벽 • 이해상충 • 비밀 유지 • 배타적 서비스 제공
설명/ 대처 방안	• 당신의 회사가 두 고객을 위해 일할 수 없다는 규칙은 없지만, 이는 확실히 관리하기 어려운 상황이다. ➲

	• 회사가 두 고객을 위해 일할 수 없는 계약상의 이유가 있을 수 있다. 배타적 서비스 조항이 있는지 확인하라. • 두 회사 모두에게 서비스를 제공하기로 결심할 경우 비밀 유지 요건을 위반하지 않는 범위 내에서 가급적 최대로 이를 양 당사자에게 공개해야 한다. 어느 한 쪽이라도 이에 반대할 경우 당신 회사에서 그들의 이익을 보호하기 위해 시행한 통제의 견고함에 대해 확신시키지 못하는 한 이 전략에 대해 재고할 필요가 있다. • 별도의 거래 팀(deal team)들을 꾸리고, 매우 엄격하고 강도 있게 모니터되는 직무 분리와 정보차단벽을 갖춰서 경쟁 관계에 있는 두 고객들에 관한 세부 사항과 그들의 입찰 가격을 별도로 관리하라. • 관련 직원에게 그들이 처해 있는 상황의 민감성과 그들이 따를 필요가 있는 통제에 관한 서면 지침을 제공하라. 이 지침을 수령하고 이해했음에 대해 서면으로 인정하게 하라.
딜레마 48	당신의 기업금융팀은 ABC사로부터 적대적 인수를 방어해 달라는 위임을 받았다. 그 직후에 다른 고객이 ABC사 인수 입찰에 당신 회사의 자문을 받기 원한다며 이 팀에 접근하였다. 이 팀은 이 거래를 수락해도 되는지 자신이 없어 당신의 조언을 구해 왔다.
주요 이슈들	• 정보차단벽 • 이해상충 • 비밀 유지
설명/ 대처 방안	• 이 거래는 첫 번째 고객이 요청한 내용과 정면으로 충돌하기 때문에 먼저 첫 번째 고객이 이 거래를 반대하는지 물어봐야 한다. • 그들이 동의하는 경우 매우 엄격하고 강도 있게 모니터되는 직무 분리와 정보차단벽을 갖춰서 경쟁 관계에 있는 두 고객들에 관한 세부 사항과 그들의 요구를 별도로 관리해야 한다. • 관련 직원에게 그들이 처해 있는 상황의 민감성과 그들이 따를 필요가 있는 통제에 관한 서면 지침을 제공하라. 이 지침을 수령하고 이해했음에 대해 서면으로 인정하게 하라. • 두 번째 요청을 거절하는 것이 가장 쉽고 훨씬 리스크가 적을 것이다. 규제상의 딜레마 외에도 상업적 이유와 평판상의 이유로 두 번째 거래는 거절되어야 한다.

딜레마 49	당신은 투자관리팀의 활동을 검토하다가 취합된 트레이드들이 항상 비례적으로 배정된 것은 아니라는 사실을 발견했다. 때로는 대규모 주문을 제출한 고객의 주문이 완전히 채워져 소규모 주문을 낸 고객의 이익을 침해했다. 당신은 이러한 행동이 받아들여질 수 있는지에 대해 자신이 없다.
주요 이슈들	• 고객의 최상의 이익 규칙 • 주문 취합, 배정
설명/ 대처 방안	• 회사의 주문 취합, 배정 정책을 확인하라. 이 배정이 수용될 수 있는 상황이 있을 수 있다. 소규모 주문이 대규모 주문과 취합되지 않았더라면 체결되지 않았을 상황이라면, 전혀 배정받지 못하는 것보다는 일부라도 배정 받는 것이 나을 수도 있다. • 그럴 경우 고객들에게 이 정책을 알려 줬는지 확인하라. 고객들은 때로는 자신의 주문이 취합될 수 있으며 이로 인해 불이익을 받을 수도 있음에 대해 통보받아야 한다. • 이 배정을 정당화할 수 없거나 고객에게 배정 정책을 알려주지 않은 경우 전반적으로 검토해 볼 필요가 있으며, 영향을 받은 트레이드들을 재배정하거나 고객에게 배상하는 방안을 고려해야 할 수도 있다. • 규정을 거듭 위반했거나, 이 조건을 고객에게 거듭 알려주지 않은 경우 FSA에 통보해야 할지 고려하라. • 규정 위반이 발견되면 직원들에게 상세한 교육을 제공해서 이 상황이 재발하지 않게 하라.

딜레마 50	당신은 회사의 포트폴리오관리팀이 일임으로 매입한 투자와 이후에 리서치팀이 발표한 투자 보고서 사이에 상관관계가 있는 것 같다는 사실을 발견했다. 당신은 뭔가 옳지 않은 일이 벌어지고 있는지 추가 조사를 실시해야 한다고 생각한다.
주요 이슈들	• 시장오용/시장 행동 • 정보차단벽 • 주의리스트와 제한리스트
설명/ 대처 방안	• 당신은 곧 발표될 리서치 보고서에 관한 정보가 포트폴리오관리팀의 손에 들어가지 않았는지 우려하고 있을 것이다(이는 시장오용의 한 형태이다).　　　　　　　　　　　　　❍

	• 당신은 어떤 상관관계가 있는지 고려해야 한다. 만일 상관관계의 패턴이 부정적 보고서가 나올 때에는 기다렸다가 매입하고, 보고서가 긍정적일 때에는 기다렸다가 투자한 포지션을 매도한 경우라면 이는 시장오용의 한 형태인 가격 포지셔닝(price positioning)에 해당할 수 있다. 그럴 경우 딜 기록을 조사하여 각 트레이드의 근거가 무엇이었는지 확인할 필요가 있다. 정보가 부적절하게 교류되었을 경우 이는 심각한 문제이다. 즉시 이 분야의 통제를 점검하라. • 리서치 의견이 부정적일 때 매도했거나 리서치 의견이 긍정적일 때 매입했다면 펀드 매니저들이 단지 다른 고객들처럼 이 보고서에 반응했을 수도 있다. 이 경우 리서치 보고서가 펀드 매니저들에게 다른 고객들과 동시에 배포되었는지 확인하라. • 당신은 이 상황을 어떻게 파악했는가? 우연히 발견했는가, 아니면 회사의 주의리스트/제한리스트를 효과적으로 사용한 결과 알아낸 것인가? 우연히 알아낸 것이라면 회사의 통제 강화를 심각하게 고려해야 한다. • 시장오용이 발생했다고 의심할 경우 FSA에 통보할 필요가 있으며, 징계 절차가 수반될 수도 있다. 법무부서의 조언을 구하라.
딜레마 51	당신은 기업금융팀의 신규 거래 리스트를 검토하다가 당신의 회사가 어느 고객의 XYZ사 매입을 도와주고 있음을 알게 되었다. 당신은 회사의 펀드관리 부서가 최근에 XYZ사 주식을 대량으로 매입했음을 기억하고 있는데, 이런 상황에서 기업금융팀의 거래가 적절한지에 대해 자신이 없다.
주요 이슈들	• 시장오용/시장 행동 • 정보차단벽
설명/ 대처 방안	• 당신이 회사의 정보차단벽을 신뢰하는 한 이 거래가 계속 진행되도록 허용할 수도 있다. 펀드관리 분야와 기업금융 분야는 서로 독립적이어야 하므로 펀드관리가 기업금융에 영향을 주어서는 안 된다. • 펀드 매니저가 XYZ사 주식을 매입했다 해서 당신의 회사가 XYZ사에게 이 회사의 인수를 희망하는 고객에게 자문 서비스를 제공하지 않을 의무를 질 가능성은 매우 낮다. • XYZ사에 관한 내부정보가 트레이딩 의사 결정에 영향을 줄 수 있으므로 이 정보를 정보차단벽 뒤에 두어서 어떠한 내부정보도 펀드관리 부서(또한 다른 부서들)에 흘러들지 않게 하라. • 시장에서는 당신의 회사에서 XYZ사의 주식을 매입한 뒤 이 회사 인수 의향자를 위해 서비스를 제공한다고 의심할 수 있다. 건실한 통제가 갖춰져 있을 수 있지만, 그렇다 해도 부적절하다는 외관은 막을 수 없다.

딜레마 52	고객 트레이딩 데스크에 대해 일상 검토를 수행하던 중에 당신은 고객의 주문 집행이 자주 지연되는 것을 발견했다. 트레이더들에게 이유를 물어보니, 그들은 가격이 고객에게 유리하게 움직이기를 기다렸으며 이는 고객의 최상의 이익에 합치한다고 말했다.
주요 이슈들	• 고객의 최상의 이익 • 고객 주문 처리 • 최상의 집행
설명/ 대처 방안	• 고객이 어떤 종류의 주문을 냈는지 알아보라. 고객이 당일 중 달성할 수 있는 최상의 가격에 자신의 트레이드가 집행되게 해 달라고 요청했을 수도 있다. • 조사 결과 회사의 최상의 집행 정책이 준수되었는지 평가하라. • 불이익을 입은 고객이 있는지 파악하라. 집행 지연으로 더 높은 가격에 매입했는가? 그럴 경우 거래대금에 기초해서 수수료가 부과된다면 수수료 수입을 증대하기 위해 가격이 오를 때까지 집행을 지연시킬 유인이 있다. • 이는 적절한 관행이 아니며 관련 고객 보상, 관련 직원 징계, 다른 팀원들에 대한 교육 제공을 고려할 필요가 있을 것이다.

딜레마 53	어느 펀드 매니저가 저명한 브로커리지 회사에게 주문을 내는 대신 블룸버그를 무료로 사용할 수 있게 해 주는 계약을 승인해 달라고 요청했다. 이 펀드 매니저는 자신의 모든 트레이드를 해당 브로커리지 회사에게 주문하기로 동의했다. 당신은 이를 승인하면 안 된다고 생각하고 있지만 승인하라는 압력을 받고 있다.
주요 이슈들	• 고객의 최상의 이익 규칙 • 최상의 집행 • 향응 • 이해상충
설명/ 대처 방안	• 회사는 고객에게 최상의 이익이 되도록 행동할 수 있는 능력을 손상하는 어떠한 소개 관계도 맺지 말아야 한다. 따라서 이 계약에 서명하기 전에 이 브로커가 당신의 고객에게 항상 가능한 최상의 결과를 제공할 수 있다는 점에 대해 만족해야 한다. • 고객에게 최상의 결과가 달성될 수 있다는 데 대해 자신이 없다면, 이 계약에 대한 대가로 당신의 회사가 어떤 보상을 받게 되던 이 계약에 서명하는 것은 부적절할 것이다.

딜레마 54	당신의 회사에서는 직원의 모든 개인계좌 트레이드에 대해 사후 검토를 수행하기는 하지만 건별로 사전 승인을 받도록 요구하지는 않고 있다. 사후 검토 중에 당신은 리서치 애널리스트 한 명이 특정 주식에 대해 긍정적인 보고서를 발표하기 며칠 전에 해당 주식을 매입한 사실을 발견했다. 추가로 조사해 본 결과 이 애널리스트는 실제로는 이 트레이드에서 손실을 입었지만 당신은 여전히 그의 행동이 옳지 않았다고 생각한다.
주요 이슈들	• 개인계좌 거래 • 주의 리스트와 제한 리스트 • 시장오용/시장 행동
설명/ 대처 방안	• 이는 시장오용으로 보일 수도 있지만, 판단을 내리기 전에 이 애널리스트가 민감한 정보를 보유하고 있었으며 자신의 보고서가 이 주식의 가격을 끌어 올리리라고 생각해서 매입했는지 여부를 결정할 필요가 있다. • 이러한 경우라면 그가 이익을 냈건 아니건 간에 그의 행동은 받아들일 수 없다. • 그의 상사에게 이 직원이 적절하게 행동했다고 생각하는지 물어보고, 이 직원에게 그의 행동이 어떻게 정당화될 수 있는지 물어보라. • 시장오용 혐의가 있을 경우 이를 FSA에 통보하고 해당 직원을 징계해야 한다. • 리서치 애널리스트에게 한정해서라도 개인계좌 거래를 사전 승인 받도록 개인계좌 거래 정책을 변경하는 방안을 고려하라.

딜레마 55	당신 회사의 고유계정 트레이딩팀은 최근에 실적이 좋지 않다. 특히 대량의 주식 포지션 하나가 매입 후 큰 폭의 가격 하락으로 상위 경영진의 근심거리가 되고 있다. 당신은 리서치 보고서에 대한 일상 검토를 하다가 고유계정 트레이딩 팀의 실적을 떨어뜨리고 있는 주식 발행 회사에 대해 매우 긍정적인 보고서가 작성되었음을 발견했다. 당신은 이 보고서 발표를 승인해야 할지 확신하지 못하고 있다.
주요 이슈들	• 시장오용 • 정보차단벽 • 이해상충 • 리서치 독립성　　　　　　　　　　○

설명/ 대처 방안	• 여기서의 우려는 리서치팀이 고유계정 트레이더들과 공모하여 순전히 이 주식의 가격을 상승시켜 회사의 고유계정 포지션 실적을 개선하기 위해 긍정적인 보고서를 작성했는지 여부이다. • 리서치팀과 고유계정 트레이딩 팀 사이에 부적절한 접촉이나 정보 교류의 증거를 발견할 수 있는지 파악하라. • 리서치팀에게 이 보고서의 근거를 설명해 달라고 요청하라. 이 팀이 전혀 잘못이 없을 수도 있다. • 발견한 사실 관계에 따라서는 이 사안이 시장오용에 해당하여 FSA에 알릴 필요가 있을 수도 있다. • 회사의 정보차단벽이 잘 작동하고 있음을 전제로, 이 상황은 전혀 문제가 되지 않을 수도 있다.
딜레마 56	어느 리서치 애널리스트가 찾아와 최근에 자신이 한동안 보고서를 작성하지 않았던 어느 회사가 자신을 주요 스포츠 경기 관람에 초대하였다고 말했다. 이 애널리스트는 이 회사가 자신에게 다시 자기 회사에 관한 리서치 보고서를 작성해 달라고 요청하려 한다는 인상을 받았는데 이 상황이 현행 감독 체제에서 어떻게 보일지 모르겠다고 말하고 있다.
주요 이슈들	• 이해상충 • 향응 • 리서치 독립성
설명/ 대처 방안	• 리서치 애널리스트들은 자신의 리서치에 중대한 이해관계가 있는 자들로부터 향응을 받아서는 안 되며 따라서 이 스포츠 경기 관람 초대에 응하는 것은 매우 어리석은 일이다. • 리서치팀이 보고서 작성 대상 회사들에 신세를 지고 있다고 느낀다면 리서치팀의 독립성이 훼손될 위험이 있다. 리서치팀은 선물에 대한 '답례'로 선물 제공 회사에 우호적인 리서치 보고서를 발표해야 한다는 의무감을 느껴서는 안 된다.
딜레마 57	당신의 회사에서 최근에 새로 고용한 리서치부서장은 리서치부서의 보상이 그들의 리서치로 인해 발생한 트레이드 규모에 직접 연계되도록 보상 정책을 개정하기 원한다. 당신은 이것이 좋은 아이디어인지 자신이 없다. ◗

주요 이슈들	• 이해상충 • 적합성 • 고객의 최상의 이익 • 보상 정책
설명/ 대처 방안	• 이 보상안은 리서치 애널리스트들이 세일즈팀에게 고객에게 더 적합할 수 있는 주식들 대신 그들이 보고서를 작성하는 주식들을 추천하라는 부당한 압력을 넣을 유인을 제공할 수 있으므로 상당한 이해상충을 야기한다. • 보다 독립적인 보상 정책이 요구된다.

딜레마 58	당신은 회사의 세일즈/트레이딩 팀과 리서치팀에 관한 시장오용 가능성에 우려하고 있다. 이 두 팀은 매우 긴밀하게 협력하고 있는데, 그들은 논리적으로 리서치팀이 세일즈팀 고객들이 관심을 보이는 회사들에 대한 리서치 보고서를 작성하려면 그 고객들이 어느 회사의 주식에 관심이 있는지 알 필요가 있다고 말한다. 그러나 당신은 두 팀 간의 협의가 부적절한 방향으로 흘러갈 수 있음을 우려하고 있다.
주요 이슈들	• 시장오용/시장 행동 • 정보차단벽 • 이해상충
설명/ 대처 방안	• 두 팀이 시장에 대한 논의와 전략에 대한 논의 사이에 명확한 선을 그을 수 있게 해야 한다. 리서치팀은 발표가 임박한 리서치에 관한 뉴스 등 가격에 영향을 줄 수 있는 정보가 새나가지 않게 해야 하며, 세일즈팀이 리서치 보고서가 모든 사람에게 발표되기 전에는 이 내용을 모르게 해야 한다. • 세일즈팀도 그러한 특권을 요구하지 않아야 한다. • 리서치 부서가 고객들이 관심을 보이지 않는 주식을 다루는 것은 의미가 없으므로 세일즈팀과 리서치팀이 협력하는 것은 당연하다. 그러나 세일즈팀장이 리서치팀에게 특정 주식을 다루어 달라고 요청하는 것(이는 무방하다)과 리서치팀에게 리서치 보고서 발표 전에 그 내용을 알려달라고 요청하는 것(이는 받아들일 수 없다) 사이에는 큰 차이가 있다.

딜레마 59	당신은 회사의 개인계좌 거래 정책을 개정 중인데, 직원들이 내부 정보에 기초해 트레이드할 리스크가 있기 때문에 자신이 담당하는 섹터의 트레이드를 수행하지 못하게 해야 한다는 조항이 제안되어 있다. 회사의 이전 정책에는 이 조항이 포함되어 있지 않았었다. 당신은 새로운 정책에 이 제한 조항이 포함되어야 할지 자신이 없다.
주요 이슈들	• 개인계좌 거래 • 시장오용/시장 행동 • 내부자 리스트 • 주의리스트와 제한리스트
설명/ 대처 방안	• 이 사안에 대한 견해는 나누어진다. 어느 트레이더가 전기업종 담당이라면 내부자 거래 리스크가 너무 크기 때문에 개인계좌에서 전기업종 주식 트레이딩은 금지되어야 한다고 생각하는 사람이 있을 수 있다. • 이 트레이더에게 개인계좌에서 전기 업종에 투자하도록 허용할 경우 그가 자신이 투자하고 있는 전기 업종에 보다 더 신경을 쓸 터이니 고객들에게 간접적으로 이익이 된다며 이렇게 하는 것이 훨씬 낫다고 생각하는 사람도 있을 수 있다. • 당신 회사에서 어느 방안이 좋을지에 대한 판단은 당신에게 달려 있지만, 트레이더들에게 자신이 담당하는 섹터에 대한 개인계좌 거래를 허용할 경우 회사의 내부자 리스트/주의 리스트/제한 리스트를 통해 개인계좌 거래를 요청하는 트레이더가 특정 자산에 대한 내부정보를 보유하고 있는지 알 수 있어야 한다.

딜레마 60	신용부서의 직원 한 명이 현재 당신 회사가 인수 거래를 지원하고 있는 회사 주식에 대한 개인계좌 트레이드 승인을 요청했다. 당신은 신용부서 직원이 기업금융 부서의 거래에 관여하고 있다고는 생각하지 않지만, 그럼에도 이 트레이드를 승인해야 할지 자신이 없다.
주요 이슈들	• 시장오용 • 정보차단벽 • 주의 리스트와 제한 리스트 • 내부자 리스트
설명/ 대처 방안	• 주의 리스트와 제한 리스트에서 회사가 고객사에 대한 내부정보를 보유하고 있는지 확인하라. ➡

	• 또한 내부자 리스트에서 트레이드를 요청하는 직원이 내부정보를 보유하고 있는지 확인하라.
	• 이 직원이나 그의 상사에게 해당 회사에 관한 내부정보를 보유하고 있는지 물어볼 경우 그들에게 뭔가 가격에 영향을 줄만한 사건이 곧 발생할 것이라는 힌트를 줄 수 있다. 그보다는 이 딜 팀의 리더에게 이 직원이 내부정보를 보유했다고 의심할 만한 이유가 있는지, 이 트레이드 승인에 관해 어떻게 생각하는지 물어보는 것이 낫다.
	• 이 트레이드를 금지시킬 경우 그 직원에게 이 주식에 관한 중대한 뉴스 발표가 임박했음을 알려줄 수도 있으므로, 이를 거절할 충분한 이유가 없는 한 거절은 매우 신중히 생각해야 한다.

딜레마 61	당신의 회사는 지금까지는 세일즈팀, 트레이딩팀과 결제와 지급 지시를 다루는 백오피스 직원들에게만 음성 녹음을 적용해왔다. 그러나 새로 부임한 최고위급 임원 한 명이 왜 모든 일선 부서 직원들의 전화를 녹음하지 않는지, 고객을 대하는 모든 직원들이 녹음이 되는 전화를 사용하면 안 되는 감독 규정상 이유가 있는지 문의해왔다.
주요 이슈들	• 데이터 보호 • 기록 유지 • 비밀 유지
설명/ 대처 방안	• 음성 녹음은 녹음 자체를 위해 수행되어는 안 된다. 왜 음성 녹음이 유지되어야 하는지에 대한 논리적인 이유가 있어야 한다. • 대화가 녹음될 경우 녹음된 정보가 잘못된 사람의 손에 들어가지 않도록 보안과 비밀 유지를 지원할 인프라가 갖춰져야 한다. • 고객을 대면하는 직원 중 현재 녹음이 되는 전화기를 사용하고 있지 않는 직원들을 위한 음성 녹음 장비를 구입하려면 비용이 많이 들 것이다. • 녹음된 대화가 회사에 불리하게 작용할 수도 있음을 기억하라. • 회사의 음성 녹음 제도가 확대 적용될 논리적 이유가 있을 경우 음성 녹음을 확대 적용해야 하겠지만, 법률과 감독 규정의 요건에 합치하는 한에서만 그렇게 해야 한다.

딜레마 62	글로벌 교육/역량 개발 사업의 일환으로 당신 회사 트레이딩 부문장이 당신에게 국제 트레이딩팀 직원들에게 다른 국가에서의 근무 경험을 쌓아주기 위해 다른 나라의 사무소들 간에 순환 근무를 시키되 그들의 고객 기반은 유지하도록 할 수 있는지 물어보았다.
주요 이슈들	• 교육/역량 • 승인자 • 허용된 활동들
설명/ 대처 방안	• 이는 좋은 아이디어이기는 하지만, 시행하기 어려울 것이다. 왜냐하면 대부분의 국가에서는 직원이 감독 규정상의 허가, 자격, 업무 허가 등 없이 부임하자마자 트레이딩을 시작할 수 없을 것이기 때문이다. • 직원들이 일시적인 해외 업무를 수행하도록 보내기 전에 각국의 법규를 자세히 조사해서 이들 국가의 감독 규정들을 위반하지 않게 해야 한다. • 영국에서는 특정 조건이 충족될 경우(예를 들어 12개월 내에 영국에 30일 이상 체류해서는 안 되고 적절한 감독을 받아야 한다) FSA의 승인을 받지 않고 승인자 제도하에서의 고객 서비스 기능을 수행하도록 허용된다. • 맨 섬(Isle of Man)에서 1주간 감사 작업을 하려는 영국 거주자는 회사를 위해 일하는 것이 아니라 회사를 검사하기 위한 목적임에도 근로 허가를 받을 필요가 있다. 따라서 어떤 규정이 적용될지 짐작하기 어렵다. • 직원들과 그 상사들에게 허용되는 것과 허용되지 않는 것에 대해 교육을 실시하고, 해외의 동료 컴플라이언스 책임자들도 자신의 국가에서 이와 동일한 교육을 실시하게 하라.

딜레마 63	어느 가망 고객이 당신 회사의 고객 동의서에 표시된 표준거래조건을 받아들이려 하지 않고 특정 조건들이 변경될 수 있는지 문의한다.
주요 이슈들	• 거래 조건/고객 동의 • 회사, 회사의 서비스, 보수에 관한 정보
설명/ 대처 방안	• 조건을 바꿀 수 있는지 여부는 이 조건들이 FSA, 기타 법률이나 감독 당국에 의해 요구되는지에 좌우된다. ⊙

	• 법규상 요구되는 조건이 아닐 경우에도 회사가 고객들을 다루는 조건을 변경하기 시작할 인프라를 갖추고 있는가? • 고객 요청으로 변경된 조건들이 실제로 시행될 수 있는가? 이 조건들을 잊어버려서 이를 위반하게 될 가능성은 없는가? • 각각의 고객마다 회사와 어떤 조건으로 거래하는지 기억하는 것보다 표준거래조건을 두는 것이 훨씬 바람직하지 않은가? 그러나 특정 조건이 포함되어야 할 법규상 이유가 없다면 진정으로 조건을 변경하기 원할 경우 이를 막을 이유는 없다.
딜레마 64	회사의 트레이더 중 한 명이 1주에 하루는 재택근무를 원하고 있다. 그의 상사가 감독 규정상 이를 금지하는 조항이 있는지 문의해 왔다.
주요 이슈들	• 기록 유지 • 감독 • 상위 경영진 시스템, 제도, 통제

설명/
대처 방안
	• 이 직원이 재택근무를 원하는 이유가 타당할 경우 이론적으로는 재택근무가 가능하겠지만 실제로는, 예를 들어 다음과 같은 복잡한 문제가 있을 것이다.
	  – 회사는 이 직원의 집에 트레이딩 소프트웨어를 설치할 수 있는 용량을 갖추고 있는가?
	  – 그의 행동을 어떻게 감독, 모니터할 것인가?
	• 이 요청을 승인하고자 할 경우 다음 사항을 포함한 엄격한 통제를 시행할 필요가 있을 것이다.
	  – 직장 외부에서의 트레이딩 정책
	  – 사무실에서와 같이 녹음되는 전화선을 사용하도록 요구함
	  – 자택의 시스템이 다운될 경우를 대비한 적정한 IT 지원
	  – 아무도 원격 접근 시스템을 이용하여 회사의 컴퓨터 네트워크에 로그온할 수 없도록 담보하기 위한 적정한 IT 보안 조치

딜레마 65	세일즈팀은 현재 실적이 신통하지 않아서 그들의 고객들은 보다 성공적인 조언을 제공하는 팀들로 옮겨가고 있다. 어느 주니어 세일즈 직원이 시장이 다가오는 사건에 대응할 기회를 가지기 전에 자신이 이에 대응할 기회를 가져서 고객의 신뢰를 강화해 보기 위해 기업금융팀에 현재 진행되고 있는 거래에 기초하여 세일즈 아이디어를 제공해 달라고 요청했다. ◗

주요 이슈들	• 시장오용/시장 행동 • 정보차단벽 • 교육/역량 • 감독
설명/ 대처 방안	• 이 세일즈 직원은 '내부정보'를 요청하고 있다. • 이는 명백히 수용할 수 없는 행동이다. 이를 (시장오용 가능성 및 이 주니어 직원의 적격성과 적합성 측면에서) FSA에 보고하고 FSA의 단속에 대비하여 이를 어떻게 관리할지에 대해 법률 조언을 받는 방안에 대해 심각하게 고려해야 한다. • 내부정보가 실제로 세일즈 직원에게 넘어갔는지 검토하라. 그럴 경우 전면 조사를 실시해야 할 것이다. • 아울러 회사의 교육 제도와 감독 제도가 효과적인지를 검토하라. 이 세일즈 직원은 시장오용에 관한 교육을 받았는가? 이 직원의 상사는 이 직원의 행동을 어떻게 모니터했는가? • 이런 일이 재발하지 않도록 기업금융팀과 세일즈팀 직원들에게 발생한 일의 부적절성에 대한 지침을 제공하라.

딜레마 66	당신은 회사 동료 중 한 명의 페이스북 프로필에서 그가 회사에 대해 불평하면서 당신의 회사가 '자신이 지금껏 일해 봤던 곳 중에서 가장 전문성이 떨어지는' 곳이라고 적은 것을 발견했다. 또한 당신은 그가 온라인에 기록해 놓은 그의 이력이 입사시에 제출한 이력서상의 경력과 다른 것도 발견했다. 그는 또한 최근에 자신이 암스테르담에 여행 갔을 때의 행동에 대해서도 언급했는데, 그는 그곳에서 대마초를 피운 듯했다.
주요 이슈들	• 적격성과 적합성 • 징계 조치
설명/ 대처 방안	• 이 사람에 대해 HR부서에 보고하는 방안을 고려하라. 회사를 공개적으로 폄하하는 직원에 대한 징계 절차가 있어야 한다. • 이 직원이 대마초를 흡연했음을 시사하는 다른 증거가 있는가? 그럴 경우 이 직원이 금융기관에서 일할 수 있는 적격성과 적합성에 영향을 줄 것이다. 또한 암스테르담에서는 대마초 흡연이 합법적임을 기억하라. 이 사실이 당신의 반응에 영향을 주는가? • 회사의 컴퓨터 시스템에서 페이스북에 접근하지 못하도록 차단하라.

딜레마 67	당신은 개인계좌 거래를 검토하다가 회사의 펀드 매니저 중 한 명이 자신의 개인계좌에서 상당한 손실을 내고 있음을 발견했다. 그럼에도 그는 업무에서는 성실하고 성과도 좋은 듯했다. 당신은 감독 규정 면에서 이에 대해 관여해야 하는지 자신이 없다.
주요 이슈들	• 적격성과 적합성 • 개인계좌 거래
설명/ 대처 방안	• 직원의 재무상황은 FSA의 '적격성과 적합성' 테스트에 직접 관련이 있다. • 이 직원을 관찰 대상으로 올려놓을 필요가 있다. 그가 파산선고를 받을 경우 자동으로 적격성과 적합성을 상실하게 될 수 있으며, 개인의 재정 상황에 스트레스가 증가하면 고객들을 위한 딜링에서 더 무모해지고 단기 실적을 추구하도록 자극할 가능성도 있다. • 또한 그는 업무 시간에 고객의 포지션보다 자신의 포지션에 더 많은 관심을 기울이게 될 수도 있다. • 이 직원 및 그의 상사와 만나서 이 문제와 이의 해결 방안에 대해 논의하는 방안에 대해서도 고려해봐야 한다. • 이러한 상황에 대해서는 매우 세심한 접근이 필요하므로 HR부서의 조언을 구하라.

딜레마 68	어느 직원이 런던에 상장된 ABC사 CEO가 부인과 결별하고 비서와 달아날 거라고 흥분하며 이 회사 주식에 대한 트레이드 승인을 요청했다. 이 직원은 ABC사 CEO가 회사의 골칫거리였으며 그가 떠나면 새로운 피를 수혈할 길을 연다고 생각했다. 이 직원은 그렇게 되면 이 회사 주가가 급등할 거라 생각하며 여기서 한 몫 챙기기를 원했다.
주요 이슈들	• 시장오용/시장 행동 • 개인계좌 거래
설명/ 대처 방안	• 이 직원이 보유하고 있는 정보의 성격을 고려하라. (FSA의 시장 행동 수칙에 정의된) 내부정보 또는 관련 정보일 경우 이 직원의 트레이드는 허용되지 않아야 한다. • 아래의 요인들이 고려되어야 한다. – 이 정보가 시장에 알려졌는가?

➲

	– 이 CEO가 떠날 수 있다는 사실이 시장에 알려질 것이라고 예상하는가, 이 정보가 가격에 영향을 줄 것으로 생각하는가? – 이 정보가 정확한가, 아니면 짐작에 불과한가? – 당신이 이 트레이드가 시장오용에 해당하지 않는다고 생각하더라도 시장에서는 이를 좋지 않게 볼 수 있으며(특히, ABC사가 당신 회사의 고객일 경우), 회사의 평판에 의문이 제기될 수 있다.
딜레마 69	당신은 투자관리팀의 일임 매매 고객 포트폴리오를 검토하다가 이 고객의 포트폴리오에 극단적으로 높은 리스크로 인해 회사의 고유계정 트레이딩팀의 투자가 금지된 투기 등급 채권이 포함되어 있음을 발견했다. 당신은 회사가 보유하지 않을 상품에 고객이 노출되는 것이 적절한지 의문이 든다.
주요 이슈들	• 적합성과 적절성 • 고객의 최상의 이익
설명/ 대처 방안	고객의 적합성 사실 확인서와 그의 투자관리 합의서를 검토하라. 고객의 리스크 성향이 회사의 리스크 성향보다 높을 수도 있으며, 이 채권이 그의 리스크 성향과 완벽하게 일치할 수도 있다. 그럴 경우 아무런 문제도 없다.
딜레마 70	당신의 회사는 주요 소매업자에게 은행업 서비스를 제공한다. 당신의 투자은행부서 직원 중 한 명이 우연히 이 고객이 후원하는 경품 행사에서 세이셸 제도 휴가권을 받았다. 이 직원은 회사의 선물/접대 정책에 따라 이 경품 수령 승인을 요청했다.
주요 이슈들	• 고객의 최상의 이익 • 이해상충 • 향응
설명/ 대처 방안	• 이 경품이 향응으로 간주할 수 없는 우연에 의한 것이었고 이 직원의 행운에 의해 이 고객이나 다른 고객이 손해를 봤다고 생각하기 어려운 이상, 이 직원에게 경품을 수령하도록 허용해도 무방할 것이다. 이 직원의 상사가 이에 대해 이의가 없는지 확인하라. • 작은 활자로 쓰여 있는 경쟁 관련 문구를 확인해 볼 가치가 있을 수도 있다. 당신의 회사가 이 고객에 대한 서비스 제공자이기 때문에 이 직원의 경품 수령 자격이 없을지도 모른다.

딜레마 71	FSA '미스테리 쇼핑 담당자'로 보이는 사람이 가망 고객으로 가장하며 회사의 리테일 세일즈팀에 접근했다. 리테일 세일즈팀은 이 사람을 '일반' 고객들과 달리 취급해야 하는지 문의해 왔다.
주요 이슈들	• 감독 당국과의 관계 • 고객 공정 대우
설명/ 대처 방안	• 이상적인 상황에서는 회사의 세일즈팀이 언제나 훌륭한 서비스를 제공하여 감독 당국이 창구에 와 있다고 해서 서비스 기준을 높여야 할 필요가 없을 것이다. • 따라서 당신은 왜 이 세일즈팀이 제공하는 통상적인 서비스가 그들에게 접근하는 고객에게 만족스럽지 못할 수도 있는지에 대해 이상하게 생각할 수도 있다. • FSA의 미스테리 쇼핑 가능성은 세일즈팀에게 감독 당국이 그들의 행동에 관심을 보이는 것이 매우 실제적임을 상기시키는 기회가 될 수 있으므로, 당신은 이를 환영할 수도 있다. • 그럴 경우 당신은 세일즈팀이 고객들을 공정하게 대우하고 있는지 확인하기 위해 녹음된 전화에 대한 일상 검토를 수행하고 있으면 될 것이다.

딜레마 72	당신은 최상의 집행이 실현되지 않은 듯한 경우를 보여 주는 자동 예외 보고서 작성 프로그램을 만들었다. 이 보고서가 작성된 지난 1개월 동안 몇 차례의 예외가 발생했으며, 당신은 불리한 가격에 거래가 체결된 고객에게 보상해 줘야 할 수도 있음을 우려하고 있다.
주요 이슈들	• 최상의 집행 • 고객의 최상의 이익 규칙
설명/ 대처 방안	• 최상의 집행은 단순히 가격에 관한 문제만이 아니므로 주문 규모와 고객에 의해 주어진 특별 지시사항 등 모든 관련 집행 요인들을 조사할 필요가 있다. 예를 들어 고객의 주문 규모가 매우 크거나 작아서 일반 시장 가격이 적용되지 않았을 수도 있다. • 담당 계좌 관리 직원이나 트레이더에게 고객이 받은 가격을 정당화하도록 요청하라. 이 집행들은 회사의 최상의 집행 정책을 따랐는가?

	• 최상의 집행을 달성하지 못한 듯이 보일 경우 FSA에 대한 통지, 보상 지급, 관련 직원 징계, 교육 실시 등 많은 사항을 고려해야 한다. • 최상의 집행 예외 보고서가 문제가 없는 사항을 너무 많이 보고할 경우 보고서 생성 프로그램 수정을 고려하라. • 최상의 집행 예외 보고서를 보다 자주 검토하라. 월 1회 점검이 적정한가?
딜레마 73	어느 리서치 애널리스트가 ABC사에 대한 대량의 보유 주식을 매도하기 위한 개인계좌 거래를 요청했다. 당신은 최근에 이 직원이 ABC 주식을 '매입'하라고 추천하는 보고서를 쓴 사실이 기억났다. 당신은 이 애널리스트가 자신의 리서치 결과와 모순되는 트레이딩을 하면 안 된다고 생각한다.
주요 이슈들	• 리서치 통제 • 이해상충 • 개인계좌 거래
설명/ 대처 방안	• 리서치 애널리스트들은 자신의 리서치 추천과 모순되는 거래를 하면 안 되므로 이 애널리스트에게 그의 트레이드와 리서치에 대해 얘기하고 무슨 일이 있는지 알아볼 필요가 있다. • 이 애널리스트가 최근에 ABC사에 대한 의견을 수정하여 '매도'를 추천하는 보고서를 발표했을 수도 있다(그럴 경우 시장이 최근의 보고서에 반응할 충분한 기회를 가질 때까지 이 트레이드를 승인하면 안 된다). • 또는 이 애널리스트가 심각한 재정상의 어려움에 처해 있어서 비용을 지불하기 위해 포트폴리오를 매도할 필요가 있을 수도 있다. 그럴 경우 이 거래가 절대적으로 필요하다고 간주할 경우 이를 허용할 수도 있지만, 그 근거와 승인 내용이 명확히 기록되어야 한다. • 이 애널리스트의 재정 상황이 그의 적격성과 적합성(그중 재정 상황은 핵심 요소 중 하나이다)에 미칠 수 있는 영향에 대해서도 생각하라.

딜레마 74	기업금융부서 직원 중 한 명이 극심한 현금 흐름 문제를 겪고 있어서 파산 선고를 받을지도 모르는 ABC사에 대한 자문 업무에 관여하고 있다. 이 점에 관해 주식 거래소의 발표가 있을 예정이며, 그 경우 주가가 큰 폭으로 하락할 가능성이 있다. 이 기업금융부서 직원은 회사의 내부자 리스트에 ABC사에 관한 내부정보 보유자로 등재되어 있으며 자신도 이 회사의 재무적 곤경에 대해 아주 잘 알고 있음을 인정하면서도 이 회사 주식 매도를 요청했다. 그는 이 회사 주식을 대량으로 보유하고 있으며, 이 회사 주식 매도 대금은 자기 모친의 생명을 구하는 수술비로 사용될 것이라고 설명했다. 이 회사 주식 가격이 하락하기 전에(아마도 전혀 가치가 없게 될 것이다) 팔지 않으면 이 직원은 모친의 의료비를 지급할 수 없을 것이다.
주요 이슈들	• 시장오용/시장 행동 • 개인계좌 거래 • 내부자 리스트
설명/ 대처 방안	• 내부정보에 기초해 거래하는 것은 법률 위반인데 기업금융부서 직원은 내부 정보를 이용하려는 것으로 보인다. 이 거래 불승인이 이 직원의 모친의 건강에 해로운 영향을 주게 될지라도 이 거래를 승인하지 말도록 권고한다. • 이 직원이 내부정보에 접하기 전에 이 주식을 팔기로 결정했음을 입증할 수 있다면, 이 거래를 승인할 수도 있을 것이다. 이 직원이 ABC 주식만이 아니라 모든 주식을 팔 경우 이 주장을 믿기가 좀 더 쉬울 것이다. • 이 직원이 트레이드를 결심했을 때 내부정보를 보유하지 않았음을 입증할 수 있다 해도 이 트레이드가 시장에서 부정적으로 인식될 수 있기 때문에 이를 승인하지 않기로 결정할 수도 있다. 이에 따른 평판 리스크는 상당히 높다.

PART 2
컴플라이언스
통찰력

Essential
Strategies for
Financial
Services Compliance

Box 1 원칙에 따라 행동하기

금융기관 감독이 필요한지, 아니면 시장이 스스로 알아서 처신해야 하는지에 관한 오래된 논쟁은 이제 승패가 결정되었다. 오늘날 금융기관에 대한 독립적인 규제 기관의 감독을 제거하자는 주장을 지지하는 사람은 거의 없을 것이다. 그러나 하나의 논쟁이 끝나자마자 다른 논쟁이 시작되었다. 감독의 필요성에는 동의한다 치고, 그렇다면 어떤 종류의 감독이 필요한가?

미국에서는 (최근에 이 접근법에 대한 완화 가능성이 논의되고 있기는 하지만) 입법 시스템이 오늘날의 대세이며 영국에서는 규칙 기반 감독 제도를 운영해왔다. 그러나 시대는 변하기 마련이고, 감독제도 운영 방식 개선 조치의 일환으로 ('보다 자신이 있고 덜 기계적인 접근법'을 채택하기 위해) FSA는 현재 '보다 원칙에 기반한 감독; More Pronciple-Based Regulation; MPBR)의 길을 가고 있다. FSA는 이 프로세스를 2010년까지 완료하려 하고 있으며(이 번역서가 출간된 시점에서는 원칙 기반 프로세스로의 이행이 일단락된 듯하다. 역자 주), 그렇게 되면 두꺼운 규칙집을 버리고 금융기관 스스로 무엇이 적절한 행동인지 결정하게 된다. 우리는 더 이상 이에 기초해서 행동할 수 있는 FSA가 승인한 기성품 컴플라이언스 프레임워크를 가지지 못하게 된다.

상위 차원 원칙들이 감독에서 일정한 역할을 한다는 아이디어는 영국에서는 새로운 것이 아니다. SIB는 1990년에 10개의 상위 차원 원칙 선언을 도입했는데 SFA와 같은 자율 규제 기관은 종종 징계 조치에서 이 원칙을 인용했다. 금융 서비스 및 시장법(FSMA)이 제정되어 FSA의 4가지 법령상 목표가 도입되었는데 이 목표들이 원칙으로 제시되지는 않았지만, FSA라는 기계를 프로그래밍하는 면에서는 확실히 원칙 역할을 하고 있다. FSMA 제정으로 FSA가 준수해야 하는 좋은 감독의 7원칙, FSA의 11개 항의 개정 비즈니스 원칙과 승인자에 대한 7개 항의 원칙 선언도 도입되었다. 2005년 이후 정부에서 후원하는 감독개선위원회를 두고 있는데, (금융업만이 아니

라) 모든 감독 영역에 적용되는 이 위원회는 불필요하고 부담이 되는 규칙, 관료주의와 관리업무를 제거하기 위해 좋은 감독의 5원칙(비례성, 책임성, 일관성, 투명성, 목표 지향)을 도입했다.

그러므로 감독에서 원칙의 역할이 새로운 것은 아니지만, 변한 것은 FSA가 이 개념을 열성적으로 받아들였다는 점이다. MPBR로 이동하는 중요한 몇 가지 예를 들자면 자금세탁방지, 도매 비즈니스의 교육/역량(역량 있는 직원 규칙으로 대체됨), 민원 처리(민원 공정 처리 규칙으로 대체됨)에 관한 규범 규칙 제거와 FSA 원칙 6과 관련하여 제정된 고객 공정대우 이니셔티브(TCF-Box 15를 보라) 도입을 들 수 있다.

규제 대상 기관의 입장에서 볼 때 MBPR로의 이동이 좋은 것이라고 생각하는가? 개념적으로는 이에 찬성할 몇 가지 이유가 있다. 이제 FSA가 엄격한 일련의 요건들을 준수했느냐(규칙의 정신보다는 진부한 문구 준수) 보다는 결과와 의도에 초점을 맞추고 있어서, 우리는 어떻게 컴플라이언스를 가장 잘 달성할 수 있을지 회사별로 결정할 자유를 가지게 되었다. 우리는 자신의 비즈니스 활동이라는 맥락에서 효과를 발휘하는 시스템을 선택할 수 있으며, 진정으로 성취하기 원하는 것을 모색하기보다 천편일률적인 박스에 체크함으로써 컴플라이언스를 달성해야 했을 뻔했던 경향으로부터 벗어날 수 있게 되었다.

이는 좋은 일이어야 한다. 그러지 않은가? 결국 고객들이 행복하고, 고객들이 돈을 벌고, 우리도 돈을 벌고, 민원이나 법률 위반이 없다면, 어떻게 이를 달성하는지가 문제가 되는가? FSA가 우리에게 그러한 자유를 부여한 데 대해 박수를 보내야 하지 않는가?

그런데 실상은 FSA는 이러한 초점 이동에 대해 칭송받기는커녕 호된 질책을 받고 있으며, MPBR을 향한 첫 번째 조치는 별로 인기가 없었다. 이는 '원하면 정말로 얻게 될 수도 있으니, 원하는 것을 조심하라' 는 말의 고전적인 사례가 될 것이다. 금융업계가 FSA 규칙들에 대해 투덜대자 FSA는 많은 규칙들을 폐지하기로 결심했다. 그러나 우리는 여전히 불평하고 있으며 비록 불평이 다소 가라앉았다고는 하지만 이는 승인보다는 체념의 표시가 아닌가? 당신은 FSA가 승인자 제도를 폐지하겠다는 제안을 실제로 지지한 사람을 얼마나 많이 알고 있는가? 이 계획이 곧 포기되었다는 사실로 볼 때 나는 이 계획을 지지한 사람이 많지 않으리라고 생각한다. 또한 (최소한 도매 영역에서) TCF하에서 기대되는 내용에 대해 다소 혼란스러워하지 않은 사람을 당신은 얼마나 많이 알고 있는가? FSA의 자금세탁방지 규칙 폐지만 널리 지지를 받은 듯하지만, 이마저도 우리가 신뢰할 수 있고 시행착오를 거친 JMLSG(자금세탁 공동 스티어링 그룹)의 지침노트에 의존할 수 있기 때문이 아닌가? 이보다 더 상세한 '가이드라인'을 발견하기는 어려울 것이다.

원칙 기반 제도로의 변경에 대한 주요 반대 논리는 다음과 같이 요약될 수 있다.

- FSA는 시기를 잘못 택했다. FSA가 규범적인 규칙들을 없애려고 할 바로 그 시점에 EU 위원회는 규칙들을 만들려고 했다. 최소한 과거의 규칙 기반 제도에서는 규칙은 단순히 규칙이었다. 그러나 이제 현행 규칙들의 많은 부분은 관련 지침들에서 직접적으로 복사된 EU의 법적 요건들로 구성되어 있어서 법적 효력을 가지고 있다고 말할 수 있다. 따라서 우리의 새로운 원칙 기반 제도는 실제로는 법률인 규칙들로 구성되어 있는 듯하며, 우리에게 진정으로 기대되는 것이 무엇인지 이해하도록 도와주려는 FSA의 노력을 제한하고 있다.
- 원칙 기반 감독으로의 이동은 시장에 자유를 증진하기는커녕 실제로는 역효과를 낼 수 있다. 이는 회사들이 특정 상품이나 서비스가 FSA의 승인 기준을 충족할 지에 대해 '사후적으로'만 알 수 있게 되는 결과를 두

려워하여 혁신이 질식되기 때문이다. FSA가 감독 권한을 행사할 때 감독 원칙을 존중하도록 요구되고 있는데 이 원칙 중에는 '규제 대상 활동과 관련한 혁신 촉진이 바람직함' 이라는 항목이 있기 때문에, 이러한 경향은 FSA에 특히 위험하다.

• 컴플라이언스 부서는 이제 자신의 컴플라이언스 프레임워크의 토대로 삼을 규칙의 확고한 토대를 지니지 못할 것이다. 따라서 우리는 시행한 조치들이 적절하다고 여겨질지 확신할 수 없다. 최고의 감독 관련 사수(射手)가 있다 해도 어디를 겨냥해야 할지 모른다면, 과녁을 맞추지 못할 것이다. 그리고 여기에서는 COBS 2.1.1의 고객의 최상의 이익 규칙을 고려하는 것이 중요하다. 어쨌건, 우리는 몇 가지 규칙들(예를 들어 리테일 부문이 아닌 비즈니스에 대한 교육/역량 규칙)이 폐지되는 것을 목격했다. 그러나 고객의 최상의 이익 규칙은 '모든 것을 포괄하는' 규칙이며, 위반할 규칙이 없는 영역에서 FSA가 좋아하지 않을 행동을 하더라도 COBS 2.1.1에 의해 덜미를 잡힐 수 있다.

• 컴플라이언스 부서에 대한 또 하나의 불리한 점은 특정 규칙에 따라 행동했을 경우 이를 정당화하기가 훨씬 쉽다는 것이다. 최고위급 임원들에게 특정 행동을 하지 못하도록 막는 규칙은 없지만, 이 행동은 원칙상 부적절하다고 말하기보다는 이를 금지하는 구체적인 규칙이 있을 경우 납득시키기가 훨씬 쉽다. 경계가 있을 경우에도 사람들이 이 경계를 벗어나지 못하도록 막기가 어려운데, 이제는 아예 경계 자체가 없어질 가능성에 직면해 있다.

• 또 다른 비판은 원칙 기반 감독이 어떻게 FSA의 제재 제도에 연결될 것인가에 대한 우려에 근거한다. 사람들의 행위를 명시적으로 금지하는 조항이 없음에도 적절해 보이지 않는다는 근거로 이를 비난하는 사례를 보게 될 것인가? FSA가 자신의 새로운 제재 가이드에서 FSA는 징계 조치

에서 원칙을 보다 더 고려할 것이라고 말하고 있는 점으로 미루어 볼 때 그럴 가능성이 농후하다. 이는 인권법이나 유럽인권협약에 부합하지 않는다. 유럽인권협약 제7조는 특정 행동이 합법적인지 여부에 대한 명확성을 요구한다. 이런 상황에서 규칙을 없앨 경우 어떤 종류의 제재 제도가 남게 될 것인가? 이 커다란 테스트가 어떻게 결말을 맺을지는 아직 두고 봐야 한다.

- 공식 규칙 결여는 소비자의 신뢰 상실로 이어질 수도 있다는 우려도 있는데, 이는 금융업이 '모든 것을 마음대로 할 수 있는' 것으로 인식되기 시작할 것이라는 두려움뿐만 아니라, FSMA의 s.150이 규칙 위반 결과 손실을 입은 민간인에게 소송할 권리를 부여하기 때문이기도 하다. 위반할 규칙이 적어질 경우 이 방법을 통한 시정 가능성이 제한될 것이다.

- 역설적으로 일부에서는 MPBR로 인해 준수해야 할 요건들이 적어지는 것이 아니라 많아질 것이며, 이는 기본적으로 업계의 지침을 더 많이 사용하여 '뒷문을 통한 금도금'에 필적할 것이라고 노골적으로 주장하는 바, 업계의 지침에 대해서는 Box 7에서 보다 자세히 논의한다.

- FSA가 이제 상위 차원의 원칙을 충족하는 사례와 충족하지 않는 사례를 제공하기 위해 전 범위의 문서들을 사용할 것이기에 규칙 기반 감독 제도의 결여로 관련 요건들을 추적 관리하기도 더 어려워질 것이다. 따라서 단순히 규칙집을 찾아보는 대신, FSA의 많은 다른 자료들을 단지 유용한 배경 정보로서가 아니라 제재 또는 징계 사안에서 우리에게 불리하게 사용될 수 있는 자료로서 추적 관리할 필요가 있을 것이다. 추적 관리할 필요가 있는 내용에는 FSA 웹사이트에 게재된 지침, FSA의 연설, 회보(Market Watch, List! 등), 토론 자료, 정책 문서, CEO 앞 서한 등이 포함된다. 그리고 업계에서 작성한 지침도 있다.

정해진 규칙 결여는 무엇이 법규를 준수하는 행동이고, 무엇이 준수하지 않는 행동인지에 관해 많이 판단해야 할 것이다. 일각에서는 컴플라이언스라는 개념은 FSA의 특정 직원이 이를 고려하는 당일에 무엇이 수용할 수 있다고 생각하는가로 귀결될 것이라고 두려워한다. 이는 일단 저지르고 보려는 사람에게는 혜택이지만, 그럴 여유를 부릴 수 없는 우리에게는 일하기가 더 어려워질 것이다.

내가 불길한 예언자 같은가? 사실은 그렇지 않다. 나는 기꺼이 MPBR을 시도해 보고자 한다. 우리는 오랫동안 많은 규칙을 가지고 있었지만 그럼에도 많은 금융 스캔들이 발생했으니 원칙들이 규칙들보다 나을지도 모른다.

Box 2 ARROW

'선진 리스크 대응 운영 프레임워크(Advanced Risk Response Operating Framework)'를 뜻하는 ARROW는 FSA가 자신의 4가지 법령상 목표들에 대한 리스크를 식별/관리하기 위해 사용하는 평가 방법론이다. ARROW는 FSA의 대다수 활동들 배후의 원동력으로서 모든 리스크 경감 프로그램에서 볼 수 있는 아래와 같은 요소들로 구성되어 있다.

- 식별 – FSA의 법령상 목표 달성에 어떤 리스크들이 있는가?
- 측정 – FSA는 이 리스크들을 얼마나 심각하게 여겨야 하는가? (발생 확률 v. 발생할 경우 영향)
- 통제 – 리스크 관리 제도의 시행
- 평가 – 시행된 리스크 관리 프로그램이 얼마나 성공적인가?

리스크들은 통상적인 감독 프로세스 중 회사들과의 접촉, 소비자 그룹과의 접촉, 규제 대상 회사들에 대한 특정 ARROW 리스크 평가 방문을 포함한 여러 방법으로 식별된다.

FSA는 2006년 초에 이미 매우 성공적이라고 여겨지고 있는 리스크 경감 프로그램을 보다 정교하게 가다듬기 위해 고안된 새로운 ARROW 2를 발표했다. 새 버전의 ARROW는 2년간 준비되었으므로, 잘 만들어졌으리라고 기대할 수 있을 테지만, 그 결과는 아직 두고 봐야 한다.

ARROW 개정안에 대한 의견 요청을 받게 될 경우 230쪽의 FSA 방문시 대처 요령에 대한 지침을 참고하라.

Box 3 바젤 II와 CRD

- 은행이 파산할 경우 막대한 피해를 입힌다. 소비자들과 트레이딩 상대방들은 채권의 전부 또는 일부를 돌려받지 못하게 될 가능성이 있다. 한 은행의 파산은 시장에 연쇄 효과를 일으켜 다른 은행들도 재무적 곤경에 처하게 하고, 이로 인해 일반적인 시장 신뢰 상실로 이어질 수 있다.

- 따라서 감독 대상 은행의 채무 불이행 리스크를 감소시키는 규제 프레임워크 시행이 전 세계 감독 당국들의 핵심 우선순위 중 하나이다.

- 이 분야의 규칙을 자본적정성 규칙이라 하는데 간단히 말하자면 이 규칙들은 은행들이 직면하는 리스크에 대처할 적정한 재정자원을 보유하게 할 목적으로 고안된다. 예를 들어 은행이 여러 건의 대출이 상환되지 않을 리스크를 흡수하기에 충분한 자본을 보유하고 있는가?

- 전 세계의 규제 당국들은 자본적정성에 대한 공통 국제기준을 수립하기 위해 협력해왔다. 이 다자간 이니셔티브 배후의 2개 핵심 기관들은 다음과 같다.

- 은행감독에 관한 바젤위원회(BCBS)

- 유럽 집행위원회(European Commission)

• 바젤 I으로 불리는 최초 BCBS 자본 적정성 프레임워크는 1988년부터 존재해왔지만, 1990년대 후반이 되자 바젤 I은 대체로 시대에 뒤떨어진 것으로 여겨졌다. BCBS의 새로운 이니셔티브(흔히 바젤 II로 줄여서 쓰는 자본측정과 자본기준의 국제적 수렴-개정 프레임워크)가 시행 중에 있으며 자본자원 지침(Capital Resources Directive; CRD)을 통해 유럽의 법률로 편입되었다.

• CRD는 2007년 1월 1일에 시행되었으며(보다 극적인 혁신 조항들에 대해서는 1년의 추가 경과 기간이 주어졌다) 아래의 2가지 EU 지침들을 대체한다.

- 자본적정성 지침

- 은행통합 지침

• 새로운 이 제도는 회사들에게 자신이 직면하는 특정 리스크들(신용, 시장, 운영 리스크)을 분석/계량화하도록 요구하거나 이러한 회사들에 인센티브를 부여하기 위해 고안되었는데, 은행들에게 이러한 수치들을 사용하여 자신의 자본 요구량을 계산하도록 허용하고 이를 통해 (희망하기로는) 자본 요구량이 리스크에 보다 민감해지게 한다. 바젤 II는 3개의 Pilllar(기둥)들에 토대를 둔다.

1. **최소 자본 요구량** – 이 Pillar는 각 은행의 기본 자본 요구량을 정한다. 은행들은 표준측정법이나 고급측정법을 사용해서 자신의 자본 요구량을 계산할 수 있다. 자체 개발한 복잡한 내부 모델들에 기반을 두고, 이 모델들에 대해 자국 감독 당국의 승인을 받아야 하는 고급측정법을 선택하는 은행들은 이론상으로는 자본 요구량이 낮아질 것이다. Pillar I은 바젤 I에 의해 확립된 리스크 유형에 '운영 리스크' 개념을 추가했는데, 이는 은행이 직면하는 운영 리스크(사람, 법률, 기술 등)를 신용 리스크라는 일반적인 범주에서 따로 떼어내 이에 대해 별도의 자

본 요구량을 부과한 듯하다. 이 새로운 신용 및 운영 리스크 자본 프레임워크는 논쟁을 불러 일으켰는데, 이는 바젤 II에서 제공하는 간단한 방법에는 자본이 많이 소요되는 반면(바젤위원회의 진정한 겨냥 대상인 국제적 은행들에게 보다 정교한 방법을 채택하도록 장려하기 위함), 고급측정법은 소형 은행들과 EEA 지역에서 바젤 I이 적용되어 왔던 비은행 금융기관들에게는 모델 승인 신청 시 근거로 삼을 유의미한 신용 또는 운영 손실 자료 부족으로 그림의 떡에 지나지 않았기 때문이었다. 따라서 일부 소형 금융기관들은 부분적으로는 그들의 비즈니스가 대형 금융기관들보다 신용 또는 운영 손실을 덜 입게 됨에도 급격한 규제 자본 요구량 증가에 직면하게 될 것이다.

2. **감독 당국의 검토** – 이 Pillar는 Pillar I에서 포착되지 않은 리스크를 다루기 위해 추가 자본이 보유되어야 하는지 여부 결정에 사용된다. Pillar II는 일련의 '질적' 기준을 추가하는바, 이 기준 하에서 회사들은 자사의 리스크 프로필과 조직의 무결성을 분석, 이해하고 있으며 자신이 무릅쓰고 있는 리스크에 대해 양적 또는 절차적 한도를 적절히 부여하고 있음을 입증해야 한다. 예를 들어 은행들은 자본 적정성에 대한 자체 내부 평가를 수행해야 하는데, 이는 감독 당국의 Pillar I 규범과 나란히 존재한다. (Pillar I에서 보다 정교한 방법론이 취해질수록 Pillar II하에서 입증할 사항이 줄어들 것이다.)

3. **투명성과 시장에 대한 공개** – 마지막 Pillar는 은행들에게 자신의 리스크와 리스크 관리 제도에 관한 특정 정보를 발표하도록 요구한다. 이의 근거는 리스크에 대해 공개하면 자연적인 시장의 힘이 특정 회사의 상황에 대해 평가할 수 있게 해 주고, 통계 수치나 신용 평가에만 기초한 리스크 측정치보다 진정한 리스크 측정치를 알 수 있게 해 준다는 것이다.

- 새로운 자본 적정성 요건은 건전성 자료집에 FSA의 규칙으로 편입되었지만, 많은 경과 규정과 병행 사용 기간을 두어서 회사들이 새로운 제도를 채택하고 바젤 II에서 요구하는 여러 측정 장치와 통제 장치들을 구비할 수 있도록 준비하게 하고, 감독 당국에게 바젤 II로 인해 촉발된 수많은 리스크 모델 승인 신청을 검토하여 승인할 시간을 벌게 하고 있다.

Box 4 범죄인 인도

EU법과 미국법 변화가 2003년 범죄인 인도법을 통해 영국법으로 도입된데 힘입어 영국의 피감독기관들 사이에 범죄인 인도 위협이 크게 부각되고 있다.

EU에서는 2004년 1월에 유럽인 체포 영장(European Arrest Warrant; EAW)이 도입되었는데, EAW는 한 EU 국가에서 다른 EU 국가로의 용의자 송환을 촉진하기 위해 제정되었다. EAW는 애초에는 9.11 사건 이후 테러에 대처하기 위한 수단으로 구상되었지만 이는 그보다 미치는 범위가 훨씬 넓으며, 예를 들어 사기, 자금세탁, 테러자금 조달 등 컴플라이언스 책임자와 그의 동료들이 관심을 가질만한 많은 범죄에 적용된다.

EAW외에 미국과 관련된 새로운 제도도 있다. EAW와 마찬가지로 이들도 2003년 범죄인 인도법을 통해 영국법으로 편입되었으며, 애초에는 9.11 이후 테러리즘에 대한 전쟁의 일환으로 구상되었지만 실제로는 훨씬 넓은 범위에 영향을 주고 있다. 이제 명백한 증거를 제시하지 않아도 영국 국민이 미국으로 인도될 수 있다. 이는 피고인이 미국 사법 시스템에 인도되기 전에 영국 법원에서 자신을 방어할 기회를 가지지 못함을 뜻한다.

미국에서 영국으로의 범죄인 인도를 촉진하기 위한 제도는 아직 시행되고 있지 않지만 미국은 해외에서의 새로운 권한에 점점 더 많은 열의를 보이고 있다. 이를 가장 극명하게 보여주는 사례는 엔론과 관련된 범죄 혐의로 대법원이 냇웨스트(NatWest)의 3명의 전직 직원을 미국에 송환하도록 허용한 사례이다.

이 사례에는 특히 무서운 점들이 많이 있다. 이 3명의 피고인들은 애초에 이 사안에 관한 정보를 FSA에 자진 신고했는데, FSA는 이 사안에 대해 자신은 이들에 대해 조치를 취하지 않고 수집한 자료를 미국 당국에 넘겨주기로 결정했다. 궁극적으로 미국에 의해 이 사건이 제기되었을 때 이 사안은 거의 전적으로 FSA에 의해 수집된 서류들에 기초했는데, FSA는 이 3명에 대해 조치를 취할 필요를 느끼지 못했으나, 이 사실이 미국에서는 받아들여지지 않았다. 더구나 범죄 혐의를 받고 있는 이 3명의 행위 발생 당시 이들은 영국에 있었으며, 희생자라고 주장되는 조직(NatWest 자체)도 영국에 있었고, 냇웨스트는 자신을 대상으로 범죄가 저질러졌다고 생각하지도 않았다.

이 이야기로부터 우리가 배워야 할 명백한 메시지는 만일 미국이 당신을 체포하기 원할 경우 미국을 통과하는 전자우편, 미국 서버에 게시된 정보, 미국 소재 기계를 통해 처리되는 지급 지시 등 미국과 당신 사이에 아주 작은 연결 관계만 있으면, 미국은 그렇게 할 것이라는 점이다. 이 점을 주의하라.

Box 5 금융 서비스 액션 플랜

- EU 전역에 경제와 통화 통일의 길을 연 1992년 마스트리히트 조약으로 단일 유럽 금융시장 창설 논의가 진지하게 시작되었다.
- 1990년대 말에는 '단일금융시장' 이니셔티브와 관련한 조정과 전략 수립을 보다 강화하라는 요구가 거세졌다. 이미 일부 조치들이 취해졌고

계획된 조치들도 있었지만, 많은 사람들이 이 프로세스가 다소 주먹구구
식이라고 생각했다.

- 단일 금융서비스시장 형성 프로세스에 대한 다른 동인들은 아래와 같다.
  - 유로 도입 임박: 단일 통화가 단일 시장과 병행하는 것이 논리적으로
    보였다.
  - EU에 기업자본조달 활동을 위한 공정한 경쟁의 장이 없다는 인식
  - 소비자들에게 EU 역내의 어느 국가에 거주하든 동일한 수준의 보호
    를 제공하자는 욕구
  - 회사들이 국경을 넘은 서비스를 제공하는 어려움으로 인해 경쟁이 가
    로막힌다는 이해
  - 국경을 넘은 금융상품, 서비스 제공과 관련한 인터넷과 전자상거래의
    시사점을 인식할 필요
  - 건실한 단일 건전성 프레임워크를 만들어 유럽 금융시장의 안정성을
    높이자는 결정

이 모든 이슈들을 전략적으로 다룸으로써 유럽 전체적으로 볼 때 금융시장
이 유럽만큼 단편화되지 않은 미국과의 경쟁에서 보다 나은 위치에 서게
되리라고 기대되었다.

- 금융서비스 정책그룹에게 유럽의 다양한 금융서비스 시장의 조화 프로
  세스에 계획수립, 시급성, 조정을 위한 계획을 가져오라는 요청에 따라
  1998년 카디프 유럽 이사회는 금융 서비스 액션 플랜(Financial Services
  Action Plan; FSAP)을 마련하였다.
- FSAP는 2000년 리스본 유럽 이사회에서 비준되었다. FSAP는 2005년
  까지 완료될 42개 조치들에 대한 세부 사항을 정했으며, 이 계획은 "금
  융 서비스: 행동을 위한 프레임워크 구축"이라는 제목의 유럽집행위원
  회(European Commission) 문서에 수록되었다. 42개 조치들은 4개 유형으로

구성되어 있다.

- 지침
- 규정
- 소통
- 권고

또한 3개의 제목을 가지고 있다.

- 도매 시장에 영향을 주는 조치들
- 리테일 시장에 영향을 주는 조치들
- 금융서비스 감독에 영향을 주는 조치들

- 2000년에 램폴러시(Lamfalussy) 위원회가 설치됨에 따라, 단일 유럽 금융서비스 시장 창설 프로세스에 추가적인 계기가 마련되었다(Box 13을 보라).

- 현재 42개 조치들의 대부분이 시행되고 있다(비록 아래에서 보게 되는 바와 같이 이 조치들을 각 회원국의 법률로 전환시킴에 있어서는 아직 진전이 필요하지만 최소한 EU 자체에 의해서는 시행되고 있다).

- FSAP가 완전히 '자리 잡기' 까지는 아직 해야 할 일이 많이 남아 있기 때문에 FSAP의 성공 여부를 논하기는 아직 이르다. 이의 성공 여부는 대체로 향후 몇 해 동안의 EU의 성취에 의존할 것이다. 현재 FSAP가 거의 완료됨에 따라 아래와 같은 사항들로 그 초점이 옮겨가고 있다.

- 모든 조치들이 각 회원국에 의해 적절히 채택되게 함
- FSAP 이니셔티브의 효과성과 잠재적으로 컴플라이언스 업계에 지각변동을 가져올 가능성 평가
- 유럽의 관료주의에 어떤 영향을 주든 '보다 나은 감독' 에 대한 가능성 탐구

- FSAP에 대해 보다 많이 알려진 문제들은 아래와 같다.

472

– 금도금 – 특정 회원국에서는 원래의 지침에서 요구되지 않았던 요건들을 도입하여 일부 지침들이 '과잉 실행되는' 경향이 있다. 이는 명백히 경쟁의 토대를 '불공정하게' 한다. 그리고 이를 어떤 식으로 보느냐에 따라서는, 금도금을 한 국가의 기업들을 보호할 수도 있고 과도한 규제로 인해 해당 국가의 기업들에게 불이익을 줄 수도 있다.

– 불충분한 시행 – 이는 금도금의 반대이다. 일부 국가에서는 EU의 지침을 자국의 법률로 전환하기를 꾸물거리고 있다. 그리고 요건들을 시행한 경우에도 만족스럽게 되지 않은 사례들도 있다.

– 단일 형사 시장 – 단일 금융서비스 시장이 어느 정도로 EU 전역에 걸친 범죄 활동을 촉진했는가? 예를 들어 FSAP로 오늘 런던에서 당신의 신용카드에서 훔친 돈을 내일 마드리드에서 자유롭게 사용하는 것이 더 쉬워졌는가? 그럴 경우 이를 다루기 위한 적정한 조치가 취해졌는가?

Box 6 세계화?

당신의 회사가 영국에 기반을 두고 있음에도 당신이 왜 외국의 법률과 감독 규정을 알 필요가 있는지 납득할 필요가 있다면, 컴플라이언스가 왜 점점 더 세계화될 필요가 있는지에 대한 아래의 항목들을 보기 바란다.

• 금융 서비스 액션 플랜으로 인해 영국의 법률과 규제상의 의제들은 유럽연합에 의해 정해진다.

• 일부 국가(특히 미국)들은 자국의 법률을 해외에 적용하려 한다. 예를 들어 OFAC 제한을 위반하여 미국 달러화 표시 거래를 하면 문제가 될 가능성이 있다. 또한 미국의 범죄인 인도 사례를 다루는 Box 4를 보라.

• 회사가 해외에 본사를 둔 국제적 그룹의 일원인 경우, 모기업 소재국에

서 비롯되는 요건들을 고려해야 할 수도 있다.

- 회사가 국제적 활동을 수행할 경우 회사가 업무를 수행하는 국가에서 적용되는 요건들을 알 필요가 있다. 국제 업무가 수행되는 방식에 따라 적용되는 요건들이 달라질 수 있다. 사무소나 지점을 통해 해외에 물리적으로 존재하는가? (호텔 방 이외에는) 확정된 기반이 없이 정기적으로 해외 출장을 다니는 '여행 가방 은행업'을 수행하는가? 또는 해외 고객이 영국에서 순전히 전화와 전자우편 등에 의해 서비스를 제공받는 형태의 비즈니스가 수행되는가?

- 글로벌 회사들은 종종 매트릭스 관리 제도를 통해 글로벌 팀을 운영한다. 당신은 런던에서 취해진 최신 경영관리 이니셔티브가 해외에 기반을 두고 있는 팀원들에게 적용되는 요건을 위반하지 않는지 알고 싶을 것이다.

- 글로벌 금융감독 이니셔티브들은 점점 공동으로 수행되어가고 있다. 한국가의 감독 당국은 이제 다른 국가 감독 당국과의 대화를 꺼리지 않는다. FSA는 국제적 양해각서에 대한 열렬한 팬으로서 가장 최근 사례로는 16개 국가 27개 감독 기관과 맺은 협정이 있다.

- 은행감독에 관한 바젤위원회는 점점 더 은행 감독의 모든 측면에 대한 기조를 설정하고 있다. 은행의 컴플라이언스 기능에 관해 이 위원회가 2005년에 발표한 문서의 원칙 9는 이렇게 규정한다. '은행은 자신이 비즈니스를 영위하는 모든 국가의 관련 법규를 준수해야 하며, 컴플라이언스 기능 및 책임의 조직과 구조는 현지 법규의 요건들과 일치해야 한다.' 이보다 더 명확할 수는 없다.

이제 위에서 말한 모든 것을 종합하여 아래의 문제를 풀어 보자.

- 당신 회사의 본사는 호주에 있다.

- 글로벌 컴플라이언스 기능은 런던에서 운영된다.
- 그룹 소속 중국 회사의 직원 한 명이 이탈리아의 자매 회사에 파견되었다.
- 이 직원이 2주간 싱가포르 지점에 출장 갔다.
- 이 직원은 이 기간 중에 동남아시아 지역에 자주 출장을 가서 회사의 주식 트레이딩 서비스 판촉 활동을 벌였다.
- 그 직원은 또한 가본 적이 없는 지역에 소재하는 여러 나라들에 배포할 마케팅 자료도 준비했다.
- 이 마케팅 자료는 미 달러화로 표시된 상품들과 관련되어 있다.
- 이 상품들은 전 세계의 여러 거래소들에서 거래된다.
- 결제는 인도에 외주를 주었다.

어느 법률과 감독 규정이 적용되는가?

어느 감독 기관이 관여하는가?

이 질문들에 답해 보라!

미리 정해진 답은 없다. 이 상황이 정확히 어떻게 규제되어야 하는지에 대해 설명하기 위해 찾아볼 편리할 규칙은 없으며, 일을 적절하게 수행하기 위해서는 위에 언급된 모든 나라들의 규칙들을 고려할 필요가 있다.

Box 7 업계 지침

영국에서 보다 원칙에 기반한 규제(MPBR, Box 1을 보라)로 무게 중심이 이동함에 따라 감독 규정상의 의무 이행을 지원하기 위한 업계 지침이 점점 더 중요해지고 있다. 이 현상은 새로운 것이 아니다. 이런 자료들이 오랫동안 존재해 왔는데 그 중 가장 잘 알려진 두 가지 예는 JMLSG 지침노트와 은행 행동 강령이다. 그러나 FSA가 업계 단체들에게 지침을 작성하도록 장려하고 이를 '확인'하는 프레임워크를 두는 점은 새로운 현상이다.

FSA의 상세한 규칙들 중 많은 부분이 제거됨에 따라 감독 제도에서 업계 지침이 점점 더 중심적인 역할을 하게 된다는 사실과는 별도로, 이에 찬성하는 논거는 명백하다. 규제 당국이 아니라 업계가 어떤 실제적 해법이 규제 요건을 충족할 가능성이 가장 높은가에 대해 알 수 있는 가장 좋은 위치에 있다는 것이다. 그리고 이러한 보다 비즈니스 친화적인 새로운 접근법을 채택할 경우 금융업이 보다 성공적이고, 혁신적이며, 효율적으로 될 수 있어서 궁극적으로 소비자들의 요구를 더 잘 충족시킬 수 있을 것이다.

업계 지침 사용 자체는 나쁘지 않지만 거의 불가피하게 이에 반대하는 많은 주장들이 제기될 것이다.

업계 지침이라는 개념

가장 강력하게 반대하는 사람들은 업계 지침이라는 개념에 반대하며 업계 지침 사용은 FSA의 책임을 축소시키고 감독 책임을 전가하는 것이라고 믿는 사람들이다. 그들은 FSA는 감독 당국이 되라고 급여를 받고 있으므로 우리가 업계 협회를 통해 자체 아이디어를 내게 하지 말고(이는 배관공을 고용하여 우리가 파이프를 직접 고치는 것을 지켜보게 하는 것과 같지 않은가?), FSA가 감독 대상 기관들에게 기대하는 바가 무엇인지에 관한 지침을 제공하는 것이 지극히 당연하다는 입장을 유지한다.

반대자들은 업계 협회는 감독 당국이 아니라고 주장한다. 협회는 감독 기관으로 훈련받지 않았고 감독 당국의 통찰력을 가지고 있지 않다. 그들은 또한 감독 당국과 같은 자금 조달 재원, 시간 또는 중립성을 보유하고 있지 않으며, 따라서 자신에게 자금을 대는 회사들에 관해 규제 기능을 수행하도록 허용되면 규제 프로세스의 독립성이 훼손되고 이 상황으로 초래될 이해상충 리스크를 경감할 정부의 책임이 없어진다.

또한 지나치게 열심히 있는 협회들은 FSA가 확인한 지위를 받기 위해 그들의 지침에서 '요건들'을 강화할 것이라는 우려도 있다. 이는 업계 지침을 준수하는 회사들에게 규제상의 기대치보다 더 많은 것을 요구하는 셈이고, 따라서 MiFID나 기타 지침들의 골자만 준수하는 다른 유럽 회사들에 비해 경쟁상의 불이익을 받게 할 것이다.

업계 지침의 지위

업계 기구들에 의해 발해지는 지침은 FSA 규칙과 동일한 지위를 가지지 못하고 이를 준수할 의무가 없을 것이라는 점을 기억해야 한다. 그러나 FSA는 '감독 기능을 행사할 때 업계 지침을 고려할' 것이고, 업계 지침 위반시 이를 단속할 수도 있다고 발표했다. 이는 업계 지침에 준 규제적 지위를 부여한 듯하지만, 이에 대해 법령상의 상담을 받지는 못할 것이고, 그러는 동안 우리는 (비실제적임 또는 기존의 다른 지침들과의 충돌과 같은) 우려를 제기하고 이를 다룰 기회를 가지게 될 것이다.

또한 고객과의 계약 조항에서 회사가 특정 지침을 준수할 것이라고 말한 경우 이를 준수하지 않으면 고객으로부터 민사 소송을 당할 수도 있으므로 지침을 준수해야 한다는 점을 기억할 필요가 있다.

업계 협회에 대한 영향

업계 지침에 점점 더 많이 의존하게 되면 업계 기구들의 지위가 약화되리라는 우려도 있다. 이는 처음에는 직관에 반하는 듯이 보이지만, 이 우려는 심각하게 받아들여져야 한다. 현재 업계 협회들은 그들의 지침을 회비를 납부하는 회원들에게만 제한할 수 있지만, FSA에서 확인한 지침들은 무료로 공개적으로 입수할 수 있어야 한다. 따라서 이 기구들에서 자신의 목소리를 관철시킬 것으로 기대하지 않는 소규모 회사들은 회비를 납부하는 회원이 될 인센티브가 작아질 것이다. 이는 업계 협회가 지침 자료 제작과 질문에 답할 직원을 유지할 추가 재정 부담으로 인해, 비용이 상승할 시기에 협회의 자금 조달 권리를 감소시킬 것이다. (이에 상응하여 FSA에 납부할 부담금이 줄어들 것인가? 그럴 가능성은 별로 없다.)

또한 업계 지침이 FSA의 지침 내용과 충돌하게 될 경우 업계 기구 자신이 소비자와 규제 대상 회사들로부터 소송을 제기당할 수도 있음을 기억해야 한다. FSA는 유사한 상황에서 법령상의 면책 조항에 의존할 수 있다. 이는 공정해 보이지 않는다.

소규모 회사들이 불이익을 받게 됨

업계 지침을 더 많이 사용하게 되면 아래와 같은 사유로 소규모 회사들이 불이익을 받게 될 거라는 두려움이 표명되었다.

- 소규모 회사들은 업계 기구 내에서 '덜 중요한 파트너'로 취급되거나, 기구에 가입할 형편이 되지 못해서 지침 개발에 참여하거나 지침에 관련된 질문에 답변을 받지 못할 수도 있다.
- 소규모 회사들을 대변하는 업계 기구들이 적다.
- 소규모 회사들을 위한 업계 기구들이 존재한다 해도, 이들은 다른 기구들보다 자원이 적고 따라서 회원들을 위한 지침을 마련할 형편이 되지

못할 것이다.

당신이 업계 지침이 부족한 곳에서 일할 경우 스스로 작성하기로 결심할 수도 있다!

Box 8 L&G vs FSA – 진정한 승자와 패자는 누구인가?

FSA는 대표격인 사례에서 리걸 앤 제너럴(Leagal & General; L&G)이 1997년에서 1999년 사이에 저축성 생명보험을 잘못 팔았다는 혐의로 L&G에 110만 파운드의 벌금을 부과했다. L&G는 이 조치에 불복하여 이 사안을 금융 서비스 및 시장 법원에 제소했고 이 법원은 2005년 1월에 FSA의 제재 사안을 비판하며 벌금을 575,000파운드로 감액했다.

L&G가 이 사안에 대해 의기양양해 할 수 있다고 생각할 수도 있다. 그러나 피규제 기관 모두가 의기양양해할 수 있을까? 이 승리는 분명히 금융 서비스 및 시장 법원이 FSA와 독립적으로 행동할 수 있음을 보여준다. 전에는 이 점에 대한 우려가 존재했었다. 이 사안은 또한 회사들이 FSA의 결정에 도전하고자 할 경우 기댈 곳이 있음도 보여준다. 우리 모두는 이로부터 위안과 자신을 얻어야 한다.

그러나 이 사안이 이외에 의미하는 바는 무엇인가? 이 사안은 FSA를 나쁘게 보이게 하고 선도적인 금융 서비스 센터가 되기를 원하는 국가로서 우리의 감독 당국이 개선되어져야 함을 보여준다. FSA가 참으로 충분한 논거가 있었다면 왜 이를 지켜내지 못했으며, 근거가 없었다면 애초에 왜 벌금을 부과했는가? FSA가 성공적인 제재 프로세스를 가지고 있지 못하다면 어떻게 금융 범죄와 싸운다는 법령상의 목표를 지탱할 수 있는가? FSA가 잘 조직되지 못했고, FSA와 대결하면 이길 수도 있다는 메시지가 퍼진다면 금융기관의 부적절한 행동에 대해 어떤 억제책이 있는가?

L&G 사례에 당황한 FSA는 (순전히 컴플라이언스 책임자의 이기적인 관점에서 볼 때), 우리가 잘못 행동하는 동료들에게 휘두를 수 있는 가장 단단한 막대기 중 하나를 제거했다. 이 사례는 또한 FSA가 징계 프로세스를 전면 재검토하고 조직을 정비하기로 한 결정에 기여한 요소 중 하나일 것이다. 현재 이 분야의 FSA 작업은 완료되었다. 이전에 징계 절차와 제재를 다루었던 규칙집의 방대한 섹션이 삭제되고 '새롭고, 개선된' 의사 결정 절차 및 벌금 매뉴얼과 제재 가이드가 시행되었다. 다음번에 FSA의 '시범 사례'로 제재 조치를 받게 될 회사는 FSA가 이번에는 그리 쉽게 넘어지지 않을 것이라는 점을 알게 될 것이다.

Box 9 금융상품 시장 지침(MiFID)

N2(2001년에 FSMA이 시행되었을 때 영국 감독 시스템에 끼친 최후의 커다란 변화)에서 살아남은 지 불과 몇 년이 지나지 않아서 우리는 유럽 지역의 금융 서비스 제공자들에게 N2와 마찬가지로 중대한 영향을 준 MiFID에 차이며 비명을 지르고 있다. 나는 N2를 잘 기억하고 있다. 아마도 N2가 대체했던 (1986년 금융 서비스법 하의) 제도에 결함이 있다고 인식되었기 때문에, N2에 관해서는 냉소나 불평이 그다지 많지 않았던 것으로 기억된다. MiFID에 대해서는 얘기가 다르다. (MiFID로 인한 방대한 IT 인프라 시행으로 수백만 달러를 벌게 된 IT회사들을 제외하면) 아무도 새로운 규칙을 배우고, 이의 영향을 판단하고, 이를 시행하기 위한 프로젝트를 시행하는 데 그다지 열의를 보이지 않았다.

나는 이를 N2와는 달리 이전 제도에 대해 비판적인 사람이 거의 없었으며 MiFID는 사실은 필요하지 않은 약으로 보았기 때문이라고 생각한다. 확실히 간헐적인 불평이 있기는 했지만 FSA 규칙집의 많은 섹션들의 전면 개정을 정당화할 만한 사항은 전혀 없었다. 사람들은 대체로 영국의 감독 제도에 대해 상당한 자부심을 가지고 있었고, EU의 다른 나라들이 우리와 같은 규제 기준을 가지고 있지 않았다는 이유만으로 영국의 규제 제도가 바뀔 필요가 있다는 데 동의하기를 거부하는 것 같았다. 이것이 바로 영국의 관점에서의 MiFID에 대한 주요 비판 중 하나이다. 런던은 유럽에서 가장 큰 금융센터이며, 따라서 가장 큰 변화를 겪게 되고 가장 많은 비용이 발생할 것이라고 할 수 있다. 그러나 많은 사람들은 런던은 MiFID가 시행되기 훨씬 전부터 모범적인 규제 제도를 지니고 있었으며, 이로 인해 막대한 MiFID 준수비용이 어떤 이익보다 훨씬 크다고 생각했다. FSA 자체의 수치를 보라. 「MiFID의 전반적인 영향」이라는 FSA의 2006년 보고서에서, FSA는 규제 대상 회사들이 (주로 컴플라이언스 비용과 거래 비용 감소로) 연간 2억 파운드까지 이익을 볼 수 있다고 추정했다. 반면 규제 대상 회사들은 8억 7천 7백만 파운드에서 11억 7천만 파운드의 일회성 비용과 연간 8천 8백만 파운드에서 1억 1천 7백만 파운드의 지속적인 추가 비용이 소요될 것으로 추정되었다. 당신 스스로 손익을 계산해 보라.

영국에서 MiFID에 대한 또 다른 주요 비판은 FSA의 '지능적 복사' 접근법인데, 이는 영국 재무부가 EU의 모든 지침들을 영국의 규칙으로 전환할 때 변경을 최소화하여 번역하라고 정한데 따른 것이다. 이는 국제 기준에 '금도금' 하려는 FSA의 열심을 가라앉히기 위한 조치로 보인다. 불행하게도 이러한 접근법이 실제로 끼친 영향은 새로운 규칙집에 절실히 필요한 설명과 맥락이 없다는 점과 용어의 정의를 모호한 유럽 법률에서 참조하도록 하는 경향이 있다는 점이다. 이는 FSA 자료집의 명확화나 간소화라는 개선을 가져오지 못했으며, 이에 따라 '지능적 복사' 라는 용어가 '미적거리는 책임회피' 라는 말로 대체되어야 하는 것 아니냐고 의문을 제기하는 사람들도 있다.

그러나 (MiFID에 대한 반대를 제쳐 놓으면) MiFID의 목표는 완전히 칭찬할만한 한데, 아래의 사항들이 이에 포함된다.

- 한 국가에서 인가를 받은 회사들이 다른 국가에서 서비스를 제공하는 것을 보다 쉽게 함으로써, MiFID의 전신인 1993년 투자 서비스 지침 (Investment Services Directive; ISD)에 의해 도입된 단일 유럽 금융서비스 시장을 강화한다.
- 유럽의 소비자 보호 및 해외 진출 제도에 의해 다루어지는 상품과 서비스의 범위를 넓힌다.
- 트레이딩 통로(즉, 시스템 탑재, MTF 또는 규제받는 시장) 여하에 무관하게 주문 집행을 위한 규제 프레임워크를 확립한다.
- 유럽 금융시장의 무결성을 보호하고 효율성을 향상시킨다.

MiFID에 의해 도입된 몇 가지 주요 변경 사항들은 아래와 같다.
- 범위 – ISD에 의해 다루어졌던 모든 상품과 서비스를 다루는 외에, MiFID는 아래의 상품과 서비스를 다룬다.

상품
　– 상품 파생상품
　– 일부 추가적인 특정 파생상품: 상품, 신용, 금융 차이 계약

서비스
　– 다자간 트레이딩 설비
　– 자문

- 해외진출 – 위에 묘사한 상품과 서비스를 다루기 위해 해외 진출 제도를 확대한 외에도 MiFID는 본국 및 유치국 감독 당국의 책임과 관련한 일부의 불확실성을 명확히 한다.
- 비즈니스 수칙 – 영국 회사들에게는 아래의 사항들을 포함한 많은 영역

에서 상당한 규칙이 변경되었다.

- 고객 분류

- 최상의 주문 집행

- 적합성과 적정성

- 주문, 주문 집행과 관련된 기록 유지와 투명성

- 고객 자산

- 판촉 활동

- 거래 보고('감독' 제도에 속함)

• 시스템과 통제 – 이곳에서도 영국 회사들에게는 상당한 규칙이 변경되었다. 규칙 변화가 가장 피부에 와 닿는 영역들은 아래와 같다.

- 컴플라이언스 제도

- 아웃소싱

- 비즈니스 연속성

- IT제도

영국에서 MiFID를 시행한 날에 교육/역량과 승인자에 대한 FSA 규칙에 상당한 변경이 도입되었지만 이 변화는 실제로는 FiMID와 관련된 변화에 기인한 것이 아님을 주목할 가치가 있다.

MiFID가 영국 규제 제도 배후의 핵심 동인 중 하나라는 사실에도 불구하고 불행하게도 MiFID의 범위는 RAO(부록 3을 보라)의 범위와 같지 않음을 알 필요가 있다. 특정 활동이 'MiFID 비즈니스'냐 아니냐에 따라 다른 규정이 적용되는 2중 규제 제도가 어느 정도는 이에 기인한다고 할 수 있다.

Box 10 자금세탁 통계수치

성격상 정확한 자금세탁 발생 규모를 측정하기는 매우 어렵지만, 지금까지 발표된 일부 수치들은 아래와 같다.

- 세계적으로 마약 밀수에서 발생하는 수입은 5천억 파운드[1]에 달할 수 있으며, 유럽에서의 규모는 1,310억 파운드[1]로 추정된다.

- 전 세계적으로 유통되고 있는 돈의 25%가 '더러운 돈'일 수 있다.[1]

- 로스앤젤레스에서는 이 도시에서 유통되고 있는 돈의 75% 이상에 불법적인 마약의 흔적이 있다.[1]

- 미국 재무부는 3천억 달러에 달하는 통화의 절반을 설명하지 못한다.[1]

- 마약 딜러, 무기 매매업자, 기타 범죄인에 의해 해마다 세탁되는 자금 규모는 1조 달러를 초과하는 것으로 보도되었다.[2]

- 영국에서 중대한 조직범죄의 경제적, 사회적 비용은 이에 맞서 싸우는 비용을 포함하여 연간 200억 파운드를 상회하는 것으로 추정된다.[3]

- 영국의 자금세탁은 대략 230억에서 570억 파운드로 추산된다.[4]

- 정부는 영국에서 감독을 받는 금융기관을 통해 세탁되는 자산 규모가 연간 150억 파운드로 추정한다.[5]

---

1) 2002년 범죄 수익에 대한 CIMA가이드와 2003년 자금세탁 규정, 2004년 자금세탁: 모든 회계사들이 알아야 할 사항.
2) 2007년 KPMG 글로벌 자금세탁방지 서베이: 은행들은 이 도전과제에 어떻게 맞서고 있는가.
3) 영국의 중대 조직 범죄 위협 평가, SOCA에 의해 발표됨.
4) 2007년 10월 FSA 웹사이트.
5) 영국 재무부에서 2007년 2월에 발행한 보고서 「범죄 및 테러리즘에 대한 금융기관의 도전 과제」에서 인용함.

Box 11 자본 적정성 건전성 규제

자본 적정성은 일반적으로 컴플라이언스 책임자의 책임이 아니라 파이낸스 부서의 책임이기 때문에 FSMA 제도 중 자본 적정성 건전성 규제에 대해서는 이 책에서 자세히 다루지 않았다. 그럼에도 컴플라이언스 책임자가 이를 완전히 무시할 수 있는 영역이라고 생각해서는 안 된다. 자본 적정성은 규제 시스템의 매우 기본적인 부분이므로 최소한 이에 대한 기본 내용은 이해해야 한다.

이 규제 제도의 목적은 회사들이 의무를 이행하기에 충분한 자본을 갖추게 하고, 자신의 손실 흡수 능력을 벗어나는 리스크를 취하지 못하게 하기 위함이다. 이렇게 하는 이유는 두 가지이다.

• 투자자 보호 – 회사가 지급불능이 되면 고객들에 대한 의무를 이행하지 못하게 될 수 있다.

• 시스템 차원 리스크 예방 – 어느 회사의 재무적 몰락이 그 회사의 채권자들에게 연쇄 효과를 일으켜, 궁극적으로 전체 금융 시스템을 위험에 빠뜨릴 때 시스템 리스크가 발생한다.

이런 결과를 예방하기 위해 금융기관들은 인가 당시에 최초의 자본 적정성 테스트를 통과해야 하며, 그 이후 지속적으로 자본 자원 요건을 충족해야 한다. 매우 중요한 FSA 자본 적정성 규칙은 다음과 같다. '금융회사는 부채 만기 시에 이를 이행하지 못할 중대한 리스크가 없도록 담보하기 위해 양과 질에 모두에 관해 자본 자원과 유동성 자원을 포함한 전반적인 재무자원을 항상 유지해야 한다.'

2006년에 자본 요건 지침(CRD)이 도입될 때까지는 이는 주로 규범적 규칙들에 의해 달성되었다. 대형 은행들과 증권회사들은 리스크를 내부적으로 정교하게 측정할 것으로 기대되었지만, 이는 소형 기관들에게는 중점 대상이 아니었다. FSA의 건전성 제도의 기반을 이루고 있는 CRD하에서는, 금융기관의 리스크 평가와 제한을 위한 내부 프로세스를 자본 적정성과 거의 동일하게 강조하고 있다. 즉 외부적으로 규정된 자본 자원에 대해서 뿐만 아니라 투자와 관련된 시장 리스크, 거래 상대방 부도 리스크, 법률 리스크, 운영 리스크 등도 강조한다. 그러나 외부적 자본 자원 요건은 여전히 존재하며 과거 어느 때보다 더 복잡하고 철두철미하다.

감독 당국의 자본 적정성 측정은 두 가지 주요 구성 요소로 이루어져 있는데, 그 중 하나는 회사의 자본 자원에 대한 평가이고, 다른 한쪽은 리스크 포지션 식별과 평가이다.

'자본 자원'은 '영구' 자본으로 구성된다. 영구 자본에는 납입자본금, 이익 잉여금 후순위(거의 영구적) 채무가 포함된다. '후순위 채무'를 제외하면, 이 수치는 회사 대차대조표상에서 볼 수 있는 '순자산' 또는 주주 지분과 유사한 바, 이 수치는 회사가 레버리지를 통해(즉, 자산을 획득하기 위해 부채를 부담함으로써) 얻은 것이 아니라, 회사가 진정으로 '소유'하고 있는 총액이기 때문에 회사의 재무 안정성에 매우 중요하다. 이 자본은 예상하지 못한 채무 충족에 사용할 수 있는 고유 자원이다.

'리스크 포지션'은 회사의 트레이딩 계정(예를 들어 주식 매수 또는 매도 포지션, 옵션, 선물, 차이 계약 등)과 비트레이딩 계정(예를 들어 대출, 장기 RP 계약 등)의 모든 시장 리스크와 거래 상대방 신용 리스크를 포함한다. 이 포지션들은 높은 품질의 투자들은 높은 리스크를 부담하고 있는 투자들보다 낮은 가중치가 적용되는 방식으로 (예를 들어 감독 당국의 규제를 받는 거래 상대방이나 신용도가 높은 상대방에 대한 대출은 투기등급 채권보다 낮은 가중치가 적용된다), 유형과 위험도에 따라 정해진 비율로 '리스크 가중치가 부여'된다.

- 시장 리스크 – 시장 전반적 사유이든 개별 발행자의 부도 리스크에 기인

하든, 회사의 트레이딩 포트폴리오 내 가격 변동에 대한 익스포져. 주식과 주식에 대등한 포지션, 채권 또는 이자율 스왑과 같은 부채 증권, 옵션 및 선물에 대한 별도의 범주가 있다.

- 거래 상대방 신용 리스크 – 차입자 또는 트레이딩 상대방에 대한 직접적인 신용 익스포져는 감독 규정에서 정한 방법이나 정교한 자체 모델에 이르는 방법 중 하나에 따라 리스크 자본이 부과된다.

- 편중 리스크 – 특정 기준을 초과하는 특정자산 그룹(예를 들어 하나의 주식 또는 부채 발행자 또는 차입자나 그 관계 회사)에 대한 익스포져는 위의 두 범주에서 더 많은 자본 요구량이 부과된다.

- 이자율, 외국환 리스크 – 이들 익스포져는 트레이딩인지 비트레이딩 계정인지에 따라 달리 취급된다.

- 운영 리스크 – 운영 리스크에 기인한 손실 리스크 측정에는 여러 방법들(기초적인 방법에서부터 리스크에 매우 민감한 방법까지)을 이용할 수 있다(아래를 보라).

본질적인 규제 자본 적정성 테스트는 이들 각각의 범주에 대해 계산된 리스크 가중 포지션의 합계가 회사의 자본 자원을 초과하지 않아야 한다는 것이다.

회사 소속 그룹이 EEA에 등록된 모은행(parent bank)을 포함하고 있을 경우 자신과 관계사들의 자본 자원과 리스크 포지션이 모은행의 자본 자원 및 포지션과 합산된다.

CRD는 이들 테스트에 (인간의 실수, IT시스템 실패 등에 기인한 손실을 포착하기 위해) 운영 리스크 개념과 회사들이 자신의 활동에 맞춘 내부 자본 적정성 평가를 수행하라는 요건을 추가했으며, 회사의 자원과 리스크 포지션이 스트레스 테스트를 받게 했다. 이는 많은 은행들에게 이전에 적용되던 것보다 상당히 큰 부담이 되지만, 이 조치는 회사들은 자신이 취하고 있는 리스크들과 이 리스크들이 어떻게 식별, 측정, 제한되어야 하는지 가장 잘 알고 있다는, 또는 가장 잘 알아야 한다는 일리가 있는 가정을 따르고 있다.

재무적 어려움에 빠졌던 회사에 대한 유명한 예로 2007년에 서브 프라임 신용 경색으로 고생했던 영국 모기지 공급자 노던 록(Northern Rock)을 들 수 있다. 대부분의 모기지 회사들은 소비자의 예금을 수취하여 대출 자금을 조달하는데, 노던 록은 일반적인 모기지 회사와 달리 다른 기관에서 차입하여 모기지 자금을 조달했다. 이 금융기관들이 노던 록에 대한 대출을 꺼리자, 자금원이 말라 버린 이 회사는 최종 대부자인 영국은행에서 긴급 자금 지원을 받아야 했다. 노던 록은 자신의 유동성 리스크를 더 잘 이해하고 모기지 포트폴리오를 위한 자금 조달 원천을 다각화했더라면 이 위기를 피할 수 있었을 것이다.

Box 12 FSA의 제재 프로세스

대부분의 FSA 조사는 공식적인 제재 프로세스에 의존하지 않고 해결되겠지만, 재수 없게도 잠재적 징계 조치에 직면하게 되는 사람들은 아래에 요약된 프로세스에 익숙하게 될 것이다.[1]

- 1단계: 조사관들이 지정된다. FSA의 재량에 따라 조사관 지정 사실이 관련자에게 통보된다.
- 2단계: 관련자에게 조사에 관한 사항들, 예를 들어 이 프로세스가 어떻게 진행되는지, 조사관들이 접근을 요구할 문서와 인물 등을 알려주기 위해 조사 범위가 정해진다.
- 3단계: 문서 검토, 증인 인터뷰 등 조사 작업이 수행된다. 조사 이후에 FSA는 조사팀원이 아니었던 사람에게 이 사안에 대한 내부 법률 검토를 하게 한다.

- 4단계: 조사 대상자에게 예비 조사 보고서(Preliminary Investigation Report; PIR)를 제공한다. (조사 대상자는 28일 이내에 이에 대해 소명할 수 있으며 필요시 추가 시간을 요청할 수 있다.)
- 단계 5: 조사 팀이 제재 심의 위원회(Regulatory Decision Committee; RDC)에 부의할 가치가 있다고 생각할 경우 이 사안을 RDC에 부의한다. RDC는 조사 대상자가 PIR에 대해 소명한 내용을 감안한 조사 보고서를 검토한다.
- 단계 6: RDC가 적절하다고 판단할 경우, RDC는 조사 대상자에게 취해질 조치에 대해 상세히 설명하는 경고장을 보낸다. (28일 이내에 이에 대해 소명할 수 있으며 필요시 추가 시간을 요청할 수 있다.)
- 단계7: 관련자가 경고장을 받은 이후 답변서를 보내오면, RDC는 다시 모여 이를 심의한다.
- 단계 8: RDC가 최종 결정을 내리고, 적절할 경우 결정 통지를 보낸다. (28일 이내에 이 사안을 금융 서비스 및 시장 법원에 제소할 수 있다.) 그러나 RDC가 답변할 명분이 없다고 판단할 경우 취하 통지서가 발행될 수도 있다.
- 단계 9: FSA는 최종 통지를 발표하고 이 사안의 상세 내역을 공개한다.

FSA는 이 사안을 어느 때에라도 종결할 수 있음을 주목하기 바란다.

- 사적인 경고와 함께
- 조사 대상자와의 합의 논의를 통해
- 징계 조치를 취할 근거가 없다는 결정에 의해

행운을 빈다!

---

1) 위에 설명한 프로세스는 대부분의 제재 사안에 적용되지만, 모든 사안에 적용되는 것은 아니다. 예를 들어 이 프로세스는 형사 소추나 민사 소송에는 적용되지 않는다.

Box 13 램폴러시 프로세스

- EU 국가들의 유가증권법에 영향을 주는 이니셔티브 실행에 대한 성적이 형편없다는 사람들의 평가를 염두에 둔 EU 국가들의 경제 장관들과 재무부 장관들은 FSAP 내의 증권 관련 조치들을 보다 효율적으로 시행하기 위한 청사진을 마련하고자 2000년에 '현인 위원회(Committee of Wise Men)'를 조직했다.

- 바론 램폴러시(Baron Lamfalussy)가 의장을 맡은 이 위원회가 마련한 프로세스(2001년에 발표된 「증권 시장 규제」라는 제목의 보고서)는 램폴러시 프로세스라고 알려지게 되었다. 이 프로세스는 처음에는 증권시장 활동에만 적용되었지만, 2002년에 은행과 보험까지 포함하도록 확대되었다.

- 램폴러시 프로세스는 EU의 법률 시행 과정에서 속도, 투명성, 효율성, 품질, 일관성과 유연성을 고려하기 위해 고안된 4단계 접근법을 취했다.

- 램폴러시 프로세스의 4단계는 아래와 같다.

  - 1단계 – 유럽 집행위원회와 유럽 이사회가 바람직한 '산출물'과 고려될 법률의 기본 프레임워크에 대해 합의한다. 1단계의 지침과 규정들이 '틀을 형성하는 원칙' 수준에서 제시된다. 법률의 상세 내용은 2단계에서 결정된다.

  - 2단계 – 유럽 집행위원회는 1단계에서 합의된 프레임워크에 대한 기술적 세부 사항을 정한다. 이는 '코미톨로지(위원회의 권리와 의무를 정의한 것. comitology)' 절차로 알려져 있는데, 이 절차에서 도달된 결론들은 지침이나 규정에 포함되게 된다. 둘 다 법률의 효력을 지니는데 그 차이는 지침은 각 회원국에서 별도로 시행되어야 하는 반면 규정은 직접 적용된다는 점이다.

  - 3단계 – 각 회원국은 위에서 설명한 1단계와 2단계에서 취한 조치들을 시행한다. 동일하게 시행할 수 있도록 가이드라인과 모범실무관행

기준들이 발표된다.

- 4단계 – 이 단계에서는 유럽 집행위원회가 회원국의 FSAP 준수 여부를 점검하여 '실적이 나쁘면' 제재 조치를 취할 수 있다.

• 램폴러시 프로세스의 운영에 필수적인 요소는 은행, 증권(UCITS 포함–부록 5를 보라), 보험 및 직장 연금 영역에서 운영되는 흔히 램폴러시 위원회라 불리는 위원회를 운영하는 것이다.

• 이 위원회는 램폴러시 프로세스의 2단계와 3단계에서 아래와 같이 운영된다.

- 단계 2 위원회(집행위원회에 대해 자문을 제공하고 단계 1에서의 시행 조치들을 채택하도록 지원한다)
  ○ 유럽 은행 위원회
  ○ 유럽 보험 및 직장 연금 위원회
  ○ 유럽 증권 위원회

- 단계 3 위원회(1, 2 단계에서 취해진 조치들에 대해 자문을 제공하고, 3단계 시행 조치들을 논의한다)
  ○ 유럽 은행 위원회
  ○ 유럽 보험 및 직장 연금 위원회
  ○ 유럽 증권 위원회

  (금융 복합기업을 다루는 또 하나의 위원회가 2006년에 설치되었다.)

• 램폴러시 위원회는 최소한 어느 정도 성공을 거둔 듯하다. 예를 들어 시장오용 지침, MiFID, 투명성 지침, 사업설명서 지침들은 모두 램폴러시 프로세스를 통해 도입되었는 데, 제안에서 채택까지 평균적으로 소요된 기간은 20개월이었다. 이 프로세스를 따르지 않았던 투자 서비스 지침 준비 기간은 4년이었고, 내부자 거래 지침은 2년 반이 소요되었다.

• 너무 흥분하기 전에 몇 가지 주의할 필요가 있다. 램폴러시 성공 자체에

이 프로세스의 몰락의 씨앗도 들어 있지는 않는가? 승인 프로세스를 통해서 지침들의 실행을 신속하게 하는 것이 진정으로 우리 피감독 기관들에게 도움이 되는가? 이 프로세스가 그 안에 잠복해 있을 수도 있는 유럽의 관료주의적 과잉을 제거하기에 충분한 적정한 시간을 줄 것인가? 그렇다 할 경우에도 우리 컴플라이언스 책임자들이 최근의 지침들의 홍수를 완전히 시행할 충분한 시간과 자원을 가지게 될 것인가? 오직 시간만이 말해 줄 것이다.

Box 14 자금세탁 프로세스

자금세탁은 일반적으로 3단계로 발생한다.

- 예치(placement) − 이 단계는 일반적으로 현금과 관련되며 범인들이 불법적인 자금을 최초로 금융 시스템에 예치할 때 발생한다. 자금을 세탁하려면 이 자금이 범죄 수익이라는 사실이 감춰져야 하는데, 그렇지 않으면 이 자금으로 은행 거래를 할 수 없을 것이다. 예를 들어 훔친 물건을 팔아서 모은 현금을 외관상 작은 모자 회사 명의로 개설된 계좌에 예치하여 큰 금액의 현금 지불이 의심받지 않게 한다.
- 은폐(layering) − 이 단계에서는 자금의 원천, 이 자금이 금융 시스템에 들어온 시기 최초에 예금을 한 사람과의 연결 관계를 숨기기 위해 복잡한 거래망을 통해 예치된 자금을 이리저리 이동시킨다. 이 단계에서 이용되는 방법 중 가장 잘 알려진 방법 중 하나는 은행비밀법이 강하고 자금세탁방지제도가 허술한 국가와 은행들을 통한 국제적 자금 이체들을 수행하는 것이다.
- 통합(integration) − 복잡한 은폐 단계가 끝날 때 통합이 일어난다. 자금의

불법적인 원천이 충분히 잘 감춰져, 발각될 우려 없이 완벽하게 합법적인 방식으로 안전하게 투자될 수 있는 것으로 여겨진다. 범인들은 이 불법적인 자금을 자신이 원하는 대로 소비하거나 투자한다.

범죄 조직들은 점점 더 창의적이고 복잡한 활동 위장 방법 고안 전문가들이다. 당신은 이들 활동 중 하나가 당신 회사를 통해 발생할 때 이를 찾아낼 수 있겠는가? 아래와 같은 사항들을 조심할 필요가 있다.

- 명백한 근거가 없는 다수의 제3자 지급
- 특정 계좌의 궁극적 수익자를 지정하기 어려움
- 아무런 경제적 이익이 없어 보이는 다수의 거래
- 한 국가에 기반을 둔 고객이 명확한 이유 없이 다른 국가의 은행 계좌를 사용함

Box 15 고객을 공정하게 대우하기

과거 몇 년 동안 FSA와 컴플라이언스 부서는 고객 공정대우(Treating Customers Fairly; TCF) 이니셔티브를 다루는 데 상당한 시간과 노력을 기울였다. 그리고 TCF는 특정한 일련의 규칙과 지침이 아니라 개념 또는 비즈니스 방식을 나타내고 있기 때문에 미래의 규제 모델에 대한 FSA의 원칙 기반 비전에 대한 훌륭한 사례로 보인다.

FSA는 회사들이 TCF 개념을 적용해야 할 영역들을 정했는데, 이에는 아래의 영역들이 포함된다.

1. 기업 문화
2. 목표 시장 설정
3. 고객 정보 접근

4. 자문의 적절성

5. 상품 성과

6. 판매 이후의 제도

그러나 고객 공정대우 규칙집 같은 것은 없다. 이는 위의 모든 영역들을 적절히 다루기 위해서는 회사들이 FSA의 (그리고 아마도 다른 기구들의) 공식적인 관련 규칙과 지침들을 파악하고 이들로부터 자체의 우선순위와 판단에 기초하여 자체 TCF 제도를 구축하도록 요구됨을 의미한다.

'회사는 고객의 이익에 적절한 주의를 기울여야 하며 고객들을 공정하게 대우해야 한다'는 FSA 원칙 6은 확실히 이와 관련이 있다. 그러나 이 원칙은 회사들에게 상세한 내용을 제공해 주지는 않는다. FSA는 또한 TCF 상담 그룹을 설치했으며, 많은 강연을 했고, 이 주제에 관해 상당한 양의 문서를 작성했지만, 마감 시한(회사들은 2008년 12월말까지는 자신이 고객들을 공정하게 대우하고 있음을 입증할 수 있어야 한다) 외에는 구체적인 것이 아무것도 없다. 따라서 분할 자본투자 또는 지급보호 보험판매 관행과 관련된 최근의 문제들은 고객을 공정하게 대우한다고 간주될 수 없을 것이다. FSA의 웹사이트에 다소의 예가 있기는 하지만 좋은 실무 관행 사례는 아직 잘 발달되지 않고 있다.

따라서 회사들은 TCF가 자신에게 무엇을 의미하는지 스스로 정의해야 하며, 규칙집을 철저히 분석하여 자신에게 적용되는 섹션이라고 생각되는 부분을 가려낼 필요가 있다.

• 비즈니스 수칙 자료집에 대해서는

(1) 명백한 수수료 부과 구조를 갖춘다.

(2) 모든 소통이 공정하고, 명확하며 오도하지 않게 한다.

(3) 상품의 적합성을 증진하기 위해 적합성 사실 확인서를 작성한다.

- 상위 경영진 시스템, 제도, 통제에 대해서는
  (1) 단순히 판매 수준과 양에 기초하지 않은 건전한 보상 정책을 제정한다.
  (2) TCF에 관한 적정한 경영 정보를 작성하고, 이 정보가 적절한 사람들에게 전달되게 한다.
  (3) TCF 개념을 성문 정책과 절차 문서에 내재화한다.

- 교육/역량에 대해서는
  (1) 직원들이 TCF가 회사와 회사의 고객들에게 의미하는 바가 무엇인지 이해하게 한다.
  (2) 직원들이 TCF를 일상 활동에 적용하는 방법을 알게 한다.

- 분쟁 해결/민원에 대해서는
  (1) 견고한 민원 처리 절차를 시행하고 이를 관련 직원들이 알게 한다.
  (2) 명백한 문제가 있으면 이를 식별하여 다루기 위한 민원 데이터 분석 시스템을 가동한다.
  DISP 1(민원자료집): 민원을 공정하게 처리하기를 생각하라.

TCF를 고려할 때 (FSA Occasional Paper 1[1]에 나와 있는 바와 같이) (리테일) 계약이 잘 못될 수 있는 5개 주요 이유들을 명심할 필요가 있는데, 그 이유는 다음과 같다.

1. 소비자가 형편없는 조언을 들은 경우 – 아마도 대리인 이해상충이 악용되었기 때문일 수 있음

2. 공급 기관이 계약 만료 전에 지급불능이 되는 경우

3. 계약이 소비자가 기대했던 바와 다르다는 사실이 판명되는 경우

4. 사기와 허위 표시

5. 금융기관이 역량이 없는 경우

고객들이 공정하게 대우되어야 한다는 기본 전제에 대해 이해하는 것은 별로 어렵지 않지만, FSA의 명확한 지침이 없어서 FSA의 규제를 받는 회사들에게 골칫거리가 되고 있다. 회사들이 자주 질문하는 사항은 아래와 같다.

- 우리가 관련이 있다고 간주하는 규칙들을 식별하여 이를 준수하면 충분한가, 아니면 FSA 규칙집의 내용보다 더 많은 것을 해야 하는가?

- 어떤 고객이 TCF의 적용을 받는가? TCF 프로그램은 처음에는 리테일 이니셔티브로 간주되었는데, 지금은 보다 널리 적용되는듯하다. TCF는 FSA가 고객으로 정의하지 않는 적격거래상대방과의 관계를 다루는가? 전문가 고객은 어떤가? 이들은 대형 상장 회사들인 경우에도 FSA의 '고객'의 정의에 해당하며, 따라서 이론적으로는 TCF가 적용된다. 그러나 그럴 경우 상세한 소비자 보호 규칙들(예를 들어 비즈니스 수칙과 민원 처리를 생각해 보라)은 그들에게 적용되지 않는다. 그 경계는 어디인가?

- 앞으로 TCF가 제재 조치에서 어떻게 사용될 것인가? FSA는 고객들이 공정하게 대우받지 않았다고 간주할 경우 제재 권한을 사용할 것이라고 말했으며, 최근 사례에서 TCF가 여러 번 인용되었다. 명확한 규칙과 회사들이 이 영역에서 자신의 비즈니스를 구축할 경계가 없음을 고려할 때 이는 상당히 무서운 전망이다.

TCF를 둘러싼 모든 불확실성 하에서도, 몇 가지 영역은 매우 분명하다.

- TCF는 FSA의 우선순위를 차지하는 이슈이며 앞으로도 계속 존속할 테니, 우리는 기꺼이 이를 준수하기 위한 조치를 취하는 것이 좋을 것이다.
- TCF는 ARROW 프로세스(Box 2를 보라)에서 중요한 부분을 차지할 것이다.
- 상위 경영진이 주의를 기울여야 한다. FSA는 TCF에 대한 책임을 매우 분명하게 상위 경영진에게 부여한다. 2005년 11월에 FSA의 리테일 시장 부문 상무 클리브 브라이올트(Clive Briault)가 한 이 말을 주목하라. "우리가 달성하고자 하는 바는 상위 경영진이 자신을 고객의 입장에 놓고 고객이 회사에 의해 공정하게 대우받고 있는지 매우 주의 깊게 고려해보게 하는 것입니다. 이는 간단하고 효과적인 테스트가 될 것입니다. 이에 비추어 이슈들이 테스트될 기준 말입니다."

---

1) 1999년 4월 - 금융 규제의 경제적 근거, 데이빗 르웰린(David Llewellyn).

약어 목록

3ML	Third Money Laundering Directive 2005 (3차 자금세탁지침 2005)
ABFA	Asset Based Finance Association (자산기반 파이낸스협회)
ACD	Authorized corporate director (권한을 부여받은 회사 이사)
ADR	American Depositary Receipt (미국예탁증서)
AIC	Association of Investment Companies (투자회사협회)
AIM	Alternative Investment Market (대안투자시장)
AML	Anti-Money Laundering (자금세탁방지)
APER	The FSA's Approved Persons Sourcebook (FSA 승인자 명부)
ARA	Asset Recovery Agency (자산회수기구)
ARROW	Advanced Risk Response Operating Framework (선진리스크대응운영 프레임워크)
ATCSA	Anti Terrorism, Crime and Security Act (테러리즘, 범죄 방지 및 안전법)
ATS	Alternative Trading System (대체트레이딩시스템)
Basel I	BCBS Capital Accord 1988 (BCBS 1988년 자본협약)
Basel II	BCBS Revised Capital Adequacy Framework 2004 (BCBS 2004년 개정 자본적정성프레임워크)
BBA	British Bankers Association (영국은행협회)
BCBS	Basel Committee on Banking Supervision (은행감독에 관한 바젤위원회)
BCD	Banking Consolidation Directive (은행결합지침)
BCSB	Banking Code Standard Board (은행법기준위원회)
BIMBO	Combination of a management buy-in and buy-out (경영진 매입 매각 결합)
BIS	Bank for International Settlement (국제결제은행)
BOE	Bank of England (영란은행)
BVCA	British Venture Capital Association (영국벤처캐피탈협회)
CA 06	Companies Act 2006 (2006년 회사법)
CARD	Consolidated Admissions and Reporting Directive 2001 (2001년 통합 승인 및 보고 지침)
CASS	The FAS's Client Asset Sourcebook (FSA의 고객자산자료집)
CC	Competition Commission (경쟁 위원회)

CCA	Consumer Credit Act 1974 or 2006 (1974년 또는 2006년 소비자신용법)
CCARs	Consumer Credit (Advisements) Regulations 2004 (2004년 소비자신용 공지규정)
CD	Certificate of Deposit (예금증서)
CDS	Credit Default Swap (신용부도스왑)
CEBS	Committee of European Banking Supervisors (유럽 은행감독위원회)
CEO	Chief Executive Officer (최고경영자)
CESR	Committee of European Securities Regulation (유럽 증권감독위원회)
CFO	Chief Financial Officer (최고재무책임자)
CI	Compliance Institute (컴플라이언스협회)
CJA	Criminal Justice Act 1993 (1993년 형사사법법)
COAF	The FSA Sourcebook for complaints against The FSA (FSA 민원자료집)
COBS	The FSA's Conduct of Business Sourcebook (FSA 비즈니스수칙 자료집)
COLL	The FSA's Collective Investment Scheme Sourcebook (FSA 집합투자기법 자료집)
COND	The FSA's Threshold Conditions Sourcebook (FSA 인가유지조건 자료집)
CP	Commercial Paper (기업어음)
CPD	Continuing professional development (지속적인 전문지식 개발)
CRD	Capital Requirement Directive 2006 (2006년 자본요건지침)
CTF	Counter terrorist financing (테러자금조달차단)
CTF	Child trust fund (아동신탁펀드)
DBERR	Department for Business, Enterprise and Regulatory Reform (기업규제개혁부)
DEPP	The FAS's Decision Procedure and Penalties Manual (FSA 의사결정절차 및 벌칙 매뉴얼)
DGS	Deposit Guarantee Schemes Directive (예금보장제도 지침)
DIE	Designated Investment Exchange (지정 투자거래소)
DISP	The FAS's Dispute Resolution: Complaints Sourcebook (FSA 분쟁해결: 민원자료집)
DMD	Distant Marketing Directive (원격마케팅지침)
DMO	Debt Management Office (채무관리청)
DPA	Data Protection Act 1998 (1998년 데이터보호법)
DTR	The FAS's Disclosure and Transparency Rules Sourcebook (FSA 공시 및 투명성 규칙 자료집)
EA	Enterprise Act 2002 (2002년 기업법)
EAW	European Arrest Warrant (유럽 체포영장)

EBRD	European Bank of Reconstruction and Development (유럽개발은행)
ECAs	Export Credit Agencies (수출신용기관)
ECD	E Commerce Directive 2000 (2000년 전자상거래 지침)
ECHR	European Convention on Human Rights (유럽인권컨벤션)
ECN	Electronic Communication Network (전자소통네트워크)
EEA	European Economic Area (유럽경제지역)
EFP	International Uniform Exchange for Physical Transaction Agreement (국제통일 실물거래약정)
EG	The FAS's Enforcement Guide (FSA 법규집행 가이드)
ERA	Employment Rights Act of 1996 (1996년 고용권리법)
ESC	European Securities Committee (유럽 증권위원회)
ESD	European Savings Tax Directive (유럽 저축세 지침)
ETFs	Exchange traded funds (거래소상장펀드)
EU	European Union (유럽연합)
Euronext LIFEE	
	London International Financial Futures Exchange (런던 국제 금융선물거래소)
FAIFs	Fund of alternative investment funds (펀드오브대안투자펀드)
FATF	Financial Action Taskforce (금융활동 테스크포스)
FCD	Financial Collateral Directive 2002 (2002년 금융담보지침)
FCPA	Foreign Corruption Practices Act 1977 (1977년 해외부패방지법)
FEOMA	Foreign Exchange and Options Master Agreement (해외거래소 및 옵션 마스터 약정)
FIA	Freedom of Information Act 2000 (2000년 정보자유법)
FINRA	US Financial Industry Regulatory Authority (미국 금융산업규제국)
FIT	The FSA Sourcebook containing The Fit and Proper Test for Approved Persons (승인자에 대한 적합성테스트를 포함한 FSA 자료집)
FIU	Financial Intelligence Unit (금융정보분석원)
FOA	Futures and Options Association(선물옵션협회)
FOIA	Freedom of Information Act 2000 (2000년 정보자유법)
FOS	Financial Ombudsman Service (금융옴부즈맨 사무국)
FOTRA	Free Of Tax to Residents Abroad (relating securities) (증권관련)(해외거주자면세)
FRNs	Floating Rate Notes (변동금리채권)
FSA	Financial Services Authority (금융감독청)
FASP	Financial Services Action Plan (금융기관 사업계획)
FSCS	Financial Services Compensation Scheme (금융기관 보상제도)

FSMA	Financial Services and Markets Act 2000 (2000년 금융서비스 및 시장법)
FSSC	Financial Services Skills Council (금융기관 기술위원회)
FTSE	Financial Times Stock Exchange (파이낸셜 타임즈 주식거래소)
FX	Foreign Exchange (외국환)
FSJSC	Foreign Exchange Joint Standing Committee (외환 공동상설위원회)
GDR	Global Depository Receipt (글로벌예탁증서)
GEN	The FSA's General Provisions Sourcebook (FSA 일반규정 자료집)
GMRA	Global Repurchase Agreement (글로벌 환매약정)
GMSLA	Global Master Securities Lending Agreement (글로벌 마스터증권대출약정)
GP	General Partner (in a limited partnership) ((유한 파트너십에서) 업무집행파트너)
GTMA	Grid Trade Master Agreement (전기거래 마스터약정)
HMRC	Her Majesty's Revenue and Customs (영국 국세청)
HR	Human Resources (인적자원)
HRA	Human Rights Act 2000 (2000년 인권법)
ICA	International Compliance Association (국제컴플라이언스협회)
ICC	International Chamber of Commerce (국제상업회의소)
ICD	Investor Compensation Directive 1997 (1997년 투자자보상지침)
ICMA	International Capital Market Association (국제자본시장협회)
ICO	Information Commissioner's Office (정보위원회)
ICOM	International Currency Options Master Agreement (국제 통화옵션마스터약정)
ICVC	International Company with Variable Capital (다양한 자본을 지닌 국제적 회사)
IEC Act	Investment Exchanges and Clearing Houses Act 2006 (2006년 투자거래소 및 청산소법)
IEEPA	International Emergency Economic Powers Act (국제 비상경제대권법)
IFEMA	International Foreign Exchange Master Agreement (국제 외환마스터약정)
IFXCO	International FX and Currency Option Master Agreement (국제 외환 및 옵션 마스터약정)
ILSA	Iran and Libya Sanctions Act (이란 및 리비아 제재법)
IMLPO	Institute of Money Laundering Prevention Office (자금세탁방지 연구소)
IOSCO	International Organization of Securities Commission (국제증권위원회기구)
IPO	Initial Public Offering (상장)
ISA	Individual Savings Account (개인저축계좌)

ISD	Investment Services Directive (투자서비스지침)
ISDA	International Swaps and Derivatives Association (국제 스왑 및 파생상품협회)
ISMA	International Securities Markets Association (국제 증권시장협회, 현재는 ICMA)
ISP98	International Standby Practices issued by The ICC and The International Banking Law and Practice (ICC와 국제 은행업법 및 관습에 의해 발행된 국제신용장 관행)
IT	Information Technology (정보기술)
JMLSG	Joint Money Laundering Steering Group (자금세탁 공동 스티어링그룹)
KPI	Key Performance Indicator (핵심성과지표)
KYC	Know Your Customer (고객알기)
L/C	Letter of Credit (신용장)
LBMA	London Bullion Market Association (런던 금시장연합회)
LIBOR	London Interbank Offered Rate (런던 은행간 자금대출 금리)
LMA	London Market Association (런던 시장협회)
LME	Londn Metal Exchane (런던 금속거래소)
LP	Limited Partner (in a limited partner arrangement) ((유한회사 제도에서) 유한 책임사원)
LSE	London Stock Exchange (런던 주식거래소)
MAD	Market Abuse Directive 2003 (2003년 시장남용지침)
MAR	The FSA's Market Conduct Sourcebook (FSA 시장행위 자료집)
MBIs	Management buy-ins (경영진의 매입)
MBOs	Management buy-outs (경영진의 매도)
MEFISLA	Master Equity and Fixed Interest Stock Lending Agreement (주식 및 채권 대여 마스터약정)
MiFID	Markets in Financial Instruments Directive 2004 (2004년 금융상품시장지침)
ML	The FAS's Money Laundering Sourcebook (no longer in force) (FAS 자금세탁 자료집. 현재는 유효하지 아니함.)
ML Regs	UK Money Laundering Regulations, as updated from time to time (수시로 업데이트되는 영국 자금세탁규정)
MLA	Mandated Lead Arranger (위임받은 주간사)
MLRO	Money Laundering Reporting Officer (자금세탁 보고책임자)
MPBR	More Principle Based Regulation (보다 원칙에 기반한 규제)
MTF	Multitude Trading Facility (다중 트레이딩 설비)
MTNs	Medium term notes (중기 채권)
N2	The date The FSA became The UK's 'single financial services regulator'

and The date on which FSMA took effect(1 December 2001)
(FSA가 영국의 '단일 금융기관 감독기관'이 된 날짜 및
FSMA의 효력이 발생한 날짜(2001년 12월 1일))

NASD US National Association of Securities Dealers
(now merged into FINRA)
(미국 전국증권딜러협회. 현재는 FINRA에 통합되어 있음.)

NASDAQ National Association of Securities Dealers Automated Quotations
(미국 전국증권딜러협회 자동호가시스템)

NCIS National Criminal Intelligence Service(replaced by SOCA)
(전국 범죄정보 서비스. SOCA에 의해 대체됨)

NDF Non-Deliverable Forward (미인도 선도계약)

NIPs Non-Investment Products Code (비투자상품 법령)

NPL Non-performing Loan (부실대출)

NUR Non-UCITS retail scheme (비 UCITS 리테일 제도)

OEIC Open-Ended Investment Company (also known as an ICVC)
(개방형 투자회사. ICVC로도 알려져 있음)

OFAC Office of Foreign Assets Control in The US (미국 해외자산통제청)

OFT Office of Fair Trading (공정거래청)

OSLA Overseas Securities Lending Agreement (해외증권 대여약정)

OTC Over The Counter (장외)

PA dealing
Personal Account Dealing (개인계좌 딜링)

PACE Police and Criminal Evidence Act 1984 (1984년 경찰 및 범죄 증거법)

PEP Personal Equity Plan (개인주식저축계좌)

PIBS Permanent interest bearing shares (영구이자부주식)

PIDA Public Interest Disclosure Act 1998 (1998년 공익공개법)

POCA Proceeds of Crime Act 2002 (2002년 범죄수익법)

PRIN The FSA's Principles for Businesses Sourcebook
(FAS 비즈니스원칙 자료집)

QIS Qualified Investment Scheme (적격투자제도)

RAO Regulatory Activities Order (규제활동명령)

RDC Regulatory Decisions Committee (규제결정위원회)

REITs Real Estate Investment trusts (부동산투자신탁)

RIE Recognized Investment Exchange (인정된 투자거래소)

RIPA Regulation of Investigatory Power Act 2000 (2000년 조사권한규제법)

Sarbox Public Company Accounting Reform and Investor Protection Act of 2002.
also known ad The Sarbanes-Oxley Act
(2002년 상장회사 회계 및 투자자 보호법. 또한 사베인-옥슬리법으로도 알려져 있음.)

SFO	Srious Fraud Ofice (중대사기 처리청)
SHCOG	Securities Houses Compliance Officers Group (증권회사 컴플라이언스책임자그룹)
SIFMA	Securities Industry and Financial Markets Association (증권업 및 금융시장 협회)
SII	Securities and Investment Institute (증권 및 투자 연구소)
SMMLG	Sterling Money Markets Liaison Group (스털링 자금시장 연락 그룹)
SOCA	Serious Organised Crime Agency (중대조직범죄국)
SOCAP	Serious Organised Crime and Police Act 2005 (2005년 중대한 조직범죄 및 경찰법)
SRO	Self-Regulatory Organization (자율규제기관)
SUP	The FSA's Supervision Sourcebook (FSA 감독자료집)
SYSC	The FSA's Senior Management Arrangement, Systems and Controls Sourcebook (FSA 상위경영진 제도, 시스템 및 통제 자료집)
TACT	Terrorism Act (2000 or 2006) (2000년 또는 2006년 테러리즘법)
T-Bills	Treasury Bills (국고채)
TBMA	The Bond Market Association (now part of SIFMA) (채권시장협회. 현재는 SIFMA의 일부임)
T&C	Training and Competence (교육 및 역량)
TCF	Treating Customers Fairly (고객 공정 대우)
TRUP	Transaction reporting user pack (거래보고 사용자 팩)
UCITS	Undertakings for Collective Investment of Transferable Securities (이전가능증권 집합투자 수임)
UCP600	ICC's Uniform Customs and Practices for Documentary Credits (ICC 화환 신용장 통일관습 및 관행)
UCPD	Unfair Commercial Practices Directive (불공정 상거래관행 지침)
UCR rules	ICC uniform rules for documentary collections (ICC 통일문서상 추심규칙)
UNCITRAL	United Nations Commission on International Trade Law (UN 국제거래법 위원회)
URC522	ICC's Uniform Rules for Collections (ICC 통일추심규칙)
UTCCRs	Unfair Terms in Consumer Contracts Regulations 1999 (1999년 불공정소비자계약 규정)
VAT	Value Added Tax (부가가치세)
VCTs	Venture Capital trusts (벤처캐피탈 신탁)